中国现代文学编年史（一八九五—一九四九）

主编 刘勇 李怡

第一卷 1895—1905

本卷主编 胡福君 陈晖

文化艺术出版社
Culture and Art Publishing House

图书在版编目（CIP）数据

中国现代文学编年史.第一卷/刘勇,李怡总主编.—北京：文化艺术出版社,2014.12
ISBN 978-7-5039-5552-5

Ⅰ.①中… Ⅱ.①刘… ②李… Ⅲ.①中国文学—现代文学史 Ⅳ.①I209.6

中国版本图书馆CIP数据核字（2014）第277215号

中国现代文学编年史·第一卷

总 主 编	刘 勇 李 怡
本卷主编	胡福君 陈 晖
责任编辑	潘 艳 王 红
封面设计	李 鹏
出版发行	文化藝術出版社
地　　址	北京市东城区东四八条52号　（100700）
网　　址	www.whyscbs.com
电子邮箱	whysbooks@263.net
电　　话	（010）84057666（总编室）84057667（办公室） （010）84057691—84057699（发行部）
传　　真	（010）84057660（总编室）84057670（办公室） （010）84057690（发行部）
经　　销	全国新华书店
印　　刷	国英印务有限公司
版　　次	2015年8月第1版
印　　次	2015年8月第1次印刷
印　　张	20.75
字　　数	300千字
开　　本	710毫米×1000毫米　1/16
书　　号	ISBN 978-7-5039-5552-5
定　　价	60.00元

版权所有，侵权必究。如有印装错误，随时调换。

丛书编委会

总主编
刘 勇　李 怡

编委会成员
刘 勇　李 怡　邹 红　钱振纲
沈庆利　黄开发　万安伦　陈 晖
林分份　黄育聪　李春雨　张武军
胡福君　冉红音　宋 媛　陈思广
黄 菊　孙 伟　张 悦

本卷主编
胡福君　陈 晖

本卷编撰人员（按姓氏笔画排列）
陈 晖　陈 婧　陈海波　胡福君

本卷主编简介

胡福君 文学博士,毕业于北京师范大学文学院中国现当代文学专业,博士学位论文题为《晚清学者对中国现代文学的启蒙》,有论文在《中国文化研究》《湘潭大学学报》等期刊发表,曾参与编写《20世纪中外文学交流史》。

陈 晖 文学博士,北京师范大学文学院教授、博士生导师。长期从事中国现当代文学、儿童文学研究,出版有《张爱玲与现代主义》、《图画书的讲读艺术》等专著,在《中国现代文学研究丛刊》、《北京师范大学学报》、《文艺争鸣》等学术期刊发表论文20余篇。

总序：中国现代文学编年史的理论价值和实践意义

刘 勇 李 怡

奉献在读者诸君面前的这一套《中国现代文学编年史》，是北京师范大学中国现当代文学学科点牵头编撰的中国现当代文学系列编年史著之一，仅"现代"部分，组织编写的时间就历时五年之久，加之先前已经推出的《中国当代文学编年史》，总体时间更在八年以上，如今总算初具规模，可以说是大体完成了我们对于中国现当代文学历史的一种表述。

编年史，顾名思义也就是以时间为经、以事件为纬的历史记录方式。编年史的写作，中外并见，既是中国自己的一种传统，也是西方古典时代就存在的叙述方式，古罗马历史学家李维（Livius, Titus，公元前59年—公元17年）的《罗马自建城以来的历史》、塔西佗（Tacitus，约公元55年—120年）《编年史》和中国的《春秋》、《左传》及《资治通鉴》等都属于著名的编年史经典。《春秋》被称作是中国现存最早的一部编年体史书，《左传》被誉为中国古代最早的一部叙事详尽的编年体史书，《资治通鉴》则是我国现存编年体史书中影响最大的一部。文学编年史的写作始于现代人的自觉探求,历史学家陈寅恪建议文学研究不妨借鉴"史家长编之所为","能尽取当时诸文人之作品,考定时间先后,空间离合,而总汇于一书"。① 这就是文学编年史。武汉大学陈文新教授任总主编的《中国文学编年史》由湖南人民出版社2006年出版,著述上至周秦,下迄当代,共分十八卷,每卷约80万字,总计1400万字,这是我国第一部系统完整、涵盖古今的编年史,其中於可训主持的现当代部分也是迄今最详尽的中国现当代文学编年通史。进入2013年,更有钱理群主编《中国现代文学编年史》、刘福春《中国新诗编年史》等面世,有学者据此而称是"又一次文学史写作的高潮到来了"。当然,是不是真的掀起"高潮"还可以继续观察,但是,中国学者试图以新"编年"方式入手发现文学的"新历史"则是毫无疑问的。

中国现当代文学编年史的出现首先是中国现当代文学在新时期以来持续不断的"重写"工程的有机组成部分。中国现当代文学史的写作,曾经分别在1950、1980、1990年代出现过三次大的高潮。1950年代是响应教育部将"中国新文学"纳入大学中文系课程的需要,以王瑶的《中国新文学史稿》、丁易的《中国现代文学史略》及刘绶松的《中国新文学史初稿》为代表;1980年代伴随着改革开放、思想启蒙的大潮,"重写文学史"蔚然成风,如果说唐弢、严家炎主编的《中国现代文学史》是承上启下的成果,那么钱理群、吴福辉、温儒敏、王超冰的《中国现代文

---

① 陈寅恪:《元白诗笺证稿》,第9页,上海古籍出版社1978年版。

学三十年》则是开拓创新的展示，其他如黄修己《中国现代文学发展史》、郭志刚等主编《中国现代文学史》、杨义《中国现代小说史》、严家炎《中国现代小说流派史》、朱寨《中国当代文学思潮史》等等构成了文学史写作的繁盛景观；1990年代文学史写作更加多元化，继续追踪文学研究动态的《中国现代文学三十年》修订版、陈思和主编《中国当代文学史教程》分别成为中国现代文学、中国当代文学史著的经典之作，洪子诚《中国当代文学史》则开启了关注文学生产体制的新格局。进入新世纪之后，文学史的写作基本上沿袭了1990年代的多元化方向，不断拓展新的叙述空间，范伯群的《中国现代通俗文学史》第一次系统勾勒了雅文学主流之外的通俗文学的世界，孟繁华、程光炜的《中国当代文学发展史》标志着当代文学历史化的最新成果。

中国现当代文学史之所以值得"拓展"乃是因为"以论代史"依然在很大的程度上影响了我们的文学史叙述。作为1980年代中后期以来"重写文学史"的潮流的继续表现，中国现当代文学编年史也和"重写文学史"思潮一样充满"拨乱反正"的意味，经过多少年"以论代史"的干扰，我们对于"文学"历史的诸多基本情况——作家作品与期刊图书出版的基本情况本身其实是相当隔膜的，仅仅是"论"的展示并不足以揭示文学的历史演进，不足以还原文学历史的真相，"编年史"的价值可能正在这里，它力求将文学的发展还原为一系列最基本的文学现象的素朴的呈现，呈现将尽可能真实地告诉我们究竟"发生了什么"。《中国新诗编年史》的著者刘福春先生曾经感慨说，目前出版的中国新诗史，算上全部有名目的诗歌出版物，也不到他所掌握的数量的一半，如此比例的研究基础，实在令人质疑不断。所以，从进入中国新诗研究的那一天开始，刘福春先生就另辟蹊径，将主要的精力置于中国新诗原始材料的搜集、整理和勘探、分析之中，先后为我们推出了《中国现代文学总书目·诗歌卷》《中国当代新诗编年史（1966-1976）》《中国新诗书刊总目》等系列著作，一步一个脚印地为我们积累着中国新诗历史的点滴史料，刚刚由人民文学出版社隆重推出的《中国新诗编年史》可以说就是这数十年心血的结晶，中国新诗终于有了自己厚重的档案和家谱，不能不说这真是中国现代文学界的一件大事。

当然，随着当代文学持续不断的发展，随着现代文学领域不时出现对"新文学主流"、"雅文学主流"、"白话文学主流"的"独占"历史的质疑，文学史写作似乎也出现了一种逾越边界或者说模糊边界与范围的可能，以致引发了另外一类疑虑：仅仅只有百年历史的中国现当代文学，是否应该不断扩大我们的写作面积？是不是以时间为线索的编年史写作就成了可以收罗一切文学现象的框架？

其实，正如我们从来也不曾有过放弃主观思想认识的历史叙述一样，文学史的写作从来都不可能是不偏不倚、客观中性的材料完善工作，因为材料本身就是一个永远无法真正完结的活动，何况对于同样的材料，如何挑选、如何陈述依然是一种"态度"的结果，史料与史识的协调配合才是文学史写作的应有之义。从这个意义上看，所谓"重写文学史"并不就是叙述范围的不断扩大——从新文学扩大到旧文学,从雅正文学扩大到通俗文学,从各种可见的"地上文学"扩大到犄角旮旯里的"地下文学"……编年史的出现也不能够简单理解为是这一"扩军"过程的理所当然的产物。

在我们看来,现代文学史的重写从来都是史识与史实的同时建构,对"以论代史"的突破最终依靠的并不只是一大堆的史料,同时也需要更坚实有力的思想,是更具有启发意义的历史思想。在透过新的思想扩大我们的认知范畴之后,在新的认识框架拓展了文学视野之后,等待我们的工作恰恰是回过头来,切实把握中国现代文学的新的历史内涵与特点,重新确立现代文学的经典,重新梳理现代文学的历史逻辑,重新解释现代文学自己的传统。在新的历史经典的构建之中,所谓的"多元标准"并不意味着毫无原则地容纳一切,"多元"并不能够成为没有标准的理由。正如温儒敏先生所指出的那样:"基本的价值标准放弃了,表面上似乎包容一切,结果呢,此亦一是非,彼亦一是非,公说公有理,婆说婆有理,连起码的学术对话也难于进行,只好自说自话。过去是一个声音太过单调,全都得按照某种既定的政治标准来研究,学术创造的通道被堵上了;现在则放开了,自由多了,但如果缺少基本的评判标准,'多元化'也只落下个众声喧哗,表面热闹,却无助于争鸣砥砺,还会淹没那些独特的学术发现。"①

---

① 温儒敏:《谈谈困扰现代文学研究的几个问题》,《文学评论》2007年第2期。

最近几年，出现在我们视野中的有价值的文学编年史都不是原始材料的无限罗列，其中显然包含了著者诸多深刻的学术思想与良苦的学术用心。中国新诗尤其是当代中国诗歌常常受制于各种"非艺术"的社会事件，包括政治生活事件，也包括私人生活事件，"以论代史"的诗歌史不过是将文学艺术注解为一系列国家形势的反映，而总是忽略这些国家大事背后的异样人生与复杂生态。刘福春敏锐地注意到了这种缺失，所以他的《中国新诗编年史》将大量的篇幅花在"文学周边"的一些事件或者活动上，比如某些文坛官司的来龙去脉，还有不少的作家日记，有张光年日记、陈白尘日记、郭小川日记等等，这些日记折射出当时诗人的生活状态和遭遇，这些表面看来好像跟诗人的创作没有关系——他哪天做检讨了、哪天被谈话了——但实际上这就是真实的中国诗歌的生存，我们就是在这样的状态中生存下来的。这都是今天诗歌的生态环境，是当代文化、当代文学非常重要的场景。在这个意义上，刘福春先生的编年史其实展示的又可以说是中国诗歌的生态景观汇编，是中国诗歌的生态史。当我们的史家能够将诗歌发展的生态环境和作家的文字创作联系在一起，寻找两者之间的很好的映衬、说明，"还原"出我们诗歌发展百年来非常重要的细节，这些细节带给我们的就不再是一些干枯的文字符号，而是以新的思想智慧烛照我们发现历史的道路，是以论者的思想高度吸引我们重新进入历史情境，感同身受地体验中国新诗的的时代与氛围。这样的处理和安排，显然又是一般的文学史所不容易做到的。钱理群主编的《中国现代文学编年史》不仅仅以副标题的形式特别标明这并非一部泛泛的文学大事记，而是"以文学广告为中心"的相当个人化的历史叙述，在"总序"中，更有明确的思想提示："更重要的是，全书条目的选择与叙述，都暗含着我们对现代文学发展的一些基本关系的持续关注，如文学与时代政治、社会、经济问题的关系，文学与出版、教育、学术……的发展，等等，都形成了我们的历史叙述中的内在线索，看似散漫无序、时断时续，但有心的读者是不难看出其间的蛛丝马迹的。""'个人文学生命史'应该是文学史的主体，某种程度上文学史就是由一个个具体的个人文学生命的故事连缀而成的。文学史就是讲故事，而且是带有个人生命体温的故事。"①

那么，文学编年史到底是什么呢？在我们看来，它应该是目前文学史研究最基本的文学发展史料的有机组织。与一般的文学史论著不同，它主要通过文献史料本身的整理铺排来展示历史的过程；与一般的史料汇编不同，其中依然包含着编著者对历史的理解和认识——虽然不是那种长篇大论的思想定义和概念阐述，但却应该包含着或者说提示着著者对历史内在逻辑的理解。

这种理解归根结底就是对文学"谱系"的一种梳理和解读。

从文学史到编撰史，从学术史到接受史，从思潮史到编年史，中国现代文学文学研究不断拓展，寻找历史"谱系"的价值也愈发引人注目。所谓"谱系"，就不是将历史看作乱七八糟的无序

---

① 钱理群：《中国现代文学编年史总序》，载《中国现代文学编年史——以文学广告为中心（1915—1927）》，第3-5页，北京大学出版社2013年版。

堆砌，而是承认在纵横交错、四方融汇、相互关联之中，有着清晰的某种变化发展的流脉，留意于这些事物之间的互动关系，立体地观照着事物多层面的复杂关联，方能深刻地揭示着事物自身的特质。

近年来，随着西方尼采、福柯的学说在中国大陆学界的深入研究，"谱系"这一概念开始广泛出现在各类人文社会学科的研究著作和论文当中，特别是对于西方"谱系学"理论的大量译介和运用，反映出人们打破以往将历史看成是一个既定的、有目的性、连续性的过程，期望在具体历史情境中去探索不同社会的冲突、博弈关系，重新解释历史的努力。根据福柯自身对于"谱系学"的解释，他所谓的谱系学就是要"将一切已经过去的事件都保持在它们特有的散布状态上；它将标示出那些偶然事件，那些微不足道的背离，或者，完全颠倒过来，标识那些错误、拙劣的评价以及糟糕的计算，而这一切曾经导致那些继续存在并对我们有价值的事情的诞生；它要发现，真理或存在并不位于我们所知和我们所是的根源，而是位于诸多偶然事件的外部"。[①] 以往的历史研究把历史看成是一个具有本质意义、连续性的东西，我们可以从中推演出历史的起源和发展脉络，但是"谱系学"则注重历史背后的断裂、差异和偶然性，反对一味地追问历史规律和逻辑性，关注世界中一些边缘存在和历史本身的丰富性。简而言之，

---

① 【法】米歇尔·福柯：《尼采·谱系学·历史学》，苏力译，载汪民安、陈永国编《尼采的幽灵：西方后现代语境中的尼采》，第121页，社会科学文献出版社2001年版。

福柯的"谱系学"是对于历史的一致性和规律性的反拨和拒斥。

与西方的"谱系学"不同,中国自古以来就有着自己关于谱系的知识,并且已经在中国古代文学、史学、哲学的研究当中被广泛运用,体现了中国古代对于谱系的理解和对于世界的认知。根据汉语大词典出版社1993年版《汉语大词典》对于"谱系"一词的考察,中国对于谱系一共有三种解释:第一种解释是记述宗族世系或同类事物历代系统的书。《隋书·经籍志二》曾有"今录其见存者,以为谱系篇"。第二种是指家谱上的系统。明代归有光著《朱夫人郑氏六十寿序》,中间写道:"至于今四百余年,谱系不绝",清代顾炎武《同族兄存愉拜黄门公墓》诗云:"才名留史传,谱系出先公",章炳麟在《驳康有为论革命书》一文中:"而文化语言,无大殊绝,《世本》谱系,犹在史官,一日自通于上国,则自复其故名,岂满洲之可与共论者乎?"。第三种解释则是指物种变化的系统。①

相较于现代西方福柯的那种强调发现历史的复杂和差异性、解剖政治、分析权力的"谱系学"而言,中国的谱系研究更加注重历史性、秩序性、考据性,通常是为了加固传统礼教、秩序和价值观,突出某种伦常观念和文化理念,使其更好地延续传承,强调文化上的一致性和连续性。同样是以历史本身和其中的事物为对象,西方的谱系研究强调其中的断裂、差异性,中国的谱系研究则看重其中的联系性、关联性。这其实是对于认知的两种态

---

① 《汉语大词典》,汉语大词典出版社1993年版。

度和方法，一方面，一般的"谱系"是指事物在历时的演变过程或共时的相互关联中，同根同源、共生互养而又共同发展、相互影响的系统；另一方面，在这个系统的生成、发展过程中，又充斥着边缘性、偶然性、异质性的因素，这些因素同样决定了历史和事物系统最后的形成和形态，两种谱系的研究方法实质上都是一种对于还原历史的努力。

我们认为，抛开传统"谱系学"中那些僵化的礼教秩序和道统价值观，中国式的谱系学对于历史"变中有常"的认识依然具有明显的文学史建构价值：我们既要从传统的僵化理念中解放出来，不断发现新的历史细节，辨析各种的矛盾与偶然，同时，这一切的努力并不意味着我们就此放弃对包含其中的历史性质与历史方向的寻觅。

变中有常的中国谱系学理念，在很大程度上可以成为我们文学编年史构建的基础理论。我们需要尊重历史过程的种种偶然、种种的"变量"，需要对这些变化的细节做出尽可能详尽的梳理，同时，处理这些历史材料的方式又不应当是漫不经心的，对于晚清至20世纪的文学发展，我们显然存在自己的理解和观察，我们有必要通过对历史材料的呈现来传达我们的基本认识。当然，这样一来，我们也就绝不会认为，中国现代文学的历史编年，只能以我们的方式进行，因为，出于不同的历史认知，当然也就存在不同的历史编年模式，未来的中国现当代文学编年，肯定会在多种形态的共生与对话中走向成熟，共同推进中国现当代文学研究的发展。

北京师范大学中国现当代文学学科创建于新中国建立之初，至今已历半个多世纪，如果追踪本学科重要学者李何林先生的学术活动，更可以上溯到上世纪30年代。新中国建立后，我校叶丁易先生的《中国现代文学史略》与王瑶先生的《中国新文学史稿》、刘授松先生的《中国新文学史初稿》并称为三部最有影响的新文学史教材；同时，随着新中国文学的发展，我们又适时展开了追踪研究，是国内最早开设当代文学课程的单位之一，1979年由郭志刚教授等主编的《中国当代文学初稿》在国内产生了很大影响，从叶丁易到郭志刚，我们参与了中国现当代文学史写作的两个主要阶段，至1990年代以降，以王富仁教授为代表的学者更积极地投入到"重写文学史"的理论建构之中，并不断有文学史著问世。今天，我们学科点组编的《中国当代文学编年史》已经出版，《中国现代文学编年史》马上就要付印，这可以说代表了新一代学科同仁对于中国现当代文学历史研究的新的努力和开拓，虽然我们的这些努力还显得稚嫩、笨拙，这样规模的编年史著也难免疏漏多多，但究竟是在我们理解的学科发展的方向上迈出了有意义的一步，但愿我们所有的努力和所有的疏漏一起都能够成为中国现当代文学史研究的新的基础，在不断的借鉴和不断的反省批判中实现新的学术突破。

本套《中国现代文学编年史》丛书共11卷，历述自晚清1895年1月至新中国第一次文代会召开前夕的1949年6月半个世纪的文学历史。内容包括文学发展的社会历史背景、主要作家行踪、文学活动、文学思潮、文学出版、主要文学作品的基本情况，书后附录整个编年史涉及的主要人物索引，便于读者进一步查证，也列出了我们著述所使用的主要参考文献，有兴趣的读者也可以就此进一步拓展、探究。担任各卷主编的主要是北京师范大学中国现当代文学学科点的老师，鉴于1942年以后战争年代中国文学发展特殊的地域性，为了更准确地把握中国现代文学的这种时代特征，我们特别约请了重庆与四川从事现代文学研究的两位学者加盟。在本书完成的过程中，还有许多博士和硕士研究生同学积极参与其间，在查阅资料方面，他们付出了大量的心血。经过四年多的精诚努力，如今总算定稿完成，作为主编，我们要深深感谢所有这些学科点同事、学界同仁以及各位同学的辛勤付出，在当今，为这样一个浩大而又并不一定讨好的"集体工程"而孜孜工作，需要多么难能可贵的奉献精神！在本丛书出版之际，我们要向这些令人尊敬的学者致以诚挚的谢意！

2015年盛夏于北京师范大学

本卷导言：清末民初的文学

胡福君　林分份

"五四"文学革命之前，清末民初中国文学的变革主要表现在以西方近代文学范型为参照，不断粉碎传统的旧文学体系和引进、吸收西方文学观念与文学思潮，建立新型的文学形态两个方面。对旧文学的不满与批判，正是孕育新质的开始。维新派矫枉过正式的激愤之辞，很快便为理性的思考所取代。他们发现，彻底抛弃与摆脱母体文化和文学，是决计不可能的，唯一的出路在于打破封闭、僵化的传统文学体系，在于输入新的能量与物质，使其焕发新的活力，产生新的机制。有鉴于此，维新求变的思想家们开始了各种尝试。

严复、夏曾佑1897年合作在《国闻报》创刊号上发表《本馆附印说部缘起》，首次把进化论与人性的理论引入文学研究。文章把人和人性看作是人类文明进化的产物，而人性的共同点在于"崇拜英雄"、"系情男女"。中国古典的说部、戏曲之所以经久不衰，为人所喜爱的程度远远超出圣贤经传及一般史书，关键在于它反映了"英雄"、"男女"这些普遍的人性，这便为小说、戏曲的登堂入室找到了理论支点。谭嗣同、夏曾佑试图向旧体诗发动冲击，他们袭用格律诗的形式，撷取佛教与基督教经典中的典故，掺杂以科学术语及外国语译音，写出诸如"纲伦惨似喀私德，法会盛于巴力门"一类"挦扯新名词以表自异"的新派诗。梁启超以中西兼采、平易畅达、"笔锋常带感情"的"新文体"鼓吹变法维新，其文赢得"一纸风行，海内观听为之一耸"的赞誉，使一切古文派相形见绌。

戊戌变法失败后，维新思想家把政治热情转移到以新民为核心的思想启蒙运动中来，文学因其具有左右人心之"不可思议之力"，而被认作是新民救国的最好途径。作为整个新民救国运动领袖人物的梁启超,相继打出诗界革命、文界革命、小说戏曲界革命的旗帜。梁启超为诸种文体革命所设置的目标,很大程度上以西欧、日本资产阶级近代文学的范型为依据,充分表现出维新派对西方资产阶级上升时期进取风貌的热切追慕。与此同时,梁启超还为国人编造了许多有关域外文学救国的神话。这种"求新声于异邦"和"托外改制"的手段,有力地推动了文学改良运动的发展,并促进了域外文学的介绍与引进。

这一时期,虽然旧的文学形态与守旧的文学流派并未销声匿迹,但新的文学风气与充满新思想的文学作品,已经逐渐成为文坛的主导潮流。一向不登大雅之堂的小说,因其向民众启蒙最为得力,被推为文学的最上乘,占据了中心地位。在接踵而来的各种文学改良与革新运动中,新小说、新传奇杂剧、新文体散文、谴责小说等等新的文学类型,占据了文坛的主流。新式话剧也诞生了,就连旧的地方戏京剧也有了时装新剧的种类。而伴随散文的通俗化运动,白话文也开始被自觉采用,并形成相当大的声势。以启蒙、新民为目的的晚清白话文运动明确提出"崇白话而废文言"的口号,康有为、梁启超、章太炎、秋瑾、柳亚子、李伯元、吴趼人、苏曼殊等成为这一时期的代表作家。文学各个方面都呈现出新的面貌,预示着一个新时期的到来。

为适应资产阶级维新、启蒙的需要,在19世纪末20世纪初,白话报刊陆续出现。从章伯和、章仲和兄弟主办的《演义白话报》,到陈独秀主编的《安徽俗话报》、胡适等人主编的《竞业旬报》,清末白话报刊的发展势头可谓迅猛。蔡乐苏曾著《清末民初的一百七十余种白话报刊》一文,可见数量之多。此一时期白话文的提倡和白话报刊的繁荣,为后来的"五四"白话文运动打下了重要的基础。然而,在一个相当长的时期内,对文字通俗变革的鼓吹,都是从政治宣传的角度来认识的,并没有考虑白话本身的美学价值,这也是文体改革基本囿于散文领域的根本原因。在韵文范围内,只有为了进行通俗教育而撰写的歌词,因与散文变革的目的相同,有明显的通俗化表现。在传统的诗歌领域,则基本还是旧体式。提倡"言文合一"的黄遵宪的诗歌仍然是文言旧体,而且用典甚多,其诗歌美学观并没有发生根本的变化。提倡诗界革命的梁启超,也还高举"以旧风格含新意境"的旗帜,明确主张旧瓶装新酒,显然还在传统诗歌审美趣味的左右之下。资产阶级革命文学团体南社的诗歌,表现了民主革命的新思想,但体式格调仍与旧体无异。可是,在与思想启蒙关系密切的散文领域,梁启超则带头创造了更适宜自由表现新思想与更适应广大读者接受的"新文体","平易畅达,时杂以俚语韵语及外国语法,纵笔所至不检束"①,实际上是报章文体的进一步发展。

在由文言向白话转化的历史性变革中,梁启超从文学进化的观点谈了其必然性,这是一个明显的进步。他说:"文学之进化有一大关键,即由古语之文学,变为俗语之文学是也。各国文学史之开展,靡不循此轨道。"②虽然看到文学语言和文体的变革是一种必然趋势,但由于传统文学观念、审美习惯的作用,其创作实践仍然呈现出艰难复杂的状态。为了向民众进行思想启蒙,梁启超很强调文学语言的通俗,但涉及到文学的美学价值,却又不免踌躇起来。为此,他将文章分为"传世之文"与"觉世之文",并对之提出不同的要求:"传世之文,或务渊懿古茂,或务沉博绝丽,或务瑰奇奥诡,无之不可;觉世之文,则辞达而已矣。当以条理细备、词笔锐达为上,不必求工也。"③"传世之文"追求美学价值,"觉世之文"则不追求美学价值,清楚地反映了清末维新派的这种思想状态。事实上,此一时期的思想家、文学家中,不少人难以摆脱对古雅美的恋旧情结,抱着古语文学不肯放,甚至思想很新而文体却极其守旧。严复是传播西方资产阶级主要思潮最为得力的人物之一,他的政论文《救亡决论》、《原强》等,笔锋之尖锐,思想之激进,都可谓深具近代性质,但他却是坚持古文最力的一员。翻译了大量西方小说的林纾,更是顽固地坚守古文堡垒。即算是思想方面同西方更为接近的鲁迅、周作人兄弟,在他们翻译、介绍西方文学的《域外小说集》中,所用的仍然是佶屈聱牙、令人费解的古文。因此,近代作家、学者们从美学意义上对白话进行自觉的肯定和推崇,则是到五四新文化运动时期的事了。

经由晚清以来作家、学者们的种种努力,传统文学的根基被动摇了。与此同时,新的文学形态、文学表现形式乃至新的语体文纷纭呈现。如此空前未有的喧嚣与骚动,绵延到民初,最终酝酿成"五四"文学革命的大潮。在此过程中,中国的

---

① 梁启超:《清代学术概论》,第85页,上海古籍出版社1998年版。
② 饮冰等:《小说丛话》,陈平原、夏晓虹编《二十世纪中国小说理论资料》(第1卷,1897—1916),第65页,北京大学出版社1989年版。
③ 梁启超:《湖南时务学堂学约》,周岚、常弘编《饮冰室书话》,第485页,时代文艺出版社1998年版。

文学乃至文化产生了诸多方面的内在新变：

  文学重在表现人之情感的观念被普遍接受。严复、夏曾佑以表现人类共性的多寡和方式评判小说、戏曲与经史贤传，梁启超以"薰、浸、刺、提"来概括小说支配人道的力量，都是以情感作为其立论支点的。稍后，系统地接受了康德、叔本华、席勒美学思想的王国维，对情感说的认同则表述得更为明确："若夫知识道理之不能表以议论，而但可表以情感者，与夫不能求诸实地，而但可求诸想象者，此则文学之所有事也。"① 这种对文学特质的认识，已接近西方近代关于文学的理念，一定程度上完成了对中国传统的杂文学体系的超越。鲁迅、周作人兄弟留日时期的文学观念，虽曾受维新派的影响，但也都超越了维新派。他们对文学的认识，已不再像梁启超那样视文学为宣传新思想的工具，或者把文学作用夸大到不符合实际的地步，而是在明白文学具有社会效用的同时，也认识到其"涵养人之神思"、"不用之用"② 的一面。

  文学进化的观念被相当一部分人接受。求奇创新，不依傍古人渐成为新的文学风尚。同时，以进化的观点看待中外文学史的递进，古语之文学变为俗语之文学被看作是历史发展的必然。王国维在民国二年（1913）完成的《宋元戏曲史》一书中认为："凡一代有一代之文学，楚之骚，汉之赋，六代之骈语，唐之诗，宋之词，元之曲，皆所谓一代之文学，而后世莫能继焉者也。"③ 而到了民国六年（1917），胡适更从进化论的角度对此作了进一步的发挥："文学者，随时代而变迁者也。一时代有一时代之文学。周秦有周秦之文学，汉魏有汉魏之文学，唐宋元明有唐宋元明之文学。此非吾一人之私言，乃文明进化之公理也。"④

  小说戏曲被引进文学的殿堂。小说被推为文学之最上乘，改变了诗文被视为正宗，而小说戏曲往往不被人看重的传统文学观念。随着小说地位的提高，各种小说刊物与新小说如雨后春笋，令人目不暇接。政治问题小说、社会谴责小说、言情小说、科幻小说等，品种繁富形式多样，给文学界带来异常喧闹的热烈气氛。

---

① 王国维：《〈国学丛刊〉序》，姚淦铭、王燕编《王国维文集》第4卷，第366页，中国文史出版社1997年版。
② 令飞（鲁迅）：《摩罗诗力说》，载《河南》第2—3号，1908年2—3月。
③ 王国维：《〈宋元戏曲史〉序》，载《东方杂志》第9卷第10期，1913年4月。
④ 胡适：《文学改良刍议》，载《新青年》第2卷第5期，1917年1月。

小说堂而皇之地成为20世纪中国文学中的巨大家族，而观念的转变，却是从这里开始的。

现代悲剧意识的萌生。在戏剧界革命的讨论中，蒋观云以西方为参照，指出我国戏剧界的最大缺憾，在于缺乏震撼人心的悲剧，因而热情呼唤"陶写英雄之力"的悲剧在中国早日出现，以传达民族蒙难时期悲壮的美感与崇高感。这种对英雄悲剧的呼唤与时代的牺牲、尚武精神取得了完美的和谐。几乎与蒋观云同时，王国维在《红楼梦评论》中，也吸收运用了西方悲剧观念。但他较多地接受了叔本华哲学思想中的悲观主义成分，用生活、欲求、痛苦无限循环的观点来看待人生和描写人生悲剧的作品，更赞赏悲凉的美感。他们对悲剧的召唤和对悲剧意识的阐发，无疑开启了现代悲剧意识的先河。

创作方法的区分。梁启超在《小说与群治之关系》中，把小说分为表现理想与反映现实两种。表现理想的称之为理想派小说，反映现实的称之为写实派小说，表明在这一时期中国文学家对艺术地把握世界的不同方式——创作方法的区分有了初步的认识。而五四时期创造社所代表的浪漫主义创作倾向与文学研究会所代表的现实主义创作倾向的双峰并峙，则是这种认识的进一步深化并走向创作自觉的体现。

文学批评的更新与学术视野的开阔。在这一时期的文学批评中，中国传统评点式的文学批评方式虽仍被沿用，但批评的原则与方法却有了更新的趋势。王国维《红楼梦评论》第一次尝试运用西方哲学、美学的观点和方法研究中国文学作品，建立了一个严谨缜密的批评体系。更为重要的是，该文突破了传统诗歌、散文为正宗的研究传统，按照西洋的文学观念，将小说作为学术研究的对象，这是中国文学研究与世界学术接轨的重要一步。此后，王国维又在《宋元戏曲史》中将"戏剧"、"戏曲"作为研究对象，无疑是新的文学观念与学术视野进一步开阔的体现。而五四时期鲁迅对中国小说史的相关研究、胡适的《红楼梦》、《水浒传》考证等，则是学界在文学观念、研究范式转换之后所取得的代表性成果。

翻译文学的独立和自觉。埃兹拉·庞德说："一个伟大的文学时代必定也是一个伟大的翻译时代。"翻译文学作为一种新的文学发展过程中必不可少的养料成分，被清末民初的文化人置于非常突出的位置。严复、林纾、包天笑、伍光健、吴梼等对西方学术、文学的翻译，不仅滋润了"五四"一代，而且引领了20世纪翻译文学的高潮。据施蛰存对 1890 年到 1990 年的文学翻译所做的统计，认为："从 1890 年到 1919 年这三十年，是迄今为止，介绍外国文学最盛的时期"，其间翻译小说是创作的两倍；从 1918 年到 1950 年又是 30 年，其间外国文学的译本"反而少于前一个三十年"；从 1950 年到 1990 年又是四十年，"外国文学……出版数字恐怕更少。"①

"立人"意识与个体精神的确立。近代以来文学与文化的变更，集中在对国民意识的重铸上。晚清一代的思想家、文学家没有也不可能充分意识到，中国传统文化中群体与个体的冲突，以及这一冲突必然会因为中西文化冲突交汇而变得日趋激烈、难以调和。因此，在重铸国民意识的同时，忽略了个体意识的确立与人的本体存在问题。而"五四"一代的文学家，自他们的青年时代起，便纷纷把重心转移到这一问题上。鲁迅从"立业"到"立人"的转变，以及他在《摩罗诗力说》《文化偏至论》中所呼唤的正是"独立自由人道"与"掊物质而张灵明，任个人而排众数"的个体精神。这不仅是文化意识的变革，也是哲学主体意识的变革。这种具有强烈自我意识的"立人"精神，至五四时期，终于演化为"人的文学"和对传统（包括晚清鸳鸯蝴蝶派等）非人文学的彻底批判与否定。

从以上所列举的几个方面看，我们不难得出结论：清末民初的文学，实乃中国文学发展的重要阶段，正是其文学与文化的不断新变，引领了后来五四文学革命的爆发，也直接启蒙了现代文学的发生。而在清末民初时期成长起来的一批作家、学者，不仅得益于彼时文学革新成果的润泽，而且亲与时代的变革，不懈探索，最终成为五四文学革命的中坚力量。因此，《中国现代文学编年史》（1895.1—1915.8）即"清末民初的文学"编年史这一部分，我们重点关注的内容主要有四类：一、重要作家、学者的相关文学、文化和社会活动；二、重要作品的刊发、出版及演出等；三、在文学史上具有重要影响的报刊杂志、文学社团的创办和发展；四、对文学史产生重要影响的相关政治、文化事件和社会思潮。总之，这一部分力求通过对这几个方面的爬梳、扫描，以期书写中国现代文学"前史"的大事记，由此展示中国现代文学从古代文学、近代文学中脱胎、成长的历史演变线索。

---

① 施蛰存：《西学东渐与外国文学的输入》，《中国文化》1991 年第 5 期。

目 录

1895年
一月	1
二月	1
三月	3
四月	6
五月	8
六月	12
七月	13
八月	14
九月	16
十月	16
十一月	17
十二月	17
本年	18

1896年
一月	22
二月	23
三月	23
四月	23
五月	25
六月	26
七月	28
八月	29
九月	32
十月	33
十一月	35
十二月	36
本年	36

1897年
一月	42
二月	43
三月	44
四月	45
五月	46
六月	50
七月	52
八月	53
九月	56
十月	58
十一月	61
十二月	65
本年	67

1898年
一月	73
二月	74
三月	76
四月	77
五月	79
六月	82
七月	85
八月	88
九月	92
十月	94
十一月	94
十二月	96
本年	99

1899年
一月	104
二月	106
三月	107
四月	109
五月	109
六月	110
七月	111
八月	112
九月	113
十月	114
十一月	115
十二月	115
本年	117

1900年
一月	124
二月	125
三月	126
四月	129
五月	130
六月	130
七月	130
八月	131
九月	132
十月	132
十一月	133
十二月	133
本年	134

1901年

一月	138
二月	139
三月	139
四月	142
五月	144
六月	146
七月	147
八月	147
九月	148
十月	150
十一月	153
十二月	155
本年	157

1902年

一月	162
二月	163
三月	167
四月	168
五月	170
六月	172
七月	173
八月	174
九月	175
十月	176
十一月	176
十二月	183
本年	184

1903年

一月	190
二月	191
三月	193
四月	193
五月	195
六月	203
七月	206
八月	207
九月	209
十月	213
十一月	216
十二月	217
本年	219

1904年

一月	224
二月	226
三月	227
四月	230
五月	232
六月	233
七月	238
八月	239
九月	243
十月	247
十一月	250
十二月	252
本年	255

1905年

一月	261
二月	262
三月	266
四月	268
五月	269
六月	270
七月	272
八月	275
九月	276
十月	280
十一月	281
十二月	282
本年	283

1895年

一月

26日,《直报》创刊于天津。创办人为德国人汉纳根(Von Hanneken, 1855—1925)。因天津为直隶总督治所所在地,故名之曰《直报》,聘任贾禄福为该报总办。《直报》内容多以新闻为主。第1版前半版为广告,后半版为"西报摘抄"(欧美等国的报刊摘要)和"官门邸抄"(大臣上呈皇上的奏折内容节选);第2—5版为新闻;第6版为轮渡情况表;第7—8版为广告,内容涉及工业、农业、商业、医药、娱乐、气象记载等各个方面。1898年被迫停刊,1900年一度复刊。该报曾刊载严复的《原强》、《论世变之亟》、《救亡决论》、《辟韩》等文章,宣扬进化论,提出鼓民力、开民智、新民德等主张,在当时中国北方掀起了一阵舆论高潮。

二月

4日至5日,严复《论世变之亟》刊载于《直报》。此为严复发表的首篇重要论文,感于中日甲午战争而作。文中曰:"呜呼!观今日之世变,盖自秦以来未有若斯之亟也。……即如今日中倭之构难,究所由来,夫岂一朝一夕之故也哉!尝谓中西事理,其最不同而断乎不可合者,莫大于中之人好古而忽今,西之人力今以胜古。中之人以一治一乱、一盛一衰为天行人事之自然;西之人以日进无疆,既盛不可复衰,既治不可复乱,为学术政化之极则。……而民力因之以日窳,民智因之以日衰。其究也,至不能与外国争一旦之命,……今之夷狄,非犹古之夷狄也。今之称西人者,曰彼善会计而已,又曰彼擅机巧而已。不知吾今兹之所见所闻,如汽机兵械之伦,皆其形下之粗迹,即所谓天算格致之最精,亦其能事之见端,而非命脉之所在。其命脉何云?苟扼要而谈,不外于学术则黜伪崇真,于刑政则屈私以为公而已。……夫士生今日,不睹西洋富强之效者,无目者也。谓不讲富强,而中国自可以安;谓不用西洋之术,而富强自可致;谓西洋之术,无俟于通达时务之真人才,皆非狂易失心之人不为此。"

严复(1854—1921),原名宗光,字又陵,后改名复,字几道,福建侯官(今闽侯)人。近代资产阶级改良主义者,启蒙思想家,翻译家,教育家,中国近代史上向西方国家寻找真理的"先进的中国人"之一。1866年入福州船政学堂学习英文及近代自然科学知识。1877年公派至英国留学,留学期间对英国的社会政治产生兴趣,涉猎了大量资产阶级政治学术理论,尤为赞赏达尔文的进化论观点。1879年毕业回国,到福州船厂船政学堂任教习。1880年调任天津北洋水师学堂总教习(教务长)。1889年升总办(校长)。中日甲午战争后,相继发表《论世变之亟》、《原强》、《辟韩》、《救亡决论》等文,反对顽固保守,主张向西方学习,提倡新学。所译《天演论》,以"物竞天择,适者生存"等进化论观点,号召国人救亡图存,对当时思想界有很大影响。曾主办《国闻报》,协办通艺学堂。戊戌变法后,翻译《原富》、《群学肄言》、《法意》、《群己权界论》、《社会通诠》、《名学浅说》、《穆勒名学》等书,较有系统地介绍和传播了西方资产阶级文化。文字质朴,翻译态度谨严,首次提出"信、达、雅"的翻译标准。1912年,受袁世凯之命担任京师大学堂改名北京大学后的首任校长。晚年提倡尊孔,反对五四运动。1921年10月27日去世。著作有《瘉壄堂诗集》、《严几道诗文钞》等,译著有《侯官严氏丛刊》、《严译名著丛刊》等。

本月,《金台全传》由中西书局刊行出版,六卷六十回,石印本,不题撰人。此书先有汪澍堂弹词《金台全传》,小说系在此基础上改编而成。书首"瘦秋山人"序文云:"惜乎原本敷成唱句,未免拘牵逗凑,抑且近坊镌刻讹错不乏,令阅者每致倦眼懒怀。余兹精细校正,更作说本,付诸石印,极为爽目醒心,别生意趣。"书中所叙王则于贝州谋反一事,最早见于小说《三遂平妖传》。该书叙演金台受仙人指引而为国除扫奸邪、安邦定国之事,亦记平定王则谋反之事。

三月

4日至9日，严复《原强》连载于《直报》，后有较大修改，较为全面地阐释了其维新思想。严复于文中介绍了达尔文的进化论和锡彭塞（今译斯宾塞）的"群学"（sociology，今译社会学）思想："达尔文者，英国讲动植物之学者也。……穷精眇虑，垂数十年而著一书，名曰《物类宗衍》。自其书出，欧美二洲几于无人不读，而泰西之学术政教，为之一斐变焉。……书所称述，独二篇为尤著，西洋缀闻之士，皆能言之。其一篇曰《争自存》，其一篇曰《遗宜种》。所谓争自存者，谓民物至于世也，樊然并生，同享天地自然之利。与接为构，民民物物，各争有以自存。其始也，种与种争，及其成群成国，则群与群争，国与国争。而弱者当为强肉，愚者当为智役焉。迨夫有以自存而克遗种也，必强忍魁桀，趫捷巧慧，与一时之天时地利泊一切事势之最相宜者也。且其争之事，不必爪牙用而杀伐行也。习于安者，使之处劳，狃于山者，使之居泽，不再传而其种尽矣。争存之事，如是而已。"（1901年《原强修订稿》曰："其一篇曰物竞，又其一曰天择。物竞者，物争自存也；天择者，存其宜种也。意谓民物于世，樊然并生，同食天地自然之利矣。然与接为构，民民物物，各争有以自存。"）又云："而又有锡彭塞者，亦英产也，宗其理而大阐人伦之事，帜其学曰'群学'。"接着，严复悲叹道："呜呼！中国至于今日，其积弱不振之势，不待智者而后明矣。深耻大辱，有无可讳焉者。日本以寥寥数舰之舟师，区区数万人之众，一战而夺我最亲之藩属，再战而陪京戒严，三战而夺我最坚之堡垒，四战而覆我海军。……然则战败又乌足悲哉！所可悲者，民智之已下，民德之已衰，与民气之已困耳。……今夫民智已下矣，民德已衰矣，民力已困矣。有一二人焉，谓能旦暮为之，无是理也。何则？有一倡而无群和也。……第由是而观之，则及今而图自强，非标本并治焉，固不可也。不为其标，则无以救目前之溃败；不为其本，则虽治其标，而不久亦将自废。标者何？收大权、练军实，如俄国所为是已。至于其本，则亦于民智、民力、民德三者加之意而已。果使民智日开，民力日奋，民德日和，则上虽不治其标，而标将自立。何则？争自存而欲遗种者，固民所受于天，不教而同愿之者也。……然则三者又以民智为最急也。是故富强者，不外利民之政也，而必自民之能自利始；能自利自能自由始；

能自由自能自治始，能自治者，必其能恕、能用絜矩之道者也。……夫自海禁既开以还，中国之仿行西法也，亦不少亦：总署，一也；船政，二也；招商局，三也；制造局，四也；海军，五也；海军衙门，六也；矿务，七也；学堂，八也；铁道，九也；纺织，十也；电报，十一也；出使，十二也。凡此皆西洋至美之制，以富以强之机，而迁地弗良，若亡若存，辄有淮橘为枳之叹。公司者，西洋之大力也。而中国二人联财则相为欺而已矣。是何以故？民智既不足以与之，而民力民德又弗足以举其事故也。……夫唯知此，而后知处今之日挽救中国之至难。亦唯知其难，而后为之有以依乎天理，批大郤而导大窾也。至于民智之何以开，民力之何以厚，民德之何以明，二者皆今日至切之务，固将有待而后言。"在其后的修订稿中，严复进而提出以民力、民智、民德作为标准来判断"民种之高下"，中国的变革亟须"鼓民力、开民智、新民德"。严复对民智、民力、民德的强调，奠定了晚清启蒙主义的基调，也是稍后几年兴起的国民性改造思潮的前奏。

13日、14日，严复《辟韩》刊载于《直报》（该文后又于1897年4月12日刊载于《时务报》第23册，署"观我生室主人来稿"）。严复于文中批判了韩愈《原道》中的君主专制思想，宣扬资产阶级民权思想，在社会上引起强烈反响，维新派拍手称赞，守旧派深恶痛绝。谭嗣同《致汪康年书》云："《时务报》二十三册《辟韩》一首，好极好极！究系何人所作，自署观我室主人，意者其为严幼陵乎？"张之洞将该文视作"洪水猛兽"，命御史屠守仁作《〈辟韩〉驳议》一文，刊发于《时务报》，驳斥道："今《辟韩》者溺于异学，纯任胸臆，义理则以是为非，文辞则以辞害意，乖戾矛盾之端，不胜枚举。"严复于致堂弟的一封家书中说："前者《时务报》有《辟韩》一篇，闻张广雅（张之洞）尚书见之大怒。其后自作驳论一篇，令屠墨君出名也。"

29日，严复《〈原强〉续篇》刊载于《直报》，内容与《原强》并无紧密联系。

本月，梁启超入京参加会试。关于此次入京，梁启超自云："本不为会试，第颇思假此名号作汗漫游，以略求天下之人才。"

梁启超（1873—1929），字卓如，号任公，别号饮冰室主人，常用笔名尚有哀时客、中国之民、饮冰、少年中国之少年、自由斋主人等。广东新会人。著名学者，近代思想家，维新派代表人物，资产阶级改良主义者。1890年赴京会试，落第还乡，同年秋，经学海堂同学陈千秋介绍，拜康有为为师。1891至1894年就读于万木草堂，曾协助康有为编撰《新学伪经考》、《孔子改制考》，接受康有为的思想学说并由此走上改良维新的道路，时人合称"康梁"。中日甲午战争之后，随康有为鼓吹变法，协助其师发起"公车上书"、创办《万国公报》（后改名《中外纪闻》）、组织强学会等一系列改良主义运动。1896年，出任《时务报》主笔，发表《变法通议》等系列重要政论文章，声誉鹊起，又赴澳门筹办《知新报》，其政论文章在社会上有很大影响。1898年戊戌变法失败，逃亡日本，继又远游美洲、澳洲、印度等地。一度与孙中山为首的革命派有过接触。先后创办《清议报》、《新民丛报》等刊物，大力倡导以"诗界革命"、"文界革命"、"小说界革命"为中心的文学改良运动，且身体力行，在当时的知识分子中影响很大。1905至1907年，改良派与革命派的论战达到高潮，梁启超作为改良派的主将，遭到革命派的反对。1906年，清政府宣布"预备仿行宪政"，立即表示支持。武昌起义爆发后，一度宣扬"虚君共和"，企图使革命派与清政府妥协。1912年回国，起初支持袁世凯，出任袁政府司法总长、币制局总裁，后反对袁世凯称帝，于1915年发表《异哉所谓国体问题者》一文，并策动蔡锷发起倒袁的护国战争。1917年张勋拥清帝复辟，又参与"讨逆"行动，随即出任段祺瑞执掌的北洋政府财政总长兼盐务总署督办。同年11月，段祺瑞下台，随之辞职，从此退出政界。1918年底，出游欧洲，了解到西方社会的诸多问题与弊端。1920年回国后，即宣扬西方文明已经破产，主张光大传统文化，用东方的"固有文明"来"拯救世界"，并倡办各项文化事业，专力从事讲学与著述。梁启超兴趣广泛，学识渊博，在文学、史学、哲学、佛学等诸多领域，都有较深的造诣，一生著述宏富，所遗《饮冰室合集》凡40册一千余万字，集外佚文尚多。创作有小说《新中国未来记》、剧作《班定远平西域》等，译著有《佳人奇遇》《十五小豪杰》等，文学论著有《译印政治小说序》《论小说与群治之关系》《告小说家》、《饮冰室诗话》以及有关"诗界革命"、"文界革命"与"小说界革命"的相关论述等。

本月，王闿运钞辑己巳（1869）以来日记中所存七律诗，题为《杜若集》。

王闿运（1833—1916），字壬秋，又字壬父，号湘绮，世称湘绮先生，湖南湘潭人，晚清经学家、文学家。1857年中举。1859年，京师会试落第，应肃顺聘，在其家任教读，不久辞去。1862年，入曾国藩幕，所议多不合，不久离去，以贫就食四方，专门从事讲学。1865年，迁居衡阳石门，开始半隐居式的著述生活，并设私塾授徒。1879年，应四川总督丁宝桢之邀赴成都任尊经书院山长。丁宝桢逝世后辞归湖南，先后主持长沙思贤讲舍、衡州船山书院。1903年，赴南昌任江西大学堂总教习，因上书反对改学制，遭江西士生反对，又辞职归湘，于湘绮楼讲学授徒。前后得弟子数千人，有门生满天下之誉。1906年被清政府授予翰林院检讨之职，1911年又加封为翰林院侍讲。1914年，受袁世凯聘入国史馆任馆长，编修国史，兼任参议院参政，复辟声中辞归。1916年逝世，自题挽联："春秋表未成，幸有佳儿述诗礼；纵横计不就，空余高咏满江山。"其为学主治《春秋公羊传》，宗今文经学，自谓治经之目的在于"寻其宏旨"，以"佐治道，存先典，明古训，雄文章"。亦为诗文大家。诗歌主张复古，五言长诗宗魏晋，七言长诗和近体诗兼宗盛唐，认为"古之诗以正得失，今之诗以养性，虽仍诗名，其用异矣。故吾尝以汉后至今，诗即乐也，亦足以感人动天，而其本不同，古以教诲为本，专为人作，今以托兴为本，乃为己作"。诗歌内容关注时事，《独行谣》、《圆明园词》等堪称史诗。喜欢选诗、评诗，选评的《八代诗选》流传甚广。汪辟疆《光宣诗坛点将录》云："得有斯人力复古，公然高咏启宗风"，"其诗致力于汉魏六朝至深，初唐以后，若不甚措意者。学瞻才高，一时无偶"，推其为近代诗坛"旧头领"。诗歌之外，为文骈散兼行，自然浑成，不落俗调，多警策之言。一生著作丰富，著有《湘绮楼诗集、文集》《湘绮楼日记》《湘绮楼笺启》、《湘军志》等诗文著作，以及《春秋公羊传笺》《古今文尚书笺》等经学著作，编有《八代诗选》《唐七言诗选》等，后人合刊其经学与诗文著作为《湘绮楼全书》。

四月

17日，清政府与日本签订《马关条约》。清政府承认朝鲜完全独立，割让辽东半岛、台湾全岛、澎湖列岛给日本，赔偿日本库平银2亿两。

本月，沈毓桂《匡时策》刊载于上海广学会《万国公报》第75册。文中曰："夫中西学问，本自互有得失，为华人计，宜以中学为体，西学为用。"首次明确提出"中体西用"一词。

本月，陈三立跋黄遵宪诗集，云："驰域外之观，写心上之语，才思横轶，风格浑转，出其余技，乃近大家。此之谓天下健者。"署"乙未四月义宁陈三立加墨讫敬识"。5月8日，又跋云："奇篇巨制，类在此册。较前数卷自益有进。中国有异人，姑于诗事求之。"署"乙未四月十四日（公历5月8日），三立再识"。

黄遵宪（1848—1905），字公度，别号人境庐主人，广东省梅州人。晚清诗人、外交家、政治家、教育家。其《东海公来简》自述："吾年十六七，始从事于学，谓宋人之义理，汉人之考据，均非孔门之学。"1864年作《感怀》诗，批判复古主义。1868年作《杂感》诗，云："俗儒好尊古，日日故纸研；六经字所无，不敢入诗篇；……我手写我（吾）口，古岂能拘牵！即今流俗语，我若登简编。"提出"别创世界"的现实主义观点，成为"诗界革命"的先声。1874年廷试不中。1876年于诗中明确主张改革科举，同年秋中举人。1877年以参赞之职随驻日大使何如璋出使日本，并开始撰写《日本国志》（1887年成书），详细论述日本变革的经过及其得失，"网罗旧闻，参考新政"。居日期间，受到许多日本汉学家的欢迎，经常笔谈，为中日文化交流做了大量工作，还以直白的新体诗记述日本种种变法维新之新鲜事物，撰成《日本杂事诗》，1879年刊行于日本，在中日两国文士间广为流传。1882年调任驻美国旧金山总领事。1890年以分省补用道任驻英国二等参赞，1891年任驻新加坡总领事，发展华侨教育。1894年中日甲午战争期间，被召回国，任江宁洋务局总办。1895年参加上海强学会，成为维新运动中的积极分子。1896年与梁启超、谭嗣同等人创办《时务报》，鼓吹变法。翌年，任命为湖南长宝盐法道，不久署理湖南按察使。戊戌变法期间，辅佐湖南巡抚陈宝箴大力推行新政，任《湘学报》督办，参与筹办湖南时务学堂、南学会、不缠足会等，并聘梁启超主持时务学堂。戊戌变法失败后，被清政府列为"从严惩办"的维新乱党，由于外国驻华公使等干预，被清政府允许辞职还乡。回乡后仍热心推进立宪、革命等工作，通过通信与逃往日本的梁启超讨论立宪、革命、保教、保国粹、人物评价、文学改良等各方面的问题。此外还经常和丘逢甲唱酬往来。此时有较多的时间潜心于新体诗创作，被梁启超树为"诗界革命"的旗帜，潜心新体诗创作，被誉为"诗界革命巨子"。同时，热心家乡教育事业，创立嘉应兴学议所，自任会长，积极兴办新学堂。1905年病逝于嘉应。生平自定著作有《日本杂事诗》、《日本国志》、《人境庐诗草》3种。黄遵宪论诗主张"我手写我口"；认为"今之世界异于古"，今人作诗"何必与古人同"，诗歌应表现"古人未有之物，为辟之境"；诗歌形式应熔铸古今，"不名一格，不专一体，要不失为我诗"，变化多样，力求创新；作诗应"诗之外有事，诗之中有人"，必须反映诗人自己的感遇见闻和思想感情。黄遵宪一生创作诗歌达千余首，喜以新事物熔铸入诗，有"诗界革新导师"之称，梁启超《饮冰室诗话》评曰："公度之诗，独辟境界，卓然自立于二十世纪诗界中，群推为大家，公论不容诬也"，"公度之诗，诗史也"。

陈三立（1859—1937），字伯严，号散原。江西修水人。近代诗文名家，清末同光体诗派代表人物，被誉为中国最后一位传统诗人。年少博学，才识通敏，洒脱而不受世俗礼法约束。1882年参加乡试，因恶时文，不以八股文而以散文体作答，初选遭弃，主考官陈宝琛发现，方选为举人。1886年中进士，授散馆编修、吏部主事。在京期间与维新派人士游学论事，志望革新，并参加强学会。1895年弃官吏部主事，往湖南助其父湖南巡抚陈宝箴推行新政，与黄遵宪创办湖南时务学堂，于罗致人才、革新教育方面致力尤多，与谭嗣同、丁惠康、吴保初合称"维新四公子"，深受张之洞器重。1898年戊戌政变时，以"招引奸邪"之罪革职，1900年父亲去世，自此无心于仕途，移居南京，自号居室为"散原精舍"，与友人以诗、古文辞相遣，自谓"凭栏一片风云气，来做神州袖手人"，《散原精舍诗集》所收自此始。此后不问政，热忱于为社会兴利。1903年办家学，赞助柳诒徵创办思益小学，后又出任三江师范学堂总教习，以讲学为生，广结文人雅士。1911年与留恋清朝的文人组织诗社，同年还反对武昌起义。1924年和泰戈尔会面，互赠诗作。1929年迁居庐山，期间成诗集《匡庐山居诗》。翌年倡议重修《庐山志》，主张志文应因时代不同允许文体有别，做到"旧从其旧，新从其新"。1936年，和胡适获邀代表中国出席在英国伦敦举行的国际笔会，但没成行。1937年，卢沟桥事变，绝食5日而死。生前曾刊行《散原精舍诗》及其《续集》、《别集》，世后有《散原精舍文集》17卷出版。陈三立为诗，初学韩愈，后师黄庭坚，自成"生涩奥衍"一派，为同光体诗派领袖，有"吏部诗名满海内"之誉。汪辟疆《光宣诗坛点将录》中推其为"及时雨宋江"，即同光体诗坛祭酒。梁启超《饮冰室诗话》评曰："其诗不用新异之语，而境界自与时流异，醇深俊微，吾谓于唐宋人集中，罕见其比。"

五月

1日至8日，严复的《救亡决论》刊载于《直报》。文曰："天下理之最明而势所必至者，如今日中国不变法则必亡是已。然则变将何先？曰：莫亟于废八股。夫八股非自能害国也，害在使天下无人才。其使天下无人才奈何？曰：有大害三。

其一害曰：锢智慧。……其二害曰：坏心术。……其三害曰：滋游手。……夫数八股之三害，有一于此，则其国鲜不弱而亡，况夫兼之者耶！……然则救之之道当何如？曰：痛除八股而大讲西学，则庶乎其有鸠耳。东海可以回流，吾言必不可易也。"严复还驳斥了"西学中源"论，认为中国古代文化与西方文化之间定有互相契合之处，有些方面甚至还曾领先于西方文化，但决不能因此自欺欺人地得出西学中源的结论，以古人之成就掩盖当前之落后。"争此区区，皆非务实益而求自立者也。尤可笑者，近有人略识洋务，著论西学，其言曰：'……彼萃数十国人才，穷数百年智力，掷亿万赀财，而后得之，勒为成书，公诸人而不私诸己，广其学而不秘其传者，何也？彼实窃我中国古圣之绪余，精益求精，以还中国，虽欲私焉，而天有所不许也。'（按：严复所引之句为郑观应评论来华传教士翻译出版西学书籍时之语）有此种令人呕哕议论，足见中国民智之卑。"

2日，康有为"公车上书"。据康有为《我史》载："时以士气可用，乃合十八省举人于松筠庵会议，与名者千二百人，以一昼两夜草万言书，请拒和、迁都、变法三者。卓如、孺博书之，并日缮写，遍传都下，士气愤涌，联轨察院前里许，至四月八日投递，则察院以既已用宝，无法挽回，却不收。"梁启超《三十自述》云："明年乙未和议成，代表广东公车百九十人上书陈时局。既而南海先生联公车三千人，上书请变法，余亦从其后奔走焉。"康有为等所上之书《上今上皇帝书》（即《上清帝第二书》）共一万七千余言，建议光绪帝"下诏鼓天下之气，迁都定天下之本，练兵强天下之势，变法成天下之治"。

康有为（1858—1927），又名祖诒，字广厦，号长素，又号明夷、更甡、西樵山人、游存叟、天游化人，晚年别署天游化人，广东南海人，人称"康南海"。近代著名政治家、思想家、社会改革家、书法家和学者，清末资产阶级改良派领袖，保皇派首领。出身于士宦家庭，世代为儒，以理学传家。1879年，接触到西方资本主义思想和当时的改良思潮，开始糅合古今中西之学，改良政治。1888年10月，鉴于中法战争后形势险恶，第一次上书光绪帝，提出变成法、通下情、慎左右三事。1890至1893年，于广州、桂林聚徒讲学，著《长兴学记》、《桂学答问》等。1891年，刊印《新学伪经考》，认为东汉以来经学，多出刘歆伪造，"非孔子之经"，打击封建顽固派的"恪守祖训"，为扫除变法维新的障碍准备理论条件。继又编纂《孔子改制考》，尊孔子为教主，用孔教名义提出变法要求。1895年《马关条约》签订后，发动公车上书，请求拒和、迁都、练兵、变法。同年，组织强学会。1898 年，创《万国公报》（后改名《中外纪闻》），宣传"新法之益"。同年，光绪帝宣布变法，"百日维新"失败后，逃亡日本。1899 年，于加拿大创设保皇会，保救光绪帝，反对慈禧太后等顽固势力，成为保皇派首领。1900 年，义和团运动发生，主张"助外人攻团匪以救上"，策动唐才常等人主持的自立军"勤王"。1901 至 1903 年间，于印度撰《大同书》、《中庸注》、《论语注》、《春秋笔削微言大义考》等，阐述"循序渐进"、"不能躐等"的改制说，反对资产阶级革命运动。1907 年，改保皇会为国民宪政会（后正式定为帝国宪政会），成为推动清政府实施宪政的政治团体。辛亥革命成功后，鼓吹"虚君共和"。1913 年返国，于上海主编《不忍》杂志，发表反对共和、保存国粹的言论，并任孔教会会长。1917 年和张勋策划溥仪复辟，迅告失败。晚年于上海办天游学院，讲授国学。生平著作甚丰，达 139 种，台湾蒋贵麟辑成《康南海先生遗著汇刊》、《万木草堂遗稿》、《万木草堂遗稿外编》等。

10 日，《字林沪报·晚报》创刊于上海，由字林沪报馆出版发行，创办人为蔡云松。该报系上海由中国人最早创办的中文晚报。因当时上海还未兴夜市，商店、洋行等一般都在下午五时下班，晚报不能及时送达，报馆虽允诺"雇专人递送，五点前准到"，但很难实现，不久即停办。

17 日，吴季清（德潚）跋黄遵宪诗集，云："'并世无二尊，独立绝依傍。'集中登巴黎铁塔诗也。作者于诗世界中，颇具此等魄力，可谓雄矣！"署"乙未四月二十三日，德潚识"。

25 日，傅兰雅《求著时新小说启》刊载于《申报》，此为小说竞赛广告，在该报刊登了五次。文中曰："窃以感动人心，变风易俗，莫如小说。推行广速，传之不久，辄能家喻户晓，气习不难为之一变。今中华积弊最重大者，计有三端：一鸦片，一时文，一缠足。若不设法更改，终非富强之兆。兹欲请中华人士愿本国兴盛者，撰著新趣小说，合显此三事之大害，并祛各弊之妙法，立案演说，结构成篇，贯穿为部。使人阅之心为感动，力为革除。辞句以浅明为要，语意以趣雅为宗，虽妇人幼子皆能得而明之。述事务取近今易有，切莫抄袭旧套。立意毋尚希奇古怪，免使骇目惊心。限七月底满期收齐，细心评取。首名酬洋五十元，次名三十元，三名二十元，四名十六元，五名十四元，六名十二元，七名八元。果有佳作，足劝人心，亦当印行问世，并拟请其常撰同类之书，以为恒业。凡撰成者，包好弥封，外填名姓，送至上海三马路格致书室收入，发给收条。出案发洋，亦在斯处。英国儒士傅兰雅谨启。"此启事亦载于广学会《万国公报》第77册和《中国记事》6月号。

1895年7月号《中国记事》的"教育部门"栏目刊载了傅兰雅的一篇记录文章，对竞赛加以说明和评论："一个写得好的故事会对大众的心灵发挥永久而巨大的影响，这方面的例子很多，但可能没有一部能与《汤姆叔叔的小屋》……在唤起人们反抗奴隶制度方面相媲美。中国现在最需要的是一个故事，或一系列故事，描写上扣人心弦，真实地反映生活，揭露政府不能或不愿抵制的到处猖獗的重大积弊——鸦片、缠足和时文。……只有最令人激动的情绪，通过最有效的图像化语言表达出来，才会有赖上帝的佑护达到这一目标。无疑，中国人愿意并有足够的能力写出这样的书，如果我们能够找到他们的话。"他接着谈到，小说影响"所有社会阶层的心灵与良知。它所用的方式以前几乎没有尝试过"，并称自己的动机在于"产生一系列可能对教育工作有用的书"。关于此次小说竞赛的后续和最终结果，《中国记事》本年10月号有一篇初步报告说，竞赛快结束时收到稿件约155篇，"从学生或村学究写的寥寥数页到长达四卷或六卷的动人心魄的故事，更充之以诗歌，为专业小说家的作品"。1896年3月，最终报告出来。奖金增加了50元，获奖人数增加到20名。获奖者名单在《申报》上公布，162名作者的全表和一篇说明刊登于《万国公报》和《中西教会报》。至少有一半参赛者属于教会学校。在报告的最后，傅兰雅写道："在中国人当中新观点很缺乏，由此，许多尝试不过是旧文学的垃圾，……中国人的创造力水平很低是常见的评语，这个事实在这些小说中得以充分表现。它们体现出来的创造力极少。……然而，这个实验也发掘了几部真正值得发表的小说，希望其中一些在年底之前会得到发行，以便满足对具备健康而道德的语气和有益、有指导性特质的简易读物的急切需求。"(《文汇读书周报》载)

傅兰雅(John Fryer，1839—1928)，英国人，圣公会教徒，近代在中国办报的西方来华传教士、学者。出生于英格兰海德镇一个牧师家庭。1861年大学毕业后，申请赴香港圣保罗书院任教，担任院长，学习并掌握汉语与广东话。两年后受聘任北京同文书馆英语教习，1865年转任上海英华学堂校长，并主编字林洋行的中文报纸《上海新报》。1868年，受李鸿章雇佣于上海江南制造局翻译馆任译员,编译《西国近书汇编》等。1874年,创办旨在推广和普及自然科学的格致书院,开班设讲,定期展览科学技术成就,逐渐将其发展成为一所西学图书馆。1876年,自费创办专门介绍自然科学知识的月刊《格致汇编》,系中国近代最早的科技杂志。1877年,被举为上海益智书会干事,从事科学普及工作。1896年赴美,应美国加利福尼亚大学聘请出任该校东方语言文学教授,后加入美国籍,但仍坚持为江南制造局译书,并且捐资在中国创办盲童学校。傅兰雅单独翻译或与人合译的西方书籍多达129部,绝大多数为科学技术性质,为在华外国人中翻译西方书籍最多者,清政府曾授予其三品官衔和勋章,被誉为"传科技之火的华夏的普罗米修斯"。

本月,陈三立跋黄遵宪诗,曰:"驰域外之观,写心上之语,才思横轶,风格浑转,出其余技,乃近大家。此之谓天下健者。"

本月,《扫荡粤逆演义》撰成,四卷八回,不题撰人。后出版时书首有王鸣藻序,云:"古有黄巾、赤眉之乱,从未见有今之'长毛贼'之乱,竟如此之势,如此之猖獗。所遭过之处,目不忍视,耳不忍闻。既有此一桩大事,当以笔记之,则可流传百世矣。予观诸小说演义诸书,其笔法妙丽者,实属不易之事。今偶拾得此卷读之,其书虽则以记事为实,然细尝其味,而笔法之次序,遥遥相对之语,甚属温柔敦厚。况无半句淫乱,是书可为《三国志》、《水浒》等书之观而味之,句略相同,雅处甚雅,快之处甚快,层层叠叠,皆言其忠义。读到大快之处,手不能释,其雅趣风味,足以消遣。"序署"光绪乙未年夏五月,西庄王鸣藻撰于上海咏梅书屋"。该书演太平天国事。光绪二十二年(1896)刊本书首有"遭劫余生"所作之序;光绪二十五年(1899)刊本改题《湘军平逆传》,署"勾章醴泉居士撰"。

六月

3日,康有为第三次上书光绪帝,即《上清帝第三书》,提出变法步骤。

21日,梁启超致书夏曾佑(穗卿),信中谈及"新政"时,云:"以中国学术之芜塞,君相之孱弱,岂能望其大有所为,但能借国力推行一二事,则于教、族两端少有补耳。"又谈及办报馆之事,云:"顷欲在都开设报馆,已略有端绪,此举有成,其于重心力量颇大也。"(五月二十九日《与穗卿足下书》)

本月,梁启超有辑印《经世文新编》的计划,但事未成。6月21日,梁启超致书夏曾佑云："弟在此又拟辑《经世文新编》，以新法新义移易旧重心。近人奏议之属搜辑略具，然其实以我辈文字为主，不过取旧名取动人耳。"（五月二十九日《与穗卿足下书》）又致书汪康年（穰卿）云："此间又欲辑《经世文新编》，专采近人通达之言，刻以告天下，其于转移风气，视新闻纸之力量似尚过之。已属人在军机总署奏稿。兄所自为文字及同志中有所撰述，望多觅见寄。"（日期不详）"前书所言欲觅大著及同志中文字编《经世文新编》，此事似于变易中国守旧之重心，颇有力量，望留意也。"（六月初一《与穰卿足下书》）

30日，康有为第四次上书光绪帝，即《上清帝第四书》，提出"设议院以通下情"的主张，但为李文田、荣禄所阻，未达。

同日，周瘦鹃出生于上海。周瘦鹃（1895—1968），名国贤，字祖福，别署泣红、怀兰、紫罗兰盦主等，江苏吴县人，民国作家，著有小说《秋海棠》等。

本月，《台战演义》（原名《台战实纪》）刊行出版，二集十二卷，不题撰人，为初刻本。初集首页有"光绪乙未闰月校印"八字，即本年闰五月。初集书首有人物图六幅、台湾全图和刘军门（永福）告示，次为正文六卷。续集首页有"光绪乙未六月校印"八字，书首有人物图十幅和《捷音》一篇，次为正文三卷。该书杂采新闻及传闻，演绎刘永福率黑旗军于台湾抗击日寇侵略事，为当时较早关注现实问题的小说。光绪戊戌（1898）翻刻本，除台湾全图重行绘制外，其余人物图并正文皆与初刻同，唯书首增序文三篇（序一署"岁次乙未桂月枕流斋主人题于西窗下"，序二无题署，序三署"时光绪乙未重阳节书于临溪精舍，古麓山阴堂孟吾居士题"）、总目例言一，并附台湾古今郡县名、疆域、职官、学校、赋税、风俗、土产、山川、古迹、名宦、人物及倭国考略等项；又于每卷之首仿章回小说体例，加七言或六言双回目。初集六卷及续集卷一正文之前，又各系评语数则。

七月

本月，康有为序王闿运《味梨集》。序曰："桂林王侍御祐遐，所谓情深而文明者也！争和议而逐鹰鹯，非其义深君父耶？叹日月而惜别离，非情深朋好耶？温柔敦厚之至，而为咏叹淫佚之辞。其为稼轩之飞动耶？其为游扬摽荡之美成耶？其为草窗、白石之芳馨耶？但闻裂帛，听幽涛，紫濑涓涓，古琴瑟瑟。"《味梨集》

本年刊出，收王闿运上年及本年词作。

八月

17日，《万国公报》（即《中外纪闻》）创刊于北京。康有为为创办人，梁启超、麦孟华、汪大燮等任主编。（《梁启超年谱长编》载："新政既不能行，为提倡新学开通风气起见，先生乃协助南海在北京创办《万国公报》和强学会。"）《万国公报》每册有论文一篇，长篇则分期连载，除转载广学会和其他报刊外，撰文未署名，实际出于梁启超、麦孟华之手。《万国公报》为双日刊，共出45册，自第46册开始遂改名《中外纪闻》，以示与上海英美传教士团体广学会所办的《万国公报》有别，成为强学会的机关报，由梁启超、汪大燮任主编。《中外纪闻》于12月16日正式刊行，1896年1月20日被清政府查封。《中外纪闻》主要编译西电西报，介绍"列强政治、经济情况和清廷奏章"，意在广开知识，宣传变法。每次发行量为两三千份左右，随《邸报》附送朝官贵人。内容除选登"阁抄"、译载新闻外，又载"格致有用之书"，探讨"万国强弱之原"，提出言政敷治的建议，在中国近代政治史、新闻史上有一定地位。1896年1月17日，京师强学会遭言官弹劾；1月20日，迫于慈禧太后的压力，光绪帝下令封闭强学会，只出版一个月零五天的《中外纪闻》被迫停刊。

关于《万国公报》的创办情况，梁启超于创刊前的五月间《与穰卿足下书》中说："顷拟在都设一新闻馆略有端绪，度其情形可有成也。……此间亦欲开学会，颇有应者，然其数甚微。度欲开会，非有报馆不可，报馆之议论，既浸渍于人心，则风气之成不远矣。"康有为《康南海自编年谱》记载云："变法本源非自京师始，非自王公大臣始不可，乃与送京报人商，每日刊送千份于朝士大夫，纸墨银二两，自捐此款，令卓如、孺博日属文，分学校军政各类，日腾于朝，分送朝士，不收报费。朝士乃日闻所不闻，识议一变焉。"梁启超《莅报界欢迎会演说辞》云："当甲午丧师以后，国人敌忾心颇盛，而全昧于世界之势。而最初着手之事业，则欲办图书馆与报馆，……而以办报事委诸鄙人。……当时固无自购机器之力，且都中亦从不闻有此物，乃向售京报处托用粗木版雕印，日出一张，名曰《中外公报》（即《万国公报》，编者注），只有论说一篇，别无记事。鄙人则日日执笔为一数百字之短文,……当时安敢望有人购阅者,乃托售京报人随官门钞分送诸官宅,酬以薪金,乃肯代送。办理月余,居然每日发出三千张内外。然谣诼已蜂起,送至各家门者,辄怒以目,驯至送报人惧祸及,悬重赏亦不肯代送矣。"

20日,沈家珍序《夜雨秋灯录》,称该书"趣语横生,奇思迭出,实足补《志林》所不逮,而步《觚賸》之后尘","合说部之众长,而作写怀之别调也"。序署"光绪二十一年秋七月之吉,梁溪叔言沈家珍书于海上"。该序载于稍后上海进步书局出版的《夜雨秋灯录》石印本。

本月,北京强学会成立。强学会又名译书局、强学书局或强学局,正式开局在本年农历十月初(公历11月中旬)。开局后,"先以报事为主"(汪大燮十月初八日《致汪康年汪诒年书》语),将《万国公报》改名为《中外纪闻》,作为强学会会刊,以梁启超和汪大燮为主笔(农历九月二十四日即公历11月9日)。汪大燮《致汪康年汪诒年书》云:"京中同人,近立有强学会,亦名译书局,下月开局。先译日报,凡伦敦《泰晤士》、《代谟斯报》,先日出一张(原注:约十页),等西书购到,即译书……兄及梁卓如为主笔。"梁启超《三十自述》云:"其年七月,京师强学会开。发起之者,为南海先生。赞之者为郎中陈炽,郎中沈曾植,编修张孝谦,浙江温处道,袁世凯等。余被委为中书记元。不三月为言官所劾,会封禁。而余居会所数月,会中于译出西书购置颇备,得以余日尽览之,而后益斐然有述作之志。"1896年1月17日(光绪二十一年十二月初三),御史杨崇伊上书弹劾强学会"专门贩卖西学书籍","植党营私","将开处士横议之风",请求立即查禁。1月20日,迫于慈禧太后的压力,光绪皇帝只好下令封闭京师强学会。1月25日,张之洞解散上海强学会。(梁启超于光绪二十二年二月二十日《与穰卿我兄弟同年书》云:"南北两局,一坏于小人,一坏于君子。")北京、上海两地强学会相继被封后,梁启超、汪大燮、沈曾植等人竭力设法恢复。1896年2月4日,清政府准军机大臣李鸿藻之议,将强学会改为官书局,隶属总理衙门,"专司选译各国新报及指授各种西学",但"不准议论时政"、"不准臧否人物"、"不准挟嫌妄议"、"不准渎乱宸听",失去了原来的建会意图。1912年,梁启超在其《莅北京大学校欢迎会演说辞》中谈及北京强学会的成立、性质和沿革情形,云:"时在乙未之岁,鄙人与诸先辈,感国事之危殆,非兴学不足以救亡,乃共谋设立学校,以输入欧美之学术于国中。惟当时社会嫉新学如仇,一言办学,即视同叛逆,迫害无所不至,是以诸先辈不能公然设立正式之学校，而组织一强学会，备置图书仪器，邀人来观，冀输入世界之智识于我国民，且于讲学之外，谋政治之改革，盖强学会之性质，实兼学校与政党而一焉。在今日固视为幼稚之团体，然在当时风气未开之际，有闻强学会之名者，莫不惊骇而疑有非常之举。此幼稚之强学会，遂能战胜数千年旧习惯，而一新当时耳目，具革新中国社会之功，实亦不可轻视之也。……及至戊戌之岁，朝政大有革新之望，孙寿州先生本强学会会员，与同人谋，请之枢府，将所查抄强学会之书籍仪器发出，改为官书局，嗣后此官书局即改为大学校，故言及鄙人与大学校之关系，则以大学校之前身为官书局，官书局之前身为强学会，则鄙人固可为有关系之人。"梁启超《学术概论》称："中国之有群众的政治的运动，实自此始。"

九月

12日，《圣教新报（上海口音）》创刊于上海，创办人不详，系上海基督教新教之报纸，周刊，刊头注明"上海口音"四字，由美国北长老会所经营的美华书馆编印。所刊文章全用上海方言写成，以增强对上海普通市民的吸引力。该报以单张的形式发行，每周出一号，逢每周四出版。每月还增出一附张，无刊头，随报附送，出附张缘于"长的事体登勿落，送拉看客，报印价钱勿要个"。因一年为52周多一天，故该报每年以52号为一段落，第二年重新从第一号开始。该报所刊内容以教会消息为主，此外还有介绍自然科学、人文科学的文章，以及社会论述、文艺性质的连载作品。该报对美术设计较为讲究，插图为铜版的人物画。刊发的文章使用标点符号，类似今日的逗号、句号。该报何时停刊不详。今见最后一号是光绪二十六年正月初九（1900年2月8日）出版的第二十三号。

十月

2日，中西学堂创办于天津，是日开学，创办人为盛宣怀，亦称"北洋西学堂"。中西学堂分头等学堂和二等学堂两级，学制均4年，为中国学校分级之始。头等学堂为专科学校，伍廷芳任总办，设有工程、电学、矿务、机器、律例五门；二等学堂为中学，蔡绍基任总办，学生毕业后升入头等学堂。聘美国传教士丁家立为总教习。1900年，中西学堂为八国联军所毁，学务中止。1903年重建，改名北洋大学，为中国近代第一所大学。

27日，资产阶级革命派兴中会于广州起义失败。

十一月

本月，《新著中东战纪本末豫启》刊载于广学会《万国公报》第82册，文中曰："中东两国衅其朝鲜，自开战以迄联合，本会博采新闻，逐月汇录《万国公报》。……颇蒙诸君嘉许，亦已销售一空。惟远近之来补购者，尚复几无虚日。本会虑无以副雅意，爰取去秋至今关系战事诸文逐一润色，并增著善后各要策，汇成一书，名曰《中东战纪本末》。"并告知读者该书"大约明年正月间可以问世"。

十二月

本月，《熙朝快史》由起新山庄刊行出版，十二回，石印本，题"饮露居士编次，西泠散人校订"。该书演康济时、林琪故事以及康济时革除社会弊端之事，所述多与社会重大事件相结合，为演述政治理想之作。书首序云："且夫今之所谓小说者亦夥矣！非淫词艳说荡人心志，集剿袭雷同厌人听睹，欲求其自抒心裁，有关风化者，盖不数数觏矣。是书以时文三弊为经，以康、林二人为纬，初阅之若拟不于伦，而同所不同，不同其所同。读者考书始终自晓然。于言虽近而旨远，意虽奇而词正，主文而谲谏，盖亦窃附于言者无罪、闻者足戒之微意焉。然则小说岂易言哉！或谓作者胸有不平之事而故为游戏之笔，自娱以娱人也。是犹未识作者之苦心也夫。"序署"时光绪乙未冬至最后一日，西泠散人撰于卧义堂"。

本月，范肯堂（当世）跋黄遵宪诗集，云："公度先生授是诗，而即是以陈伯严诸所为评，曰：'蔑以加矣，子欲颂难矣！'余曰：'不然，子之诗诚众人所则，余亦云云以颂之耳，何难之有？如其不然，则吾将伏而诵之，句句而求之，而为之圈识焉，点识焉，旌别其高下而兼议其所可去者焉。此罪吾之能事，又奚以徒颂为乎？'于是，君尚留沪，而余揣是诗至江宁，颇竭数昼夜之力，既卒业，而得题下三圈识者六首,两圈识者七十七首,一圈识者百有八首。其他雅淡者,亦皆可存;而仅可删者,独少年风骨未成之作耳。君于是道盖至深,余亦终无以颂之。独吴挚父、陈伯严皆尝谬称吾诗,以为海内无两。及是,而知其信不然也。诗留我处再旬日,及君之沪,还而归之,仅识其读法如此,而私留稿者六十数篇。"署"乙未仲冬,范当世顿首"。

本月,黄钧宰《金壶七墨》刊行出版,书首有洪葆荣序,署"光绪二十一年岁次乙未冬至日,钱塘绳伯洪葆荣书于海上稽古楼之南窗"。该书记道光四十年至同治十二年四十年来社会杂事。

本年

本年夏,《台湾巾帼英雄传初集》成书,十二回,作者署"古盐官伴佳逸史"。该书演台湾军民反对割让台湾战事中巾帼英雄之事。书首有"竹隐居士"序,次有作者自序。作者自序云:"不揣谫陋,即其事实编列成帙,分为二十四回,先将十二回为初集,付诸石印,以副先睹为快之心。二集俟天气稍凉再编续印。"此书有本年上海书局石印小本,二集未见,未知是否编印出版。

本年夏,况周颐编《蕙风词》成。

本年夏,严复"大受刺激"于甲午战败、和议始成,"自是专致力于翻译著述。先从事于赫胥黎(T·Huxley)之《天演论》(Evolution and Ethics),未数月而脱稿。"

本年秋,马建忠《适可斋记言记行》刊行出版。为其友人所刊,至次年,马建忠复整理补刊。

本年秋,张僖为林纾《畏庐文集》作序。林纾是年春应会试不第,还福建任教于龙潭精舍。秋,应福建兴化知府张僖之聘,赴兴化校阅试卷,序文即作于此时。此集为林纾文初次结集。张僖序谓,林纾随身所携仅"诗礼二疏、春秋左传、史记、汉书、韩柳文集及广雅疏证而已,畏庐无书不读,谓古今文章归宿者止此","畏庐文字,强半爱国思亲之作也"。1910年,《畏庐文集》再版时,文虽增数十篇,但仍用张僖序。

林纾(1852—1924),原名群玉、秉辉,字琴南,号畏庐、畏庐居士,又号冷红生,晚年别署践卓翁、蠡叟、六桥补柳翁、春觉斋主人等,私谥贞文,福建闽县(今福州市）人。近代文学家、翻译家，自云"四十五以内，匪书不观"，四十岁以前遍览唐宋小说。1897 年，任福州苍霞精舍汉文总教习，撰《闽中新乐府》，见其维新思想。同年夏，受留法归来的王寿昌启发，开始与别人合作译书，因不懂外文，据别人口译，以古文笔法刻画成篇。1899 年移居杭州，执教于杭州东城讲舍。同年，由其笔录、王寿昌口述的《巴黎茶花女遗事》刊行出版，风行海内，从此一发而不可收，开始翻译生涯。1901 年举家迁至北京，任金台书院讲席，又受聘为五城学堂总教习，教授修身与国文。1903 年，于京师大学堂兼职笔述。1906 年，任京师大学堂预科及师范馆经学教员，1910 年移就大学经文科讲席，授古文辞，1913 年辞职。1911 年，与樊增祥等人于北京结构诗社。辛亥革命后，决心以清朝遗民终其身，11 次赴河北易县谒崇陵，并拒应袁世凯、段祺瑞顾问之职，思想渐趋保守。1912 年，为创刊的《平报》开"铁笛亭琐记"、"践卓翁短篇小说"、"讽谕新乐府"等专栏，并任编撰。自此开始自著小说，同时为其他杂志撰稿。1917 年，撰文反对胡适、陈独秀等于《新青年》倡导的新文化运动，对白话文的推广和普及尤其深恶痛绝，并作小说影射攻击。1919 年，上海《新申报》为其开辟"蠡叟丛谈"专栏，北京《公言报》为其开辟"劝世白话新乐府"专栏。1924 年病逝前，犹以"古文万无灭亡之理"嘱其子"勿怠尔修"。林纾开风气之先，是大量译介西方文学入中国的第一人，不通外文，仅凭他人口述，以古文笔法出之，别具一格。总计翻译小说 180 种以上（包括未刊及稿本），曾合编为《林译小说丛书》（未全），除《巴黎茶花女遗事》外，尚有《黑奴吁天录》、《迦茵小传》、《离恨天》等。其自著小说亦用文言，有《京华碧血录》、《巾帼阳秋》、《冤海灵光》、《金陵秋》等。另有笔记《畏庐漫录》《畏庐笔记》《畏庐琐记》《技击余闻》等，剧作《蜀鹃啼》《合浦珠》、《天妃庙》等。著译之外，致力于古文研究，著有古文专论《韩柳文研究法》、《春觉斋论文》等，并编选多种古文选评本刊行于世。文存《畏庐文集》《续集》《三集》，诗收《畏庐诗存》及《闽中新乐府》，集外诗文尚多。

本年冬，文廷式作《冬夜绝句》十一首。诗记南北之游踪，叙友朋之欢宴；又为消寒会，约王闿运为艳词，托体风怀，暗咏时事。（钱萼孙《文云阁先生年谱》卷三）

本年，文言小说《梦平倭奴记》不分回刊于《新闻报》，后收入本年陈耀卿所编《时事新编》卷六，作者署"高太痴"。此文一作《梦平倭虏记》，叙某生梦平倭寇事。

本年，《刘大将军平倭百战百胜图说》由上海书局刊行出版，作者署"平江藜床旧主管斯骏"。书叙刘永福平倭寇事。

本年，《意外缘》由上海书局刊行出版，四卷十八回，作者署"秋斋"。

本年，《云钟雁三闹太平庄》由上海书局刊行出版，五十四回，石印本，书名改题为《大明奇侠传》。书首有张佩芝序，云："长夏江村，杜门谢客。却暑者，芒鞋葵扇；消渴者，沉李浮瓜。而江陵渔隐过访，款洽之下，袖出《大明奇侠传》一书，云为重付剞劂，索序于余。展而读之，乃所载者皆明季事，凡忠义者令人壮志，智勇者足使才奇，骨鲠者百折不回，奸佞者洵堪发指；至于才子具豪侠之情，佳人解乔装之慧；所谓忠孝节义，智勇豪杰，无一不奇，无一不妙。而此书久已脍炙人口，兹经名手绘图，宿儒详校，乃稗官野史中第一快心醒目之奇编也。"序署"光绪岁次甲午，苕溪醉月问花客张佩芝志"。

本年，《玉燕姻缘全传》由上海书局刊行出版，七十七回，石印本。

本年，《永庆升平前传》由上海书局刊行出版，九十七回，石印本。

本年，《青楼梦》由上海书局刊行出版，六十四回。

本年，《杀子报》由沪江书局刊行出版，四卷二十回，石印本，不题撰人。书首有"觉醒子"序。此书又名《清廉访案》，据清代民间流行公案故事改编，出自清代景星杓之《山斋客谈》，唯人物、地点或情节稍有变动。香港书局于本年亦刊出此小说，题《杀子报全传》，四卷二十回。

本年，天中生《五代兴隆传传奇》由博文书局刊行，石印巾箱本，共四卷。

本年，袁昶《于湖题襟集》刊行出版，十卷。

本年，叶衍兰辑收沈世良的《楞华室词》、汪瑔的《随山词馆》和己作《秋梦盦词》各一卷，为《粤东三家词钞》，合刊发行。

本年，江标编辑的《宋元名家词》由湖南思贤书局刊行出版。

本年，皮锡瑞于南昌刊行出版己作《师伏堂骈文》，二卷。光绪三十年甲辰（1904），皮锡瑞于善化补刊四卷，增文30余篇，合为六卷，所收骈文仍仅止于光绪二十一年乙未（1895）。

本年，孙雄《师郑堂骈体文存》刊刻，二卷。

本年，薛福成《庸庵文编·海外文编》刊行出版，四卷。

本年，叶大庄的《写经斋初稿》刊行出版，四卷。又，叶大庄于本年自刻所撰《写经斋初稿》五卷。

本年，王懿荣自刻所撰《天壤阁集》（不分卷）于长沙。

本年，上海华北捷报社（N.C.Herald）出版了塞缪尔·伍德布里奇（Samuel L. Woodbridge）译自《西游记》故事的《The Golden-Horned Dragon King; or the Emperor's Visit to the Spirit World》，中文名为《金角龙王，皇帝游地府》。该书内容取自《西游记》第十、十一回的"老龙王拙计犯天条"和"游地府太宗还魂"，据卫三畏编集的汉语读本小册子译出，是最早将《西游记》片段文字译成英文的著作。

本年，《皇家亚洲学会杂志》第27卷上刊发了理雅各的《"离骚"诗及其作者》一文。全文分三部分：作者生平、释文和评论、译文。该文中有《离骚》全文的英译文，还翻译了王逸《楚辞章句》中对《离骚》的注释。有评论家猜测，理雅各并未读过王逸原著，而是根据圣狄尼的马尔基·德尔维的法译本（巴黎，1870）转译的。理雅各分析这首长诗后说："这首诗引不起我们一点赞佩，却使我们喜欢上了诗的作者，我们为他不顺心的遭遇与悲惨的命运深表遗憾。"

本年，马建忠开始撰写《马氏文通》，1897年脱稿，1898年初冬由上海商务印书馆出版前六卷。该书初拟名《华文文训》，马建忠于本年致书王韬云："今年意兴索然，寻花问柳不复如前。尝思手编《华文文训》，内分'训字'、'训句'、'训篇'三卷，而证之以《孟子》、《史》、《汉》、韩文四种，暇时当将大略请示。"

本年，章太炎作《高先生传》（其师高学治于本年去世）。加入上海强学会。

1896年

一月

12日,《强学报》创刊于上海,5日刊,册报,铅字印刷。为上海强学会的机关报(会刊),以孔子纪年,署"孔子卒后二千三百七十三年",由康有为的学生徐勤、何树龄主编。同日的创刊号载《上海强学会序》,署张之洞撰,实康有为代撰,文曰:"天下之变,岌岌哉!夫挽世变在人才,成人才在学术,讲学术在合群,累合什百之群,不如累合十万之群,其成就尤速,转移尤巨也。……尝考泰西所以富强之由,皆由学会讲求之力。《传》称以文会友,以友辅仁。《记》称敬业乐群。其开风气而成人才,以应天子侧席之意而济中国之变,殆有此耶!其乐从诸君子游乎,吾愿观其成焉。"该报《本局告白》云:"现当开创之始,专以发明强学之意为主。派送各处,不取分文,一月以后,乃收报费。"《强学报》的政治色彩较《万国公报》、《中外纪闻》更浓:采用孔子纪年而不用清朝的年号,以此"托古改制";旗帜鲜明地倡导变法维新,发出了"穷则变,变则通,通则久,不变则不能久矣"的警告;明确提出"明定国是"、"开设议院"的政治主张;在《开设报馆议》一文中阐述了报纸在维新运动中的作用,即"广人才、保疆土、助变法、增学问、除舞弊、达民隐",这也正是《强学报》的办报宗旨。1月17日,御史杨崇伊参奏强学会"植党营私",北京、上海两地强学会相继被封,《强学报》仅发行5天,出版两期即遭查禁。北京强学会和《中外纪闻》遭查禁的消息传到上海后,张之洞于1月25日下令解散上海强学会,《强学报》第三期还未来得及发行就被迫停刊。《强学报》共出两期,为中国最早的政论报纸,宣传维新变法,为清政府所不容。

二月

4日，清廷准军机大臣李鸿藻之议，将强学会改为官书局，隶属总理衙门，专司翻译书报。"命孙燮翁管理。……置伯虎（汪大燮）于报馆，屏卓如（梁启超）焉。……除数人之外，皆以此局为升官发财之捷径，趋之若鹜，而明者反置于闲，或引去，或屏迹于门，此京局之实情也。"（光绪二十二年二月二十一日吴樵《致汪康年书》载）

7日，总理衙门奏派学生出洋留学。

三月

本月，傅兰雅《时新小说出案》刊载于广学会《万国公报》第86册。文中说：前刊登征求时新小说告示后，"蒙远近诸君揣摩成稿者，凡一百六十二卷。本馆穷百日之力，逐卷批阅，皆有命意。然或立意偏畸，说烟弊太重，说文弊过轻；或演案希奇，事多不近情理；或述事虚幻，情景每取梦寐；或出语浅俗，言多土白；甚至辞尚淫巧，事涉狎秽，动曰妓寮，动曰婢妾，仍不失淫辞小说之故套，殊违劝人为善之体例，何可以经妇孺之耳目哉？更有歌辞满篇俚句，道情者虽足感人，然非小说体格，故以违式论。又有通篇长论，调谱文艺者，文字固佳，惟非本馆所求，仍以违式论。然既蒙诸君俯先所请，有辅劝善之至意，若过吹求，殊拂雅教。今特酬选体格偏清雅者七卷，仍照前议，酬以润资。"共录选20人，茶阳居士50元，詹万云30元，李钟生20元，居末者陈羲珍1元半。此启事于去年十一月二十九日曾刊登于《申报》。

四月

本月，广学会《万国公报》第87册刊载了《中东战纪本末》一书的全部目录，继续为该书做宣传。在《中东战纪本末》于本月出版后，《万国公报》在第88册、89册及以后各册仍不时刊登该书的出版和发售信息。

本月，林乐知、蔡尔康合编《中东战纪本末》（林乐知口译、蔡尔康笔述，林蔡二人合作的文章外,还有其他传教士和华人的文章)初编八卷由上海广学会刊行。初编的大部分内容选自《万国公报》。1897年又出版了续编,1900年出版了三编。《中东战纪本末》是一部以报道和评论中日甲午战争为主要内容的书籍,仿照《通鉴纪事本末》、《左传纪事本末》的体例编写而成,通过大量选录、选译中外报刊资料,对中日甲午战争的过程进行了极为详细的报道。选译、选录的资料包括外报的报道、西人的论说和中国的上谕、电报、奏疏、文牍以及诸多条约、章程等。它从军事、政治、宗教等方面对中国战败的原因进行了深刻分析,并提出了涉及政治、经济、教育、风俗、外交等诸多方面的改革建议和变法主张。在当时出版的诸多中日战争的书籍中,《中东战纪本末》以出版较早、规模最宏大、读者最易得而著称。初编三千部在6个月内即销售一空,到1900年,初编、续编已售出一万余部,成为甲午至戊戌年间最畅销的书籍之一。

林乐知（Young John Allen, 1836—1907）, 美国传教士。初起中国名林约翰, 后取"一物不知, 儒者知耻"之意, 更名林乐知, 字荣章, 自称"美国进士"。1860年来中国上海传教。曾从王韬治汉学。1864年, 被上海广方言馆聘为英文教习。1868年, 担任《上海新报》编辑, 创办并主编中文教会期刊《教会新报》, 1874年改名《万国公报》, 为19世纪介绍西学最集中的期刊。1869年, 进江南制造局翻译馆任编译。1887年, 参加改组后的上海广学会编辑工作, 译述西书十余种, 其中最著名的是《中东战纪本末》, 此书不单纯是翻译, 间有编者的按语、评论, 书中对甲午战争真相的披露, 以及对中国存在的积习的尖锐批评, 对中国知识界很有影响。1881年, 辞去广方言馆和翻译馆的职务, 于上海创办中西书院, 并任监院。1895年, 辞去监院一职, 专事办刊和译书。1907年病逝于上海。在中国四十七年间, 身兼教习、编辑、译书、传教士, 常常半天授课, 半天译书, 夜间编辑期刊, 礼拜天传教。因译书和教学的贡献, 1876年被清政府授予五品顶戴官衔, 后又"钦加四品衔"。

本月, 林乐知与任廷旭合译《文学兴国策》两卷本由上海广学会刊行, 次年列入《中东战纪本末》续编附录。该书选译自日本教育家森有礼原著的英译本《Education in Japan》。林乐知于序文中谈及编译《文学兴国策》的动机与目的, 云: "世无亘古不能变之法, 人无愚昧不能明之心, 国即无积弱不能强之势。欲变文学之旧法, 以明愚昧之人心, 而成富强之国势, 此《文学兴国策》之所为译也。……

试观日本之文学与年俱进，国家之富强亦与之俱进。考诸史册，证诸见闻，日本今日蒸蒸日上之情形，不独国人见之无不惊以为奇，即日本当国之大臣亦见之而以为念不到此矣，尚何人敢谓文学无益于国哉？"

本月，《续今古奇观》由上海书局刊行出版，石印本，书首序署"光绪丙申仲春月清明后三日瀛园旧主撰并书"。

本月，黄遵宪愤于强学会被解散，谋再振之，提倡开办报馆，写信招梁启超来上海，与其订交，不久与汪康年、吴季清、邹殿书等五人共同谋议办报。

五月

14日，吴季清跋黄遵宪诗集，云："性情深厚，识力坚卓，故能以雄直之气，达沉攀之思。在君为余事，然已为诗中辟一境界亦。君才识度越寻常万万，偶借此陶写可矣，不宜敝精神于此也。"署"光绪二十二年四月二日，达县吴德潚敬识于江夏寓舍"。

本月，唐芸洲于本月或稍前完成《七剑十三侠》（一名《七子十三生》）初集六十回的创作。该书叙明正德年间宁王朱宸濠叛乱并为王守仁所败之事，多妖异剑侠之谈。题"桃花馆主编次"，实即唐芸洲作。其师江文藻为该书作序，序云："尝见稗官口说，纪载剑仙侠客之流，殊足娱心悦目，欣羡无已。第类皆雪泥鸿爪，略见一斑，偶叙一事，若神龙之首见而尾隐，令人追想其生平，未必别无惊人之事，更有可观，惜其（无）从考之为憾。友人宏仁曾主人，携来《七剑十三侠》一书，嘱余为序。翻阅一过，乃余门人唐生芸洲所纪有明宁藩作乱始末也。……其中奇踪异迹，不胜枚举，源源本本，尽致淋漓，令人色飞眉舞，拍案叫绝，诚足为历来剑侠之大观，稗官之翘楚也。吾知此书一出，其不胫而走也必矣。"序署"光绪廿二年四月立夏后三日，听珊江文藻撰并书"。唐芸洲，号桃花馆主人，江苏苏州人，生平事迹不详。后撰《续集》六十回，《三集》六十回，加之《初集》，《七剑十三侠》凡一百八十回。《三集》有光绪辛丑年（1900）六月甬上月湖渔隐序，当时已撰成，并于当年由申江书局刊出石印本。

本月，林乐知《中东战纪本末序》刊载于广学会《万国公报》第88册。

六月

6日，《指南报》创刊于上海，日刊。创办人为张芷韵，李伯元任主编。初期自办发行，后由文汇西报馆代发。李伯元于创刊号《谨献报忱》中声明，该报是在"熟谙体例之西商指点"下创办的，其宗旨有六："采万国之精彩"，"扩朝廷之闻见"，"扩官场之耳目"，"开商民之利路"，"寄环海之文墨，以文会友"，"寓斯民之风化"。停刊时间不详。今见的最后一期系光绪二十三年八月二十八日（1897年9月24日）出版。

该报将论文排在首篇，后接国内外时事新闻和社会新闻，末附"京报选录"或诗词。论文渠道来源有三：一由报馆人员撰写；二是转引他报重要论文；三是选登读者来稿。论文内容主要有四个方面：（1）综论中外大事，提出救国良方。其中有强烈要求变革现实政治的《论中国难更改政治》、《论中西强弱不同之故》；有竭力主张加强国防，抵御外来侵略的《海防撮要论》、《论筹防》；有剖析西方各国国情的《日本工业渐盛论》、《论日本及美洲西部商务情形》等。（2）针砭时弊，揭露官场腐败，如《论近世官权之外重内轻》、《论考官舞弊数见不鲜》等。（3）记录社会风情，抨击旧风陋俗，其议论范围涉及赌博、服饰、缠足、饮食、礼仪、观剧、婚丧嫁娶等各方面，如《论盂兰盆会之无益》、《论近今男女服饰之异》等。（4）倡导西学教育，主张传播西学，较重要的有《译西书以知敌情论》、《策试西学说》等。商业广告刊于正版前半部分或第四版后，占全报版面的三分之二。

该报登载的新闻面广多样，上至国内外大事、官宦重臣活动，下至县衙、租界、捕房消息，天文地理、风俗人情、优伶僧尼、娼妓流氓、盗贼赌徒各种题材，无不包容。报道的侧重点，初、中期以重大时事为主，后期社会新闻逐渐增多，尤其是常用吸引人的文学色彩词语，拟作新闻标题，如："大星忽殒"（报道山东巡抚李秉衡逝世）、"雷峰夕照"（指杭州地名）。此外，在头版地位刊登全国各地乡试试题，设立指南报英文夜馆，聘请慕愚主人任教习，广招学生进行英语培训；多次登出征文启事，希望"大雅诸公寄来诗词歌赋"，以便引起骚人墨客兴趣，扩大报纸影响。先后在该报发表作品的有章太炎、李根源和署名"仓山旧主"、"全为鹤主"、"翠微女史"的一些文人。

李伯元（1867—1906），名宝嘉，又名宝凯，号南亭亭长，常用笔名尚有游戏主人、讴歌变俗人等，江苏武进（今常州）人。擅长帖括制艺，诗赋书画、词曲篆刻无不喜好。1891年以乡试第一入泮，补廪贡生，但始终未能中举，仕途失意。1892年返乡定居。曾从传教士学习英文。1896年举家迁沪，同年入《指南报》任主编。1897年创办《游戏报》，先后发表《论〈游戏报〉之本意》、《论本报之不合时宜》等文，提倡借游戏文字开导民众，以期改良和变革社会。1899年延揽欧阳钜源入游戏报社，并办书画社。翌年又办海上文社，刊行《海上文社日报》。1901年，因各小报分起模仿，将《游戏报》盘予他人，另创《世界繁华报》，开始连载己作《庚子国变弹词》。其时，开始撰写《官场现形记》，原计划写120回，后因病只写了50多回，由友人补缀至60回。1903年，《官场现形记》于《世界繁华报》陆续刊出。同年5月，应商务印书馆之聘，担任《绣像小说》主编，于该刊连载己作《文明小史》、《活地狱》（未完）、《海天鸿雪记》、《中国现在记》、《前本经国美谈新戏》（未完）、《醒世缘弹词》（未完）、仿时调《爱国歌》等。1904年，《中国现在记》（未完）分刊于《时报》。1906年病逝于上海，《绣像小说》因此停刊。除已刊行诸作外，李伯元尚有《南亭笔记》、《南亭四话》、《芋香室印存》及谐文、诗歌等多篇。

25日，《苏报》创刊于上海。创办人为胡璋（铁梅），以其日本妻子生驹悦名义，在日本驻沪总领事馆注册，聘邹弢为主笔。1899年，该报转卖给清朝退职官吏陈范（梦坡）。陈范具有资产阶级改良思想，适遇南洋公学退学风潮发生，该报首先报道，旋设《学界风潮》专栏，刊登江浙学潮消息，揭露当时一些官府和教会学堂的腐败黑暗，于是报纸"身价大起"，引起当时社会广大知识界的共鸣。1903年6月1日（光绪二十九年五月初六），章士钊任总主编，对报纸进行改革，宣称："本报发行之旨趣，谅为阅报诸君所谬许，今后特于发论精当、时议绝要之处；夹印二号字样，以发扬本报之特色，而冀速感读者之神经。"增设"学界风潮"和"舆论商榷"两个专栏，以报道学生运动和大造革命舆论，并大力宣传邹容的《革命军》。1903年6月29日，《苏报》以显著位置刊出章太炎的著名政论《康有为与觉罗君之关系》，对革命发出热情的礼赞。这些言论引起清政府的震恐，两江总督魏光焘派人到上海，会同租界当局对《苏报》进行迫害。陈范、章士钊等先期走避，章太炎、邹容等6人被捕。章太炎被判监禁3年，邹容被判监禁2年。《苏报》也于1903年7月7日被查封。史称"苏报案"。《苏报》的革命宣传和"苏报案"，当时在国内外产生了重大影响，促进了民主革命形势的发展。《苏报》出版共7年又

11日，发行2513号。

本月，王韬《中东战纪本末序》刊载于广学会《万国公报》第89册。

七月

4日，茅盾出生于浙江桐乡。茅盾（1896—1981），原名沈德鸿，字雁冰，曾用笔名尚有郎损、玄珠、方璧、止敬、蒲牢、刑天、刑风等，浙江嘉兴人，现代作家、文学评论家和文化活动家，著有小说《子夜》、《蚀》和《林家铺子》等。

本月，光绪帝下令准许官民自由办报。

本月，《续彭公案》已成，并于本年由泰山堂刊行出版，四卷八十回，小本，不题撰人。书首有"采香居士"序，序云："丙申夏，见友人案头有两巨册，取阅之，乃题曰《续彭公案》。略读一过，见其笔情酣恣，墨花飞舞，有过前书，遂拍案大叫曰：'是真大快吾意矣！'而因叹孝子、忠臣、奇侠、烈士，其灵气精光，自不可泯灭也。"序署"光绪丙申夏六月范百禄止诗传补注日，古越若耶溪采香居士识"。采香居士又作二序，其一曰："余暇最喜读小说闲评，喜新搜奇，编书肆中买尽，无新奇之书。丙申年，见《续彭公案》一书，京都并无是书。书中之节目，都是忠孝节义，感化人心风俗，谁无才无文，皆可正人，化恶为善；赞扬忠臣、孝子、义父、节妇，报应逆子乱纪。实事二百余回，接续刊刻成书。本坊非图渔利，所为同好之人，得窥全豹。"其二曰："《彭公案》一书，前卷未能全终，使读者衷心闷闷，不能畅怀。吾少游四海，喜读各种闲书，偶阅《彭公案》前部，未能全函。吾喜在茶坊酒肆之中，闻听评谈此书，吾津津有味，记诵即熟，故立意刊刻此书，流传后，使同好之人得观全终，故与本坊主人同力刊成。"

本月，沈寿康（毓桂）的《中东战纪本末序》刊载于广学会《万国公报》第90册。

本月，王韬为邹弢所著《海上尘天影》作序。据序文可知，该书系邹弢为青楼女子汪畹香而作。邹弢于1892年结识汪畹香，两人情投意合，然邹弢家贫，势不能偕，汪畹香不得已而别嫁他人。此书始作于1892年后不久，"始只五十二章，名《尘天影》，兹因女史之嫁，将五十二章悉行删改，又续增数章，改名《断肠碑》"。后刊本仍作《尘天影》。该书仿效《红楼梦》、《镜花缘》，而加入西学新理，"下界中国地方看得我们女子太轻，不令读书，但令裹足，且一妻数妾，最是不好。

你下去可立一女塾，教导国中，男女并重"云云，亦见当时风气。王韬序云："有与生同志者，曾索视之，谓其中所述各女子，均有其人，且各有性情，各有归束，前后起结，隐伏绾带，章法井然。大旨专事言情，离合悲欢，具有宛转绸缪之致，笔亦清灵曲折，无美不臻。且于时务一门，议论确切，如象纬舆图，格致韬略，算学医术，制造工作，以及西国语言，并逮诗词歌曲，下至猜谜酒令，琴瑟管箫，诙谐杂技，无乎不备，真是入世通才，目无余子。阅者如入山阴道上，多宝船中，惬目赏心，有予取予求之乐。历来章回说部中，《石头记》以细腻胜，《水浒传》以粗豪胜，《镜花缘》以苛刻胜，《品花宝鉴》以含蓄胜，《野叟曝言》以夸大胜，《花月痕》以性致胜。是书兼而有之，可与以上说部家分争一席，其所以誉者如此。余尝观此书，颇有经世实学寓乎其中。若以之问世，殊足善风俗而导之颛蒙，徒以说部视之，亦浅之乎测生矣。"

约 7 月间，严复奉李鸿章之命于天津创办俄文馆，自任总办，并亲自拟定课程，聘请教员，暂"以水师学堂空房为俄文生肄业之所"（1898 年 7 月 28 日《国闻报》）。该馆是晚清最早成立的官办俄文学校，是我国最早的俄文专科学堂之一。

八月

9 日，《时务报》创刊于上海，旬刊，册报。创办人为黄遵宪、吴季清、邹殿书、汪康年、梁启超。汪康年任总（经）理，梁启超任主笔，英文翻译张坤德，日文翻译古城坦堂（贞洁）。光绪二十四年六月二十四日（1898 年 8 月 11 日），《国闻报》刊载上海时务报馆告白，曰："启者：康年于丙申秋在上海创办《时务报》，延请新会梁卓如孝廉为主笔。"光绪二十四年七月初一（1898 年 8 月 17 日），《国闻报》刊载上海时务报馆告白，曰："启者：丙申五月，遵宪、德潚与邹君殿书、汪君穰卿、梁君卓如同创《时务报》于上海，因强学会余款开办，遵宪并首捐千金为倡，当推汪君驻馆办事，梁君为主笔。"《时务报》以变法图存为宗旨，分设"论说"、"谕折"、"京外近事"、"域外报译"等栏目（"域外报译"占整份报纸过半篇幅），另附各地学规、章程等。1898 年 8 月 7 日（光绪二十四年六月二十日）停刊，共出 69 期，从第 70 期起改名为《昌言报》。光绪二十四年六月初八（1898 年 7 月 26 日）清廷下令改上海《时务报》为官报，派康有为督办其事。汪康年以钦命难违，请示张之洞。经张之洞授意，改名为《昌言报》，梁鼎芬任总董。

汪颂谷《任公事略》载："丙申七月，创时务报馆。是年吾国尚止有日报，无杂志，有之，则为广学会月出一刊之《万国公报》。时承中日战役之后，钱塘汪穰卿进士与任公议，谓非创一杂志，广译五洲近事，详录各省新政，博搜交涉要案，俾阅者周知全球大势，熟悉本国近状，不足以开民智而雪国耻。于是有《时务报》之设。汪君经理馆事，任公则主撰述。"梁启超《三十自述》云："七月，《时务报》开，余专任撰述之役，报馆生涯自兹始。"又《曼殊室戊辰笔记》云："二十四岁丙申，由京之沪，以强学会之余款二千四百元办《时务报》。"

《时务报》是由一些志同道合、要求维新变法的人士创办的同仁报，极力宣传变法维新。梁启超在每期卷首发表鼓吹维新变法的数千字的政论文章，特别是总题为《变法通议》的长篇论著，连载 21 期，时间长达一年零三个月。《时务报》不仅介绍一般的国外信息，而且着重介绍西方各国对中国事务的议论，如《论东方时势》、《论太平洋大势》、《美国领事论中国厘金弊病》、《挟制中国修理北河论》等，这些议论在当时中国的报刊中较少见到，起到国人开阔视野、了解西方的目的。但是，《时务报》在发展过程中，也存在很多自身难以克服的弱点，在短短的两年时间中即经历了一个由兴旺到内耗，最后衰败的过程。对《时务报》的内耗造成报纸的停刊，当时舆论界颇多訾议，天津《国闻报》发文称："新党议论盛行，始于《时务报》，新党之人心解散，亦始于《时务报》。"当时，"四方新学士子"因喜梁启超的议论新颖，颇欢迎，数月间《时务报》销行至万余份，"为中国有报以来所未有"。梁启超也"名重一时"，上海成为当时改良派活动的中心地区。

同日，梁启超《变法通议·自序》和《论报馆有益于国事》刊载于《时务报》第 1 册。《变法通议·自序》曰："法何以必变？凡在天地之间者，莫不变。……故夫变者，古今之公理也。……代兴者审其弊而变之，斯为新王矣；苟其子孙达于此义，自审其弊而变之，斯号中兴矣。……有可为之机，有可取之法，有不待不行之势，有不容少缓之故。为不变之说者犹曰：守古守古。坐视其因循废弛，而漠然所无动于中。呜呼，可不谓大惑不解者乎？《易》曰：穷则变，变则通，通则久。……今专标斯义，大声疾呼，上循士训诵训之遗，下侪朦讽鼓谏之义。"而在《论报馆有益于国事》一文中，梁启超列述西方强国报业的发达，有助于耳目喉舌，而起天下之废疾，"阅报愈多者，其人愈智；报馆愈多者，其国愈强"，倡导"广译五洲近事"、"详录各省新政"等。梁启超在文中说："去塞求通，厥道非一，而报馆其导端也。无耳目，无喉舌，是曰废疾。今夫万国并立犹比邻也，齐州以内犹同室也。比邻之事，而吾不知，甚乃同室所为，不相闻问，则有耳目而无耳目；上有所措置，不能喻之民，下有所苦患，不能告之君，则有喉舌而无喉舌。其有助耳目、喉舌之用，而起天下之废疾者，则报馆之为也。……言政务者可阅官报，言地理者可阅地学报，言兵学者可阅水陆军报，言农务者可阅农学报，言商政者可阅商会报，言医学者可阅医学报，言工务者可阅工程报，言格致者可阅各种天算声光电专门名家之报，有一学即有一报。其某学得一新义，即某报多一新闻，体繁者证以图，事赜者列为表，朝登一纸，夕布万邦。……然则报之例当如何？曰：广译五洲近事，则阅者知全地大局，与其强盛弱亡之故，而不至夜郎自大，坐瞽井以议天地矣；详录各省新政，……博搜交涉要案，……旁载政治、学艺要书，……准此行之，待以岁月，风气渐开，百废渐举，国体渐立，人才渐出，十年以后，而报馆之规模，亦可渐备矣。"梁启超自此开始在《时务报》连载其《变法通议》。梁启超在其后的《清代学术概论》中自云："其后启超等之运动，益带政治的色彩。启超创一旬刊杂志于上海曰《时务报》，自著《变法通议》，批评秕政，而救弊之法，归于废科举兴学校，亦时时发'民权论'，但微引其绪未敢昌言。"关于《变法通议》在当时的影响，杨克己《康梁师生合谱》载："是年春夏秋间，公仍任时务报撰述之职，关于言论方面，有续变法通议各篇，如论科学、论学会、论师范、论文学、论幼学、论译书、学校余论等，仍以变科举与学校为主旨，时当甲午战后，此论一倡，遂风靡海内，举国趋之如饮狂泉。数月之间，销行至万余份，为中国有报以来所未有。"

同日，《时务报》第1册还刊载有英国作家柯南道尔所著《英国包探访喀迭医生奇案》，未署译者，1899年上海素隐书屋刊行单行本时署"丁杨杜译"。此为中国最早译介的侦探小说。

19日，梁启超《变法通议·论不变法之害》刊载于《时务报》第2册。

26日，吴汝纶致书严复，高度评价严复的学识和文章，赞其"学艺至高"。吴汝纶云："(严复)独执事博涉，兼能文章。学问奄有东西数万里之长，子云笔札之功，充国四夷之学，美具难并，钟于一手，求之往古，殆邈焉罕俦。窃以谓国家长此因循不用贤则已耳，如翻然求贤而登进之，舍执事其将谁属？然则执事日后之事业，正未可预限其终极。……尊译《天演论》，计已脱稿，所示外国格致家谓顺乎天演，则郅治终成。赫胥黎又谓不讲治功，则人道不立，此其资益于自强之治者，诚深诚邃。……尊意拟译穆勒氏之书，尤欲先睹为快，献书称官，此自古法，奈何欲易之。"

吴汝纶（1840—1903），晚清文学家、教育家，桐城派后期作家。字挚甫，一字挚父，安徽桐城人。同治四年进士，曾先后任曾国藩、李鸿章幕僚及深州、冀州知州，长期主讲莲池书院，晚年被任命为京师大学堂总教习，并创办了名校桐城中学。吴汝纶大力提倡学习西方科学文化知识，主张"中学为体，西学为用"，并深入探求西方的科学和哲学。他竭力支持严复的翻译工作，并为其翻译的《天演论》作序言。1902年5月，吴汝纶奉清廷令，赴日本考察学制，编成《东游丛录》一书，这是我国最早的一部介绍日本的专著。

29日，梁启超《变法通议·论变法不知本原之害》和《波兰灭亡记》刊载于《时务报》第3册。

九月

7日，梁启超《〈沈氏音书〉序》刊载于《时务报》第4册。梁启超在文中说："国恶乎强，民智斯国强矣。民恶乎智，尽天下人而读书而识字斯民智矣。……天下之事理有二，一曰质，二曰文。文者，美观而不适用；质者适用而不美观。中国文字畸于形，宜于通人博士，笺注词章，文家言也。外国文字畸于声，宜于妇人孺子，日用饮食，质家言也。二端对待，不能相非，不能相胜，天之道也。抑今之文字，沿自数千年以前，未尝一绝。而今之语言，则自数千年以来，不啻万百千变，而不可以数计。以多变者与不变者相遇,此文言相离之所由起也。……是以中国文字，能达于上不能逮于下，盖文言相离之为害。……西人既有希腊拉丁之字，可以稽古，以待上才；复有英法德各国方音，可以通今，以逮下学。……此后吾中土文字，于质文两统，可不偏废，文与言合，而读书识字之智民，可以日多矣。"

17日，梁启超《论加税》刊载于《时务报》第5册。

17日、27日，梁启超的《变法通议·学校总论》刊载于《时务报》第5、6册。

20日，孙仲愚《日益斋日记》载："八月十四日，宴复生（谭嗣同）、卓如、穰卿、燕生（宋恕，字燕生）诸子于一品香，纵谈近日格致之学多暗合佛理，人始尊重佛书，而格致遂与佛教并行于世。"

24日，严复致书汪康年，并汇票百元以支持《时务报》。严复于信中曰："昨公度观察抵津，稔大报一时风行。于此见神州以内人心所同，各怀总干蹈厉之意。此中消息甚大，不仅振聋发聩、新人耳目已也。不佞曩在欧洲，见往有一二人著书立论于幽仄无人之隅，逮一问世，则一时学术政教为之斐变。此非以取天下之耳目知识而劫持至之也，道在有以摧陷廓清、力破余地已耳。使中国而无维新之机，则亦已矣；苟两千年来申、商、斯、高之法，熄于此时，则《时务报》其嚆矢也。甚盛！甚盛！"随后，严复将《原强》、《辟韩》等文寄交《时务报》刊行。

同日，张元济与内阁中书陈懋鼎、工部主事夏偕复、内阁中书王仪通，奏请将西学堂更名为"通艺学堂"，"学堂名字即严复所取"（张元济《戊戌政变的回忆》）。12月17日，清廷准奏。或云，张元济等于北京创办通艺学堂。

27日，梁启超《说橙》刊载于《时务报》第6册。

同日，英国作家柯南道尔所著《英包探勘盗密约案》（The Adventure of the Naval Treaty，今通译《海军协定》）开始连载于《时务报》第6册，至同年10月27日（农历九月二十一日）第9册连载毕，署"译歇洛克呵尔唔斯笔记"，未署译者，1899年上海素隐书屋刊单行本《新译包探案》（收《英国包探访喀迭医生案》、《英包探勘盗密约案》、《记伛者复仇事》、《继父诳女破案》、《呵尔唔斯缉案被戕》，共5篇）时署"丁杨杜译"。

本月，广百宋斋刊行出版《七侠五义》，一百二十回，排印大字本。书首有俞樾作于光绪十五年（1889）之序，次为广百宋斋主人本年序。广百宋斋主人序云："《七侠五义》一书，虽属稗野，而浩然正气充塞行间。合之《小五义》《续小五义》，均足使顽廉懦立。爰亟重加厘订，蔚为大观，庶几镫唇酒尾，使天地正气心目常悬，或亦起衰救病之一方欤！"序署"丙申秋九月，广百宋斋主人识"。

十月

7日，梁启超《西学提要农学总序》刊载于《时务报》第7册。

7日、17日，梁启超的《变法通议·论科学》刊载于《时务报》第7、8册。

15日,严复作《〈天演论〉自序》。文谓:"赫胥黎氏此书之旨,本以救斯宾塞任天为治之末流,其中所论,与吾古人有甚合者。且于自强保种之事,反复三致意焉。"

16日,梁启超为马建忠《适可斋记言记行》作序,序云:"今秋海上,忽获合并,共晨夕饫言论者十余日,然后霍然信中国之果有人也。……君之于西学也,鉴古以知今,察末以反本,因以识沿革递嬗之理,通变盛强之原,以审中国受弱之所在。若以无厚入有间,其于治天下若烛照而数计也。君书未获见,所见者二种,《适可斋记言》、《适可斋记行》,非君特撰之书也。然每发一论,动为数十年以前谈洋务者所不能言。每建一议,皆为数十年以后治中国者所不能易。嗟夫!使向者而用其言,宁有今日!使今日而用其言,宁有将来!"序署"光绪二十二年九月十日,新会梁启超谨叙"。

17日,梁启超《〈西学书目表〉序例》(作于本月7日)刊载于《时务报》第8册。文中说:"已译诸书,中国官局所译者,兵政类为最多。盖昔人之论,以为中国一切皆胜西人,所不如者,兵而已。西人教会所译者,医类为多,由教士多业医也。制造局首重工艺,而工艺必本格致,故格致诸书,虽非大备,而崖略可见。为西政各籍,译者寥寥。"又言:"国家欲自强,以多译西书为本,学子欲自立,以多读西书为功。"

18日,梁启超致书夏曾佑(《与穗卿仁兄书》)云:"弟近学拉丁文,已就学十余日,马眉叔自愿相授,每日两点钟,一年即可读各书,可无窒碍云。俟来岁相见时,君听我演说希腊七贤之宏造恺也。"据信可知,梁启超在学拉丁文。

27日,梁启超《论中国积弱由于防弊》刊载于《时务报》第9册。

同日,柯南道尔所著《英包探勘盗密约案》于《时务报》第9册连载毕。

本月,梁启超《西学书目表》由上海时务报馆刊行,为石印线装本,一册。梁启超在书中首列西学诸书,其目曰:算、重、电、化、声、光、汽、天等学;次列西政诸书,其目曰:史志、官制、学制、法律等;次列杂类之书,如游记、报章、格致、西人议论及无可归类之书;又次为附卷,列通商以前译著各书、近译未印各书、中国人所著书,唯不收宗教书,全书共录三百余种。梁启超对译书作了系统的整理评价,并提示了读书方法,提出了新的近代图书分类法,突破了旧的四部分类法。在该书的后序中,梁启超云:"要之舍西学而言中学者,其中学必为无用,舍中学而言西学者，其西学必为无本，皆不足以治天下，虽庠序如林，逢掖如鲫，适以蠹国，无救危亡。"

本月，梁启超《读西学书法》由上海时务报馆刊行，石印本。梁启超在书中评介了各书的长短，指导读者阅读门径。

本月，严复始译英国人亚丹斯密（Adam Smith，今译亚当·斯密）的《计学》（An Inquiry into the Nature and Causes of the Wealth of Nations，后改名《原富》，今译《国富论》），至光绪二十六年十二月十一日（1901年1月30日）全部脱稿。1901至1902年，全书陆续由上海南洋公学译书院刊行出版。

十一月

5日，梁启超《变法通议·论学会》和《古议院考》刊载于《时务报》第10册。次年春，梁启超《与严幼陵先生书》云："《古议院考》乃数年前读史时偶有札记，游戏之作。"

同日，柯南道尔所著《记伛者复仇故事》（《The Adventure of the Crooked Man》，今通译《驼背人》）开始连载于《时务报》第10册，至同月25日（农历十月二十一日）第12册连载毕，"译歇洛克呵尔唔斯笔记，此书滑震所作"，未署译者。后素隐书屋（1899）、文明书局刊《新译包探案》时，均署"丁杨杜译"。

25日，柯南道尔所著《记伛者复仇故事》于《时务报》第12册连载毕。

本月，知新报馆（初名《广时务报》，一年后改名《知新报》）创办于澳门，由康有为与何穗田共同创办，徐勤为主笔。11月15日、17日，梁启超于《与穰、颂兄书》云："澳门顷开新一报馆，集款万金，亦欲仿《时务报》之例，十日一出。"但第1册（创刊号）发刊于光绪二十三年正月二十一日，即1897年2月22日。《康梁和谱》引《中国报学史》云："知新报由康广仁、何廷光为经理，徐勤、何树龄等为主笔，始五日一出，后改每旬一出，所载分论说、上论、正事、译报等，初拟名广时务报，后以报主维新，不取複襟，乃用此名，至光绪廿四年十二月始止。"

本月，严复致书《时务报》主编梁启超，述及《原强》、《救亡决论》旨趣、学习西文和寄《天演论》稿等事。严复信中曰："甲午春半，正当东事兀杌之际，觉一时胸中有物，格格欲吐，于是有《原强》、《救亡决论》诸作，登布《直报》，才窘气苶不副本心,而《原强》诸篇尤属不为完作。盖当日无似不揣浅狭,意欲本之格致新理,渊源竟委,发明富强之事,造端于民,以智、德、力三者为之根本。三者诚盛,则富强之效不为而成;三者诚衰,则虽以命世之才,刻意治标,终亦隳废。……从马兄眉叔(马建忠)习拉丁诺文,甚感甚感!此文及希腊文,乃西洋文学之根本,犹之中国雅学,学西文而不与此,犹导河未至星宿,难语登峰造极之事。……拙译《天演论》,仅将原稿寄去。"

十二月

5日,梁启超序《日本国志》,恨见其书之晚,称黄遵宪为学"不肯苟焉附古人以自见,上自道术,中及国政,下达文辞,冥冥乎入于渊微"。1897年3月23日刊载于《时务报》第21册,题《〈日本国志〉书后》。

7日,郁达夫出生于浙江富阳。郁达夫(1896—1945),原名郁文,字达夫,幼名阿凤,浙江富阳人,现代小说家、散文家、诗人。著有小说《沉沦》、《迟桂花》、《春风沉醉的晚上》和散文《故都的秋》等。

25日,梁启超《变法通议·论师范》和《治始于道路说》刊载于《时务报》第15册。是年12月8日梁启超《致汪康年书》云:"《治道路说》,乃麦孺博之文,弟乞得之以塞责者。"

本月,林乐知《重裦私议以广见公论》(五)刊载于广学会《万国公报》第95册。林乐知在此文中以一句译诗"除旧不容甘我后,布新未要占人先"导引议论,此诗句译自英国诗人蒲伯的《人论》(《An Essay on Man》),为迄今所见英国诗歌语句最早的中译本。

本年

本年夏,严复审订《天演论》译稿。吴汝纶评论严复《天演论》译文,云:"尊译《天演论》,名理绎络,笔势足穿九曲,而妙有抽刀断水之致,此海内奇作也。脱稿在迩,先睹为快。"(《桐城吴先生日记》卷九《西学》下)

本年秋,梁启超作《西学提要》,后于1897年陆续刊于《湘学报》。

本年，清廷设东文馆（即日文馆）。

本年，张元济（菊生）于上海创办南洋公学译书院。主要译介外国政治、经济、法律、历史、科学、技术方面的书籍。

本年，罗振玉、徐树兰等人在上海创办农务公会。该会声称"翻译农书，并创刊农学报章，专译各国农务诸报"，先后翻译出版农业科学知识图书百余种。王国维早年曾是该会的主要编译人员。

本年，吴梅的传奇《风洞山》初稿完成。该传奇共二十四出，取材于瞿锡元《庚寅始安事略》所载明末瞿式耜抗清史实，中间穿插王开宇与于绀珠的爱情故事。吴梅《瞿安笔记》云："十三岁（1896）时，曾谱瞿忠宣事，成《风洞山》曲二十四折，子庚为之填《金缕曲》一阕。且云：'《金缕曲》必如此方合律，时人所作，万不可学，当遵守矩度。'"可知，吴梅于13岁时即作成《风洞山》二十四出，系吴梅的戏曲处女作。又，吴梅《奢摩他室曲话自序》云："甲辰作《风洞山》。"高祖同《湘真阁序》云："岁甲辰，著第一种曲曰《风洞山》，以悲哀为主。"由此可知，甲辰年（1904）吴梅曾对《风洞山》进行过修改。首折《先导》发表于光绪二十九年十二月十五日（1904年1月31日）《中国白话报》第4期，第一折《忧国》发表于光绪三十年正月十五日（1904年3月1日）《中国白话报》第6期。《风洞山传奇例言》云："是编原为汾阳王薇伯所促成，曾刊某报。后以排场近熟，乃改定此本，凡费十二月之久，始得蒇事。可谓乐此不疲焉。"吴梅于光绪三十一年（1905）又加以修改，定稿时删去此二折。光绪三十二年（1906），《风洞山》经曾朴推荐由小说林社出版。今存光绪三十二年小说林社排印本，又有阿英编《晚清文学丛钞·传奇杂剧所收本》。程华平《明清传奇编年史稿》云：《风洞山》是吴梅的戏曲代表作，"填词谱曲遵循曲律，在当时剧坛可谓是绝无仅有"。

本年，陈栩的传奇《落花梦》初稿完成，1913年修饰改写。据作者于癸丑六月（1913年7月）作于第一出末尾的《附记》云："原书成于光绪丙申（1896）十八岁时，曲中每有不协工谱之处……兹特修饰一过，庶堪被之管弦。"可知，该传奇初成于1896年，1913年修饰改写。《落花梦》共二出，系作者早年经历的自述，主要内容为：盛蘧仙原本婚姻早定，盛母因外甥女顾影怜父母双亡，接来家中留伴膝下，见其丰姿玉润，十分喜爱，后悔已为子别求姻缘。蘧仙也对影怜心生爱慕。值影怜生日，家中设宴为其祝华诞，借此表示情意，却使影怜十分为难。

本年，钟祖芬（落落居士）的传奇《招隐居传奇》刊行于四川，共二卷十六出，分别为"挑将"、"诫子"、"开馆"、"试坚"、"驱神"、"再试"、"三试"、"骗阵"、"再骗"、"三骗"、"入阵"、"弃产"、"涉讼"、"鬻子"、"嫁女"、"封馆"，将烟具拟人化，叙写因吸食鸦片致家毁人亡之事。

本年，于茹川《玉瓶梅》刊行，十回，石印袖珍小本。该书全称《绣像第六奇书玉瓶梅》，每回叙一事或数事，体例混乱，或文言，或白话，有些则是改削他作而成。书首作者自序云"其文只取消淡如白话者，使愚人亦得易知为善"。

本年，《圣朝鼎盛万年青》由上海书局再版，七十六回，石印本。

本年，《云钟雁三闹太平庄》由理文轩刊行出版，五十四回，铅印本，书名改题为《大明奇侠传》。

本年，俞万春的《荡寇志》由慎记书庄刊行出版，七十一回。

本年，《金钟传》由乐善堂再版，八卷六十四回。

本年，吴宝镕的杂剧《太守桑杂剧》刊行，一卷。

本年，章太炎撰成《春秋左传读》（初名《春秋左传杂记》）五卷及《驳箴膏肓评》、《砭后证》，驳难清代常州今文学家刘逢禄《左传》不传《春秋》之说。《章氏丛书》初编仅收《春秋左传读》之《叙录》。《叙录》云："《春秋左传读》者，章炳麟著也。初名《杂记》。以所见辄录，不随经文编次，效臧氏《经义杂记》而为之也。后更曰《读》。取发疑、正读为义也。盖籀书为读，其大意曰读，其微言亦曰读。……紬微言，大义，故谓之《春秋左传读》云。懿《左氏》、《公羊》之衅，起于劭公，其作《膏肓》，犹以发露短长为趣。及刘逢禄本《左传》不传《春秋》之说，谓条例皆子骏所窜入，授受皆子骏所构造，著《左氏春秋考证》及《箴膏肓评》自申其说。彼其摘发同异，盗憎主人，诸所驳难，散在《读》中。"《春秋左传读》是章太炎的一部经学力作，采用读书札记体例，诠释《左传》中各种难解的古言古字、典章名物，阐发《左传》的微言大义，并辨明《左传》并非刘歆伪造，《左传》传授系统亦非虚构。此书亦为"驳难"常州经今文学派刘逢禄而作，章太炎《自述治学》云："既治《春秋左氏传》，为《叙录》，驳常州刘氏（刘逢禄）。"章太炎后来对《春秋左传读》并不满意，1932年10月8日《与徐哲东论春秋书》云："《春秋左传读》乃仆少作，时滞于汉学之见，坚守刘、贾、许、颖旧义，以与杜氏立异，晚乃知其非。"同年，章太炎还作《钱塘吊龚魏二生赋》。

章太炎（1869—1936），名炳麟，字枚叔、梅叔，初名学乘，因仰慕顾炎武人格而更名绛，号太炎，早年又号"膏兰室主人"、"刘子骏私淑弟子"等，曾用笔名尚有章炎武、绛学、绛叔等，浙江余杭人。近代学者、思想家、经学家，清末民初民主革命家，近代资产阶级革命派的代表人物之一。幼年受祖父及外祖父的民族主义熏陶，阅读《东华录》、《扬州十日记》等书，不满于满清的异族统治，形成华夷观念。1891年，入杭州诂经精舍，师从俞樾、黄以周、谭献等研习经、子之学，期间著有《膏兰室札记》、《春秋左传读》等。1894年甲午中日战争后，加入强学会，参加维新运动。1897年至上海任《时务报》撰述，因学术之争与麦孟华等人发生"拳殴"事件。此后回到浙江，与较为稳健的"中体西用"派王文俊、宋恕等人相往来。1898年春，应张之洞之邀，赴武昌办《正学报》，七月赴上海任《昌言报》主笔。戊戌政变后遭通缉，避居台湾，任《台湾日报》记者。1899年夏，东渡日本，与孙中山结识，不久即返回上海，辑订《訄书》初刻本，由梁启超题名，于苏州木刻刊行。同年冬任《亚东时报》主笔。1900年，参加唐才常发起的中国议会，断发明志，与清政府决裂。1902年再次逃往日本，接触西方哲学、社会学、文字学等领域的学术著作。1903年撰《驳康有为论革命书》，反对维新而主张革命，又为邹容《革命军》作序鼓吹，遂发生"苏报案"，入狱三年。1906年赴日本参加同盟会，主编同盟会机关报《民报》，主持《民报》与《新民丛报》（改良派）的论战。"以国粹激励种性"，"以宗教发起热情"，以佛理说革命，主张"革命之道德"。又参与此时兴起的国粹主义运动。后与孙中山等因《民报》不合，由提倡光复转入专心论学，著有《文始》、《新方言》、《国故论衡》、《齐物论释》等。1910年，主编《教育今语杂志》，撰写若干白话述学著作以普及学术。1911年辛亥革命后回国，主编《大共和日报》，并任南京临时政府顾问。此后反对袁世凯复辟，参加护法军政府。1922年，应江苏教育会之邀，主讲国学，讲演录后被编为《国学概论》和《章太炎先生国学讲演集》。1935年于苏州主持章氏国学讲习会，主编《制言》杂志。晚年以讲学为生，提倡读经，1936年病逝于苏州。章太炎一生著作颇多，除刊入《章氏丛书》、《续编》外，遗稿又刊入《章氏丛书三编》。

本年，上海著易堂书局翻印一套英国传教士艾约瑟于1885年编译的《西学启蒙十六讲》，在《西学略述》一书《近世词曲考》中有言曰："英国一最著声称之词人，名曰筛斯比耳。凡所作词曲，于其人之喜怒哀乐，无一不口吻逼肖。加以阅历功深，遇分谱诸善恶尊卑，尤能各尽其态，辞不费而情形毕露。""筛斯比耳"即今译之莎士比亚。

本年，柯南道尔所著《华生笔记案》刊行，未知译者。

本年，梁启超与好佛学者交往甚多，于佛学致力颇多，有入山之志，心系传教和救世。是年三月十日（公历 4 月 22 日）致书夏曾佑云："启超读经渐渐能解，观楞伽记于真如生灭两门情状，似仿佛有所见，然不能透入也。大为人事所累，终久受六根驱役，不能自主，日来益有堕落之惧，既不能断外境，则当择外境之稍好者，以重起善心。"在给康有为的两封信中，梁启超又云："弟子自思所学未足，大有入山数年之志，但一切已办之事，又未能抛撒耳。近学算读史，又读内典，所见似视畴昔有进，归依佛法，甚至窃见吾教太平大同之学，皆婆罗旧教所有佛吐弃不屑道者，觉平生所学失所凭依，奈何？属劝长者勿行，某亦以为然。然某于西行之说，颇主张者，某意以为长者当与世隔绝，但率数弟子以著书为事，此外复有数人在外间说世间法，此乃第一要事。""某昔在馆亦曾发此论，谓吾党志士皆须入山数年，方可出世。而君勉诸大笑之。……不知我辈宗旨乃传教也，非为政也；乃救地球及无量世界众生也，非救一国也。一国之亡于我何与焉。……且吾不解学问不成者，其将挟何术以救中国也。即多此数年入山之时日，亦不能作何事乎。今我以数年之功成学，学成以后救无量世界。"

本年与次年间，梁启超与夏曾佑、谭嗣同尝试写作一种新体诗。梁启超在其后来所著《饮冰室诗话》忆及时，云："过渡时代，必有革命，然革命者，当革其精神，非革其形式，吾党近好言诗，'诗界革命'虽然若以堆积新名词为革命，是满洲政府变法维新之类也，能以旧风格含新意境，斯可举革命之实矣。""复生自喜其新学之诗，然吾谓复生三十以后之学，固远胜于三十以前之学，其三十以后之诗，未必能胜于三十以前之诗也。盖当时所谓新诗者，颇喜掉撷新名词以自表异。丙申、丁酉间，吾党数子皆好作此体，提倡之者为夏穗卿，而复生亦綦嗜之。……当时吾辈方沉醉于宗教，视数教主非与我辈同类者，崇拜迷信之极，乃至相约以作诗，非经典语不用，所谓经典者，普指佛耶孔三教之经，故新月字句，落于笔端焉。……穗卿有绝句十余章，专以隐语颂教主者，余今不能全记。……当时在祖国无一哲理政法之书可读，吾党二三子号称得风气之先，而其思想之程度若此。今过而存之，岂惟吾党之影事，亦可见数年前学界之情状也。"又云："此类之诗，当时沾沾自喜，然必非诗之佳音，无俟言也。吾彼时不能为诗，时从诸君子后学步一二，然今既久厌之。"杨克己《康梁师生合谱》载："是时康梁二公，与谭嗣同、夏曾佑、黄公度等大倡'诗界革命'，为文学革命之先导。袭用各宗教之名词，以为诗料。"

1897年

一月

3日,梁启超《戒缠足会叙》刊载于《时务报》第16册。

本月3日至3月30日,梁启超的《变法通议·论幼学》刊载于《时务报》第16—19册。文中说:"今人出话,皆用今语,而下笔必效古言,故妇孺农氓,靡不以读书为难事。……但使专用今之俗语,有音有字者以著一书,则解者必多,而读者当亦愈夥。"因此,他主张"今宜用俚语,广著群书:上之可以借阐圣教,下之可以杂述史事,近之可以激发国耻,远之可以旁及彝情。乃至宦途丑态,试场恶趣,鸦片顽癖,缠足虐刑,皆可穷极异形。振厉末俗。其为补益,岂有量耶!"主张把"说部书"列为儿童教育的教学内容之一。

15日,徐志摩出生于浙江海宁。徐志摩(1897—1931),原名章垿,字槱森,留学美国时改名志摩,曾用笔名南湖、诗哲、海谷、云中鹤、仙鹤、删我、心手、黄狗、谔谔等,浙江海宁人,现代诗人、散文家,著有诗集《志摩的诗》《翡冷翠的一夜》《猛虎集》等。

16日,何藻翔(翙高)跋黄遵宪诗集,云:"人境庐五古,奥衍盘礴,深得汉魏人神髓。律诗纯以古诗为之,其瘦峭处,时类杜老入夔州后诸作。(卷一二律诗,酌存之可耳。)四五卷以下,境界日进,雄襟伟抱,横绝五洲,奇才奇才!"署"丙申十二月十四日,大雪,何藻翔拜读"。

24日,严复、夏曾佑、王修植、孙宝琦等在天津"建一学会,专译西人新学之书,不作别事,不立名目。租屋、买器统由慕韩承办,明年开会"。不久,因"众志不同,已成罢论"。

本月，章太炎应梁启超和汪康年之邀，入时务报馆任撰述。章太炎《口授少年事迹》云："梁启超设《时务报》于上海，遣叶浩吾至杭州来请入社，问：'何以知余？'曰：'因君前有入强学会之事。'"冯自由《中华民国开国前革命史》第十四章《壬寅之那亡国纪念会》载："岁丙申，夏曾佑、汪康年、梁启超发起《时务报》于上海，耳章名，特礼聘为记者，章、梁订交即在此时。章尝叩梁以其师宗旨，梁以变法维新及创立孔教对，章谓变法维新为当世之急务，惟尊孔设教有煽动教祸之虞，不能轻于附和。"

二月

9日，王统照出生于山东诸城。王统照（1897—1957），字剑三，曾用笔名剑先、鉴先、韦佩、卢生、息梦、息庐、容庐等，山东诸城人，现代作家、诗人，著有小说《山雨》等。

11日，商务印书馆创立于上海。创办人为夏瑞芳、鲍威恩、鲍咸昌、高凤池等。商务印书馆是中国近代民营出版业兴起的标志。主要出版教科书和翻译著作。林纾所译的欧美小说170多种，大多在该馆出版。

12日，通艺学堂于北京开馆。通艺学堂提倡新学，培养维新人才。翌年戊戌变法时，张元济被革职，通艺学堂交归京师大学堂。

22日，《广时务报》改名《知新报》正式于澳门出版发行，"以何易三、叙君勉主其事，而任公遥领之，略如傅兰雅所主办之格致汇编之例，专译西国农、矿、工艺、格致等报，而以言政治之报辅之，亦兼载重要之时事，与上海时务报相呼应。"

同日，梁启超《知新报叙例》刊载于《知新报》第1册。

同日，章太炎《论亚洲宜自为唇齿》刊载于《时务报》第18册。

27日，《华报》创刊于上海，日刊。华报馆发行，报式同早期《申报》，创办人和主编未知。1898年9月30日停刊，停刊原因未知。

三月

3日，章太炎《论学会有大益于黄人亟宜保护》刊载于《时务报》第19册。概云外患日迫，内政堪忧，"然则如之何而可？曰：以教卫民，以民卫国，使自为守而已。变郊号，柴社稷，谓之革命；礼秀民，聚俊才，谓之革政。今之亟务，曰：以革政挽革命。"黄遵宪于三月十一日（4月12日）《致汪康年书》评论章太炎及该文，云："馆中新聘章枚叔、麦孺博，均高材生。大张吾军，使人增气。章君《学会》，论甚雄丽，然稍嫌古雅。此文集之文，非报馆文。作文能使九品人读之而悉通，则善之善者矣，然如此既难能可贵矣。才士也夫！"四月，又致函汪康年云："章氏之文，颇惊警，一二月中，亦可录一二篇。"叶瀚《致汪康年书》，则云："十九期报第二篇论文（《论学会有大益于黄人亟宜保护》）太艰涩，洗太散碎，观者颇不悦目，操笔人宜嘱其选词加润为要。"

9日，吴汝纶致书严复，评其《天演论》，并就翻译问题提出自己的建议。本年2、3月间，严复以《天演论》乞吴汝纶作序。吴汝纶于回信中云："得惠书并大著《天演论》，虽刘先生之得荆州，不足为喻。比经手录副本，秘之枕中。盖自中土翻译西书以来，无似此宏制。匪直天演之学，在中国为初凿鸿蒙，亦缘自来译手，无似此高文雄笔也。钦佩何极！抑执事之译此书，盖伤吾土之不竞，惧炎黄数千年之种族，将遂无以自存，而惕惕焉欲进之以人治也。本执事忠愤所发，特借赫胥黎之书，用为主文谲谏之资而已。必绳以舌人之法，固执事所不乐居，亦大失述作之深旨。顾蒙意尚有不能尽无私疑者，以谓执事若自为一书，则可纵意驰骋。若以译赫氏之书为名，则篇中所引古书古事，皆宜以原书所称西方者为当，似不必改用中国人语。以中事中人，因非赫氏所及知，法宜如晋宋名流所译佛书，与中儒著述，显分体制，似为入式，此在大著虽为小节，又已见之例言，然究不若纯用原书之为尤美。"

同日，谭嗣同于《致汪康年梁启超书》评价章太炎，云："贵馆添聘章枚叔先生，读其文，真巨子也。大致卓公如贾谊，章似司马相如。"

23日，梁启超《〈日本国志〉书后》（作于1896年12月5日）和《记江西康女士》同时刊载于《时务报》第21册。

本月，《彭公案》及《续彭公案》合刊本刊行，原有序外，另有"都门叶子豪"

作《全续彭公案序》，云："余观之全部，前后笔法，有始有终，大有警世之风，诚可赞美。令阅者知王法之森严，凡忠诚、义士，逢凶化吉，得留名于后世；乱臣、贼寇，恶贯满盈，俱遭报应循环。人生治平之世，各宜安分守己，勿好勇而逞强，勿逆天而行事；改恶迁善，自保无虞。故事同今，此为救世之书，观善恶之收缘结果也。"序署"光绪丁酉杏月，都门叶子豪评，古吴莫厘朱蔚彬书"。

四月

12日，严复《辟韩》连载于《时务报》第23册，张之洞"见而恶之，谓为洪水猛兽"，命屠守仁"作《〈辟韩〉驳议》"，严复"且罹不测，嗣有向张督解围者，其事始寝"。

同日，梁启超《农会报序》刊载于《时务报》第23册。

4月12日、5月2日，梁启超的《变法通议·论女学》刊载于《时务报》第23、25册。

16日，《广仁报》创刊于广西桂林，木刻，线装本。初为两日刊，不久改为周刊、旬刊、半月刊，最后定为月刊。创办人为康有为及其弟子。报社设在桂林圣学会内（康有为于正月初十到达桂林，不久创建圣学会）。主笔为赵廷扬、曹硕武、龙朝辅、龙应中、况仕任等。该报分论说、时事新闻、地方要闻、中西译述、短评、杂谈、科学常识等栏目，主要宣传变法维新思想。1898年戊戌政变后，康门子弟自动停办。此为广西最早的报纸。

22日，《湘学新报》创刊于长沙，旬刊，册报，十日一册，自第21册起改名为《湘学报》，长沙校经书院编刊。创办人为当时湖南学政江标，主编为唐才常；出至23册时，江标离任，徐仁铸与按察使黄遵宪担任督办；出至40册后，唐才常离开，陈为镒任主编。该报为湖南省第一家报纸，以提倡新文学、讲求实学、开民智、育人才、图富强和鼓吹变法为宗旨。内容分六栏：史学、掌故（后改名时务）、舆地、算学、商学、交涉，每栏最初多为问答体，以后则有署名的专文，每栏各有专人负责撰述，唐才常一人兼主史学、掌故、交涉三门。1898年8月8日停刊，共出45册。《湘学新报》在当时很受读者欢迎，仅在长沙城即销行一千多份，有人称它与上海的《时务报》、澳门的《知新报》鼎足而三，可见其影响之大。

同日，柯南道尔所著《继父诳女破案》(《A Case of Identity》，今通译《身份案》)开始连载于《时务报》第 24 册，至 5 月 12 日第 26 册连载毕，署"滑震笔记"，未署译者。后素隐书屋（1899）、文明书局刊《新译包探案》时，均署"丁杨杜译"。

本月，章太炎不同意康有为"倡言孔教"，并与康有为门徒发生争论与不和，辞离《时务报》，由沪返杭，于杭州编辑《经世报》，并不断为《实学报》、《译书公会报》撰文（汤志钧《章太炎年谱长编》载，章太炎离开《时务报》应该在三月二十七即公历 4 月 28 日以前）。

五月

2 日，梁启超《蚕务条陈作叙》和《试办不缠足会简明章程》刊载于《时务报》第 25 册。

6 日，《集成报》创刊于上海，旬刊，册报。创办人为陈念萱，编者情况不详。该报逢农历初五、十五、二十五日出版，连史纸石印，每册 30 页。关于该报创办目的和宗旨，创刊号《叙》曰："综日报计之，每月不下几百纸，中人之产，中才之士，纵观非议，遍购又难。"鉴于此，该报决定："专集各报，节其所长。取其所是，缺其所非"，"集群粟以见墉栉，集众缕以成经纬，集众木以轮奂"，"以餍阅报诸君无穷之愿望"。《章程》进一步强调："本报之设，以采摘中外各报为主。"《集成报》是一份综合性的中外报刊文摘性刊物，摘录的中文报刊有近 40 种，如《万国公报》、《时务报》、《申报》、《苏报》、《知新报》、《国闻报》、《大公报》、《农学报》、《指南报》、《官书局报》等；选摘的外文报刊有《中法新汇报》、《朝日新闻》、《巴黎时报》、《伦敦邮报》、《越南海防捷报》、《俄国时报》、《泰晤士报》等。第 1、2 册未分栏。从第 3 册起开始设置栏目，设有：谕旨、政事、军事、矿事、商事、农事、工事、杂事。第 6 册增"学校"。第 7 册增"译论节要"，即在摘录各报消息的同时，也摘录各报所译载的外文报刊的消息，同时栏目改为：谕旨、军政、学校、商务、农桑、制造、交涉、杂事、译论节要。第 12 册增"医学"。第 13 册又增"本馆翻译"，即组织本馆的翻译力量，直接采译日文、法文等多种报纸文章，发行 4 期即中辍。从第 23 册起栏目又进行了一次较大的调整，设有：谕旨、政事、商务、京外近事、各国近事、译论节要等。此次调整后的栏目一直沿用至停刊。停刊时间不详。今见的最后一期系光绪二十四年闰三月二十五日（1898年5月15日）出版的第34册，停刊原因不明。《集成报》是我国最早的文摘性报纸，开一代风气之先，自此以后，我国文摘类期刊就一直沿袭了下来。

另，1901年5月8日，上海又出现铅印《集成报》，册报，旬刊，刊号另起，署"上海英商集成报馆刊"，代理人为吕塞尔，第18期后不再标"英商代办"。该报由上海商务印书馆代印，油光纸铅印、装订成册。该报与陈念萱所办石印本《集成报》一样，也属文摘类报纸，但摘录和翻译的范围更广泛。消息来源除中外报刊、中外电讯以外，还刊出记者采访的稿件和各地来信，不仅摘录消息，还有各报评论摘要。内容分别门类，第一期分政治、仕宦、时事、文学、武备、商务、各国要事、本埠近事、杂志、译报等10多类，后因"阅者嫌门类太多，有用的内容太少"，第3期后归并为时事、商务、译报、杂志4类。铅印本《集成报》发行于《辛丑条约》签订之后，清政府已宣布实行"新政"，该报既反对共和，又反对立宪，认为中国之大患并不是封建制度的腐朽，而是人心之败坏。该报连篇累牍地刊出《时务条陈》、《上皇帝书》和各封疆大臣筹议变法的奏折，鼓吹"清议为强国之本"，要老百姓多议论少行动。光绪二十七年（1901）年底，清政府决定"变通科举事宜"，该报从第33期（壬寅年第5号）起，增辟"试艺萃新"等栏，陆续刊出青浦青溪书院、上海县试、江阴南菁书院、青浦孝廉院、上海蕊珠书院、上海敬业书院、三林书院等各种试艺，与官方部署配合默契。该报铅印本何人主持，何时停刊均不详。现存最后一册为第49期（壬寅年第21号），出版于光绪二十年八月初八（1902年9月9日），但有几篇稿件未刊完。

12日，高凤谦的《翻译泰西有用书籍议》刊载于《时务报》第26册，文中曰："互市以来，天下竞尚西文，竞习西文。然而音义诡异，则学之难也。……惟以译书济之，则任其难者，不过数十人，而受其益者，将千万人而未已。泰西有用之书，至蕃至备，大约不出格致、政事两途。格致之学，近人犹知讲学，制造局历译多半此类。而政事之书，则鲜有留心，译者亦少。盖中国之人，震于格致之感，共推为泰西绝学。而政事之书，则以为吾中国所固有，无待于外者。不知中国之患，患学在政事之不立。而泰西所以治平者，固不专在格致也。……若夫政事之书，剖析事理，议论时政，苟通汉文者，无不能学。果能悉力考求各国政事之得失，兵力之强弱，邦交之合离，俗尚之同异，何国当疏，何国当亲，何事足以法，何事足以戒，无不了了于胸中，遇有交涉之事，办理较有把握。即欲兴一新治，亦不至事事仰鼻息于人，或反为所愚弄。此翻译政事之书所以较之格致尤为切也。"又说："译书之要有二：一曰辨名物。……一曰谐声音。……此二者译书之根本也。……必使所译之书，质而不流于俗，博而不伤于诞，文义可观，又无失原书之意。庶乎牖人心，开风气之一助也夫。"

同日，梁启超《〈西政丛书〉序》（作于4月）刊载于《知新报》第17册。

同日，柯南道尔所著《继父诳女破案》于《时务报》第26册连载毕。

17日，梁启超《〈说群〉序》刊载于《知新报》第18册，作《说群自序》、《说群一群理一》二题。梁启超在文中谓，《说群》"惟自谓视变法之言，颇有进也"。

22日，《富强报》创刊于上海，5日刊，册报，程甘园任主编。该报注意译载"西报所登讲求中外利权之处"的材料，同时也刊载有关富强者的"朝廷诏谕以及大小臣章奏条陈"以及鼓吹变法维新的论说；但声称"凡訾议朝政，矫枉过甚，如近人改正朔、易服色，三始六罪诸说，在所必摒，将以广华洋之辨，大中外之防"，还声称"巷议街谈，猥鄙琐屑，无裨时书者，悉予删汰"。该报编排次序一般是首载论说，然后是"上谕恭录"，接着是该报自译的中外新闻，最后为奏疏、文牍等。此外，还经常刊登对于某些论说或文牍的"书后"，即读后感。该报现存15册，刊期为光绪二十三年（1897）五、六、七三个月。何时停刊不详，一说戊戌政变时停刊。

同日，柯南道尔所著《呵尔唔斯缉案被戕》（《The Adventure of the Final Problem》，今通译《最后一案》）开始连载于《时务报》第27册，至同年6月20日第30册连载毕，署"译滑震笔记"，未署译者，1899年上海素隐书屋刊单行本《英译包探案》时，署"时务报馆译，丁杨杜译"。

5月22日、6月10日、7月20日，梁启超《变法通议·论译书》刊载于《时务报》第27、29、33册。梁启超在文中说："处今日之天下，则必以译书为强国第一义"，并结合马建忠关于当时翻译界的弊病的论述，认为"故今日而言译书，当首立三义：一曰，择当译之本；二曰，定公译之例；三曰，养能译之才"。梁启超于文中提出了当前应该翻译的九大类书籍，但其中没包括外国文学。文学翻译此时尚未进入正忙于维新变法的梁启超的视野之中。

24日，王韬病逝于上海。

王韬（1828—1897），初名王利宾，字兰瀛，后改名王瀚，字懒今，又字紫诠、兰卿，号仲弢、天南遁叟、甫里逸民、淞北逸民、欧西富公、弢园老民、蘅华馆主、玉鲍生、尊闻阁王，江苏苏州人。晚清思想家、政论家和新闻记者。著有《韬元文录外编》、《韬元尺牍》、《西学原始考》、《淞滨琐话》、《漫游随录图记》、《淞隐漫录》等。1874年创办并主编《循环日报》，是中国近代报刊思想的奠基人，我国新闻史上第一位报刊政论家。

王韬政论文章反帝爱国，倡言变法，短小精悍，深入浅出，富于感情，继承和发展了我国古代论说文的传统，突破了当时桐城古文和八股文的局限，强调文章为"载道之器"，指出"文章之贵在乎纪事述情"，不应拘泥于文法，墨守成规，后来发展为一种新的报章文体，对当时文坛和其后维新派领导人影响很大，王韬也遂被认为是中国新闻界政论体之创造人。部分政论文章后编为《弢园文录外编》，是我国最早的报刊政论文集。张舜徽《清人文集别录》云："清季士夫喜言洋务而又洞究于海外诸邦政艺者，盖以韬为一时之选。是集（《弢园文录外编》）文字，则其鼓吹变法自强之总集也。韬文笔犀利，而气又足以振之，自足以激起一世之人。……韬自序谓文章所贵，在乎纪事述情，自抒胸臆，俾人人知其命意之所在，而一如我怀之所欲吐，斯即佳文；至于古文辞之门径，则茫然未有所知云云。今观韬之为文，亦实在能畅所欲言，而无不达之情，非规规于古文义法者所能及也。"

25日，《农学报》创刊于上海，初为半月刊，次年（光绪二十四年正月）第19册起改为旬刊，册报，线装连史纸石印，创办人为罗振玉。《农学报》原名《农学》，又自称《农会报》，为农学会（务农会）的机关报，第15册起才固定报名为《农学报》。本年九月曾一度声言出让给日本人香月梅经办，十月中旬出版的第50册卷首刊出奏折录要《两江总督请准设农商学会报奏》，以后就在《农学报》封面上标明"农学会遵旨刊行"字样。《农学报》连续出版了近9年，到光绪三十一年十二月（1906年1月）才停刊，共发行315册，为中国最早的农学刊物，也是戊戌期间发行的报刊中寿命最长的一家。

有关《农学报》的创办情况，罗振玉在其自传《集蓼编》中说道："念农为邦本，古人不仕则农，于是有学稼之志，既服习《齐民要术》、《农政全书》、《授时通考》等书，又读欧人农书译本，谓新法可增收获，恨其言不详，乃与亡友蒋君伯斧协商，于上海创办学农社，购欧美日本农书移译，以资考究。时家事粗安，乃请于先姚，以丙申春至上海设报馆,聘译人译农书及杂志,由伯斧庶务,予任笔削。及戊戌冬伯斧归,予乃兼任之,先后垂十年,译书百余种。"在这一思想的指导下,提倡新农业成为《农学报》的办刊宗旨,罗振玉专聘翻译人大量翻译刊登国外的农业新技术和先进经验。《农学报》栏目设置考究,主要有"西报选译"、"东报选译"、"各省农事"、"中西文璧合表"等。《农学报》除了文字通俗易懂外,还采用了许多图表,以图文并茂的形式宣传先进的农作物品种和农机具。《农学报》是我国最早传播农业科技知识的农学类专业性科技期刊。正如刘坤一、张之洞在奏折中指出的:"一切物性土宜之利弊,推广肥料之新法,劝导奖励之功效,皆备其中。"

《农学报》所刊内容,并不限于农业知识,而是藉此结集团体,推动农业经济变革。后期的《农学报》还曾连续辑刊了我国的古农书,这在当时都很受维新派人士的欢迎。务农学会的创办和《农学报》的发刊,都曾得到《时务报》的支持和协助。农学会通过汪康年与梁启超的联络,得到了张之洞助银五百元。梁启超还为《农学报》撰序,提前在澳门《知新报》发表。时务报馆也一直为其积极推广,有时还联名刊登广告。罗振玉办农学社时因感于翻译人才之缺乏,出资创办东文学社。

六月

10日,梁启超《记自强军》刊载于《时务报》第29册。

20日,柯南道尔所著《呵尔唔斯缉案被戕》于《时务报》第30册连载毕。

同日,梁启超《复刘古愚山长书》(作于5月19日)刊载于《知新报》第22册。

24日,《游戏报》创刊于上海,日刊,李伯元创办并主编。初由指南报馆代售,后改自办发行。李伯元主办《游戏报》在前三年,曾先后创办"文艺社"和"海上文社",刊行海上文社机关报《海上文社日报》。光绪二十七年(1901)年初,李伯元将《游戏报》盘予他人,别创《世界繁华报》,《游戏报》为上海画家俞礼所有,由茂苑惜秋生(欧阳钜源)接编。《游戏报》约于宣统二年(1910)停刊(具体日期不详),共出版发行5000期。李伯元在《论〈游戏报〉之本意》中称:"《游戏报》之命名仿自泰西";宗旨在于"假游戏之说,以隐寓劝惩","唤醒痴愚","破除烦恼"。在《本馆迁居四马路说》一文中,该报编辑再次重申:"本馆之特创此举,原非专为游戏，实欲以小观大，借事寓言。为唤醒痴愚起见，或涉诸讽讥，或托以劝惩，俱存深意。"《游戏报》的内容，据重印本《告示》云："以诙谐之笔，写游戏之文。遣词必新，命题皆偶。上自列邦政治，下逮风土人情。文则论辩、传记、碑志、歌颂、诗赋、词曲、演义、小唱之属，以及楹对、诗钟、灯虎、酒令之制；人则士农工贾，强弱老幼，远人捕客，匪徒奸宄，娼优下贱之俦，旁及神仙鬼怪之事。莫不描摹尽致，寓意劝惩。无义不搜，有体皆备……"该报曾三易版式体例：初为4版，大体为首例一文，接着刊出八条趣味性新闻。新闻的标题是每两条形成一副对联，如《请太太团圆》《与哥哥来往》等，末附诗词。这种"一论八消息，标题四对仗"格式一度为其他消闲性报纸所仿效。光绪二十四年（1898）夏该报扩至6版，传奇、寓言、序跋类文章多列于首版。光绪三十一年（1905）春起，改为按类分栏，设有论说、杂记、打油诗、短篇小说、艺文等栏目。在言论方面，该报支持戊戌变法，鼓吹富国强民，反对帝国主义侵华政策，倡导调侃嘲笑社会现实的诙谐醒世文体。该报举办过六次"花榜"选举活动，创立沪滨诗社、女社、艺文社、书画社、花神社等各种文学团体，开展过"乾嘉诗坛点将录"、唐诗酒令、西厢酒令、消寒雅令、"集社酒筹"等征诗征文活动。另有弹词《凤双飞》单页随报附送。主要撰稿人还有邱逢甲（海上散人）、庞树伯（病红山人）、潘飞声（独立山人）、李根源（息园居士）、邱寂园（星岛寓公）、席锡藩（莫厘山樵）、周柴垣（枕流旧主）等。

吴趼人《李伯元传》云："（李伯元）凤抱大志，俯仰不凡，怀匡救之才，而耻于趋附，故当世无知者，遂以痛哭流涕之笔，写嬉笑怒骂之文，创为《游戏报》，为我国报界辟一新别裁，踵起而效者，无虑数十家，均望尘莫及也。均笑曰：一何步趋而不知变哉。又别为一格，创《繁华报》。"周桂笙《新庵笔记》卷三《书繁华狱》云："昔南亭亭长李伯元征君，创《游戏报》，一时靡然成风，效颦者踵相接也。南亭乃喟然曰：何善步趋而不知变哉。遂设《繁华报》，别树一帜。一纸风行，千言日试，虽滑稽玩世之文，而识者咸推重之。"张乙庐《李伯元逸事》云："上海小报，创于常州李伯元氏之《游戏报》。其体裁略如旧式大报，销路甚广。后《寓言》《采风》等报继起，《寓言》主笔为番禺李芋仙，其友高太痴、金免痴诸先辈，皆有佳作，名骎骎驾于《游戏》。氏惧，复创立《繁华报》，体裁仿《中外中报》（时名《时务报》，后为法国巡捕房封禁，改名《中外》），与今之小报相似。"孙玉声《退醒庐笔记》云："南亭亭长李伯元，毘陵人，小报界之鼻祖也。为文典赡风华，得隽字诀。而最工游戏笔墨，如滑稽谈、打油诗之类，则得松字诀。又擅小说，形容一人一事，深入而能显出，罔不淋漓尽致，则又得刻字诀者。当其橐笔游沪时，沪上报馆，只《申报》、《字林沪报》等寥寥三四家。李乃独辟蹊径，创《游戏报》于大新街之惠秀里。风气所趋，各小报纷纷蔚起，李顾而乐之。"郑逸梅《孤芳集 南亭亭长之与安垲第》云："海上文人，荟兮蔚兮。我辈操觚为活者，当推我佛山人以及南亭亭长等为先进。亭长李伯元风流自喜，颇以东山丝竹、南部烟花为乐。文字渊茂古丽，读之如飡苓漱薇，芬留三日。时海上尚无小报之椠行，伯元首创，以揶揄风雅。《游戏报》有谐文，有笑话，有花史，足以倾靡社会。于是冠裳之辈、货殖者流，莫不以报阅一纸《游戏报》为无上时髦，南亭亭长李伯元，名乃大噪。"邱菽园《挥麈拾遗》卷五云："中国首仿西人为游戏报纸，惟上海之《游戏报》是也。总主笔李伯元明经，骈文专家，又复兼长小品杂著，嬉笑怒骂，振聩发聋，得游戏之三昧。苏长公以行文为乐事，锦绣肝胆，朱玉咳唾，此才正非易易。丁酉、戊戌、庚子，叠开三次花榜，骚屑闲情，别深怀抱，惯阅沧桑之劫，独成脂粉之编，余淡心《板桥杂记》，当得嗣响耳。"

《游戏报》是中国第一份消闲性小报。在中国近代新闻史上，它最先模仿西方同类报纸，将中国文学与专论、社会新闻融为一体，在中国报业史上开创出这一新型的日报形式。同时，该报独辟蹊径，将群众喜闻乐见的文艺作品渗透进现实的社会政治和群众生活之中。该报出版后，随售随罄。在它的影响下，晚清出版的消闲性小报如雨后春笋，多达30余种，且多模仿该报的体例和版式，故有"晚清文艺小报巨擘"之称，也被称为上海"海派小报"鼻祖。

30日，梁启超的《论中国之将强》和《记尚贤堂》刊载于《时务报》第31册。

本月，梁启超《西政丛书》由慎记书庄石印刊行出版，辑收与西政有关书类33种共32册，内容分史志、官制、学制、公法、农政、工政、商政、兵政等八门。

七月

20日，梁启超的《续译列国岁计政要序》和《萃报叙》刊载于《时务报》第33册。

本月，《穑者传》（又名《阿藏格》）开始连载于《农学报》第5册，至第212册连载毕，署"（法）麦尔香著，朱树人译述"。

本月，梁启超出版《论语公羊相通说》，线装一册。

本月，梁启超、汪穰卿、麦孟华等于上海创办不缠足会。初由《时务报》发起，后移交大同译书局，由康幼博任经理。5月2日《时务报》第25册载梁启超《试办不缠足会简明章程》云："此会之设，原为缠足之风，本非人情所乐从，以习俗既久，苟不如此，则难以择婚，故特创此会，使会中同志，可互通婚姻，庶几流风渐广，革此浇风。"

八月

2日，《经世报》创刊于杭州，旬刊，馆址杭州，上海设分馆。宋恕、章太炎、陈虬等任撰述。该报分"皇言"、"庶政"、"学政"、"农政"、"工政"、"商政"、"兵政"、"交涉"、"中外近事"、"格致"、"通人著述"、"本馆论说"等十二个栏目。内容于论说外，多载英、法、日等外文报章，记述国内外大事，介绍新学术、新知识。关于办报缘起，宋恕《经世报叙》（七月上旬载于《经世报》第1册）云：孔门"四科，何一非经世之学。……今赤县之民，渐知耻矣。夫不耻者昏，徒耻者懦，耻莫若学，学莫若会，立学会莫若基报馆。……故辄奋笔为陈故破俗，证邻颂献，以表四科一学，以表儒嫡在浙，以表斯馆乃基学会，斯报非逐私利"。

同日，章太炎《变法箴言》刊载于《经世报》第1册。文曰："大波将激，大火将燃，而无忧怖者，其人情乎哉！……故议变法者，吾党之责也。……学堂未建，不可以设议院；议院未设，不可以立民主。……民不知变，而欲其速化，必合中西之言以喻之。喻人之术，横说之则以诗书礼乐，纵说之则以金版六弢，其一曰宙极之史，其一曰六合之成事。"

7日，《新学报》创刊于上海，半月刊，册报，连史纸石印，每册约24页，为新学会创办。总撰述为叶耀元（子成，别署味道馆主、水镜天仙）。该报着重传播自然科学知识，宗旨在于"苟非兴学、民不能立；苟乏人才，国无自立"，内容分算学、政学、医学、博物4科，连续刊出了《学校新章》、《陆军新书·城郭篇》和《万国律例撮要序》等，都为提倡新政。该报所刊自然科学知识的材料多出自中国学者自己的研究心得，翻译国外的较少。特别是算学，还刊出《算学浅题》以征答，以后又刊出《算学会课艺》等，这些在当时都是新的尝试。为了保护学术成果，第 2 册上还特意刊出了《苏松太道宪禁止翻刻新学会印行各项（新学报）告示》。《新学报》因经费短绌，第 5 册以后就脱期，第 7 册与第 6 册相距一年多时间才出版，以后未见续出。

8 日，梁启超《史记货殖列传今义》刊载于《时务报》第 35 册。

12 日，章太炎《平等论》刊载于《经世报》第 2 册。

18 日，梁启超《变法通议·学校余论》和《春秋中国夷狄辨序》刊载于《时务报》第 36 册。

同日，梁启超《复友人论保教说》刊载于《知新报》第 28 册。

22 日，《实学报》创刊于上海，旬刊，册报，石印线装，王仁俊（轮臣）为总办，章太炎为总撰述，王斯源、王仁俊等任编辑。该报创刊宣言云："本报之设，以讲求学问、考核名实为主义，博采通论，广译各报，内以上承三圣之绪，外以周知四国之为，故名《实学报》。"（载于光绪二十三年七月二十一日，即 8 月 18 日《时务报》第 36 册）章太炎《实学报叙例》云："夫报章者，诚史官之支与余裔也。刘子骏有言：'墨家者流，盖出于清庙之守。'其在周初曰史佚，其后曰史角，然则墨翟学于史氏。故其声、光、热、重之学，奭然为诸子最。今为《实学报》，其必念夫墨子而后二千余年，旁魄熔凝以有是篇，必奭然为纪事之书最。且子以其目言，圜则九重则曰天，黄垆息壤则曰地，五种孳乳则曰人，牵牛纪始则曰物，其称谓不辩。而自大圈以内，重黎之所绝，苍牙之所别，化益之所录，尽此矣。是其名也，亦可以言实矣。"该报以"实学"为名，所载的"实学"即新知识，译自英、法、日等国外文报刊，也刊登一些国内学者的自然科学研究心得，如王寿锴《流倍数衍》、范晔《勾股拾送》和《四元演代》等，但内容过时，文笔古奥，不易为人理解。该报也着力于批驳同时期的《时务报》，如王仁俊所作《实学评议》，内有《民主驳议》、《改制辟谬》等。本年十月二十一日（1897 年 11 月 15 日），张元济《致梁启超书》云："近见《实学报》、《经世报》，皆有显与《时务报》为敌之意，此皆例有之阻力，执事幸勿为所动也。《经世报》言多粗鲁，姑勿论。而《实学报》则最足以动守旧者之听，且足以夺貌新者之新。济料其声势必将日大。然一二十年后，民智大开，又必不辩而自屈，则又何必沾沾于目前之是非也。其以天地日月例夫妇，仍不过八股之学。"《实学报》停刊时间不详。目前所见的最晚一期为出版于光绪二十三年十二月十一日（1898 年 1 月 3 日）的第 14 册，文中有"待续"字样。《实学报》发表有章太炎后来收入《訄书》的《儒道》《儒兵》、《儒法》《儒墨》等。

同日,《萃报》创刊于上海,周刊,册报,连史纸石印,每册30页。《萃报》是文摘报,发刊前梁启超即在《时务报》上发表《萃报叙》,予以推荐。该报摘录报纸的面不及《集成报》广,但因分省分国编排,可以迅速知道某省(或某国)发生何事,是该报的一大特色。该报也刊登官方文书资料,如《南洋公学章程》《上海女学堂试办略章》等。《萃报》在上海出版了20册。光绪二十三年十二月初一(1897年12月24日)主笔朱克柔(强甫)应聘为张之洞幕僚,委办湖北《商务报》。该报曾一度停刊,不久复刊,又出了几期,现在可见的为第21到24册,但已不是周刊,而为半月一册。停刊时间不详。

同日,章太炎《读管子书后》刊载于《经世报》第3册。文中云:"管子之言,兴时化者,莫善于《侈靡》,斯可谓知天地之际会,而为《情种》诸篇之本,亦泰西商务所自出亦。"

25日,李伯元《论〈游戏报〉之本意》刊载于《游戏报》第623号上。李伯元在文中说:"《游戏报》之命名,仿自泰西。岂真好为游戏哉?盖有不得已之深意存焉者也。慨夫当今之世,国日贫矣,民日疲矣,士风日下,而商务日亟矣。有心世道者,方且汲汲顾景之不暇,尚何有恒舞酣歌、乐为故事而不自觉乎?然使执涂人而告之曰:朝政如是,国事如是;是犹聚喑聋跛躄之流,强之为经济文章之务,人必笑其迂而讥其背矣。故不得不假游戏之说,以隐寓劝惩,亦觉世之一道也。海上为通商巨埠,骄奢繁盛,甲于五洲,势利之区,捕逃之薮,天生人众,懵懵懂懂,在睡梦中,而无有从旁为之大声疾呼者。不知歌楼舞榭,一痛哭之场也;甘饴旨酒,一鸩毒之味也;洞房曲室,一养患之所也;钿车宝马,一痿蹶之象也。而且机制愈出愈奇,心思日巧而杂拙,以及五方之所日处,九流之所丛萃,诡伪变诈之事,无日无之。主人言论及此,窃窃以为隐忧,始有此《游戏报》之举。或托诸寓言,或涉诸讽咏,无非欲唤醒痴愚,破除烦恼。意取其浅,言取其俚,使工农商贾、妇人孺子,皆得而观之,庶天地间之千态万状,真一游戏之局也。"可见,《游戏报》虽名之以"游戏",但实际上以"觉世"为目的。

九月

7日,《求是报》创刊于上海,旬刊,册报,竹纸线装,每册30页,铅印,创办人为陈季同(敬如)与其弟陈寿彭(逸如)。陈衍(石遗)、曾衍东任主编。《侯官陈石遗先生年谱》载:"七月,同乡陈敬如副将季同、绎如孝廉寿彭(陈寿彭为陈季同之弟)兄弟与洪荫之大令述祖数人集赀开办《求是》杂志,月出三册,多译格致实学以及法律规则之书,林暾谷(旭)孝廉以为非家君秉笔修饰润色不可,遂公推作主笔,家君序痛言中西交涉以来种种受亏,率坐暗于外情,历抉其痛痒所在,传送万纸,益以每册皆有论说,风行一时。捐赀助刊、预购者麇至。……如是者半年,家君去而杂志停矣。"该报《章程告白》宣称:"本报不著论议,以符实事求是之意。报首恭刊上谕,其次分为内外编。内编之目三:曰交涉类编,曰时事类编,曰附录。外编之目五:曰西报译编,曰西国新译,曰制造类编,曰格致类编,曰泰西裨编。倘一期不及齐出,下期补刊。末附路透电音。"(陈季同曾历任驻西欧外交官员,精通英、德、意、拉丁诸文,是当时上海创办报刊的人士中亲自到过海外,熟悉西方世界的人,因此他的译著特别多,曾翻译《拿布伦国律》、《拿布伦齐家律》、《法兰西报馆律》等,还翻译了长篇连载[法]贾雨的《卓舒及马格列小说》。他还积极倡议设戒烟公会,并进行办女学堂等活动。)该报所刊文章以政论为主,也涉及新闻学理论的阐释,并刊载有陈季同翻译的小说。该报停刊时间不详,现今所见最后一期为第12册,出版于光绪二十四年二月十五日(1898年3月7日)。

同日,梁启超《医学善会叙》《中国工艺商业考提要》和《会报序》刊载于《时务报》第38册。

同日,章太炎《后圣》、《儒道》、《儒兵》刊载于《实学报》第2册,列为"实学报馆通论"。《后圣》云:"自仲尼而后,孰为后圣?曰:水精既绝,制作不绍,浸寻二百年,以踵相接者,惟荀卿足以称是。"章太炎极其推崇荀卿。《儒道》、《儒兵》后收入《訄书》,有修改。

17日,梁启超《变法通议·论变法不知本原之害》(续第3册)和《记东侠》刊载于《时务报》第39册。

同日,章太炎《儒法》、《儒墨》、《重设海军议》刊载于《实学报》第3册。《儒法》、《儒墨》后收入《訄书》,有修改。

19日,朱光潜出生于安徽桐城。朱光潜(1897—1986),笔名孟实、盟石。安徽桐城人,现代美学家、文艺理论家、教育家、翻译家,著有《悲剧心理学》、《西方美学史》等。

21日,严复、夏曾佑、王修植联名致书汪康年、梁启超、麦孟华,请《时务报》刊登《〈国闻报〉启》,云:"上月托公度观察袖呈《〈国闻报〉启》一通,求登贵报,……拜读三十五大报,尚未附录,殊为悬盼。……弟等本议旬报之外兼出日报,日报则仅详北数省之事,旬报则博采中西之闻。现资本已集,印机已购,开办之期即在本月,伏乞将前寄启文赶为登录。将来出报之后,南中各省埠,尚拟依附贵报派报处代为分送。"

26日,梁启超《新学伪经考序》(作于6月30日)刊载于《知新报》第32册。

同日,梁启超《知耻学会叙》刊载于《时务报》第40册。

同日,章太炎《儒侠》、《异术》、《重设海军议》(续)刊载于《实学报》第4册。

9、10月间,大同译书局创办于上海。创办人为梁启超(由梁启超联合维新派人士集资创办),康广仁、康幼博任经理,是维新派人士设立的书局。该局声称:"本局首译各国变法之书,及将变未变之际一切情形之书,以备今日取法。译章程书,以资办事之用。译商务书,以兴中国商学,挽回权利。"梁启超《大同译书局叙例》云:"联合同志,则为此局以东文为主,而辅以西文,以政学为主,而次以艺学。至旧译希见之本,邦人新著之书,其有精言悉在采纳,或编为丛刊,以便购读,或分卷单行,以便流传。"大同译书局是当时为数不多的倾向于翻译出版西方社会政治学说的出版机构。虽名为译书局,但实际上翻译的书籍并不多。除出版书籍外,也经营图书销售。该局对图书宣传推广颇为重视,创办之初即在《湘学报》、《知新报》刊登广告,在《时务报》第51期起随报附送《大同译书局书目》,1898年初在《申报》多次刊登新书广告。大同译书局曾准备由官府拨给经费改为译书官局,因维新变法失败,梁启超遭追捕,于1898年8月停办。该局先后出版了《经世文新编》、《俄皇大彼得政变考》、《孔子改制考》、《日本书目志》、《新学伪经考》、《大同合帮新义》、《俄土战纪》、《英人强卖鸦片记》、《中西学门径》等二十余种中西书籍。

本月,王闿运选录《湘绮楼词选》三卷并为之作序,序署"光绪丁酉立冬后八日,王闿运序于船山书院"。

十月

4日，詹熙自序《花柳深情传》于上海。据序可知，该书系作者感于傅兰雅征文广告（小说竞赛）而作，于光绪二十一年（1895）秋两星期内写就，本年春曾就正于王韬，本年秋改定付梓。是书叙浙东西溪村魏氏家族兴衰，意在阐明当袪除鸦片、时文和女子缠足"三害"，革时弊以策富强。该书初名《醒世新编》，后为书商妄改，题《花柳深情传》，于本年由章福记书局刊行出版，四卷十三回，石印本，题"绿意轩主人撰"。此书另有光绪二十七年（1901）上海书局石印本，亦题《花柳深情传》，然小说末回自称小说为《醒世新编》。今《近代珍惜本小说》均已改称《醒世新编》。

詹熙《花柳深情传》自序云："光绪乙未（1895），余客苏州，旋往来于申浦。秋，复航海至舟山。是时倭人入寇辽东，我兵不振。旋据台湾。朝廷议和议战，久而不决。以故余所至之地，人心汹惧。于是朝野士大夫，莫不奋笔著书，争为自强之论。英国儒士傅兰雅谓：'中国所以不能自强者：一、时文；二、鸦片；三、女子缠足。'欲人著小说，俾阅者易于解说，广为劝诫。余大为感动，遂于二礼拜中，成此一书。"然而，"书成，藏诸行箧者三年"。"丁酉（1987）春，余复卖文海上，乃以作书大意，就正于天南遁叟（按：'天南遁叟'即王韬），叟亦称善；即有怂恿以是书付梓者。时予适欲北上，未遑改削。五月，客津沽，同年钱省三观察邀余辑《中西化学通表》一书，往返商酌者半月，故欲点窜是书而又不果。六月，客京师，同人索余画者纷至，日无宁晷。"直至七月末回沪后，"又有索是书付梓者，予乃于前后文略为补缀而付之"。詹熙于序中又言，该书所叙"天足会"、"禁烟会"与科举考西学诸事后均成现实，故称己作"开风气之先，为暮鼓，为晨钟，一唯阅者能警觉否耳"。序署"光绪丁酉重九日，绿意轩主人衢州萧鲁甫詹熙序于上海春江书画社"。

6日，梁启超《南皮先生赐寿记》刊载于《知新报》第33册。

同日，梁启超《论君政民政相嬗之理》刊载于《时务报》第41册。

同日，章太炎《异术》（续）刊载于《实学报》第5册。

10日，陈季同翻译的法国作家贾雨所著《卓舒及马格列小说》开始连载于《求是报》第2册，至第12册连载毕。标"泰西稗编"，署"[法]贾雨著，三乘槎客（陈季同）译"。

15日,《苏杭公报》创刊于上海,日刊,上海苏杭公报馆出版,3张6版,内容为政治和新闻。

16日,梁启超《三先生传》刊载于《知新报》第34册。

同日,梁启超《大同译书局叙例》刊载于《时务报》第42册。梁启超在文中声称:"本局首译各国变法之书,及将变未变之际一切情形之书,以备今日取法。译章程书,以资办事之用。译商务书,以兴中国商学,挽回权利。"

26日,《国闻报》创刊于天津,日报,创办人为严复、夏曾佑、王修植、杭辛斋,主编为严复。本年11月24日又办增刊《国闻汇编》,旬刊。该报的栏目有:告白、上谕及制台辕门抄、路透电报、社论、地方新闻等。内容主要刊登国内外时事,发表社论,宣传变法维新。创刊初期,严复、夏曾佑主旬刊,王修植、杭辛斋主日报,后旬刊停办,严复总其成,常为该报撰写社论(严复在《国闻报》上共发表文章28篇)。严复《〈国闻报〉缘起》述该报宗旨云:"光绪廿三年(1897)夏,馆之主者,议创《国闻报》于天津。略仿英国《太晤士报》之例,日报之后,继以旬报,越五月而后成事。报将出,客有造室而问曰:《国闻报》何为而设也? 曰:将以求通耳。夫通之道有二:一曰通上下之情,一曰通中外之故。吾试言吾民不通外情之弊。……曰:欲通知外情,不能不详述外事,欲详述外事,不能不广译各国之报。此国闻报馆之所为继诸家而起也。……本馆取报之例,大要有二:一、翻译;一、采访。……本馆编报之例,大要亦有二:凡寻常之事,无论内地边地、中国外国,义取观览明晓者皆登之,每日续印之报,至重要之事,亦无论内地边地、中国外国,苟足备留存考订者皆登之。十日合印之《汇编》。阅兹报者,观于一国之事,则足以通上下之情;观于各国之事,则足以通中外之情。上下之情通,而后人不自私其利;中外之情通,而后国不自私其治。人不自私其利,则积一人之智力以为一群之智力,而吾之群强;国不自私其治,则取各国之政教以为一国之政教,而吾之国强。此则本馆设报区区之心所默为祷祝者也。"《国闻报》在维新运动中影响很大,是代表戊戌思潮的主要报刊之一,与上海《时务报》分掌南北舆论界的领导地位。但《国闻报》从创刊之日起就一直面临顽固势力及保守势力的威胁,1898年3月27日对外称盘给日本人西村博,实际上编辑人员基本没有变动,1898年5月3日,直隶总督王文韶奉谕饬查《国闻报》,而且警告严复及《国闻报》,

戊戌变法后遭清政府查办，于1898年12月被迫停刊，1900年一度复刊。戈公振《中国报学史》论《国闻报》"乃北方报纸之最佳者，惜发行未久即停耳"。

同日，《译书公会报》创刊于上海，周刊，册报，译书公会主办。总理为恽积勋（叔畲）、恽毓麟，协理为董康、赵元益等，总主笔为章太炎和杨模（范甫），总翻译为黄存嘉。该报《启事》称："本公会志在开民智、广见闻，故以广译东西切用书籍、报章为主，辅以同人论说。今首先译出之书，为《五洲通志》、《交涉纪事本末》、《拿破仑失国记》、《维多利亚载记》、《威林吞大事记》、《英国史略》。……所译各报，如英《泰晤士报》、《律例报》、《东方报》；法《非扎罗报》、《勒当报》、《国政报》；德《东方报》；美《自立报》、《纽约报》、《铁路报》；日本《政策报》及东报之最著名者若干种。……七日为期，全年四十六册。"还准备"变为日报以期迅捷"，改周刊为日报，日报的报名定为《中外捷报》。但只办了半年左右，就因经费支绌而终刊。现在所见最后一期系出版于光绪二十四年四月初五（1898年5月24日）的第20册。《译书公会报》所译文种有英、法、德、俄、日等，在选译外国报刊杂志文章的同时，注意翻译和介绍东西方比较有系统、有体系的著作，曾经连载过的翻译著作有《拿破仑兵败失国记》、《威灵吞大事记》、《维多利亚载记》、《英民史通志》、《东游随笔》、《中日构兵记》、《万国中古史略》、《各国金银铜三品货寿新法》等。但所载各书，均未译完。此外还刊载一些自撰的文稿，如五湖长的《兴亚说》、《昌教说》、《论忧述之关系》，章太炎的《读日本国志一、二》、《论民数骤增》，以及《亚东时报》主编、日本山根之助（立庵）撰写的《倡难论》等。

同日，《渝报》创刊于重庆，旬刊，宋育仁为总理，杨道南为协理，潘清荫、梅季郁为主笔，宣称"为广见闻，开风气而设"。主要栏目有上谕、奏折、辕门抄、论文以及重庆市场和物价表。此为川渝地区近代史上的第一份报纸。1898年春末，宋育仁因前往成都主持蜀学会，《渝报》即告停刊，于当年被宋育仁改为《通俗报》，日报，仍在重庆出版，编辑大多也是原来《渝报》人员。《通俗报》侧重报道工商界消息，文字通俗易懂。

同日，梁启超《变法通议·论金银涨落》刊载于《时务报》第43册。

同日，梁启超《万木草堂小学学记》刊载于《知新报》第35册。

本月，湖南时务学堂开学，梁启超任中文总教习。

本月，译书公会成立于上海。恽积勋、恽毓麟、陶湘、董康、赵元益等主持。

该会以"采译泰西东切用书籍"为主要业务,旨在"开民智、广见闻"。10月11日《湘学报》第21册所载《上海新立译书公会章程》曰:"本公会之设,以采译泰西东切用书籍为宗旨。考各国书籍浩如烟海,中国从前所译各书,仅等九牛一毛。兹已向伦敦、巴黎各大书肆,多购近时切要之书,精延翻译高手,凡有关政治、学校、律例、天文、舆地、光化、电气诸书,矿务、商务、农学、军制者,次第译成,以餍海内同志先睹为快之意。至日本为同文之国,所译西籍最多,以和文化中文,取经较易,本会犹于此兢兢焉。"每周将译成之收汇订成《译书公会报》,精印发行。又摘译英国《泰晤士报》和《律例报》,法国《勒当报》和《国政报》,德国《东方报》五种报纸,附于书籍之后,以备浏览。此外还广译东方蚕桑各书,并刊简明善本,绘图列说,以期发展中国的蚕桑事业。译书公会是戊戌变法时期维新派的翻译出版机构。

本月,张之洞所撰《广雅碎金》由水明楼刊行出版,四卷。该书由张之洞弟子袁昶整理,参与其事者有沈善登、王秉恩、杨锐、梁启超、缪荃孙等二十余名弟子门生。

十一月

1日,章太炎《译书公会叙》刊载于《译书公会报》第2册。文曰:"互市以来,所传译泰西书,仅逮四百种,……且新理日出,岁无留故,一息炭养更,其事立变。……虽然,创夫竹帛之成,而不得流布于震旦,以餍蟫鱼之腹,如曩者四百种之效也。乃取夫东西朔方之报章,译以华文,冠之简端,使学者由唐陈而识窔奥。盖自輶车使者之职以溯秘书,其陈义略备矣。"

5日,梁启超《蒙学报、演义报合序》刊载于《时务报》第44册。梁启超在文中说:"西国教科之书最盛,而出以游戏、小说者尤夥,故日本之变法,赖俚歌与小说之力。盖以悦童子,以导愚氓,未有善于是者也。他国且然,况我支那之民不识字者,十人而六,其仅识字而未解文法者,又四人而三乎!故教小学、教愚民,实为当今救中国第一义。"

7日,《演义白话报》(亦称《白话演义报》)创刊于上海,每天出版4页,铅字排印,毛边纸单面印刷,主笔为章伯初、章仲和兄弟。该报自称其办报宗旨是"把各种有用的书籍报刊，演做白话，总期看了有益"，是中国最早以"白话"命名和撰述的报纸。《演义白话报》在创刊前曾在《申报》上刊出广告，声称"本报当用白话，务使人人易晓。约分时事、新闻两门，时事以感发人心为主、新闻以增广见识为主"。该报两版刊载时事新闻，另两版均为商业告白。时事新闻版块每期最先刊载的都是长篇连载白话演义小说《通商原委演义》，介绍自清康熙二十二年台湾归附清王朝以来，经鸦片战争乃至甲午战败割让台湾的整个历史过程（后出版单行本时改名《罂粟花》）。其后就是分别在题为《官场中情形》和《生意场中情形》两个题目下刊出的白话短消息，每则都只有一两句话，来源多半是取自当时其他中西方报刊。再后面是白话短篇，包括社会新闻、各地名胜和海外风情等，用白话改写。有时也刊出一些猎奇性的小新闻，如《猫念佛》、《猴做人》等。主笔者把卷首的《通商原委演义》看作"时事"，把以后的各短篇称为"新闻"。《演义白话报》的出版，受到了当时知识界的支持和关注。停刊时间不详，现在所见最后一期为光绪二十三年十一月三十日（1897年12月23日）出版的第47册。《演义白话报》曾先后刊载《侠贼记》、《义犬记》、《张先生记》，作者不详；又刊载《通商原委演义》（后出版单行本时改名《罂粟花》）二十五回，作者署"元和观秋斋主人"。

11月10日至12月11日，几道（严复）和别士（夏曾佑）的《本馆附印说部缘起》连载于天津《国闻报》。严复和夏曾佑认为，小说具有经、史无法比拟的"易传行远"的特点，中国要"使民开化"，就要重视小说。严复和夏曾佑在文中指出，书"传之易不易"有五个因素："书中所用之语言文字，必为此种人所用，则书易传。其语言文字为此族人所不行者，则书不传。此一也。""若其书之所陈，与口说之语言相近者，则其书易传；若其书与口说之语言相远者，则其书不穿。……此二也。""繁法之语言易传，简法之语言难传。此三也。""言日习之事者易传，而言不习之事者不易传。此其四也。""书之言实事者不易传，而书之言虚事者易传。此其五也。"并"据此观之，其具五不易传之故者，国史是也，今所称之'二十四史'俱是也；其具有五易传之故者，稗史小说是矣"。"夫说部之兴，其入人之深，行世之远，几几出于经史上，而天下之人心风俗，遂不免为说部之所持。"因此，"本馆同志，知其若此，且闻欧、美、东瀛，其开化之时，往往得小说之助。是以不惮辛勤，广为采辑，附纸分送。或译诸大瀛之外，或扶其孤本之微。文章事实，万有不同，不能预拟；而本原之地，宗旨所在，则在乎使民开化。"梁启超《小说丛话》云："天津《国闻报》初出时，有一雄文，曰《本馆附印小说缘起》，殆万余言。实成于几道与别士之手。余当时狂爱之。《国闻报》论说栏登此文，凡十余日。读者方日日引领以待其所附印者，而始终竟未附一回，亦可称文坛一逸话。"

15日，梁启超《读〈日本书目志〉书后》刊载于《时务报》第45册。梁启超文中说："今日中国欲为自强第一策，当以译书为第一义矣。"

同日，章太炎《读日本国志一》刊载于《译书公会报》第4册。

同日，上海丹桂茶园演出潘月樵等新编连台本戏《湘军平逆传》。该剧以搬演"真刀真枪"著称，被视为海派京剧兴起的标志。

24日，《国闻汇编》创刊号于天津刊行。为《国闻报》增刊，旬刊，10日一册，首译外论，次译俄、英、法、德、美、日各报中之各国纪闻。严复于为该刊所写的序言中强调，广泛交流世界各地的知识信息，取长补短，对于国家进步有着十分密切的关系。光绪二十四年正月二十五日（1898年2月15日）停刊，共出6册。《国闻汇编》第1、3、4册曾刊载严复所译斯宾塞的《劝学篇》，第2、4、5、6册刊载严复所译《〈天演论〉悬疏》（即《〈天演论〉导言》）。同日，严复的《驳英〈太晤士报〉论德据胶澳事》刊载于《国闻报》。

同日，《蒙学报》创刊于上海，周刊，册报，连史纸石印线装，每册20页左右。蒙学公会编印。总董为汪康年，汪钟霖为总理，叶耀元为总图绘，叶瀚为撰述兼删校。《蒙学报》以启蒙为主，分上下两编，上编专供5—7岁儿童阅看，下编供8—13岁儿童阅读，尽量传播一些新知识，以补"旧时启蒙教法之未善"。翌年戊戌变法兴起，清廷下诏废除八股，《蒙学报》立即在下编添教13岁以上教材内容，并改为旬刊，分上、中、下三编。光绪二十四年（1898）八月，慈禧重新垂帘听政，《蒙学报》改由汪钟霖总理，主笔由许克勤和茅谦担任，光绪二十四年十月（1898年11月）又宣布由日商香月梅接办，仍由汪钟霖任总理。《蒙学报》第一年出版第一到第三十九册，第二年出版第四十至第七十二册。停刊时间不详。

蒙学公会是叶瀚、曾广铨、汪康年、汪钟霖联合倡设的。建立蒙学公会的本旨："一曰会，二曰报，三曰书，四曰学"。提出该会要先出书报，后办学堂，《蒙学报》就是蒙学公会要办的第一件大事。

同日，《消闲报》创刊于上海，为《字林沪报》附刊，并随《字林沪报》附送发行，总主笔为高太痴，历任主笔为徐馥荪、郑葆铺。主要撰稿人还有叶中冷、潘飞声、邱逢甲、周子炎、王惕庵、戚饭牛等。该报初为一小张，继改为长条形4版，复增至4开2张，最终改为对开半张2版。编例亦曾数变：最初学《游戏报》首列骈散文一篇，次接新闻若干则，末附诗词小品，设有传记、谐文、瀛海琐闻、人物、剧谈、词林、杂文、北里志等栏目。内容"上自国政，下及民情，以至自社会清谈，青楼丽迹，无一不备"。该报支持康梁维新变法，倡导富国强民的政治主张，常采用诙谐杂文形式嘲讽时政弊端和丑恶社会现象。在新闻报道上，注重发表社会趣闻、街谈巷议和戏剧界动态。在社会文化活动上，报馆曾组织过消闲社、消寒社、消夏社等文学社团，定期联络文友，开展诗、词、联语等征文活动，择优刊登。该报还搜集、刊登了不少有关民俗风习的珍贵资料，有一定的史料价值。《消闲报》是中国最早的报纸文艺副刊。在其影响下，《申报》、《新闻报》等报纸副刊纷纷问世，一方面增加了报纸的发行量，扩大了报纸在读者群众中的影响；另一方面也扩大了文艺园地，促进了当时新闻事业和文艺事业的互补和发展。该报现在上海图书馆藏书楼存有光绪二十四年（1898）的若干张，无法断定以后是否出版。《字林沪报》于光绪二十六年（1900）出售给日本东亚同文书会后所创办的《同文沪报》和附出的《同文消闲报》，与该报并无联系。《消闲报》曾先后刊载《西洋笑话》《香枣奇缘》，作者均署"陈碟仙（陈栩）"。又，本年秋冬间，吴趼人曾任《字林沪报》和《消闲报》编辑。吴趼人《趼人剩墨·集四书句》云："丁酉（1897）秋冬之间，襄《字林沪报》笔政。"《我佛山人札记小说·说虎》云："光绪丁酉，襄《沪报》笔政。"《吴趼人哭》云："吴趼人初襄《消闲报》，继办《采风报》，又办《新奇报》，辛丑九月又办《寓言报》，至壬寅二月辞《寓言》主人而归，闭门谢客，瞑然僵卧。回思五六年中，主持各小报笔政，实为我进步之大阻力，五六年光阴遂虚掷于此。"

25日，严复《论胶州章镇高元让地事》刊载于《国闻报》。

本月，梁启超与经联珊于上海倡导设立女学堂。梁启超《倡设女学堂启》云："此学堂现为经联珊太守总其成，已于十月廿六日（11月20日）在沪之高昌庙桂墅里鸠工订期明年三月落成，首夏开馆。"

本月，杨圻作《檀青引》歌行。《檀青引》为杨圻成名作，《江山万里楼诗钞》存诗始此。钱基博《现代中国文学史》云："圻少负不羁之誉，与元和汪荣宝……皆以名公子擅文章，号江南四公子。……（杨圻）二十一岁，以秀才为詹事府主簿，道扬州，遇老伶工蒋檀青……为赋《檀青引》而弁以传，自负绝艳警才，不在王闿运《圆明园词》之下。长沙张百熙诵之，谓江东独步。遂以诗有盛名，而自署曰江东杨圻云。……（《檀青引》）情词哀切，音节苍凉，令人低回欲绝。其后江南词人卢前（冀野）为撰《琵琶赚杂剧》者也。"钱仲联《梦苕庵诗话》云："其集中七古长歌，哀感顽艳，确可以嗣响梅村。康南海题其集曰'绝代江山'，不为过也。《檀青引》一首，为其弱冠时所作，以此享盛名。……其《自述》诗云'一篇长恨有风情，十首秦吟近正声。'盖隐隐以可兴可观自命，非夸言也。清自文宗荒政，海内扰乱，颠沛播越，宗社几墟。同光之衰，实基于此。作者夙有澄清之旨，而目击时艰，抚今悼昔，叹息痛恨，乃藉檀青一事以见其意。婉而多讽，与香山有同志焉。缘情绮靡，其余事也。"《近百年诗坛点将录》："近代学唐而堂庑最大者，必推杨云史。《江山万里楼诗钞》，颇难求其匹敌。大声镗鎝，藻采纷披，如《檀青引》，则梅村不得擅美，《天山曲》洋洋千言，《秦妇吟》不足道矣。"《论近代诗四十家》云："弱冠时所作《檀青引》，借檀青遭遇，写文宗荒政，音节哀怨。易顺鼎评为'煌煌巨制，包罗一代掌故，可作咸丰外传读。《长恨歌》、《永和宫词》，并此鼎足而三。称之诗史，洵无愧色。'"

本月，江标辑《沅湘通艺录》八卷，并自序。

十二月

4日，梁启超《倡设女学堂启》和《日本横滨中国大同学校缘起》刊载于《时务报》第47册。

8日，严复《斯宾塞尔〈劝学篇〉》刊载于《国闻汇编》第1册，第3、4册连载。

11日，《大公报》创刊于上海，日刊，由上海道蔡钧（和甫）斥资受盘已歇业的《苏海汇报》机器设备而创办。《大公报》主笔何人不详，一说是原来与翁萃甫、邹绶合股办《苏海汇报》的吴县沈敬学（悦庵）。沈敬学为上海著名报人，与孙玉声、李宝嘉、吴趼人、高太痴等交游甚多，曾在沪创办《医学报》、《寓言报》等，后又转赴长沙主持《湖南官报》。《大公报》停刊时间不详。

13日，章太炎《论民数骤增》刊载于《译书公会报》第8册。后收入《訄书》和《检论》，改题《民数》，有增删。

14日，严复《论胶州知州某君》刊载于《国闻报》。

18日，严复《天演论》的部分内容，即《译〈天演论〉自序》《〈天演论〉悬疏》，连载于《国闻报》第2、4、5、6册。《〈天演论〉悬疏》中有译自赫胥黎引自蒲伯《原人篇》（即《人伦》）长诗中的几句诗，以及丁尼生《尤利西斯》（Ulyssess）长诗中的几句，葛桂录《中英文学关系编年史》称"此亦系最早译成中文的英国诗片段"。

25日，严复《书中国备赴美国费城商会事》刊载于《国闻报》。

26日，严复《论俄人为中国代保旅顺大连湾事》刊载于《国闻报》。

27日，章太炎《读日本国志二》刊载于《译书公会报》第10册。

本月，《奇闻报》创刊于上海，日刊，创办人为沈棠（子实），主笔为罗汇川，奇闻报馆发行。该报日出1张2版，版呈长条形，先排论说，接着是新闻，末附诗词。所载论文大都与进步潮流吻合，范围涉及政治、经济、科学、社会、生活等各个领域。该报于光绪二十四年二月二十八日（1898年3月30日）第104号发表《广开报馆说》，其中叙述中国早期报馆情况部分，是十分珍贵的新闻史料。该报的新闻别树一帜，突出"奇"、"新"、"近"特点，其中国外消息占三分之二，尤重国际新闻趣事、风土人情、中外使节来往、各国交战动态和边界消息，有时还登有游记文学以介绍国外奇风异俗，如《朝鲜疆域风俗纪略》、《李春生游历日本东京记》等。该报还发表过吴趼人所撰广告文学《食品小识》、文学作品《戒缠足歌有序》等。《奇闻报》停刊时间不详。现今所见的最后一期为第208号，于光绪二十四年五月二十日（1898年7月8日）出版。

本月，林纾《闽中新乐府》由魏瀚于福州用活字版印行，此为林纾最早刊行之著作。《闽中新乐府》共32篇，集中可见林纾之维新思想。魏瀚于本月序云："吾友畏庐子，自言为村学究二十六年，生徒至众，执业率以帖括，畏庐子苦口道之，终莫夺其科名之心。畏庐子愤切莫告，一日以香山讽谕诗课少子，感怀时事，乃编为新乐府三十二首。余见而求其稿，将镌板以授家塾。畏庐子笑曰：'二十六年村学究，乃欲吟诗为童子启悟之阶，自度吾力未至也。且吾不善为诗，俚词鄙谚，旁收杂罗，谈格调者将引以为噱，而吾又不乐为诗人也。'余曰：'不然。世局危迫，固执者既万不可变，吾辈子弟无罪，不当使其聩聩至老。子之诗虽无救于世局，然使吾子弟读之，亦知有人间之事，不死于帖括之手，为功岂不伟乎？且新乐府之体，固不妨为俚鄙者也'……乃强取而授之梓人。"汪辟疆《光宣诗坛旁记·林琴南逸诗》云："余曾见其早岁撰《闽中新乐府》一卷，即当时盛传闽中者。旁则摭拾传闻，略含讽刺，诗亦平平。后乃稍稍与文士往还，眼界较宽，而诗亦不出梅村末派。以其济以时务，在尔时风气中，固易得名也。"

本月，林乐知、任廷旭的《格致源流说》刊载于《万国公报》第106册。文中称培根为"英国格致名家"，并译有培根的一篇论述"格致之效"的小品文，此为中国最早翻译培根的文学作品。

本月，康有为作《上清帝第五书》，提倡变法以日本为师。

本年

本年夏秋间，《笑报》创刊于上海。笑笑主人创办并编辑，苏海汇报馆印行。该报所刊《笑报赋》称："采笑话则新闻猬集，供笑谈而妙语蝉联。"版式与刊例均仿《游戏报》，4开2版一张，广告与文章各占其半。一版首冠一文，中接趣味性社会新闻，末附诗歌。内容侧重于笑话、轶闻、风土人情、花事，如国外异闻、租界奇事、里巷琐事、戏馆新闻、学校消息乃至鸦片烟鬼、捐客、马夫、妓女等市井琐事，均有报道。停刊时间不详。

本年冬，文廷式在上海填词《霜叶飞》。钱萼孙《文云阁先生年谱》云："是冬在上海闻粤中故人如叶兰台、陶春海辈先后凋谢，填《霜叶飞》词，自谓少长岭南，一时名流，咸得款待，十余年来，仅有存者，新阡宿草，杳漠何期，天道变衰，早死未为不幸。特文字之习，犹不能忘，谱入笛声，当不减山阳之赋也。"又，文廷式追录上年至本年所记时事为《闻臣闻记》。

本年冬，康有为《日本书目志》由上海大同译书局出版。该书撰成于1897年农历五月。杨克己《康梁师生合谱》载："公以欲输入西学，以译读日书为便，乃就所藏日本书籍，作为提要，著日本书目志。"康有为自序该书云："泰西诸学之书，其精者日人已略译之矣，吾因其成功而用之，是吾以泰西为牛，日本为农夫，而吾坐而食之。……欲结会以译日书久矣，而力不能成也。呜呼！使吾会成，日书尽译，上之公卿，散之天下。岂有割台之事乎！"又，康有为于该书的《识语》云："吾问上海点石者曰：何书宜售也？曰：书经不如八股，八股不如小说。宋开此体，通于俚俗，故天下读小说者最多也。启童蒙之知识，引之以正道，俾其欢欣乐读，莫小说若也。……仅识字之人，有不读'经'，无有不读小说者。……故'六经'

不能教，当以小说教之；正史不能入，当以小说入之；语录不能喻，当以小说喻之；律例不能治，当以小说治之。"所以，"今日急务，其小说乎！"梁启超《读〈日本书目志〉书后》云："今日中国欲为自强第一策，当以译书为第一义矣。吾师南海先生，早瞷瞷忧之，大收日本之书，作书目志，以待天下之译者。"

本年冬，梁启超发表有《湖南时务学堂学约》、《湖南时务学堂札记批》、《湖南时务学堂答问》。《湖南时务学堂学约》内容包括：（一）立志；（二）养心；（三）治身；（四）读书；（五）穷理；（六）学文；（七）乐群；（八）摄生；（九）经世；（十）传世。

本年，谭嗣同、黄遵宪、熊希龄等于长沙设立时务学堂。聘梁启超主讲席，唐才常等为助教。

本年，宋育仁应廖平之约，回成都兼长尊经书院，并与吴之英创办《蜀学报》，宣传西方政治工商教育诸新学。

本年，《昙花偶见传》由云梯阁刊行出版，六十四回，顺邑扬溪荔堤园藏版，题"岭南韬晦子少植编辑、醉红客砚农订讹"。书首序署"光绪二十年（1894）岁次甲午春三月乩仙劳孝光自识"。序后有《记》、《说》、《弁言》、《论》、《诗》与《凡例》，题署年代分别为光绪二十年至二十二年。

本年，《仙卜奇缘》由上海书局刊行出版，八卷四十回，石印本，题"吴毓恕撰"。书首佚名者序云："此书初名《大刀得胜传》，盖纪实也，而其名不雅。有识者阅曰：'何不以《仙卜奇缘》名之？'至书中大意，迥不同风花雪月之词，不落小说窠臼也。其意以命中注定，不可强求，为警示之金针；复以忠孝廉洁，能夺命为券，令人感发善心，力求为端人正士。"同年，又有宏文书局版《仙卜奇缘》，八卷四十回，石印本。

本年，唐芸洲《七剑十三侠》（一名《妻子失散》）初集六十回由上海书局刊行出版，题"姑苏桃花馆主人唐芸洲编次"。（其创作与完成情况见前文）

本年，敬文堂刊行出版《杀子报》四卷二十回，撰人不详。

本年，《案中奇缘》由文宜书局刊行出版，十二回，石印袖珍本。不题撰人，书尾有"无名子之诗云"，"无名子"或为作者化名。该书全称《新编案中奇缘第四奇书》，叙明嘉靖时申冤情及朝廷忠奸斗争之事。

本年，《云中雁三闹太平庄》由文宜书局刊行出版，改题为《云中雁三峡传》，五十四回，铅印本。

本年，《金钟传》由乐山堂再版，八卷六十四回。

本年，王国维辑 1895 年以来所作《咏史》诗二十首。此二十首诗《海宁王忠悫公遗书》和《海宁王静安先生遗书》均未收，1928 年刊载于《学衡》杂志第 66 期。《学衡》主编吴宓于《吴宓诗集·空轩诗话》云："王静安先生有《咏史》二十首，分咏中国全史，议论新奇而正大，为先生壮岁所作，未收入全集及遗书中。"

王国维（1877—1927），字伯隅、静安，号观堂、永观，浙江海宁人。近代学者，杰出的古文字、古器物、古史地学家，诗人，文艺理论学、哲学家、国学大师。1894 年甲午战争败，极为震动，始知世有"新学"。1898 年，入上海时务报馆任书记校对，此为其一生行事之始。同年入罗振玉"东文学社"学习，结识罗振玉。1900 年任武昌农校日籍教员翻译，年底受罗振玉资助东渡日本东京物理学校习数理。1901 年夏回国，协助罗振玉编《教育世界》杂志，其哲学及文学方面的撰述常刊于此。1902 年，始读社会学、心理学、论理学（即逻辑学）、哲学等书，尤关注人生问题。其后相继任教于通州（今南通）师范学堂和江苏师范学堂，讲授哲学、心理学、伦理学等，研读叔本华、康德学说，埋头文学研究，开始其"独学"阶段。1906 年随罗振玉入京，翌年任学部总务司行走、图书编译局编译。1908 年，于《国粹学报》刊出《人间词话》前 21 则，提出"境界"说，次年续刊出第 23—64 则，并任学部名词馆协修。1910 年，修订已刊《人间词话》64 则，并加附记。1911 年，为《国学丛刊》作序，提出"学无新旧、无中西、无有用无用"。辛亥革命后，举家避居日本，从此以前清遗民处世，致力于甲骨文、金文、汉简、考古学等研究，居日期间"成书之多，为一生冠"。1913 年，撰成《宋元戏曲考》。1916 年回国，主持《学术丛编》。1918 年，任仓圣明智大学教授，撰《经学概论讲义》。1922 年，受聘任北京大学研究所国学门通讯导师。翌年，受命任逊帝溥仪"南书房行走"。同年 12 月，《观堂集林》二十卷样本印成。1924，冯玉祥部"逼官"，随驾溥仪迁出紫禁城，写下"艰难困辱，仅而不死"之言。1925 年，受聘任清华研究院导师，教授古史新证、《尚书》、《说文》等。1927 年 6 月，国民革命军北上，留下"经此世变，义地再辱"之遗书，自沉于颐和园昆明湖。王国维集史学家、文学家、美学家、考古学家、词学家、金石学家和翻译理论家于一身，生平著述 62 种，批校的古籍逾 200 种，主要有《静安文集》、《王国维遗书》、《王观堂先生全集》、《宋元戏曲考》、《曲录》、《人间词话》、《王国维诗词全编》、《〈红楼梦〉评论》、《流沙坠简》等。被梁启超称为"不独为中国所有而为全世界之所有之学人"。

本年，江标刊行《张忆娘簪花图卷题咏》一卷。

本年，梁鼎芬作《结庵诗》五卷，龙凤镳知服刊刻。

本年，张之洞《广雅碎金》五卷由水明楼刊行。（按：前四卷已于本年 10 月由水明楼刊出。详见前文）

本年，张荫自刻所作《铁画楼诗钞》五卷和《骈文》二卷。

本年，朱孝臧《彊邨语业》开始存词。

本年，王闿运集《味梨集》以后所作之词为丁稿《鹜翁集》。

本年，薛福成《庸盦笔记》由遗经楼刊行出版，六卷，巾箱本。

本年，郑由熙自序其《晚学斋诗二集》（十二卷）与文集《外集》（四卷）。

本年，盛康编《皇朝经世文续编》由思补楼刊行，凡一百二十卷，体例同《皇朝经世文编》，辑录道光、咸丰、同治、光绪年间奏稿论文而成。按：道光六年，贺长龄、魏源编《皇朝经世文编》；道光末，张鹏飞编《皇朝经世文编补》；光绪初，饶玉成编《皇朝经世文续编》，录道光、咸丰、同治三朝经世文；光绪十四年，葛士濬编《皇朝经世文续编》，录鸦片战争至光绪初经世文。自盛康《皇朝经世文续编》之后，又刊有"经世文"十余种。

本年，王棻《九峰精舍文集》八卷刊行出版。后辑为《柔桥文钞》十六卷，1914 年由上海国光图书局铅印出版。

本年，谭嗣同《旧学四种》于南京刊行，共七卷：《廖天一阁文》二卷，《莽苍苍斋诗》二卷，《远遗堂集外文初编》一卷，《石菊隐庐笔识》二卷。谭传赞《秋雨年华之馆丛脞跋》云："（《旧学四种》）幽邃沉雄，异境独辟，如神龙之不可方物，繁剑气水咄咄逼人，允堪饷遗士类，故久为海内所钦佩矣。"梁启超《饮冰室诗话》云："谭浏阳志节学行思想，为我中国二十世纪开幕第一人，不待言矣。其诗亦独辟新界而渊含古声。丙申在金陵所刻《莽苍苍斋诗》，自题为'三十以前旧学第二种'，盖非其所自憙也。浏阳殉国时，年仅三十二，故所谓新学之诗，寥寥极稀。"又云："复生自憙其新学之诗。然吾谓复生三十以后之学，固远胜于三十以前之学，其三十以后之诗，未必能胜三十以前之诗也。盖当时所谓新诗者，颇喜挦撦新名词以自表异。丙申、丁酉间，吾党数子皆好作此体，提倡之者为夏穗卿，而复生亦綦嗜之。"

谭嗣同（1865—1898），字复生、佛生，号壮飞，曾用笔名华相众生、东海褰冥氏、廖天一阁主、通眉生等。湖南浏阳人，生于甘肃武威，清末维新派政治家、思想家。清末巡抚谭继洵之子，少年时博览群书，好任侠，喜词章，思想活跃，鄙视科举。青年时期为父所迫，六赴南北省试，因不喜科举时文，屡试不中。在此期间，目睹清王朝统治腐败，益思奋发有为，立志救国救民，故自号"壮飞"。曾游历直隶、甘肃、新疆、陕西、河南、湖北、江西、江苏、安徽、浙江、山东、山西等地，观察风土，结交名士。中日甲午战争与《马关条约》签订后，决心致力于维新变法，与唐才常等于浏阳筹建算学馆，创办新学，并撰文提出变法主张，首开湖南维新之风。1896年入京，对资本主义生产方式和自然科学发生兴趣，同时遍交维新之士，结识梁启超和翁同龢等，进一步了解康有为维新思想。同年，奉父命入赀为江苏候补知府，供职南京。闭户养心读书，与人研讨佛学，1897年撰成《仁学》。1898年初，回湖南与唐才常等倡办时务学堂、南学会、《湘报》等，宣传变法维新，推行新政，成为维新运动的激进派。同年4月被征入京，擢四品卿衔军机章京，参与新政。戊戌政变后拒绝出走，被捕遇害。其著作编为《谭嗣同全集》。

本年，邱炜萲《菽园赘谈》刊行（自刊本）。在该书中，邱炜萲谈到："小说家言，必以纪实研理，足资考核为正宗。其余谈狐说鬼，言情道俗，不过取备消闲，犹贤博弈而已，固未可与纪实研理者絜长而较短也。以其为小说之流，遂亦赘述于后。""诗文虽小道，小说盖小之又小者也。然自由章法，有主脑在。否则，满屋散钱，从何串起，读者亦觉茫无头绪，未终卷而思睡矣。"

邱炜萲（1874—1941），小说评论家、诗人。原名德馨，字媛娱，号菽园，别号绣原、啸虹生，晚年自号星洲寓公。福建海澄人。1893年考中举人，1895年参与"公车上书"，为康有为"拜门弟子"。在"小说界革命"尚为开展起来之际，他就将小说作为一门学问和学术认真研究，是大胆地为小说批评张目、为小说批评家争学术地位的第一人。先后有《菽园赘谈》、《五百石洞天挥麈》、《挥麈拾遗》、《新小说品》、《客云庐小说话》等著述问世。后返回新加坡，年继承百万遗产。无意仕途和经商，以诗会友，创设"丽泽"、"会吟"文社，成为东南亚华侨文坛领袖。先后创办《天南新报》、《振南日报》，鼓吹维新。并与林文庆、陈合成合办新加坡第一所华侨女学。后潜心著作写诗，被尊为"南侨诗宗"。著有《菽园诗集》、《菽园赘谈》《啸虹生诗集》等。

本年，章太炎作《文例杂论》，云："余每读顾先生《救文格论》，叹其绳约朒敝，偃檠削墨，后之治文笔者，得是为同律，其远于鄙倍矣。自桐城方、姚诸子，浸为文辞，传之其人，其所约束，又各以意进退。古之作述，非闳览博观，无以得其条例，惟杜预之善文、挚虞之文章流别，今各散亡耗矣。榘则同异，或时时见于群籍，凌杂取之，固不能成类例，亦庶几捃摭秘逸之道也。"

本年，康有为《春秋董氏学》由广州演孔书局刊行出版，八卷，红印本。

本年，王闿运在衡阳东洲讲学，杨度等任讲习。王闿运论学、论文云："学问门径，不可苟也。读经而不知孔书之伪，览子而不知家语之诬，文蔑八代，诗通唐宋，注混郑王，学称朱陆，虽复博闻强记，丽句清词，不登大雅之堂，有愧兔园之册。而况奉八家为文式，推袁赵为词宗，经读四书，理言五子，论史则尹袁诸说，习书则赵松余波，毛公解诗，浣衣自洁，介甫读书，朝报为讥，以乡曲之见闻，测圣君之典册，其为鄙陋，岂冀开通。近者曾文正亟誉俞曲园好学，论文优于天下。余疑其语，徐问其所长，曾乃曰：荫甫自为当代闻人，若作者之林，未能逮也。然则前辈奖借，正足陷人。故为学当广听说，自撼胸臆，而真伪雅俗，必先瞭然，否则北辙南辕，御良马疾，徒抛心力，不见成功。""四月……陈完夫问作诗之法，因示以五言作法及唐诗诸家源流、七言歌行流品及歌行运用之妙，皆举古昔名篇及自作诗歌以为对照。"十一月，胡思敬请示作诗门径，"因论道光以来翰林文学盛衰及同时诗人流别，作《忆昔行》。"

本年，易顺鼎与其父于长沙设坛请吕仙（吕洞宾）降神，与宾客同人扶乩唱和，所作扶乩诗后刻为《湘社集》。翌年，易顺鼎于江西又设坛扶乩，白仙（白老儿）及其姊亡灵真一子降灵唱和，所作扶乩诗后刻为《江社集》，王先谦、叶德辉等为之序。

1898年

一月

2日至3日，严复《论中国之阻力与离心力》刊载于《国闻报》，以物理喻政理。

5日，康有为呈《上清帝第五书》，提出效法俄日以定国是、大集群才而谋变政、听任疆臣各自变法等具体计划。

同日，康有为等于北京开办粤学会。

10至11日，严复的《论沪上创兴女学堂事》刊载于《国闻报》。严复于文中论述妇女问题，指出"名既为人，不以男女而异也"，"妇女自强，为国政至深之根本"。

15日至17日，严复《中俄交谊论》刊载于《国闻报》。

22日，梁启超《俄土战纪叙》刊载于《时务报》第51册。

本月27日至2月4日，严复《拟上皇帝书》刊载于《国闻报》，又名《上皇帝万言书》，未署名。

29日，康有为呈《上清帝第六书》，上疏"统筹全局"，请求光绪帝迅速决定变法。不久，又呈《上清帝第七书》，并进呈《俄彼得变政记》。

31日，林旭等于北京开办闽学会。

本月，梁启超跋黄遵宪诗集，云："古今之诗有两大种：一曰诗人之诗，一曰非诗人之诗。之二种者，其境界有反比例，其人或相非或不相非，而要之未有能相兼者也。人境庐主人者，其诗人耶？彼其劬心营目憔形，以斟酌损益于古今中外之治法，以忧天下，其言用不用，而国之存亡、种之主奴、教之绝续，视此焉，吾未见古之诗人能如是也。其非诗人耶？彼其胎冥冥而息渊渊，而神味沉醲，而音节入微，友视骚、汉而奴畜唐、宋，吾未见古之非诗人能如是也。主人语余，庚、辛之交，愤天下之不可救，誓将自逃于诗忘天下。然而天卒不许主人之为诗人也。余语主人，即自逃于诗忘天下，然而子固不得为诗人。并世忧天下之士，必将有用子之诗以存吾国，主吾种，续吾教者，矧乃无可逃哉？虽然，主人固朝夕为诗不少衰，故吾卒无以名其为诗人之诗与非诗人之诗欤？"署"丁酉腊不尽八日，启超跋"。又，关于梁启超对严复诗歌的评价，《饮冰室诗话》有语云："近世诗人能熔铸新理想以入旧风格者，当推黄公度。丙申、丁酉间，其《人境庐诗稿》本，留余家者两月余，余读之数过。然当时不解诗，故缘法浅薄，至今无一首能举其全文者，殊可惜也。然近见其七律一首，亦不记全文，惟能诵两句云：'文章巨蟹横行日，世界群龙见首时。'余甚爱之。"又称："黄公度尝语余云：'四十以前所作诗多随手散佚，庚辛之交，随使欧洲，愤时势之不可为，感身世之不遇，乃始荟萃成编，藉以自娱。'即在湘所见之稿也。公度既不屑以诗人自居，未肯公之同好。余又失之交臂，未录副本。近于诗话中称其诗，海内外诗人贻书索阅者甚多，然急切无从觅致也。……要之公度之诗，独辟境界，协然自立于二十世纪诗界中，群推为大家，公论不容诬也。""公度之诗，诗史也。"梁启超又于为黄遵宪写的墓志铭评其诗曰："其为诗，则精思渺虑盘礴而莫测其际"，"阳开阴阖，千变万化，不可端倪，于古诗人中独具境界。"

二月

10日，《岭学报》创刊于广州，旬刊，黎国廉任总理，朱淇任撰述，岭学报馆印行。该报旨在考订西学西政之源流得失。内容分国政篇、邦交篇、文教篇、武备篇、史学篇、民事篇、谕旨、奏疏、西文译篇等，编例"略仿《湘学报》"。刊有不少介绍西政、西艺的译文。

11日，梁启超《说动》刊载于《知新报》第43册。

本月，《海上日报》创刊于上海，日刊，海上日报馆发行。3张6版，内容多为文艺性文章。

本月，南学会成立于长沙，创办人为谭嗣同、唐才常、熊希龄、戴宣翘。二月初一（公历2月21日），南学会正式开讲。

本月，吴汝纶为严复《天演论》作序。吴汝纶《〈天演论〉序》云："天演者，西国格物家言也。其学以天择物竞二义，综万汇之本原，考动植之蕃耗，言治者取焉。因物变递嬗，深研乎质力聚散之几，推极乎古今万国盛衰兴坏之由，而大归以任天为治。赫胥氏起而尽变故说，以为天不可独任，要贵以人持天。以人持天，必究极乎天赋之能，使人治日即乎新，而后其国永存，而种族赖以不坠，是之谓与天争胜。而人之争天而胜天者，又皆天事之所苞。是故天行人治，同归天演。其为书奥赜纵横，博涉乎希腊、竺干、斯多噶、婆罗门、释迦诸学，审同析异，而取其衷，吾国之所创闻也。凡赫胥氏之道具如此，斯以信美矣。抑汝纶之深有取于是书，则又以严子雄于文。以为赫胥氏之指趣得严子乃益明。自吾国之译西书，未有能及严子者也。……今议者谓西人之学，多吾所未闻，欲瀹民智，莫善于译书。吾则以谓今西书之流入我国，适当吾学靡敝之时，士大夫相矜尚以为学者，时文耳，公牍耳，说部耳。舍此三者，几无所为书。而是三者，固不足与于文学之事。今西书虽多新学，顾吾之土，以其时文、公牍、说部之词，译而传之，有识者方鄙夷而不之顾，民智之瀹何由？此无他，文不足焉故也。文如几道，可与言译书矣。……今赫胥氏之道，未知于释氏何如？然欲侪其书于太史氏、杨氏之列，吾知其难也；即欲侪之唐宋作者，吾亦知其难也。严子一文之，而其书乃骎骎与晚周诸子相上下，然则文顾不重耶！抑严子之译是书，不惟传其文而已。"

本月，康有为自序《孔子改制考》，并于本年出版。该书系康有为所撰关于变法维新的重要理论著作，共二十一卷。光绪十八年（1892），康有为在弟子陈千秋、梁启超等人协助下开始编著《孔子改制考》，光绪二十四年（1898），由上海大同译书局正式刊行。书中阐发"托古改制"理论，宣称六经皆孔子所作，是孔子假托古圣先王的言行宣传自己的政治观点和改革主张，把孔子塑造成托古改制的"素王"；认为孔子改制的精义主要反映在《春秋》一书中，而《公羊传》则是阐释《春秋》的典籍。康有为从资产阶级改良派的政治需要出发，附会公羊学派的"据乱、升平、太平"三世说，解释历史发展趋势。认为"据乱世"就是西方的君主专制时代，"升平世"即君民共主（君主立宪）时代，"太平世"即民主共和时代。冲破了顽固派"敬天法祖"、"祖宗之法不可变"的传统守旧思想，为维新变法提供了理论依据。顽固派攻击该书"明似推崇孔教，实则自申其改制之义"，骂其为"灭圣经"、"乱成宪"的叛逆行为，要求清政府将该书毁版。书首康有为序末云："《孔子改制考》成书，去孔子之生 2449 年也。光绪二十四年正月元日，南海康有为广厦记。"

本月，严复翻译《伊索寓言》中的《鸦乘羊者》一文。

三月

7日，《湘报》创刊于长沙，日刊，由谭嗣同、唐才常等集资创办，唐才常等任主编，梁启超、谭嗣同、唐才常、樊锥等为撰述。由长沙校经书院编辑出版。系南学会为了更好地推动维新变法而创办的一份比较通俗的日报。该报"专以开风气、拓见闻为主旨"，《湘报序》称其"义求平实，力戒游谈，以辅《时务》、《知新》、《湘学》诸报所不逮。"该报设有论说、奏疏、电旨、公牍、本省新政、各省新政、各国时事、杂事、商务等栏目。文字浅近，通俗易懂。散为日报，合为月报。宣传"爱国之理"、"救亡之法"，倡导变法维新，主张君主立宪，尤其注意介绍西方资产阶级政治改革的历史和社会学说，对封建顽固势力展开针锋相对的斗争，遭封建顽固派忌恨。六月二十日（8月7日）出至第116号时曾一度停刊。七月初五日（8月21日）复刊，戊戌政变后，被地方官饬令停办，由王笏等"承顶接办"，续出至九月二十日（11月3日）最终停刊。前后共出版七个多月，计177期。

同日，《卓舒及马格利小说》于《求是报》第12册连载毕。

11日，梁启超《论中国宜讲求法律之学》刊载于《湘报》第5号。

12日，田汉出生于湖南长沙县。田汉（1898—1968），原名寿昌，曾用笔名伯鸿、陈瑜、漱人、汉仙等，现代作家、戏剧家，著有话剧《获虎之夜》、《名优之死》等。

13日，《格致新报》创刊于上海，月刊，创办人为朱开甲（志尧），朱云佐，朱开甲、王显理等任主编和撰译。上海格致新报馆出版，商务印书馆承印，连史纸石印。朱开甲于创刊号阐述该报宗旨曰："甲午战役，世变益亟，天下志士，咸思变计，学会报馆，林立通衢，盖已知旧习之不足振兴，而格致实该治国平天下之根柢也。然以中国地舆之广、齐民之众，区区数学堂，无论格致之道之得与否，即得矣，亦安能家喻户晓，速于置邮而传命哉，则报尚焉。……吾子创立斯报，以启维新之机，诚为当今之急务。"又于《〈格致新报〉缘起》云："格致二字，包括甚宏，浅之在日用饮食之间，深之实富国强兵之本，谓余不信，请历陈之：一曰性理，探道之大原、辨理之真伪者也。一曰治术，论公法律例、条约税则也。

一曰象数，究恒星天文、测量制造者也。一曰形性，分为四项，声光气电水热力重诸事，隶于物性；金银木炭鸟兽血肉诸事，隶于物理；质点凝动变化分合诸事，隶于化学；药性病状人体骨架诸事，隶于医学。至于史传地志，户口风俗，足以见世故之得失、政教之成败者，另归纪事一门。条分缕析，包举靡遗，特科六事，尽在于斯，夫岂见囿一端、学拘一得也哉？"该报设有论说、科学问答、格致新义、时事新闻等栏目，文字浅近，并配有插图。内容主要为刊登西方科学知识以及宣传天主教。共出16期，后与《益闻录》合并而于1898年8月停刊，合并后改名为《格致益闻汇报》，每周出两期，改为铅印。格致新报馆一度又设学舍，请教士演讲。

同日，梁启超《万木草堂书藏征捐图书启》刊载于《知新报》第46册。

22日，梁启超《〈经世文新编〉序》刊载于《时务报》第55册。梁启超在文中主张维新，痛斥守旧，"开新者兴，守旧者灭。开新者强，守旧者弱。天道然也，人道然也！""故言为国之新旧，关于兴灭，以序其端。"

27日，《国闻报》对外宣称该报由于"报纸销行不广，资本折阅"，故售与日本人西村博，由西村博自任经理，并开始加印日本"明治"年号。

本月，梁启超作《意大利兴国侠士传》。

本月，严复译成《计学》一册，并易名为《原富》，寄与吴汝纶审阅。

本月，章太炎受张之洞邀请，赴武昌筹办《正学报》，不到一月即离去。

四月

17日，保国会成立于北京，并召开第一次会议。康有为与御史李盛铎等人发起，联合各省旅京维新志士创立而成，以"保国"、"保种"、"保教"为宗旨，议定《保国会章程》30条，第一条曰："本会以国地日割，国权日削，国民日困，思维持振救之，故开斯会以冀保全，名为保国会。"拟于北京、上海设两总会，各省、府、县设分会。保国会"略具政党规模"。此后，保滇会、保浙会、保川会等相继成立。保国会先后集会演说三次，意在合群策、群智、群力，发愤救亡，推动维新运动。遭到封建顽固派的攻击、威胁、破坏。同年5月26日（农历四月初七），潘庆澜弹劾康有为组织保国会"聚众不道"，保国会不久即停止活动。尽管保国会因被破坏而夭折,但它的宗旨以及康有为、梁启超等人在会上发表的演说,却在天津、上海、广东各地报刊登载,影响很大。

21日,梁启超于保国会作演说以阐述保国开会宗旨,说明"瓜分"危机,强调"合群智以讲求之"(光绪二十四年四月十二日《国闻报》),演讲词《保国会演说词》于同年6月9日刊载于《知新报》第55册。

21、23日,严复《书本馆译报后》刊载于《国闻报》。

本月初,梁启超《论湖南应办之事》(作于1月)刊载于《湘报》第26—28号。

本月,《岭海报》创刊于广州。该报是《岭学报》附设的日报,日出8开8版,主笔为陈庆材、区宝庆等。内容以介绍新学和报道有关变法维新的消息为主。后为胡衍鹗把持,成为保皇派的报纸。光绪二十九年(1903),洪全福广州起事失败后,该报极力攻击资产阶级民主革命运动。

本月,蜀学会成立于成都,宋育仁、廖平等发起,各府、州、县设分会。蜀学会以通经致用、讲求实学为宗旨,以集讲为主,分伦理、政事、格致三门讲习。提出《学会六戒》:戒胶执、戒慢、戒非笑诘难、戒诋毁、戒忿争、戒羼言,作为会员守则。会中购有书籍、仪器、图册数百部,与成都中西学堂、算学馆联为一气,并于尊经书院发刊《蜀学报》,辟论撰专栏,宣传变法救亡,采录译报,登载学会讲义和会员心得,供各地会友学习。

本月,梁启超《中西学门经书七种》由上海大同译书局刊行,石印线装三册,其序作于本年三月。

本月,张之洞撰《劝学篇》成,并于同月由两湖书院刊行出版。该书凡二十四篇,四万余言,分内篇九:同心、教忠、明纲、知类、宗经、正权、循序、守约、去毒;外篇十五:益智、游学、设学、学制、广译、阅报、变法、变科举、农工商学、兵学、矿学、铁路、会通、非弭兵、非攻教。"内篇务本,以正人心;外篇务通,以开风气。""本"指封建的纲常名教,"通"指有关工商业和学校报馆诸事。前者不能支援,后者则可以变通举办。该书系统阐述和发挥了"旧学为体,新学为用"的思想,主张在维护封建专制制度的前提下接受西方的科学技术;极力攻击维新派"开议院、兴民权"的政治主张,断言"民权之说无一益而有百害",坚决反对资产阶级的变法维新运动;同时极力赞颂清王朝的"深仁厚泽",宣扬"三纲五常"的封建伦理道德。该书具有调和中西、折中新旧的色彩,深得清廷赏识。章太炎《自定年谱》云:"之洞方草《劝学篇》，出以示余。见其上篇所说，多效忠清室语，因答曰：'下篇为翔实矣。'"许同莘《张文襄公年谱》载：本年六月，"翰林院试讲黄绍箕以《劝学篇》进呈，奉上谕：原书内外各篇，朕详加披览，持论平正通达，于学术人心大有裨益，著将所备副本四十部，由军机处颁发各省督抚学政各一部。俾得广为刊布，实力劝导，以重名教而杜卮言。"又谕令总理衙门排印三百部。《劝学篇》"挟朝廷之力以行之，不胫而遍于海内"。西方列强对此书也很欣赏，先后译成英、法文字出版。光绪二十六年（1900），纽约出版乌特勃来基（Samuel I Woodbridge）译本，题称《中国唯一的希望》（China's only Hope；An Appeal by the Greatest Victroy Chang Chintung）。张之洞《劝学篇》是戊戌时期对抗变法维新思潮的代表作。

本月，黄遵宪重刊《日本杂事诗》于长沙，并自跋，以此为定本。跋云："此诗光绪己卯，上之译署，译署以同文馆聚珍板行之。继而香港循环报馆日本奉文书坊又复印行，继而中华印务局，日本东西京书肆复争行翻刻，且有附以伊吕波及甲乙丙等字，衍为注释，以分句读者。乙酉之秋，余归自美国，家大人方榷税梧州，同僚索取者多，又重刻焉。丁酉八月，余权臬长沙，见有悬标卖诗者，询之又一刻本。今此本为第九次刊印矣。此乃定稿，有续刻者，当依此为据，其他皆拉杂摧烧之可也。"署"戊戌四月，公度又识"。

本月，周树人考取江南水师学堂。至九月，复投靠江南陆师学堂新附设之矿物铁路学堂。鲁迅《呐喊自序》云：家道中落，不得已，"走异路，逃异地"。

五月

4日，庐隐出生于福建闽侯县。庐隐（1898—1934），女，原名黄淑仪，又名黄英，笔名庐隐，福建省闽侯县人，现代作家，著有小说《海滨故人》等。

5日，《时务日报》创刊于上海，日刊，创办人为汪大钧、汪康年、曾广铨。（汪康年在创办《时务报》的同时，一直想办日报，一度曾企图与当时正在出版的《博闻报》合股或改版，并物色主笔人选。光绪二十四年初，始由曾国藩嗣孙曾广铨和汪康年堂弟汪大钧联合创办《时务日报》。）该报宗旨为"转环时务、广牖见闻"。所登新闻，均择取紧要有证之事，"凡郢燕市虎之词，概为严删"，"重在采择西报。凡紧要新闻及有益之论说章程，悉行摘录"。另设专件一栏，"凡奏疏、章程、条陈等件之关于时务者，无不广为搜录，以资考证"。在报纸编排上进行了革新：纸张用机制纸双面印刷，每版分为三层，俾阅者少省目力；句读加点，以清眉目，并且"首页开明目录"、"告白分别门类"。另外，"如有创制之物，请即函告本报，即可托人前往试验。如确，当代登报表扬"；"如有新撰新译书籍，亦请送至本馆，当酌为代登"；"如有新译书籍及创意欲撰之书，亦可告之本馆登报，以免重复"。最后声明："如报中登事错误，请随时指正。"这些在当时都是创举。1898年7月26日，清政府下令改《时务报》为官报。汪康年被迫于1898年8月16日刊出启事，声明《时务日报》改为《中外日报》，以免该报亦被官方接收。《时务日报》从创刊到改名，共出版103天。《中外日报》出至宣统三年（1911）停刊。《时务日报》分版编排，每版分栏，句读加点，揭开了现代报纸版面的序幕。

同日，《蜀学报》创刊于成都，蜀学会会刊，初为半月刊，第4期起改为旬刊。宋育仁任总理，杨道南为协理，吴之英为主笔，廖平为总纂。该报旨在"昌明蜀学，开通邻省"。首录谕折，次论撰，次近事，"及分纂官士农工商五门成就"。载文以"有关实用，可以考镜得失"为准，不分中外，"力求实用，言务不当，不嫌并行"。曾刊载康有为的《保国会序》等。大量刊载维新变法文章，1898年9月出至第13期后被查禁。

7日，梁启超《呈请代奏查办德人毁坏圣像以伸公愤稿》刊载于《国闻报》。

11日，《无锡白话报》创刊于无锡，木刻活字和毛边纸印刷，初为5日刊，第5、6期合刊，改名为《中国官音白话报》，自此每两期合出一册，逢每月初一、十一、二十一日出版。（该报声称改名系缘于此白话不同于无锡土白，且该报不专为无锡而办，而是要"以号召全国"。）裘廷梁与其侄女裘毓芳创办并主编，为我国早期白话刊物。《无锡白话报》"谈新述故，务撷其精；间涉诙谐，以博其趣"，"汰芜秽，存精英，以话代文"，旨在"广开民智"，内容以新闻和译文为主，鼓吹变法，提倡女学，推广白话。主要栏目有五大洲邮电杂录、中外纪闻、无锡新、富国策、养民心法、海国丛谈、洋报药言、海国妙喻、史地知识等。该报编排分前后两部分：前面以新闻为主；后面是用白话演绎的书报文章，此类文章一般较长，所以多是分期连载。自第13、14期合刊起，增辟"上谕恭注"一栏，主要刊载光绪帝下令变法的谕旨及新政、新法。此外还刊载工商情况和一些小品文。戊戌变法失败后不久，该报即告停刊，现在所见的最后一期系1898年9月16日出版的第23、24期合刊。

裘廷梁于《无锡白话报·序》云："无古今中外，变法必自空谈始。故今日中国将变未变之际，以扩张报务为第一义。……谋国大计，要当尽天下之民而智之。……欲民智大启，必自广学校始，不得已而求其次，必自阅报始。报安能人人而阅之，必自白话报始。……每县自设一报，侵淫遍于十八行省，而后民智大开耳。"裘廷梁将《无锡白话报》的任务定为三项：演古、演今、演报。他说："一演古，曰经、曰子、曰史，取其足以扶翼孔教者，取其与西事相发明者。二演今，取中外名人撰述之已译已刻者，取泰西小说之有隽理者。三演报，取中外近事，取西政西艺，取外人论说之足以药石我者。谈新述故，务撷其精，间涉诙谐，以博其趣。"裘廷梁于19、20期合刊的《中国官音白话报》发表《论白话为维新之本》一文，明确提出"崇白话而废文言"。

《无锡白话报》刊行后，在全国影响颇大，此后白话报刊渐成风气，继之而起者有：《苏州白话报》(1901，苏州)、《杭州白话报》(1901，杭州)、《智群白话报》(1903，上海)、《宁波白话报》(1903，上海发行)、《中国白话报》(1903，上海)、《新白话报》(1903，出版于日本，上海发行)、《江苏白话报》(1904，常熟)、《福建白话报》(1904，福州)、《扬子江白话报》(1904，上海)、《直隶白话报》(1905，保定)、《地方白话报》(1906，保定)、《广东白话报》(1907，广州)，等等。

裘廷梁(1857—1944)，又名可桴，字葆良。江苏无锡人，出身"读书仕宦"之家，早年有才名，为"梁溪七子"之一。1885年乡试中举后，绝意仕途，致力于开通民智和变法维新的宣传，是最先利用白话文办报的改良派知识分子之一，编印《白话丛书》，创办《无锡白话报》。1897年赴上海，力主创办白话报，未被采纳。回无锡后，为宣传维新变法，于1898年创办《无锡白话报》，"百日维新"失败后被迫停刊。1901年参加励志学会并任会长。1904年任无锡锡金学务公所总董，主持恢复竢实、东林和三等学堂，并设立四城小学、乐歌补习所和初等师范学堂，3年间创办新学堂数十所。1909年被推为锡金城厢自治公所总董，次年当选为无锡市自治公所总董。辛亥革命之际，被推为锡金军政分府民政部长，因不赞成暴力手段，3天后辞职举家迁居上海。1918年，无锡县署聘他为县志总编纂。20年代初新文化运动兴起，他积极提倡白话文，并热情赞助平民教育活动。"九一八"事变后,他担忧国家命运,呼吁政府发展科技加强国防,并作诗控诉日寇罪行。著有《可桴文存》传世。

同日,曾广铨翻译的《长生术》开始连载于《时务报》第60册,至8月8日第69册(即《时务报》最后一册)仍未连载完,《时务报》改名《昌言报》后,《长生术》在《昌言报》第1册续载。均署"[英]解佳著,曾广铨译"。

同日,裘毓芳翻译的《海国妙喻》开始连载于《无锡白话报》第1期,至第24期连载毕,署"梅侣女史译"。裘毓芳,字梅侣,梅侣女史即其笔名。

28日,严复《论中国教化之退》刊载于《国闻报》。

六月

3、4日,严复《有如三保》刊载于《国闻报》,力赞保国、保种之说,反对保教之说。

5日,严复《道学外传》刊载于《国闻报》,以极其辛辣之笔调讽刺道学先生。

6日,严复《〈道学外传〉余义》刊载于《国闻报》。

7、8、11、12日,严复《保教余义》连载于《国闻报》。此文为《有如三保》一文的补充。

8日,《天演论》"慎始基斋"校样于本日校阅完毕。严复在"慎始基斋"校样上做了第二次修改,共校改180字,参照吴汝纶和夏曾佑等人的意见,在篇目上作了变动,将"悬疏"改为"导言",各篇篇首补写篇名,增加了小标题,增补了"译例言"。

9日,梁启超《公车上书请变通科举折》刊载于《知新报》第55册。

11日,光绪帝颁布"明定国是"诏,宣布变法,"百日维新"开始。光绪帝上谕曰:"数年以来,中外臣工讲求时务,多主变法自强。……惟是风气尚未大开,论说莫衷一是,或托于老成忧国,以为旧章必应墨守,新法必当摈除,众喙哓哓,空言无补。……朕惟国是不定,则号令不行,极其流弊,必至门户纷争,互相水火,徒蹈宋、明积习,于时政毫无裨益。……用特明白宣示,嗣后中外大小诸臣,自王公以及士庶,各宜努力向上,发愤为雄,以圣贤义理之学,植其根本,又须博采西学之切于时务者,实力讲求,以救空疏迂谬之弊,专心致志,精益求精,毋徒袭其皮毛,毋竞腾其口说,总其化无用为有用,以成通经济变之才。京师大学堂,为各行省之倡,尤应首先举办,……其愿入学堂者,均准入学肄业,以期人才辈出,共济时艰,……"至八月六日(9月21日),慈禧太后发动政变,变法共历时103日,史称"百日维新"。

23日,光绪帝下诏废八股。1898年6月16日,光绪皇帝召见康有为,康有为力陈八股之弊。翌日,康有为、宋伯鲁又上疏请改八股为策论。本日,光绪帝发布上谕:自下科始,乡会试及生童岁科各试,一律废八股,改试策论。戊戌政变后,清政府于10月9日宣布恢复旧制,仍以四书文、试帖等项分别考试。光绪二十七年(1901)七月,又下诏:自明年始,乡会试均不准用八股文程式。光绪三十一年(1905)八月,清政府正式宣布彻底废除科举考试制度,推行新式学堂。

25日,《亚东时报》创刊于上海,册报。封面有日、清两方的纪年,署"明治三十一年六月二十五日;光绪二十四年五月七日"。该报由日本乙未会主办,日本人山根之助(立庵)主编。初为月刊,第6号起改由唐才常主编,第7号起改出半月刊。每册约30页,并用日、汉两种文字刊登。汪康年于创刊号上撰《〈亚东时报〉叙》云:"将以扩兴亚之愿,出中国之蒙","不教子弟,不能保其家;不存其邻,不能保其国,亦势之相激之使然!"另有《亚东时报》同仁之《叙》,声称《亚东时报》"以通两国心志"、"树立兴亚大计"为宗旨,认为欲敦两国之交,莫善于疏通其国民之心志。该报创刊之时,正值戊戌变法运动达到高潮,表现了日本同情和支持中国变法维新的态度。

《亚东时报》第6号(出版于1899年5月4日)声明,该报由唐才常主编,并改为半月刊,继续鼓吹维新变法,拥戴被幽禁的光绪皇帝重新执政。自光绪二十六年三月二十九日(1900年4月28日)出版的第21号起,由于唐才常等人转入从事反清事务,对报纸无暇兼顾,该报遂并入日本人主办的《同文沪报》。《亚东时报》曾于第5号起以卷首地位连载谭嗣同的遗作《仁学》,从第21号起连载康门弟子何启、胡礼垣所著《劝学编书后》批评张之洞。

29日,李提摩太(Timothy Richard)翻译的《百年一觉》刊载于《中国官音白话报》第7、8期合刊,署"[美]毕拉宓著,李提摩太译,裘维锷演"。

本月,郑观应《罗浮偫鹤山人诗草》一卷由海上偫崔书屋刊行。宣统元年(1909)刊印两卷本。

本月，严复校改的《天演论》慎始基斋本正式刊行（即湖北沔阳卢氏慎始基斋木刻版），上下两卷，木刻一册，李凤高署签，书前有《吴汝纶序》、《译〈天演论〉自序》和《译例言》。《天演论》是英国生物学家赫胥黎（T.H.Huxley）所著《进化论与伦理学》一书序论与本论两篇的中译本。1895 年，严复已将此书译成初稿，并附加许多案语，以阐述己见。1897 年 12 月，部分译稿发表于《国闻汇编》。本月全书正式出版。此为《天演论》的第一个通行本。1905 年，商务印书馆出版了此书的铅印本。严复于《译〈天演论〉自序》云："近二百年，欧洲学术之盛，远迈古初，其所得以为名理、公例者，在在见极，不可复摇。……风气渐通，士知舁陋为耻，西学之事，问涂日多。然亦有一二巨子，訑然谓彼之所精，不外象、数、形下之末，彼之所务，不越功利之间。逞臆为谈，不咨其实，讨论国闻，审敌自镜之道，又断断乎不如是也。赫胥黎氏此书之恉，本以救斯宾塞任天为治之末流，其中所论，与吾古人有甚合者，且于自强保种之事，反复三致意焉。"严复于《译例言》中谈及自己翻译《天演论》时，"不斤斤于字比句次"，"时有所颠倒附益"，"题目达旨，不云笔译，取便发挥，实非正法"。他于《译例言》提出了"信、达、雅"的翻译标准，云："译事三难：信、达、雅。求其信，已大难矣！顾信矣，不达，虽译，犹不译也，则达尚焉。……此在译者将全文神理，融会于心，则下笔抒词，自善互备。至原文辞理本深，难于共喻，则当前后引衬，以显其意。凡此经营，皆以为达；为达，即所以为信也。易曰：'修辞立诚。'子曰：'词达而已！'又曰：'言之无文，行之不远。'三者乃文章正规，亦即为译事楷模。故信、达而外，求其尔雅。"

严复的《译例言》是研究翻译理论问题的重要文章，冯明之《中国文学史话》云："他（严复）在不断进行翻译工作的中间总结了自身的经验，曾经提出过翻译工作的三大标准，那就是所谓'信、达、雅'。这三大标准大受学术界的重视，直到现在仍然成为中国翻译界所推崇的翻译原则。"关于严复的翻译情况，鲁迅评论其翻译文章"桐城气息十足，连字的平仄也都留心，摇头晃脑的读起来，真是音调铿锵，使人不自觉其头晕"（鲁迅《二心集·关于翻译的通信》）。胡适《五十年来中国之文学》云："他（严复）对于译书的用心与郑重，真可佩服，真可做我们的模范！……严复的英文与古中文程度上都很高，他又很用心不肯苟且，……严复的译书，有几种……在原文本有文学价值，他的译本，在古文学史也应该占一个很高的地位。"

杨联芬《晚清至五四：中国文学现代性的发生》称："此书译自英国赫胥黎的《进化论与伦理学及其他笔记》(Evolution & Ethics and Other Essays)，实际只译了赫氏原著中的'进化论'，舍弃了'伦理学'部分，而后者是赫胥黎此书的思想重心，旨在以人类伦理规范竞争，强调人类竞争与'物竞天择，适者生存'的自然界的区别。严复的误读，是适应当时面临亡国而社会普遍愚昧的中国社会现实，为启蒙需求而有意为之的。果然，《天演论》对中国社会的变革产生了巨大影响，进化论也成为20世纪中国现代文化中一个重要的思想观念。"

七月

3日，光绪帝批准总理衙门上奏的京师大学堂章程，京师大学堂正式成立。开办京师大学堂是戊戌变法的新政措施之一，此为近代中国第一所高等学府。吏部尚书孙家鼐为管学大臣，管理大学堂事务。张元济为总办（后由黄绍箕、余诚格继任），许景澄为总教习，美国人丁韪良为西文总教习。初以"广育人才，讲求时务"为宗旨，议设道学、政学、农学、工学、商学等十科。戊戌政变后，实际只办了诗、书、易、礼四堂及春秋两堂，学生不及百人，性质仍与旧时书院无异。光绪二十六年（1900）八国联军攻陷北京后停办。光绪二十八年（1902）复校，设预备科（政科、艺科）、速成科（仕学馆、师范馆）。次年增设医学馆、译学馆及进士馆。毕业生分别授给贡生、举人、进士头衔。宣统二年（1910），改设为经、法、文、格致、农、工、商七科。1912年5月15日改名为北京大学，严复任校长。

9日，《趣报》创刊于上海，日刊，主笔为邹弢（瘦鹤词人）和牟渊如（醉玉楼主），趣报社发行。该报为狭长形1张4版，首冠散文一篇，次接各类新闻，末附诗词、杂文。其《本馆条例》称："新闻别出心裁，立论亦意存惩劝"，"新闻论说，举笔直书"，每期约登社会新闻10条，上自天文地理、上古传闻，下至"友栏轩之陈膏，广诚信之老土"，"同宝泰之高粱，三阳楼之油鸡"，"徐琴仙之琵琶，赛金花之京调"等，无所不登，均突出一个"趣"字。所载诗词则为借古讽今、品花狎妓、写景抒情之类。该报还组织过湖海题襟社诗社，开展过诗钟的征文。该报还刊有小说《断肠碑》以单页随报附送。停刊时间不详。

同日，朱树人翻译的《穑者传》开始连载于《中国官音白话报》第9期，至第17、18期合刊连载毕。署"[法]麦尔香著,朱树人译,鲍园懒农演"。

10日,《采风报》创刊于上海,日刊,采风报社印行,创办人为孙玉声(家振)。主笔和编辑为孙玉声、吴趼人等。前后主持人有刘志沂、徐琴叔、詹子余、汪处卢、俞达甫、汤邻石等。《月月小说》第5号《杂录·说小说》栏目紫英评《新庵谐译》云:"先是,吾友刘志沂通守,接办上海《采风报》,聘南海吴趼人先生总司笔政。至庚子(1900)春夏间,创议附送译本小说。"邱菽园《挥麈拾遗》卷五云:"有《采风报》,其主笔,南海吴趼人布衣。"《〈采风报〉序》自称,该报"采风问俗"、"佯狂风世","力求有合于时"。内容有"奇谈异论,笑话谐谈,又有新书烘托,石印工致"。其编例与内容颇有特色:报首列"路透电音"专栏,以转载国外消息为主;其次为散文,或诙谐杂文,或为议论文,或用序传体,其内容多针对国内政治、尤其是上海的重大新闻或社会风俗进行评述;复次为10篇左右的社会新闻,其标题多用偶句、成语、词牌曲牌、谚语、诗句等;报末刊载诗词,内容独多叹息国势衰微,抱恨壮志未酬之作。此外该报还以单页附送形式,随报发行文学作品,较有影响的有:石印绘图60回长篇小说《海上繁华梦》(孙玉声)、《梦中缘传奇》和工笔描绘的讽刺性画页《醒世画报》等。其诗词作者主要有梁佩琼、棣华(瘦蝶词人)、周病鸳、潘飞声、琴倩(弄笛楼主)、邱寂园、谭乔(南海饮雪词人)等。《采风报》原为《新闻报》同仁业余倡办,后成独立报纸,但内容风格则随主笔或主持人变更而变化。光绪二十八年(1902)增加中外时事要闻和上谕折奏。宣统二年(1910)因吴趼人病故,继承者汤邻石主编,专采"雌风、淫风",堕落成色情小报。宣统三年(1911)夏秋间,因转载《笑林报》的"淫词",馆主被拘,报纸停刊。

同日,光绪帝诏改书院为学校。此前,康有为先后上奏《请开学校折》、《请饬各省改书院淫祠为学堂折》。在康有为一再吁请下,光绪帝于本日发布上谕,命改各地书院为兼习中学、西学之学校,以省会之大书院为高等学堂,郡城之书院为中等学堂,州县之书院为小学;凡不在祀典之民间祠庙,亦一律改为学堂。戊戌政变后,新政中辍。光绪二十七年(1901),清政府再令各省、府、州、县设立学堂,"作育人才"。光绪二十八年正月(1902),又谕将宗室、觉罗、八旗等官学改设中、小学堂,并归入大学堂办理;各省驻防官学、书院一律改为小学堂。

24日,《女学报》创刊于上海,旬刊,中国女学会主办,系其机关报。主编为康同薇(康有为之女)、李蕙仙(梁启超夫人)及桂墅里女学堂教习张蕴华等人。

每期刊头登载该报18位主笔的姓名，除上述3人外，还有沈和卿（女学堂董事）、裘毓芳、薛绍薇等人，主编和主笔都是女性，多为维新派的亲属或倾向于维新的知识妇女。《女学报》创刊号上有无锡乡贤、无锡县中首任校长陶守恒手书的点评：我国女报自此始。该报声称："本报为开中国女学风气起见，并非牟利，送报一月后，每张只取纸料钱三文。"《女学报》的办报宗旨是：宣传变法维新，主张男女平等，主张婚姻自主，倡导女学，争取女权，提倡民主和科学。该报每期一大张，分成上下四栏，设有新闻、论说、征文、告白四个栏目，内容分"修身"、"教育"等16门，多为宣传变法维新、提倡女学、争取女权、要求男女平等、主张婚姻自主、要求妇女参政、反对封建迷信、反对陈规陋习等。每期附插图，均由主笔之一刘可青所绘。该报为我国最早的妇女报，"每印数千张，一瞬而光"。该报发刊时曾公开征稿："敬恳海内文人闺秀各抒己见，本报征录一篇，敬酬润笔洋壹圆。"是中国最早实行稿酬制的华文报纸。光绪二十四年八月二十四日（1898年10月9日）慈禧下令查封该报，《女学报》出至1898年10月第12期时，被迫停刊，前后历时3个月。现存有第12期。《女学报》是中国历史上第一份由妇女主办并以妇女为读者对象的报刊，它以宣传爱国救亡、男女平等为主要内容，对戊戌维新事业起了推动作用，直接反映了妇女要求自身解放的强烈呼声，改变了广大妇女与社会隔绝的状况，促进了广大妇女的思想启蒙，标志着先进的知识妇女开始觉醒，中国女性正式登上中国政治历史舞台。

26日，光绪帝下谕鼓励办报。谕曰："各报体例，自应以胪陈利弊，开广见闻为主，均许据直昌言，不必意存忌讳。"此后各地报刊益夥。

同日，孙家鼐奏请将《时务报》改为官报，光绪帝允之，命康有为督办其事。汪康年乃将《时务报》停办，另办《昌言报》。

28、29日，严复《论治学治事宜分二途》刊载于《国闻报》，主张治学与做官分开。

7月31至8月1日，严复《论中国分党》刊载于《国闻报》，否定中国有西方式的"政党"。

本月，《海上名妓四大金刚奇书》（又名《四大金刚传》《海上四大金刚奇书》《四大金刚奇书》、《海上秦楼楚馆冶游传》、《大闹上海秦楼梦馆演义》）由上海书局刊行出版，前后集各五十回，石印巾箱本，四册，作者署"抽丝主人"。抽丝主人生平不详，或云其即吴趼人，但无实据，且吴趼人为广东南海人，而作者第九十九回中自称"广西人氏"。该书有作者"题识"云:"采访数年,经营半载,始克成书。虽无足重轻之言,自谓颇费心血。尚望书业同人,格外见谅,勿再翻刻。如必欲得新奇之作,则尚有《人间魑魅传》一书,尽可奉赠也。谨布区区,谅邀公鉴。光绪戊戌仲夏之春抽丝主人谨识。"又有作者"弁言"云:"出言而不关于经济性命之学者,君子宁默;是故风云月露之词,壮夫当鄙为雕虫小技,矧稗官野史,徒以供人谈笑者哉?且风俗日浇,人心日薄,今日之稗官家,求有如《列国》、《三国》之不离正宗者,已不可多得;类皆乡曲俚谈,徒以新舆台皂隶之耳目,士夫恒见而生厌。乃尚泚笔研墨,不惮繁琐觍缕述之,亦无聊矣。虽然,事有关于风化,文有寓于劝惩者,则异书何谓风化流娼土妓,原所以慰商旅之寂寥,虽不必禁绝之,然置而勿论可也,必思有以提倡之,谀媚之,斯左矣;甚或予以奇异之名以炫庸耳俗目,谬不尤甚哉!偶得好事者,即其奇异之名引而伸之,演成说部,而反其提倡谀媚之本旨,转以贬抑之,起伏线索之中,暗隐报施因果之理,虽于风俗劝惩无所裨益,或亦无伤于风俗劝惩乎?"

本月,梁启超作《筹议京师大学堂章程》和《拟译书局章程并沥陈开办情形折》。

六七月间,康有为向光绪帝呈《请开学校折》,在该折中首次使用了"国民"一词。康有为对"国民"一词未作特别界定和说明,而是将其附着于"国民学"即"兴学养才"上,指经过初、中级学校教育的人才。鉴于中国贵族垄断教育、八股取士的传统,康有为之"国民学"强调教育的西方化、平民化和普及性,"总而言之,小学中学者,教所以为国民,以为己国之用,皆人民之普通学也。高等专门学者,教人民之应用,以为执业者也。大学者,犹高等学也,磨之砻之,精之深之,以为长为师,为士大夫者也。"康有为极力推崇"国民学",认为兴办学校、普及教育才能养成"国民之才",并建议光绪帝"远赴德国,近采日本,以定学制",乡立小学,县立中学,省立大学。

八月

2日,《上海晚报》创刊于上海,由时务日报馆和游戏报馆联合发行。其时,上海发生第二次四明公所事件(1898年上海法租界公董局与宁波同乡会之间的中外流血冲突事件),《时务日报》揭露法国领事馆的阴谋,支持旅沪宁波人起而斗争,触怒了法国总领事,禁止《时务日报》在法租界发行。于是,时务日报馆的叶瀚(浩吾)、汪诒年等联合《游戏报》主编李伯元,创办《上海晚报》,以便更换报名渗入法租界地区。半月后,《时务日报》改名《中外日报》,《上海晚报》曾随《中外日报》附送一天,所载内容即"演说四明公所全案"。《上海晚报》在第二次四明公所事件平息后仍继续发行,每天下午五时送报。该报内容注重上海当地的社会新闻,有《论茶楼》、《论酒馆》、《论公家花园》、《论总会》、《论礼拜堂》等有关上海十里洋场的生活话题,还附载有《滑震笔记》(即福尔摩斯探案)流行性小说。戊戌政变后不久,《上海晚报》停办,原因不详。

5、6日,严复《说难》刊载于《国闻报》。严复于文中感慨道:"报馆之文章至难也。支那之设报馆三十年矣,向见各报,其论事也,诡入诡出,或洋洋数千言,而茫然不见其命意之所在。其记事也,似是而非,若有若无,确者十一,虚者十九。"主张应"就吾见闻,敬告天下,平心以出之,正志以待之,如此而已矣。若必谓效其习气,而后可免于今之世,则何如无此报馆之为愈乎?"

11日,梁启超《创办时务报源委》刊载于《知新报》第66册,题作《梁卓如孝廉述创办时务报源委》。

17日,《昌言报》由《时务报》改名创刊于上海,刊期、形式和内容仍延续《时务报》做法,章太炎任主笔。光绪二十四年六月初八(1898年7月26日),清政府下令改《时务报》为官报,派康有为督办其事。汪康年以钦命难违,请示张之洞,经张之洞授意,改名为《昌言报》,由梁鼎芬任总董,对当时维新变法持观望态度,不报道,不表态,不反对。《昌言报》创刊后的前6期都不载论说,但第6册后,态度明朗,支持维新变法,反对慈禧执政。光绪二十四年九月初一(1898年10月15日),《昌言报》发表声明称,该报总董梁鼎芬于八月十一日(是日慈禧重新垂帘听政)辞职,馆中事务均由《农学报》的安藤虎雄任总监(一说是曾广铨任经理)。第9册发表了章炳麟的两篇政论《蒙古盛衰论》和《回教盛衰论》,同时译载了《中法新汇报》所刊的《中国究竟能否变法答问》;第10册又继续译载法国《光报》所刊《中国必将变法论》。慈禧见报,下令缉拿主笔,查禁报馆。汪康年先避匿隐居,章炳麟即由安藤虎雄介绍(另一说为山根虎侯介绍)赴台湾任台北《台湾日日新报》记者)。《昌言报》出至第10册于11月19日停止出版。《昌言报》所载国外新闻,由曾广铨译英文、潘彦译法文,曾连载过曾广铨翻译、章太炎笔述的《斯宾塞尔文集》。停刊后的《昌言报》报馆并未停止其他业务活动，光绪二十五年（1899）还曾出版过《茶花女遗事》、《包探案》和曾广铨译的《长生术》，直到光绪三十一年（1905）还铅印重排发行章太炎的《訄书》。

同日，《中外日报》由《时务日报》改名创刊于上海。创刊初期该报版面与《时务日报》相同，4开4版一张，白报纸双面印刷，后扩为对开大张，纵向分层编排。当时这些都属独创。《中外日报》出版仅1月，北京发生戊戌政变，该报为避免清廷追究与康有为、梁启超等人关系，经曾广铨（曾国藩之孙）介绍，于同年八月二十九日（1898年10月14日）聘英人杜德勒为发行人，属英商公茂洋行产业。光绪二十五年（1899），汪康年兄弟从英商手中赎回《中外日报》产权，但因经济拮据，难以维持，只能求助于清廷湖江总督张之洞，使该报成为事实上的官办报纸。光绪三十一年（1905）上海发生反美华工禁约事件，《中外日报》受命"疏导"，致使读者不满，相约不订阅该报，成为上海新闻史上被读者抵制阅看的第一家华文报纸。光绪三十二年（1906），汪康年授职清内阁中书，《中外日报》对袁世凯等人的丑行多加揭露，并刊载严复撰写有关新政的政论文章和各地通讯，报纸内容一度颇有特色，受到读者欢迎。但不久袁世凯一派得势，上海道由袁世凯亲信蔡乃煌接任，蔡以该报官股股东及地方官员双重身份，逼迫汪康年兄弟退出该报，另委派沈仲赫、张易卿、黎伯奋等人主持。宣统三年正月二十七日（1911年2月25日）蔡乃煌挪用公款事暴露，遭江苏省咨议局参劾，该报停刊。

同日，《稚者传》于《中国官音白话报》第17、18期合刊连载毕。

同日，曾广铨采译、章太炎笔述的《斯宾塞尔文集》于《昌言报》第1册开始连载。

22日，梁启超《创办〈时务报〉源委记》刊载于《国闻报》。

23日，吴汝纶致书严复，评"《计学》（即《原富》）四册"和"万言书"（即《上皇帝万言书》）。信中曰："惠书并新译斯密氏《计学》四册，一一读悉。斯密氏原书，理趣甚奥颐，思如芭蕉，智如涌泉，盖非一览所能得其深处。执事雄笔，真足状难显之情，又时时纠其违失，其言皆与时局痛下针砭，无空发之议，此真济世之奇构。""尊著万言书，请车驾西游，最中肯綮，又他人所不敢言。其文往复顿挫，尤深美可诵，自宜续成完书，不宜中途废止。所示四事，皆救时要政，国势险夷，万法坐弊，条举件论，不可一二尺。"

26日，严复《〈时务报〉各告白书后》刊载于《国闻报》。当时，有关《时务报》

的创办问题引起一场大争论，出现内部矛盾，汪康年、黄遵宪、梁启超等先后在《国闻报》等刊物上刊登告白。严复于文中云："盖自海内闳达，叩胸扼腕，争主维新以来，未有若此事之伤心短气者也。夫黄、梁、汪皆一时名隽，而维新之眉目也。其初发难，以为此报固蒿目时世，痛黄种抵力之太大，垂体而言群理爱力者也；欲革四千年之积习，而救四万万之同种者也。然而今日之事，此四君子之抵力何如？能群否？相爱否？""自梁卓如解馆以来，而《时务报》之文劣事懈，书丑纸粗，大不餍海内之望，如是则总理不胜任也。"末云："《时务报》之局乌乎定乎？曰：定于'忠恕'而已矣。……夫能群起于能爱，能爱起于相宥。不然，吾见其两败俱伤，而维新之事自此废矣。"

同日，梁启超作《请饬一切书籍报章概准免纳厘税呈》。

27日，裘廷梁《论白话为维新之本》刊载于《中国官音白话报》（第5期前名《无锡白话报》）的19、20期合刊。裘廷梁在文中明确提出了"崇白话而废文言"的口号，认为"白话为维新之本"，倡导使用白话文。他说，"有文字而不得为智国，民识字而不得为智民"，"此文言之为害矣"；而白话具有"省日力"、"除娇气"、"免枉读"、"保圣教"、"便幼学"、"练心力"、"少弃才"、"便贫民"八大益处；并从语言美的角度提出了"白话胜于文言"之说。他还总结道："愚天下之具，莫文言若，智天下之具，莫白话若"，"文言兴而后实学废，白话行而后实学兴，实学不兴，是谓无民"。如果说在"文界革命"中梁启超的功绩在于解放了长期为桐城古文所禁锢的散文文体，改变了一代文风，裘廷梁的功绩则在于创造了一种"最适的新字"，使梁启超等维新派作家所企求的白话文运动终于形成，用白话文取代文言写作的现象成为一种空前明显的现象。晚清的白话文运动实际上是五四白话文运动的前驱，有了这前驱的白话文运动，五四时期的白话文运动才有了根据。

本月，梁启超奏请设立编译学堂，奉旨允行。

本月，《羊石园演义》七回开始于广州《东华日报》上连载。题"七弦河上钓叟原本，顽叟订定，笑翁撰述"。书据《入城始末》，演第二次鸦片战争时英法联军陷广州及广东军民抗击英法侵略事，"将人名地名隐去，换以草木之名"，如英国、清廷、两广总督叶名琛分别被喻为罂粟壳、御花园、大冬叶。翌年，广州东华日报馆刊行该书单行本（排印本）。

本月，苏舆汇辑的《翼教丛编》于长沙刊行。全书共六卷，以"翼圣教、扶纲常、复名教、正人心"为宗旨,"专以明教正学为义"。辑录有封建守旧分子朱一新的《答康有为五书》、安维峻的《请毁禁〈新学伪经考〉片》、文悌的《严劾康有为折》、张之洞的《劝学篇》的部分内容、叶德辉的《輶轩今语评》,还收有《湘绅公呈》《湘省学约》以及王先谦、叶德辉的书牍等。该书宣扬宋明理学,坚持"天不变,道亦不变",维护封建纲常名教,攻击康有为、梁启超"伪六籍,灭圣经","托改制,乱成宪","倡平等,堕纲常","伸民权,无君上",竭力阻挠资产阶级变法维新运动。光绪二十五年(1899)春,该书还曾在上海石印出版。《翼教丛编》是戊戌维新时期反动出版物之一种。

本月,严复译成《计学》(《原富》)四册,寄与吴汝纶审阅。

九月

1日,严复《论译才之难》刊载于《国闻报》。此文为有感于《昌言报》斯宾塞《进说》翻译问题而作。文中曰:"自中土士大夫欲通西学,而以习其言语文字为畏途,于是争求速化之术,群起而谈译书。……译才岂易言哉!曩闻友人言,已译之书,如《谭天》、如《万国公法》、如《富国策》,皆纰缪层出,开卷即见。……往吾不信其说,近见《昌言报》第一册译斯宾塞尔《进说》数段,再四读,不能通其意。因托友人取原书试译首段,以资互发,乃二译舛驰若不可以道里计者,乃悟前言非过当也。……读其书者,非于天地人、动植、性理、形气、名数诸学尝所从事,必不知其为何语也。……西书可译而急用者甚多,何必取此以苦人自苦,吾愿后生以为戒也。"主张翻译者必须具有广博的专业知识。

17日,《工商学报》创刊于上海,周刊,册报,每月出版四册,逢初二、初九、十六、二十三日发行,每册20余页,连史纸石印,创办人为汪大钧。内容分为谕旨恭录、奏折录要、论说、公牍、中国工商情形、译编、东方商埠考略、附录等栏。当时清政府已命刘坤一、张之洞分别先行在上海、汉口试办商务局,于是该报宣称以"振兴工商业,收回利权"为宗旨,详细介绍中国商政及各种工艺商务情形,"各省物产,生产丰歉、制造盛衰、销数旺淡、出口多寡均应详细采访、按期登录",并"取各国商务律例,精密而通行者,译登报中";对"东西洋各国商务学堂章程,由浅及深,次第译录"。该报共出版了七册。

18日，严复于北京通艺学堂作了题为《西学门径功用》的演讲。演讲曰："吾人为学穷理，志求登峰造极，第一要知读无字之书。……赫胥黎言：'能观物观心者，读大地原本书；徒向书册记载中求者，为读第二手书矣。'读第二手书者，不能因人作计，终当后人；且新人见解不同，常常有误，而我信之，从而误矣，此格物家最忌者。……格物穷理之用，其涂术不过二端。一曰内导；一曰外导。……内导者，合异事而观其同，而得其公例。……印证愈多，理愈坚确也。……学至外导，则可据已然已知以推未然未知者，此民智最深时也。"又云："须知学问之事，其用皆二：一、专门之用；一、公家之用、何谓专门之用？如算学则以核数，三角则以测量，化学则以制造，电学则以电工，植物学则以栽种之类。……公家之用者，举以炼心制事是也。故为学之道，第一步则须为玄学。玄者悬也，谓其不落遥际，理该重事者也。"还介绍了赫胥黎的著作《化中人位论》："昔英人赫胥黎著书名《化中人位论》，大意谓：人与猕猴为同类，而人所以能为人者，在能言语。盖能言而后能积智，能积智者，前代阅历，传之后来，继长增高，风气日上，故由初民而野蛮，由野蛮而开化也。"关于此次演讲，三天后，即9月21日的《国闻报》报道曰："登诵堂宣讲西学源流旨趣，并中西政教之大原。事为局外人所闻，是日除本学堂肄业诸生外，京官之好学者，相约听讲，不期而集者数十人。严复登坛说法，口讲指画，数点钟之久，孜孜不倦。有闻其绪论者，退而语人曰：'西人之精义妙道，乃至如此，此真吾辈闻所未闻，或者严君别有心得，托西人，亦未可知也。'"该演讲后于本月22、23日发表于《国闻报》，题为《八月初三日侯官严先生在通艺堂演说西学门径功用》。

19日，严复于通艺学堂为王书衡（王式通）书《界说五例》。

21日，戊戌政变。慈禧太后再出"训政"，废止新政，幽禁光绪帝，康有为、梁启超亡命海外。28日，谭嗣同与其他被捕的杨锐、林旭、刘光第、康广仁、杨深秀六人，同时被杀于北京菜市口，史称"戊戌六君子"。此后，清政府下"钩党令"，查禁学会。

22、23日，严复《八月初三日侯官严先生在通艺堂演说西学门径功用》刊载于《国闻报》。

27日，《国闻报》以《视死如归》报道戊戌六君子遇难之事，其中有描述谭嗣同拒绝逃亡而赴死就义之语云："有某国驻京公使署中人前往谭嗣同处，以外国使馆可以设法保护之说讽之。谭嗣同曰：'丈夫不作事则已，作事则磊磊落落，一死亦何足惜。且外国变法未有不流血者，中国以变法流血者，请自谭嗣同始。'"

本月，章太炎作《祭维新六贤文》，该文于光绪二十五年正月二十一日（1899年3月2日）刊载于《清议报》第7册，署"台湾旅客"。

本月，严复作诗《戊戌八月感事》和《哭林晚翠》（林晚翠即戊戌六君子之林旭）。

十月

9日，清政府（慈禧）下谕查禁各地报馆。谕曰："莠言乱政，最为生民之害，前经降旨将官报局、《时务报》一律停止。近闻天津、上海、汉口等处，仍复报馆林立，肆口逞说，妄造谣言，惑世诬民，罔知顾忌，亟应设法禁止。著各该督抚饬属认真查禁。其馆中主笔之人，率皆斯文败类，不顾廉耻。即饬地方官严行访拿，从重惩办，以息邪说而靖人心。"

20日，章太炎的论说《书汉以来革政之狱》刊载于《昌言报》第7册，署"日本西狩祝予撰"，委婉地对戊戌变法的失败表示惋惜和同情。

28日，署礼部侍郎准良奏请清廷禁毁《国闻报》。

本月，章太炎"避钩党，至台湾"，于东渡台湾前赋《杂感》诗，该诗于光绪二十五年八月二十一日（1899年9月25日）刊载于《清议报》第28册。

本月，山东冠县义和拳以阎书勤为首，联合直隶威县赵三多等，聚众烧毁红桃园教堂，占领犁园屯，震动了鲁、直两省的毗连地区。

十一月

1日，《国闻报》刊载《通艺罢学》一文，曰："北京向有通艺学堂，由已革刑部主事张元济创办。此学堂开设两年有余，堂中洋文书籍、图画以及仪器等件，亦均有规模。自张主政罢官以后，此学堂遂无人接办。肄业各学生因八股取士已复旧制，亦各意存观望，纷纷告退。张主政因将学堂中所有书籍、器具及积存余款开列清单，呈请管学大臣孙中堂将通艺学堂归并于大学堂（按：京师大学堂），闻日前已由管学大臣派人接收。"

3日，梁启超《致品川弥二郎书》刊载于《民报》第24号"时评"第22页，梁启超在文中"辨日报康梁'急激'议。谓仆等师友服膺松荫，何曾急激之可言"。

9日，《昌言报》第9册刊载了章太炎的两篇政论：《蒙古盛衰论》(后收入《訄书》)和《回教盛衰论》,同时译载了《中法新汇报》所刊的《中国究竟能否变法答问》。

同日，丰子恺出生于浙江崇德。丰子恺（1898—1975），原名丰润、丰仁，又名婴行，号子恺，字仁，浙江崇德（今桐乡）人，现代画家、散文家、翻译家，著有散文集《缘缘堂随笔》、《缘缘堂再笔》等。

15日，由于1898年9月21日戊戌政变发生，《亚东时报》第4号未能准时出版，延至本日问世。在当时出版的华文报刊中唯一公开表示哀悼戊戌六君子，同情康、梁逃亡和反对慈禧重新垂帘听政。这一期的《亚东时报》刊载有：梁启超的诗作《去国行》和《六士传》(即戊戌六君子传)，深山虎太郎[日]的《挽六士》和《书八月初六日原谕后》，孤愤子的《书八月初六日砵谕后》等。特别是孤愤子的文章，公开否认慈禧政权。这期《亚东时报》出版时，在上海各日报上刊出大字告白，进行宣传。这些举动虽为清廷所不容，但此刊物为日本人所办，又在租界发行，上海地方官吏也只能装聋作哑，不闻不问。

19日，《昌言报》第10册译载法国《光报》所刊《中国必将变法论》。

22日，朱自清出生于江苏东海。朱自清（1898—1948），原名自华，号秋实，后改名自清，字佩弦，曾用笔名余捷、柏香、白水、知白等，浙江绍兴人，现代散文家、诗人，著有诗集《雪朝》、诗与散文集《踪迹》、散文集《背影》等。

本月，《万国公报》刊载有林乐知所译《各国近事》一文，文中有一段关于英国桂冠诗人"忒业生"（Alred Tennyson，今译丁尼生）的文字："西廷向例，国家必择一善于吟咏之人养以为禄，盖道扬盛烈，鼓吹休明，亦不可少之事也。兹有英议院大臣忒业生者，素工词翰，生平作诗篇甚多，英之诗人举无驾乎其上。故知英之语言文字者，即知有此人，英廷多与之岁俸，亦一著作才也。"该刊本期还编译有"蒲老宁"（Robert Browing，今译罗伯特·勃朗宁）、"褒思"（Robert Burns，今译罗伯特·彭斯）等英国诗人的有关文字，这些文字均摘引自西方报刊，多为新闻消息，没有涉及具体的作品论述。

十二月

19日，郑振铎出生于浙江永嘉。郑振铎（1898—1958），原名木官，字警民，又字铎民，曾用笔名西谛（C.T.）、宾芬、落雪、郭源新等，福建长乐人，现代作家、学者、翻译家，著有短篇小说集《家庭的故事》、专著《文学大纲》和《中国俗文学史》等。

23日，《清议报》创刊于日本横滨，旬刊，册报，梁启超创办并主编，麦孟华、欧榘甲任其助手，发行兼编辑署"英人冯镜如"，印刷人署日本人铃木鹤太郎。梁启超《三十自述》云："戊戌九月至日本。十月与横滨商界诸同志谋设《清议报》，自此居日本东京者一年，稍能读东文，思想为之一变。"冯自由《任公先生事略》："（创办）经费由旅日华商冯镜如、冯紫珊、林北泉等募集。"梁启超1912年《莅报界欢迎会演说辞》云："戊戌八月出亡，十月复在横滨开一《清议报》，明目张胆，以攻击政府，彼时最烈亦。而政府相疾亦至，严禁入口，驯至内地断绝发行机关，不得已停办。"梁启超《横滨清议报叙例》云："我支那国势之危险，至今日而极矣。……今兹政变，下封禁报馆之令，揆其事实，殆与一千八百十五年至三十年间欧洲各国之情形相类。呜呼！此正我国民竭忠尽虑扶持国体之时也。是以联合同志共兴《清议报》，为国民之耳目，作维新之喉舌。"列"宗旨"四条："一、维持支那之清议，激发国民之正气；二、增长支那人之学识；三、交通支那、日本两国之声气，联其情谊；四、发明东亚学术，以保存亚粹。"《清议报》以"主持清议，开发民智"为宗旨，设论说、名家著述、文苑、外论汇译、纪事、群报撷华等栏目，"国闻短评"开日后各报"时评"之行。内容多抨击慈禧太后为首的封建顽固派，颂扬光绪帝，鼓吹保皇立宪，大量介绍西方资产阶级社会政治学说以及文化学术等。（梁启超1912年于《鄙人对于言论界之过去及将来》中云："戊戌八月出亡，十月复在横滨开一《清议报》，明目张胆，以攻击政府，彼时最烈矣。而政府相疾亦至，严禁入口，驯至内地断绝发行机关，不得已停办。"）1901年12月21日因报馆失火而停刊。共出100册。其后横滨新民社曾汇编刊出《清议报全编》26卷，内容多有增删，编次也有变动。梁启超《〈清议报〉一百册祝辞并论报馆之责任及本馆之经历》云："《清议报》可谓之良报乎？曰：乌乎可。《清议报》

之与诸报,其犹百步之与五十步也。虽然,有其宗旨焉,有其精神焉。譬之幼儿,虽其肤革未充,其肢干未成,然有灵魂莹然湛然,是亦进化之一原力欤!《清议报》之特色有数端:一曰倡民权。始终抱定此义,为独一无二之宗旨,虽说种种方法,开种种门径,百变而不离其宗。海可枯,石可烂,此义不普及于我国,吾党弗措也。二曰衍哲理。读东西诸硕学之书,务衍其学说以输入于中国,虽不敢自谓有所得,而得寸则贡寸焉,得尺则贡尺焉。《华严经》云:'未能自度,而先度人,是为菩萨发心。'以是为尽国民责任于万一而已。三曰明朝局。戊戌之政变,己亥之立嗣,庚子之纵团,其中阴谋毒手,病国殃民,本报发微阐幽,得其真相,指斥权奸,一无假借。四曰厉国耻。务使吾国民知我国在世界上之位置,知东西列强待我国之政策,鉴观既往,熟察现在,以图将来。内其国而外诸邦,一以天演学物竞天择、优胜劣败之公例,疾呼而棒喝之,以冀同胞之一悟。此四者,实惟我《清议报》之脉络之神髓,一言以蔽之曰,广民智、振民气而已。……有一人之报,有一党之报,有一国之报,有世界之报。以一人或一公司之利益为目的者,一人之报也;以一党之利益为目的者,一党之报也;以国民之利益为目的者,一国之报也;以全世界人类之利益为目的者,世界之报也。中国昔虽有一人报,而无一党报、一国报、世界报。日本今有一人报、一党报、一国报,而无世界报。若前之《时务报》、《知新报》者,殆脱一人报之范围,而进入于一党报之范围也。敢问《清议报》于此四者中,位置何等乎?曰:在党报与国报之间。今以何祝之?曰:祝其全脱离一党报之范围,而进入于一国报之范围,且更努力渐进以达于世界报之范围。乃为祝曰:报兮报兮,君之生涯,亘两周兮;君之声尘,遍五洲兮;君之责任,重且道兮;君其自爱,罔俾羞兮!祝君永年,与国民同休兮!"关于对《清议报》的评价,梁启超《重印清议报全编广告》云:"谓本报为戊戌政变之信史可也,谓为己亥立储之信史可也,谓为庚子国难之信史可也。"严复《与熊纯如书札节钞》云:"今夫亡有清二百六十年社稷,非他,康梁也。……任公自窜身海外以来,常以催剥征伐政府为唯一之能事,《清议》、《新民》、《国风》进而弥厉,至于其极,诋之穷凶极恶,意若不共戴天,以一己之新学,略有所知,遂若旧制一无可忍。……天下愤兴,流氓童騃,尽可奉辞与之为难。"1902 年,严复致书梁启超云:"《清议报》胜《时务报》远矣!"但严复对康有为、梁启超坚持保皇变法活动十分反感,曾谓:"每次见《清议报》,令人意恶;梁卓如于已破之甑,尚复晓晓,真成无益。"

《清议报》曾刊载有《仁学》、《饮冰室自由谈》、《少年中国说》、《佳人奇遇》、《经美国谈》等著作。《清议报》是维新派早期在日本反对清政府的言论机构，尽管清政府下令严禁出售，但该报仍然畅销于国内。《清议报》停刊两年之后，还有人想翻印其旧报，而张之洞严禁翻印，可见《清议报》影响之大。

同日，梁启超《变法通议·论变法必自平满汉之界始》刊载于《清议报》第1册及次年1月2日第2册。

同日，梁启超《清议报叙例》刊载于《清议报》第1册，未署名。梁启超于文中指出了《清议报》的四个宗旨。见上文。

本月23日至1900年2月10日，梁启超翻译的政治小说《佳人奇遇》连载于《清议报》第1—3、5—22、24—29、31—35册，标"政治小说"，署"〔日〕东海散士前农商侍郎柴四郎撰"，未署译者，文末注："任公先生戊戌出亡，东渡日本舟中译此自道，不署名氏。"光绪二十七年（1901）商务印书馆出版单行本时，改名《佳人之奇遇》，译者署梁启超。此书颇风行，至光绪三十三年（1907）商务印书馆已七版。梁启超为该小说写的序言《译印政治小说序》（即《佳人奇遇序》）也于同日刊发于《清议报》第1册。

梁启超在《译印政治小说序》中首次引进"政治小说"这一概念，指出"政治小说之体，自泰西人始也"。中国小说（"中土小说"）虽"不出诲盗诲淫两端"而被大方之家所不屑，但在民间"终不可禁"，更容易被大众所接受。"且从而禁之，孰若从而导之？"主张以小说来引导大众，强调小说的社会作用。梁启超通过总结中外小说创作的经验教训来论证小说在现实生活中所发挥的巨大社会作用，并引证欧美小说在国家变革中的积极影响来突出小说的社会作用。《译印政治小说序》云："政治小说之体，自泰西人始也。凡人之情，莫不惮庄严而喜谐谑……寓谲谏于诙谐，发忠爱于馨艳，其移人之深，视庄严危论，往往有过，殆未可以劝百讽一而轻薄之也。……故六经不能传，当以小说教之；正史不能入，当以小说入之；语录不能谕，当以小说谕之；律例不能治，当以小说治之。天下之通人少而愚人多，深于文学之人少而粗识之无之人多。……然则小说学之在中国，殆可增七略而为八，蔚四部而为五者矣。在昔欧洲各国变革之始，其魁儒硕学，仁人志士，往往以其身之所经历，及胸中所怀政治之议论，一寄之于小说。……往往每书一出，而全国之议论为之一变。彼美、英、德、法、奥、意、日本各国政界之日进，则政治小说，为功最高焉。英名士某君曰：'小说为国民之魂。'岂不然哉！岂不然哉！今特采外国名儒所撰述，而有关切于今日中国时局者，次第译之，附于报末，爱国之士，或庶览焉。"

本月23日至次年3月12日，梁启超《戊戌政变记》中的《政变正纪》和《殉难烈士传》刊载于《清议报》第1—8册。

本年

本年春，张之洞及其幕僚于武昌创办《正学报》，梁鼎芬为总办，王仁俊为坐办，章太炎为主笔。章太炎《例言》称，该报有"译报"、"论议"等栏目，"译报"以为"今于西报偏激之词，无所指驳，其荦语中人，荧惑视听者，则必加之案语，力为纠正"；"格致、算术、农商、工艺"，"钩元提要，庶有取尔"；"论议"以为"九流腾跃，以兰陵为宗；历史汗牛，以后王为法。"章太炎《正学报缘起》云："惟夫上说下教，古者职之撢人，而今为报章之属。乃敘偶諏访，东求诸日本，西求诸欧美之洲，得其日月所记，译以华文，比类错综，终以己之论议，旬为一册，命曰《正学报》。……今为是报，盖使孤陋者不囿于见闻以阻新政，而颖异之士亦由是可以无盾于邪也。"

本年春，章太炎作《艾如张》，光绪二十五年二月初一日（1899年3月12日）刊载于《清议报》第8册，题称《秦风一首赠卓如》，署"台湾旅客"。又作《艾如张董逃歌序》，刊载于《雅言》第10期（该刊物及日期具体信息不详）。

本年春，章太炎作《弭兵难》、《经武》、《瞽庙》。

本年秋，王先谦于长沙作《赠叶德辉奂彬》。叶德辉有合作。

本年，北洋学堂、南洋公学会、湖北武备学堂派遣学生赴日本留学，此为中国人留学日本之始。

本年，广智书局创立于上海，创办人为冯镜如、何澄一。

本年，上海同文书局失火，印刷机遭焚毁，书局停业。

本年，邱菽园（邱炜萲）在新加坡创办《天南新报》，采取民族主义立场，支持中国保皇派，在海外有广泛影响。邱炜萲《挥麈拾遗》载：李伯元曾写信给邱炜萲，赞扬说："海内外日报诸家，足以令人服善者，惟天津《国闻报》为最，次则新嘉坡之《天南新报》，为其首持公论，力任开化，不随世运为转移，不窥祸福而趋避也。"

本年,《续儿女英雄传》由宏文书局刊行出版,四卷三十二回,石印本,不题撰人。书首作者自序云:"今夏清和,雨霁,予过厂肆,宏文主人谋于予,并出十数回已成之书,为夫己氏未竟之笔。……作书之道不至难哉!更有难者,是书之作,前十回为他人造端,笔涉俗俚,始基已坏,弃之则多费心思,取之则不易牵就。予迫于恳请,不得已而了草塞责,不半月以得十余回,大似《小五义》、《彭公案》诸书,谓他人俗,而俗更过之,是以五十步笑百步也,遂置之不复作。迨秋初,又有批抗议修则例等事,耽延两月余,始得卒业,前后共成三十二回。嗟夫!世之作小说者,或写牢骚,或抒激愤,或夸学问渊博,或诩经济宏深,或以雪月风花荡人心志,或以蜃楼海市惑人听闻。予则何敢。"署"不计年月无名氏自序"。据此可知,该书前十余回为"夫己氏"所作,其后为自署"无名氏"者所作,全书写就最早在本年九月(文中"秋初"),所以系于本月名下。

本年,张道的文言小说《梅花梦》刊行出版,二卷。

本年,文康《儿女英雄传》由上海苏报馆刊行出版,书名改题《侠女奇缘》,四十回,八册,铅印本。

本年,《续小五义》由上海三槐书屋刊行出版,一百二十四回,铅印本。

本年,王国维作《咏史》二十首,为罗振玉所赏。赵万里《王静安先生年谱》载:"罗先生(罗振玉)偶于同舍生床头,读先生《咏史绝句》,有'千秋壮观君知否,黑海西头望大秦'之句,乃大异之。"

本年,徐研父跋黄遵宪的诗集,云:"年来与主人(按:黄遵宪)过从,时获新理。盖主人于学无所不究,海国闻见,抉择尤精。其为诗也,独莹心灵,潆瀯万有,自成格调,泱泱大风,籀而诵之,羽琌山人所谓怡魂泽颜者。……罗络中外,低昂古今,……博丽其词,激昂其声,……殚究事物,神解独具;摆落世眼,心光湛然;身履缨绂之路,而泊乎若忘;器蕴汪洋之波,而渊乎莫罄。雅尚所在,缘是可知,面貌虽殊,波澜无二,深于主人者,殆能言之也。"

本年,王闿运集是年词作入戊稿《蜩知集》。

本年,况周颐于长沙编《萎景词》成。

本年,况周颐于扬州刊行所辑录《薇省词钞》十卷、附录一卷。

本年,唐才常《觉颠冥斋内言》刊刻于长沙,有《自叙》。

本年,高旭《天梅遗集》开始存诗。辑录《诗魂》一卷,今佚。

本年，丁丙《三塘渔唱》刊刻，三卷。

本年，郑由熙自序《晚学斋诗二集》。此集十二卷，录其同治十二年（1873）至光绪二十二年（1896）诗作。

本年，翁之润辑录《题襟集》刊行于北京，集中所录为：黄彝凯《铁笛词》一卷，张百宽《酒痕词》一卷，曹元忠《云瓿词》一卷，张鸿《长毋相忘室词》一卷，王景沂《瀍碧词》一卷，杨朝庆（杨圻）《玉龙词》一卷，章华《盇山旧馆词》一卷，翁之润《桃花春水词》一卷。

本年，潘飞声《说剑楼集》刊刻。不分卷，内有《老剑文稿》、《香梅集》、《西海纪行》、《柏林竹枝词》、《论岭南词绝句》、《游撒克逊日记》、《长相思》等13种。

本年，马建忠《马氏文通》（共十卷）前六卷由上海商务印书馆刊行出版木刻本，后四卷于1899年秋正式刊行。该书为我国第一部语法书，被称为"维新派语文宪章"。1902年，绍兴府中学堂将《马氏文通》作为新式学堂的正式国文教科书而刊行，不久，经总理学务大臣审定，商务印书馆正式以学堂教材的名义出版《马氏文通》。梁启超云："眉叔是深通欧文的人。这部书是把王、俞之学融会贯通之后，仿欧人的文法书把语词详密分类组织而成的。"（专集第十七册）又云："中国之有文典，自马氏始。推其所自出，则亦食戴学之赐也。"

本年，薛福成《庸盦全集十种》刊行出版，凡四十七卷。

本年，康有为向光绪帝呈《请广译日本书、设立京师译书局折》，云："日本与我同文也，其变法至今三十年，凡欧美政治、文学、武备、新识之佳书，咸译矣，但工艺少阙，不如欧美耳。译日本之书，为我文字者十之八，其成事至少，其费日无多也。"主张广译日本书，大派游学，了解世界，培养有用人才。

本年，上海圣约翰书院学生编演话剧《官场丑史》，成为文明新戏的先声。该剧剧情为：一个目不识丁的土财主到城中缙绅家拜寿，阔绰的排场使他手足无措，闹出了许多笑话；回家后得了"官迷"，纳粟捐官，做了知县；上任后，遇到老少换妻的奇案，无法判断，被革去官职。该戏虽有一些细节袭用旧制，但无唱工、无做工、穿时装的特征，已摆脱了旧剧形态，表演接近生活，透出新剧诞生的信息。戏剧活动家汪仲贤看后曾撰文表示由此发现了戏剧舞台的新天地。

本年，汪笑侬自编自演京剧《党人碑》。该剧为汪笑侬有感于戊戌变法失败、"六君子"被害而作，据清人邱园的传奇《党人碑》改编而成，取材于其第七、第九两出。

京剧《党人碑》共四场，叙演北宋书生谢琼仙因怒毁党人碑而被捕以死罪及傅人龙冒死相救之事，以刺时事，影射"六君子"之被害。该剧的反响很大。无名氏于《观戏记》一文中说："近年有汪笑侬者，撰《党人碑》，以暗射近年党祸，为当今剧班革命之一大巨子。意者其法国、日本维新之悲剧，将见于亚洲大陆欤？"黄慕韩为吴梅传奇《雪花飞》所作序称：汪笑侬演《党人碑》时，"四座皆耸"。当时的《中国日报》（香港）评论道："汪笑侬所演之《党人碑》、《瓜种兰因》、《桃花扇》等剧，使阅者惊心动魄，视听为之一变。不徒声伎之工，传诵一时已也。"

本年，洪炳文作杂剧《挞秦鞭》四折。署"慕忠堂主人"。叙演将军华忠青不满朝政腐败，愤而辞官归里，遇久沉江底之秦桧铁像浮出江面，致使江水恶臭不堪，遂怒鞭铁像以泄愤。借古讽今，以发泄对朝政国事之愤懑。剧末作者自题《绝句》云："莫问当年铸错人，汉家计拙是和亲。分明一掬忧时泪，暂借梨园骂佞臣。"可见其创作初衷与主旨。卷首作者《自序》署光绪二十四年（1898）。该剧有宣统三年（1911）温州日新印书馆的排印本。

本年，李提摩太（Timothy Richard）与任廷旭合译的《天伦诗》刊行出版，此书译自蒲伯的《人伦》，全译本，是迄今所见英国诗歌作品最早的完整的中文译本。译者于该书《译序》中称，欲通过译介西方诗歌传播以基督教教义为核心的"天人相关之妙理"，启示读者，改造人心与世道，"因文见道，同心救世"。（李提摩太是当时西方传教士中，主张以译介西方文学来影响中国社会发展的重要人物。）

本年，沈祖芬节译英国作家笛福的《鲁滨逊漂流记》为《绝岛飘流记》，后经师长的润饰与资助，于1902年由杭州惠兰学堂印刷，上海开明书店发行。沈祖芬小时即喜欢此小说，早就有志于将其译介给国人，希望借其冒险进取之精神"以药吾国人"。高梦旦作序称，此书"以觉吾四万万之众"。《译者志》云："（《鲁滨逊漂流记》）在西书中久已脍炙人口，莫不家置一编。……（沈祖芬）乃就英文译出，用以激励少年。"宋教仁读此书后认为，鲁滨逊的"冒险性及忍耐性均可为顽懦者之药石"（《宋教仁日记》1906年12月31日）。1905年，又有从龛译本《绝岛英雄》；1906年又有林纾译本《鲁滨逊飘流记》与曾宗巩译本《鲁滨逊飘流续记》。沈祖芬，又名跛少年，杭州人，生卒年不详；3岁染足疾，行走不便；自习英文，22岁时已发表译著多种。

本年，英国汉学家翟理斯（H.A.Giles）所著《华人传记辞典》（《A Chinese

Biographical Dictionary》) 由上海别发洋行 (Kelly & Walsh) 刊行。同年, 翟理斯还编撰了《古今诗选》(《Chinese Poetry in English Verse》)、《剑桥大学所藏汉文、满文书籍目录》(《Catalogue of the Chinese and Manchu Books in the Library of the University of Cambridge》) 等著作。

本年, 王国维到上海谋生, 入《时务报》做书记员, 后又在罗振玉创办的东文学社"半工半读"。

本年, 梁启超始学为诗。《饮冰室诗话》云:"余向不能为诗, 自戊戌东徂以来, 始强学耳。然作之甚艰辛, 往往为近体律绝一二章, 所费时日, 与撰《新民丛报》数千言论说相等。故间有得一二句, 颇自憙, 而不能终篇者, 辄复弃去。"

本年, 梁启超在其主办的《清议报》上, 开辟了第一块公开的诗歌创作阵地"诗文随辞录"(《清议报全编》改名为"诗界潮音集"), 专门刊载新派诗诗作。

1899年

一月

2日，谭嗣同《仁学》连载于《清议报》第2册。同月30日，《亚东时报》于第5号起也开始连载《仁学》。《仁学》一名《台湾人所著书》，假台湾人以抒愤。谭嗣同撰《仁学》时与梁启超往来颇多，梁启超《三十自述》云："复生著《仁学》，每成一篇，迭相商榷。"书成后，谭嗣同自藏其稿，写一副本与梁启超，梁启超"在日本印布之，始传于世"（梁启超《清代学术概论》）。谭嗣同认为，"西学皆源佛学"，"六经未有不与佛合者也"。《仁学》之《界说》篇曰："凡为《仁学》者，于佛书通《华严》及心宗、相宗之书；于西学当通《新约》及算学、格致、社会学之书；于中国书当通《易》、《春秋公羊传》、《论语》、《礼记》、《孟子》、《庄子》、《墨子》、《史记》及陶渊明、周茂叔、张横渠、陆子静、王阳明、王船山、黄梨洲之书。"梁启超《〈清议报〉一百册祝辞》云："谭浏阳之《仁学》，以宗教之魂，哲学之髓，发挥公理"，"其思想为吾人所不能达，其言论为吾人所不敢言"。梁启超又在其专著《清代学术概论》中这样评价："《仁学》之作，欲将科学、哲学、宗教冶为一炉，而更使适于人生之用，真可谓极大胆极辽远之一种计划。……尝尽读所谓格致类之译书，将当时所能有之科学知识，尽量应用。又治佛学之唯识宗、华严宗，用以为思想之基础，而通之以科学。又用今文学'太平'、'大同'之义，以为'世法'之极轨，而通之以佛教。嗣同之书，盖取资于此三部分而组织之，立己之意见，其驳杂幼稚之论甚多，固无庸讳，其尽脱旧思想之束缚，戛戛独造，则有清一代，未有其比者也。"关于谭嗣同其人，梁启超曾于致康有为书中评价曰："敬甫之子谭复生，才识明达，魄力绝伦,所见未有其比,惜佞西学太甚。"

22日,梁启超《变法通议·论变法后安置守旧大臣之法》刊载于《清议报》第4册,未署名。

29日,瞿秋白出生于江苏常州。瞿秋白(1899—1935),原名瞿双,后改名瞿霜、瞿爽,号熊伯、雄魄。江苏宜兴人。中国共产党早期领导人。现代散文家,著有《赤都心史》、《饿乡纪程》、《多余的话》等。

本月,欧阳钜源和庞树柏于上海合作传奇《玉钩痕》十出。该传奇叙上海名妓林黛玉等四人为妓女募建"花冢"事。剧中《集宴》【山坡羊】曲云:"痛孽海云鬟断送,更何处招魂曲诵!历燕支短劫匆匆,看今番一例儿唤醒情天梦。恨无穷,空留鹦鹉山前冢。万树冬青云拥,一样坠花抱痛。问抔土谁封?把素馨花补种。冥蒙,郁金堂,惨雾空;朦胧,玉钩斜,淡月笼!"系根据当时上海的花界实事创作而成。欧阳钜源与花界女子过往甚密,对其中情形颇为熟悉。欧阳矩源和庞树柏当时同受李伯元之聘于《游戏报》。陈无我《老上海三十年见闻录》卷十《花冢仁声·玉钩痕传奇》云:"李君伯元以花冢之举,自创议以迄落成,其中情事,不乏可歌可泣,可观可怨。复发起征撰《玉钩痕》传奇,共分十出。首《感义》,记某名士暨林黛玉创议之始。次《集宴》,为林、陆、金、张四校书集议于一品香。三《筹捐》,记分派捐册。四《裂册》,记高月鸿非特不肯书捐,且将捐册毁裂,掷诸地下。五《写兰》,记金小宝写兰助义事。六《摧香》,记苏妓陈黛玉悲恶鸨凌虐致毙。七《选地》,记购买义冢地址。八《题碑》,记此事之始终,及集捐各校书姓氏。九《瘗玉》,记林校书等决议,首将陈黛玉葬入花冢。十《吊冢》,花冢告成,四校书前来吊奠,为一部书结穴。经虞山病红山人庞树柏、茂苑惜秋生欧阳钜源两君合撰成书,文情悱恻,传诵一时。惜稿已阙佚。"由于原稿已失,陈无我遂将所搜得之《集宴》《写兰》、《吊冢》三出收录刊布其著作中。其中,《集宴》、《写兰》两出均署"惜秋生按拍",《吊冢》一出署"病红拍曲"。庞树柏在写了八出之后,请同乡友人归宗郙作序,归氏《叙》云:"戌年冬,沪上金校书昭莩,暨诸校书放大莲华,结大善果,集众议建丛花义冢。相地择穴,广为劝布,期葳事后已。异哉!支那四万万人之爱力,不涨于丈夫而于女子耶?吾友庞子感焉,作传奇八出,倏笑倏悲,凄楚动人,词意岂清容而媲之,直北宋人手笔。"由此可知,欧阳钜源创作了《玉钩痕》的《集宴》《写兰》两出,庞树柏则创作了《吊冢》等其他八出。《玉钩痕》原载《游戏报》。

今存陈无我《老上海三十年见闻录》。

二月

　　1日，梁启超《〈仁学〉序》（作于1898年12月27日）刊载于《清议报》第5册。梁启超在序中说："《仁学》何为而作也？将以光大南海之宗旨，会通世界圣哲之心法，以救全世界之众生也。南海之教学者曰：以求仁为宗旨，以大同为条理，以救中国为下手，以杀身破家为究竟。《仁学》者即发挥此语之书也，而烈士者即实行此语之人也。"

　　同日，梁启超《政变近闻》刊载于《清议报》第5册之《戊戌政变记》，未署名。

　　3日，老舍出生于北京。老舍（1899—1966），原名舒庆春，字舍予，笔名老舍。满族，北京人，现代作家，著有小说《骆驼祥子》《四世同堂》，话剧《茶馆》《龙须沟》等。

　　2月20日、3月2日、7月28日，梁启超《爱国论》刊载于《清议报》第6、7、22册，署名"哀时客"。

　　2月20日、3月12日，梁启超《读春秋界说》刊载于《清议报》第6、8册，未署名。

　　本月，林纾和王寿昌于1898年夏开始合作翻译（王寿昌口述，林纾笔录）的法国小仲马所著《巴黎茶花女遗事》，由福州畏庐刊行出版（即畏庐藏版），题"[法]小仲马著，冷红生（林纾）、晓斋主人（王寿昌）译"；此即林氏家刻本，系木刻大巾箱本的线装书，书末有"福州吴玉田镌字"一行。大约三四个月后，上海素隐书屋托昌言报馆代印，此即汪穰卿本，世称"素隐书屋本"，系铅印线装。林纾于畏庐藏版《巴黎茶花女遗事》书首《小引》谈及该小说的翻译缘起云："晓斋主人归自巴黎，与冷红生谈巴黎小说家均出自名手。生请述之。主人因道，仲马父子文字，于巴黎最知名，《茶花女马克格尼尔遗事》尤为小仲马极笔。暇辄述以授冷红生，冷红生涉笔记之。"署"冷红生"。此书一出即风行大江南北，有"外国《红楼梦》"之称。此后，外国言情小说的翻译蔚然成风，并对中国鸳鸯蝴蝶派哀艳小说的出现，产生了不小的影响。邱炜萲《挥麈拾遗》（1901）云："大小仲马者，法国巴黎京城之擅名小说手也，而小仲马笔尤驾其父大仲马上。所著凡十余种，风行欧洲，不胫而走。有《茶花女遗事》一册，情书也。……中国近有译者，署名冷红生笔，以华文之典料，写欧人之性情，曲曲以赴，煞费匠心，好语穿珠，哀感顽艳，读者但见马克之花魂，亚猛之泪渍，小仲马之文心，冷红生之笔意，一时都活，为之叹欲观止。黄懿臣为余言，此书实出吾闽林琴南先生所手译，其题曰'冷红生'者，盖不欲人知其名，而托为别号以掩真，犹夫前日撰《闽南新乐府》署名'畏庐子'之意也。余既知译者之为先生，宜其有是灵妙之笔，自负夙所倾倒者不虚矣。""余曩曾得见《时务报》译《滑震笔记》、《长生术》，皆冗杳无味；而《求是报》、《菊花》小说有味亦，惜报中辍，小说未完。开卷悃悃，无以慰馋眼。年来忽获《茶花女遗事》，如饥得食，读之数反，泪莹然凝栏杆。每于高楼独立，昂首四顾，觉情世界铸出情人，而天地无情，偏令好儿女以有情老，独令遗此情种，引起普天下各种情种，不知情生文耶？文生情耶？直如成连先生刺舟竟去时之善移我情亦。甚矣！言情小说之亦不易为也。"严复曾赠林纾诗云："可怜一卷《茶花女》，断尽支那荡子肠。"钱基博《现代中国文学史》载李详云："观林氏所译小说，重在言情，纤秾巧靡，淫思古意。三十年来，胥天下后生，尽驱入猥薄无行，终以亡国。昔人言王何之罪浮于桀纣；畏庐之罪，应科何罪？"张静庐《中国小说史大纲》云："自林琴南译法人小仲马所著哀情小说《茶花女遗事》以后，譬小说未有之蹊径，打倒才子佳人团圆式之结局，中国小说界大受其影响。"

三月

2日，章太炎《祭维新六贤文》刊载于《清议报》第7册，署"台湾旅客"。

11日，吴汝纶致书严复，谈及严复"新译《计学》四册"。先是，严复续译《计学》（《原富》）四册，寄与吴汝纶审阅。吴汝纶于本日回信："惠示并新译《计学》四册，斯密氏此书，洵能穷极事理，镌刻物态，得我公雄笔为之，追幽凿险，抉摘奥赜，真足达难显之情，今世盖无能与我公追逐者也。"

12日，章太炎的诗作《台北旅馆书怀寄呈南海先生》和《泰风一首赠卓如》（即《艾如张》）刊载于《清议报》第8册，署"台湾旅客"。

18日，严复致书吴汝纶，鼓吹"新旧二学当并存具列，且将假自他之耀，以祛蔽揭翳"。并商讨翻译问题。吴汝纶回复云："欧洲文字，与吾国绝殊，译之似宜别创体制，如六朝人之译佛书，其体全是特创。今不但不宜袭用中文，并亦不宜袭用佛书，窃谓以执事雄笔，必可自我作古。又妄意彼书固自有体制，或易其辞而仍其体似亦可也。不通西文，不敢意定，独中国诸书无可仿效耳。来示谓行文欲求尔雅，有不可阑入之字，改窜则失真，因仍则伤洁。此诚难事。鄙意与其伤洁，毋宁失真，凡琐屑不足道之事，不记何伤。若名之为文，而俚俗鄙浅，荐绅所不道。此则昔之知言者无不悬为戒律。……亦非一切割弃，至失事实也。"（《桐城吴先生全书·尺牍》卷二下）

22日，梁启超《傀儡说》和《尊皇论》刊载于《清议报》第9册，均署名哀时客。

本月，张小山《平金川全传》（又名《年大将军平西传》、《年大将军平金川》）由上海富文书局刊行出版，四卷三十二回，石印巾箱本，题"小山居士编次"。书首有"惜馀馆主"本月之序，云："闻之故老，康熙、雍正年间，多聂隐娘、磨镜者一流人物，向颇疑之。及阅张小山上舍《平金川》说部一书，始知其说不尽子虚。上舍本辽东人，大父嘉猷在日，曾充年幕，著有《西征日记》两卷，中间所载战事，于一切妖术，尤为详尽。耳目所及，笔墨随之。其非臆说，可想而知。上舍于摊饭之馀，演为说部。成书后，录以示余。余惟古今说部，载实事者，莫如《三国》；逞荒诞者，莫如《西游》；皆各擅所长，以成体例。独是书颇能综二者而兼之，惜因俗务繁冗，不及润色，而索观者已户限将穿，爰付石文而述之旨。"署"光绪己亥仲春吉日，惜馀馆主撰并书"。据序可知，"小山居士"即张小山，监生，辽东人。该书演雍正朝大将军年羹尧（书中作"年赓尧"）入藏平定金川王罗卜藏丹津叛乱事，以叙神魔斗法为主，且叙有升天球、电气鞭、地行车、机器人等物，濡染西学所致，可见科学幻想小说之端倪。该书又有光绪二十六年（1900）焕文书局刊本等。（仲春，春季第二个月，即农历二月）

本月，梁启超和罗孝高于日本合编《和文汉读法》一书。梁启超《论学日本文之益》（1900年4月1日）："余辑有《和文汉读法》一书，学者读之，直不费俄顷之脑力，而所得已无量矣。"罗孝高《任公轶事》云："己亥春，康南海先生赴加拿大后，任公约罗孝高普同往箱根读书，……时任公欲读日本书，而患不谙假名，以孝高本深通中国文法者，而今又已能日文，当可融会两者求得捷径，因相研索，订有若干通例，使初习日文径以中国文法颠倒读之，十可通其八九，因著有《和文汉读法》行世。虽未美备，然学者得此，亦可粗读日本书，其收获颇大。"

四月

1日，梁启超《论学日本文之益》和《游箱根浴温泉作》、《羯南湖村招饮上野之莺亭以诗为令强成一章》刊载于《清议报》第10册。其中，《论学日本文之益》署名"哀时客"。在该文中，梁启超认为西文难学，"而学日本文，数月而小成，日本之学已尽为我有矣"，因此号召国人学日本文读日本书。云："哀时客既旅日本数月，肄日本之文，读日本之书，畴昔所未见之籍，纷触于目，畴昔所未穷之理，腾跃于脑。……乃大声疾呼，以告同志曰：我国之人有志新学者，盍亦学日本文哉。日本自维新三十年来，广求智识于寰宇，其所译所著有用之书，不下数千种，而尤详于政治学、资生学、智学、群学等皆开民智强国基之急务也。吾中国之治西学者固微矣。其译出各书，偏重于兵学艺学，而政治资生等本原之学，几无一书也。……今者余日汲汲将译之，以饷我同人。然待译而读之缓而少，不若学文而读之速而多也。此余所以普劝我国人之学日本文也。"

1日、20日，梁启超《商会议》刊载于《清议报》第10、12册，署名"哀时客"。

3日，清政府向日本政府交涉，不准康有为留日。由日本外务省"赠"以旅费，康有为于本日由横滨东渡太平洋。

20日、30日，梁启超《各国宪法异同论》刊载于《清议报》第12、13册。

30日，梁启超《大同志学会序》《雷庵行赠湖村小隐》和《动物谈》刊载于《清议报》第13册。其中，《动物谈》署名"哀时客"。

本月起，梁启超翻译的《国家论》连载于《清议报》第11、15—19、23、25—31册，署德国伯伦知理著，饮冰室主人译。

本月，章太炎作《书莽苍园文稿余后》。后刊载于《民报》第15号，文后注明作于"己亥三月"（公历4月），跋识作于"己亥四月"。

五月

10日，章太炎《答学究》刊载于《清议报》第17册，署"台湾旅客来稿"。康有为将光绪帝于二十四年七月三十日（1898年9月15日）和八月初三日（1898

年9月18日）发出的两次"密诏"的内容公布，引起封建官僚的不满和一些地主阶级出身的知识分子的震惊，章太炎作此文以驳，并对康有为表示同情。

20日，章太炎《客帝论》刊载于《清议报》第15册，署"台湾旅客来稿"。认为满洲贵族入主中国，是"客帝"，而中国的"共主"则是"仲尼之世胄"。该文后收入《訄书》，有增改。1900年，作"匡缪"。1904年，章太炎于日本重印《訄书》钳子排印本时，将该文作为"前录"，改题《客帝匡缪》。

同日，梁启超《瓜分危言》开始连载于《清议报》第15—17、23册，署名"哀时客"，至8月第23册连载毕。

30日，梁启超《纪年公理》（作于1898年）和《自立会序》刊载于《清议报》第16册。

本月，清议报社出版梁启超《戊戌政变记》的单行本，线装三册九卷。

六月

8日、9月5日，梁启超《论中国与欧洲国体异同》刊载于《清议报》第17、26册。

28日，梁启超《论中国人种之将来》和《论内地杂居与商务关系》刊载于《清议报》第19册，其中，《论中国人种之将来》署"哀时客梁启超撰"。

28日、7月8日，梁启超《论支那宗教改革》刊载于《清议报》第19、20册。

本月，《才子奇缘》由上海书局刊行出版，四卷三十二回，石印本，不题撰人。书首"六轩主人"序。

本月，上海扫叶山房刊行出版《七侠五义》一百二十回石印本，《小五义》一百二十四回石印本。

本月，程世爵编撰的《笑林广记》刊行出版，一卷。书首作者本月自序，云："宇宙内形形色色，何莫非行乐之资；天壤间见见闻闻，孰不是赏心之具？……用效庄周之幻化，聊全曼倩之谈谐，遂不觉转愁成喜，破涕为欢矣。……乃到门多请事钞传，书直会夫纸贵；爰入市以付剞劂，买奚需以争争。世有同我以讥刺劝讽有关名教者，非余之知音也；世有谓我以喜笑怒骂皆成文章者，则余之知己也。"署"光绪二十有五年岁次己亥仲夏，平江程世爵序"。

本月，王鹏运校定《梦窗词甲乙丙丁四稿并补遗》。

七月

2日，敦煌莫高窟古代藏经洞被发现。藏经洞长2.7米，宽2.5米，高3米，顶呈覆斗状，空间约为19立方米。洞内满满地贮存着经卷、文书、织绣、画像等文物约5万余件，绢本绘画、刺绣等品数百件。大量的文字典籍文卷，除汉文写本外，还有六分之一的藏本、梵文、佉卢文、粟特文、古和阗文、回鹘文等各种民族文字写本。写本中除大量佛经、道经、儒家经典外，还有史籍、诗赋、小说、民间文学、地志、户籍、账册、历书、契据、状牒、信札等，包括公元4世纪以来近十个朝代的文物图书。其中以唐五代人的民间文学的变文抄本为最多，据内容可分为两大类：一类为佛经故事；一类为世俗故事。世俗故事的变文多取材于民间传说及当时人物故事，如《降魔变文》、《秋胡变文》、《捉季布传文》等。敦煌莫高窟藏经洞的发现，是19世纪20世纪之交震惊中外学术界的大事，引起国内外学者的极大关注。自此，研究敦煌艺术文化的人日渐增多，在社会科学领域里形成"敦煌学"这一专门学科。但同时也引来了各国文物强盗的疯狂掠夺。藏经洞发现后，斯坦因、伯希和、华尔纳、鄂登堡等人曾前往敦煌，从藏经洞盗走大量珍贵文物。

8日，章太炎的诗作《儒冠》刊载于《清议报》第20册，署"菿汉阁主"。

18日，梁启超《论商业会议所之益》刊载于《清议报》第21册。

18日、28日，梁启超《读孟子界说》刊载于《清议报》第21、22册，未署名。

20日，康有为与李福基、冯秀石父子、徐为经、骆月湖等于加拿大创立保皇会。康有为任会长，梁启超、徐勤任副会长。本年六月初，康有为与加拿大华侨中较有威信的李福基、叶恩等人谋议于加拿大维多利亚成立"中国维新会"，后经商议，将"中国维新会"的中文名称改为"保救大清皇帝会"，又称"保救大清皇帝公司"，简称"保皇会"，于本日正式成立。保皇会以保救光绪帝、反对慈禧太后以及维新改良为宗旨。此后，康有为、梁启超、徐勤、欧榘甲等人四处奔走活动，在新加坡、日本、南北美洲、澳洲等地迅速建立起一批保皇会组织。

22日，吴语小说《海天鸿雪记》的广告"《〈海天鸿雪记〉按期出售》"刊登于《游戏报》第744号。广告云："是书为浙中二春居士所著。居士曾为沪上寓公，迨中年丝竹哀乐伤神,回首前尘,胜游如梦,于是追忆坠欢,以吴语润色成书。生花妙笔,令阅者恍历欢场,征歌选舞。原书仅成半部,本馆以重赀乞得,并函致居士足成之。兹先按期排印,逢一、六出书。书用洋纸印成,装订精雅,务极美观。每本暂收回工本大钱二十五文,准于廿一日出第一期,泵批预定,均照码八扣。诸君欲先睹为快者,请临本馆账房及卖报人购取可也。"

28日,《海天鸿雪记》第1期开始连载于《游戏报》第750号,嗣后每月连载6期,至二十回止,署"二春居士编,南亭亭长(李伯元)评"。或以为该书即李伯元所撰,但无实据。二春居士,浙中人,姓名与生平事迹不详。《游戏报》同时刊出广告:"《海天鸿雪记》第一期,定于今日出售,恐遐迩未及周知,特于今日附张附送两页,俾阅报诸君先见一斑。原书已用洋纸装订成帙,务极美观,每本暂收大钱二十五文。第一期除预定外,所印不多,欲购者请惠临本馆账房购取可也。本馆告白。"

八月

6日,章太炎《儒术真论》开始连载于《清议报》第23册,至次年正月第34册连载毕。

同日,梁启超联合华商曾卓轩、郑席儒等于东京创办高等大同学校。栢原文太郎任校长。冯自由《任公先生事略》:"是年夏己亥复得华商曾卓轩、郑席儒之助,设高等大同学校于东京,湘、粤学生从之者三千余人。"此外,梁启超又与神户华侨麦少彭等创办同文学校于神户。

15日,《中外大事报》创刊于上海,旬刊,册报,朱凤衔为总经理,高翔为副经理,由中外大事报馆印行,是有维新思想倾向、以报道国内外新闻为主的报刊,但对慈禧表示恭顺。同年九月初一(10月5日)出版了第6册后未见再出。该报的前身是戊戌年间在广州出版的《广智报》,原为周报,由博闻报馆印刷出版。而广州《博闻报》则较倾向于"帝党",为何迁沪另出《中外大事报》,原因不详。

本月16日至9月15日,梁启超《亡羊录》(一名《丙申以来外交史》)连载于《清议报》第24、25、27册。

本月26日至12月23日,梁启超《自由书(一)》连载于《清议报》第25—33册"饮冰室自由书"栏。杨克己《康梁师生合谱》载梁启超刊登《饮冰室自由书》

事云:"盖公自东徂以来,与日本人相接,诵诗读书,时有感触,恐过而辄忘,因日记数条以自课。每有所触,应时援笔,无体例、无宗旨、无次序,或发论,或讲学,或记事,或抄书,或用文言,或用俚语,惟意所之,大肆解放。"梁启超自序《饮冰室自由书》云:"庄生曰:'我朝受命而夕饮冰,我其内热欤!'以名吾室。西儒约翰弥勒曰:'人群之进化,莫要于思想自由、言论自由、出版自由。'三大自由皆备于我,以名吾书。"

九月

5日,《五洲时事汇报》创刊于上海,半月刊,册报,报端原标明"本馆社主日本佐原笃介,支配人中国沈士孙,馆设《苏报》馆内",实际编辑人为沈小沂(晓宜),是以翻译和转辑国内外时事为主的半月刊,但也发表政论。1899年,佐原笃介以记者身份来沪,沈小沂素以结交各省文友著称,因而受邀共事。《五洲时事汇报》在《苏报》馆印行时,《苏报》已由陈范接办,政治上亦倾向于维新派。该报现存10期,所见最后一期于光绪二十五年(1899)十一月出版,以后未见该报。

同日,章太炎的诗作《安昌谣》、《梁园客》刊载于《清议报》第26册,署"西狩"。《梁园客》自注云:"粤海有文士(指梁鼎芬),少入词苑,以纠弹节相罢官,当时颇著直声。既失志,有咄咄书空之感。去秋遂因政变作符命数篇,诗以记之。"此诗系章太炎讥讽梁鼎芬而作。

同日,梁启超《论支那独立之实力与日本东方政策》刊载于《清议报》第26册。

6日,美国国务卿海约翰(John Hay)分别训令美驻英、俄、德三国大使,向各驻在国政府提出关于对华"门户开放"政策的照会,也称"海约翰政策"。

15日,日本《万朝报》主笔内藤虎次郎访问天津,宴请严复与王修植,评价严复"是当地第一流的人物","虽然政变以来,人家钳口结舌,莫有敢言者,他却往往谈论纵横,毫无顾忌"。并说已"拜读了大作《天演论》,文字雄伟,好像不是翻译似的,真是大手笔"(内藤虎次郎《燕山楚水》)。

24日,严复致书张元济,谈及《原富》翻译与出版之事。信中曰:"目下亚丹斯密《原富》一书,脱稿者固已过半。盖其书共分五卷,前三卷说体,卷帙较短;后二卷说用,卷帙略长。弟今翻者,已到第四卷矣。……俟清出几卷后,再商南寄,先行分刻与否可耳。此书的系要书，留心时务讲求经济者不可不读。"

25日，梁启超《祭六君子文》（作于9月17日）刊载于《清议报》第28册，题作"记殉难六烈士纪念祭拜"，未署名。

同日，章太炎《西归留别中东诸君子》刊载于《清议报》第28册。

本月，王闿运钞唐诗七绝二卷成，至此《唐诗选》毕。王闿运钞唐诗始于五十年前。

十月

14日，章太炎《翼教丛编书后》和《论黄种之将来》刊载于《五洲时事汇编》第三册，署"章炳麟"。《翼教丛编》系苏舆所编，自称"专以明教正学为义"，致力于诽谤维新运动。章太炎的《翼教丛编书后》是驳斥封建顽固派的战斗文章。章太炎于文中说，他对康有为的经说虽然不满，但认为"说经之是非，与其行事，固不必同"，康有为在变法时"不失为忠于所事"；章太炎对苏舆等诋毁攻击维新"处心果何如耶"加以批驳，对"腐儒"于变法失败后的妄肆讥讽，严加驳难。

15日，梁启超《论近世国民竞争之大势及中国前途》刊载于《清议报》第30册。"国民者，以国为人民公产之称也。……国者，积民而成，舍民之外，则无有国。以一国之民，治一国之事，定一国之法，谋一国之利，捍一国之患，其民不可得而侮，其国不可得而亡，是之谓国民。"

本月，东华日报馆刊行《羊石园演义》单行本，七回，排印小型线装本，题"七弦河上钓叟（张志琪）原本，顽叟订完，笑翁撰述"。书首《例言》四则、苏器甫《原叙》、"侬影小郎"《本馆自序》。《本馆自序》称：获张志琪《入城始末》后，请友人笑翁"取楚词香草之意"，"仿小说演义体"而成书。序署"光绪己亥秋九月中浣，侬影小郎撰"。该书第七回末云："《羊石园演义》初集终。要知后事如何，容俟续刻。"但小说已叙至叶名琛于"孟喀喇"身亡，《入城始末》所载故事也于此告终。

本月，朱红灯于平原县杠子李庄，首先树起"兴清灭洋"的大旗。此后，"顺清灭洋"、"保清灭洋"、"扶清灭洋"等口号都陆续出现，后来大都统一为"扶清灭洋"。日趋高涨的义和团运动也波及直隶、天津。袁世凯任山东巡抚后，极力镇压义和团，山东的义和团向华北、京津等地发展，进一步推动义和团运动的高涨。

十一月

18日,《觉民报》创刊于上海,内容以时事、商业为主,停刊时间不详。

20日,章太炎《游西京记》刊载于《亚东时报》第17号。该文又刊载于《雅言》第11期,改题《旅西京记》。

24日,闻一多出生于湖北蕲春(今浠水)。闻一多(1899—1946),原名闻家骅,又名多、亦多、一多,号友三、友山,湖北浠水人。现代诗人、学者,著有诗集《红烛》《死水》等。

十二月

13日,梁启超《论美菲英杜之战事关系于中国》和《论刚毅筹款事》刊载于《清议报》第32册,均署"哀时客"。

本月17日至次年1月10日,梁启超作《夏威夷游记》,旧题《汗漫录》,又名《半九十录》。梁启超在《夏威夷游记》中相继提倡"诗界革命"与"文界革命"。25日,梁启超在《夏威夷游记》中首次提出"诗界革命"口号:"余虽不能诗,然尝好论诗,以为诗之境界,被千余年来鹦鹉名士占尽矣!虽有佳章佳句,一读之,似在某集中曾相见者,其最可恨也。今日不作诗则已,若作诗,必为诗界之哥仑布、玛赛郎然后可。……欲为诗界之哥仑布、玛赛郎,不可不备三长:第一要新意境,第二要新语句,而又须以古人之风格入之,然后成其为诗。不然,如移木星金星之动物以实美洲,瑰伟则瑰伟矣,其如不类何。若三者俱备,则可以为二十世纪支那之诗王矣。……欧洲之意境语句,甚繁富而玮异,得之可以陵轹千古,涵盖一切,今尚未有其人也。时彦中能为诗人之诗,而锐意造新国者,莫如黄公度。其集中有《今别离》四首,又《吴太夫人寿诗》等,皆纯以欧洲意境行之。然新语句尚少,盖由新语句与古风格常相背驰;公度重风格者,故勉避之也。夏穗卿、谭复生皆善选新语句,其语句则经子生涩语、佛殿语、欧洲语杂用,颇错落可喜,然已不备诗家之资格。……吾虽不能为诗,惟将竭力输入欧洲之精神思想,以供来者诗料可乎。""诗界革命,必取泰西文豪之意境之风格,熔铸之以入我诗,然后可为此道开一新天地。"在《饮冰室诗话》中写道:"革命者,当革其精神,非革其形式。吾党近好言诗界革命,虽然,若以堆积满纸新名词为革命,是又满洲政府变法维新之类也。能以旧风格含新意境,斯可以举革命之实矣。"

28日,梁启超又在《夏威夷游记》中首次提出"文界革命"口号:"余既戒为诗,乃日以读书消遣,读德富苏峰所著《将来之日本》及国民丛书数种。德富氏为日本三大新闻主笔之一,其文雄放隽快,善以欧西文思入日本文,实为文界别开一生面者,余甚爱之。中国若有文界革命,当亦不可不起点于是也。"后于1902年2月8日《新民丛报》第1号"绍介新著"栏目介绍严复所译《原富》时,又云:"夫文界之宜革命久矣。欧美、日本诸国文体之变化,常与其文明程度成正比,况此等学深邃赜之书,非以流畅锐达之笔行之,安能使学僮受其益乎?著译之业,将以播文明思想于国民也,非为藏山不朽之名誉也。文人结习,吾不能为贤者讳也。"1920年,梁启超在《清代学术概论》忆及流亡日本时的经历时写道:"启超夙不喜桐城古文。幼年为文,学晚汉魏晋,颇尚矜炼。至是自解放,务为平易畅达,时杂以俚语、韵语及外国语法,纵笔所至不检束。学者竞效之,号为新文体;老辈则痛恨,诋为野狐;然其文条理明晰,笔锋常带情感,对于读者,别有一种魔力焉。"

19日,梁启超选录自日本横滨赴檀香山舟中十日所作之诗为《壮别二十六首》。梁启超《饮冰室合集文集》之四十五(下)云:"舟中十日,了无一事,忽发异兴,累累成数十章,因最录其同体者题曰《壮别》,得若干首。"又,梁启超差不多于此时(农历十一月离日本东渡太平洋时)作《二十世纪太平洋歌》、《太平洋遇雨》(1900年8月15日刊载于《清议报》第54册)。《二十世纪太平洋歌》曰:"亚洲大陆有一士,自名任公其姓梁。尽瘁国事不得志,断发胡服走扶桑。……誓将适彼世界共和政体之祖国,问政求学观其光。乃于西历一千八百九十九年腊月晦日之夜半,扁舟横渡太平洋,……不自我先不我后,置身世界第一关键之津梁,……曼声浩歌歌我二十世纪太平洋。""任公"一名始闻名于世。

23日,梁启超《国民十大元气论》(一名《文明之精神》)刊载于《清议报》第33册,署名"哀时客"。文中将奴性称为中国人的"根性","不禁太息痛恨于我中国奴隶根性之人何其多也","此根性不破,虽有国不得谓之有人,虽有人不得谓之有国"。

25日，章太炎《古今文辨义》刊载于《亚东时报》第18号，对廖平《群经凡例》、《经话》、《古学考》等书的"偏戾激诡"之处加以辩诘。

本月，《南朝金粉录》三十回已成。该书有本年石印本，题"燕山逸叟编辑，珠湖居士校定"，书内封为"南朝金粉录，己亥仲冬月羊城黄天桂书"。书首"绿阳城郭山人"。本月序云："近时小说，大抵言情风月，娱人耳目，中人以下莫不手执一编，以为赏心乐事，稍不自慎，贻害深焉。吾友牢骚子所著《南朝金粉录》一书，其中无非佳人才子名士英雄，然皆晚近人情，言之凿凿，而其设心之苦，用意之深，措辞之雅，立论之确，虽不过十万言，其言简意赅，实足为软红尘之中当头棒喝，至于笔墨之妙，尤其末焉者也。直以为劝世之文可也，即以为讽世之文亦无不可。有心世道者，当亦有感于斯文。"序署"光绪己亥小阳月绿阳城郭山人书于海上"。

本年

本年春，杨圻（朝庆）刊行己作《玉龙词》并《自叙》。《自叙》云："仆临川年少，江淹才无，雅爱倚声，时滋披览。既爱南唐，尤慕李煜，乃知媲挠花雨，服饮云露，水石逊其幽思，风竹助其清响，于兹浏览，心乎爱之。"

本年春，梁启超作《游春杂感》（后于1902年5月8日刊载于《新民》第7号）和《蝶恋花》（后于1901年7月16日刊载于《清议报》第85册）。

本年夏，樊增祥于北京作长篇歌行《彩云曲》，诗叙清末名妓傅彩云（赛金花）事。《彩云曲》原序云："傅彩云者，苏州名妓也。……己亥长夏，与客谈此事，因记以诗，……余为此曲，亦如元相所云。甚愿知之者不为，而为之者不惑耳。"该诗收入《北台集》中，《樊山续集自叙》云："小除日发西安，己亥二月至都，途次所作曰《赴召集》。……时余卜居北池，屋后起台曰北台，内苑垂杨，玉荷红藕，倚栏斯见，觞客无休，起己亥三月，迄庚子五月，得诗二卷，曰《北台前后集》。"樊增祥《后彩云曲》原序云："光绪己亥，居京师，制《彩云曲》，为时传诵。"《彩云曲》一时传诵，时人比之为吴伟业《圆圆曲》。

本年冬，《女报》创刊于上海，月刊，册报，由《苏报》馆主陈范之女陈撷芬创办。但正式出版是在光绪二十八年四月初一（1902年5月8日），内页目录标为"飞行女报"，内容主旨为反对妇女缠足，提倡开办女学堂，刊载女界新闻，介绍西方妇女生活状况等，到年底共出版9期，时人称之为"女苏报"。该报在当时受到很多倾向维新的人们注意和支持，特别是留日学生如狄景贤、杨廷栋、杨度以及当时名流林纾、邱菽园等，都曾为之撰稿。光绪二十九年二月初一（1903年2月27日），《女报》改名为《女学报》，改用西式装订。除了继续以前《女报》的主旨以外，更进一步提出了女权问题；在主张反对君主压迫民众的同时，也反对男人压迫妇女，还提出女子自主、独立的问题。光绪二十九年四月十五日（1903年5月11日）第3期出版以后，《苏报》案爆发，陈撷芬陪其父陈范出亡日本。同年8月，才由《国民日日报》馆印行在日本东京编辑的《女学报》。次年第10期，还增加了有关《苏报》案"的为"沈荩死""章邹囚"鸣不平的内容。以后未见继续出版。

本年冬，章太炎《訄书》木刻本（原刊本）于苏州付梓，刻完出书则在1900年7月前。该书编订于本年1月中旬到2月上旬之间，原刊本"叙目"署"辛丑年后二百三十八年十二月"（光绪二十四年十二月，即1899年1月中旬到2月上旬之间），但付梓则在"己亥冬日"（1899）。钱玄同《刘申叔先生遗书序》的"自注"云：《訄书》作于戊戌（1898），改于庚子（1900），至民国四年乙卯（1915）而再改，更名曰《检论》。"

本年冬，陈衍与沈曾植论诗，陈衍有"三元"之说，沈曾植有"三关"之说。《侯官陈石遗先生年谱》载："是秋，子培丈（沈曾植）病疟，逾月不出户，乃时托吟咏，与家君（陈衍）寓庐密迩，有所作，辄相夸示，或夜半缄笺抵家君。至冬已积稿百十首，有《寒雨积闷杂书遣怀》一长古，论诗宗旨多本家君说。如家君言诗学莫盛于'三元'，谓开元、元和、元祐，丈诗有'开天启疆域，元和判州部'及'勃兴元祐贤，夺嫡西江祖'各云云，谓'三元'皆外国探险家觅新世界开埠头本领也。家君言今人强分唐诗宋诗，宋人皆推本唐人诗法，力破余地耳。丈诗有'唐余逮宋兴，师说一香炷'及'强欲判唐宋，坚城捍楼橹，咄兹盛中晚，帜自闽严树'各云云。"王蘧常《沈寐叟年谱》云："（光绪二十五年，沈曾植）与陈石遗、郑太夷创诗有三元之说，盖谓开元、元和、元祐，以为皆外国探险家觅新世界、开埠头本领。后又易开元为元嘉，称'三关'。常以此教人，谓通此始可名家，务极其变，以归于正，不主故常。"王蘧常《嘉兴沈乙庵先生学案小识》又云："光绪己亥，与侯官陈石遗学部及布政论诗，创开元、元和、元祐'三元'之说，后又易开元为元嘉，称'三关'。常以此教人，谓通此始可名家。务极其变，以归于正。近日唯同里金香严太守蓉镜为得其法乳。"王真《续编陈侯官年谱跋》云："惟一时海内著述，于师之言论，有传闻异词不可不辨者。如王蘧常撰沈寐叟（沈曾植）年谱，据叟与金甸丞书言元和、元祐、元嘉为诗中'三关'云云，谓'三元'之说实寐叟创之，非创自师。不思师所标举者'三元'，指自唐至宋之开元、元和、元祐，撇却六朝也。寐叟所标举者'三关'，有元嘉而无开元，杂六朝于唐宋中。宗旨不同，焉得指鹿为马乎？"

据考证，陈衍正式提出诗有"三元"之说见于其1912年所作之《石遗室诗话》："子培有《寒雨积闷杂书遣怀襞积成篇为石遗居士一笑》诗八十韵，余与君论诗话，略见其中。诗云：'……乃知古诗人，心斗日迎拒。程马蜕形骸，杯棬代尊俎。莫随气化运，孰自喙鸣主？开天启疆域，元和判州部。奇出日恢今，高攀不输古。韩白柳刘骞，郊岛驾籍件。四河道昆极，万派播溟渚。唐余逮宋兴，师说一香炷。勃兴元祐贤，夺嫡西江祖。寻视薪火传，皆如斜上谱。中州苏黄余，江湖张贾绪。譬彼鄱阳孙，七世肖王父。中泠一勺泉，味自岷舣取。沿元虞范唱，涉明李何数。强欲判唐宋，坚城捍楼橹。呫兹盛中晚，帜自闽严树。氐昧苟中行，谓句弦偭矩。持兹不根说，一眇引群瞽。丛棘限墙闹，通涂成岨峿。谁开人天眼，玉振待君拊。……'盖余谓诗莫盛于三元，上元开元，中元元和，下元元祐也。君谓三元皆外国探险家觅新世界、殖民政策、开埠头本领，故有'开天启疆域'云云。余言今之人强分唐诗宋诗，宋人皆推本唐人诗法，力破余地耳。"沈曾植首次明确说明诗有"三关"之说见于其1918年（时间据钱仲联考证）所作之《与金甸丞太守论诗书》："吾尝谓诗有元祐、元和、元嘉三关，公于前二关均已通过，但着意通第三关，自有解脱月在。"

本年，国学扶轮社创办于上海，创办人为王均卿、沈知芳、刘师培。该社编印古今小说多种，翌年盘给商务印书馆。

本年，徐维则《小说书录》刊载于《东西学书录》。文中收录了《黑奴吁天录》、《奉俄皇命记》、《累卵东洋》、《听昔闻谈》、《百年一觉》、《长生术》、《茶花女遗事》、《金刚钻小说》、《迦因小传》等九部小说的原作者、译者、版本等情况以及对各小说的简单介绍。

本年，程蕙英作弹词《凤双飞》五十二回。该弹词有1923年上海江左书林石印本、广益书局排印本,卷首有本年"瑞芝室主人"序。该书叙明代郭伟(郭凌云)、张隽(张逸少)生死不移之交谊。蒋瑞藻《小说考证》卷七转引《缺名笔记》云:"阳湖程蕙英茞俦,著有《北窗吟稿》。家贫,为女塾师。曾作《凤双飞》弹词,才气横溢,纸贵一时。其所为诗,纯乎阅世之言,亦非寻常闺秀所能。"邓之成《骨董琐记》卷五云:"(《凤双飞》)全书数十万言,结构遣词,远在《天雨花》、《再生缘》之上。所天有变童之好,故托为果报以警之。"

本年,洪炳文作传奇《水岩宫》二十二出。该传奇取材于《瑞安县志·烈女本传》所载陈冰娥事迹,叙演明嘉靖间烈女陈冰娥遭倭寇不屈遇害之事。借颂明代烈女事直刺现实,揭露和谴责侵略者的残暴罪行。卷首有作者《水岩宫乐府自序》、《水岩宫乐府缘起》、附录《瑞安县志·烈女本传》、曹应枢《滴水岩胡烈母祠记》、作者《附录存疑一则》等。该传奇有本年油印本。

本年,《扫荡粤逆演义》改题为《湘军平逆传》由上海书局刊行出版,四卷八回,石印本,署"勾章醴泉居士"。同年,上海书局还刊行出版有《彭公案》与《续彭公案》合刊的全集石印本。

本年,刘省三《跻春台》四卷四十篇于是年完成。该书所收多为民间盛传的疑难公案故事,白话写成,穿插唱词,对素材情节未作较大加工。该书刊行出版时题"凯江省三字编辑",书首木年"铜山林有仁"《序》,云:"中邑刘君省三,隐君子也。杜门不出,读著劝善惩恶一书,名曰《跻春台》。列案四十,明其端委,出以俗言,兼有韵语可歌,集成四册。"据《序》可知,作者刘省三为河北沧县人,具体生平不详。该书第三卷刊集《审烟枪》篇末附记云:"此案乃舍下科场所闻及者。"

本年,《林文忠公中西战纪》由香港书局刊行出版,四卷二十五回,石印袖珍本,不题撰人。该书叙林则徐禁烟以及第一次鸦片战争之事。第四卷为《各国风土始末记》:内有《英国记》、《法国记》、《俄国记》、《东侠记》("东侠"指日本),介绍各国风土人情;又有《苗子记》记湖南苗族,《瑶子记》记广东广西交界之瑶族。此卷内容与小说无关,作者自谓意在"开通风气",故附于书后。

本年,"古润野道人"的《捉拿康梁二逆演义》刊行出版,四卷四十回,石印本,题"古润野道人著"。作者"古润野道人"姓名生平不详。该书叙演康有为、梁启超二人为妖星转世,康有为行为不端,妄言变法,得罪于三教;三教教主元始天尊等会议,拟将其捉拿正法,康有为托庇于洋人。书未完,书末谓尚有续集,然今未见。该书后有宣统元年（1909）闰二月上海同文书局石印本。

本年，上海石印书局刊行出版《海上名妓四大金刚奇书》，四卷五十回，石印本。

本年，《康圣人显圣记》由文盛堂刊行出版，四十回，署"伏魔使者撰"。"伏魔使者"姓名生平不详。

本年，禄英堂刊行出版《小五义》一百二十四回。

本年，文贤阁刊行出版《续儿女英雄传》，四卷三十二回，石印本。

本年，劳乃宣于河北吴桥刊刻《义和拳教门源流考》。《韧叟自订年谱》云："分布城乡，广为劝导……遍呈上官，具牍力陈防范。上官置不省。"劳乃宣后于辛丑年（1901）辑录论义和拳之文牍书函为《拳案杂存》。

本年，梁启超《戊戌政变纪事本末》载于《清议报全编》第21卷第1页，未署名。

本年，黄遵宪成《己亥杂诗》八十九首、《续怀人诗》二十四首。《己亥杂诗》自纪生平经历，梁启超《饮冰室诗话》谓："盖主人一生之小影也。"

本年，陈诗《藿隐诗草》刊刻，三卷。

本年，陈玉澍《后乐堂集》自是年至光绪二十七年刊刻。

本年，邱炜萲于广州刊刻《红楼梦绝句》一册。

本年，高燮于上海始编《吹万楼诗》。

本年，汪荣宝作《西砖酬唱集》。序云："西砖者，张鸿郎中所居胡同之名也。……咸以诗歌之道主乎微讽，比兴之旨不辞隐约，若其情随词暴，味共篇终，斯管孟之立言，非三百之为教也。历观汉晋作者，并会斯旨，迄于赵宋，颇或殊途。至乃饰席上之陈言，摭柱下之玄论，矜立名号，用相眙愕，则前世雅音，几无息乎。惟杨刘之作，是曰西昆，导玉溪之清波，服金荃之盛藻，雕谶费日，虽诒壮夫之嘲，主文谲谏，存风人之义。于是……凡所造作，不涉异家，指事类情，期于合辙。号曰西砖酬唱者，既义附窃比，兼地从主人。"

本年，丁惠康于上海作《正气会序》。《尊瓠室诗话》载："己亥，德宗称疾而废立议起，上海商电报局总办经莲珊太守（元善），创立正气会，号召士大夫联名电争。君为作《正气会序》，辞旨慷慨，倾动一时。乃因此取忌当路，郁郁不得志。"

本年，《桃花庵》刊行，四卷二十四回，成文信藏版，作者不详。

本年，周竹安《载阳堂意外缘》由上海书局刊行出版，十八回，石印本。该书为毗陵（今江苏武进）人周竹安作于道光年间。

本年，梁启超用广东方言为横滨大同学校学生创作"通俗精神教育新剧本"粤剧《班定远平西域》，后于1905年由日本横滨新小说社出版，署"曼殊室主人"。

本年，梁启超作《与德富苏峰书》。

本年，威廉·斯坦顿（William Standon）出版《中国戏剧》(《The Chinese Drama》)一书。内容包括三出戏和两首诗的英文译本。三出戏为《柳丝琴》、《金叶菊》和《附荐何文秀》，曾分别发表在英文期刊《中国评论》(《Chinese Review》)上。书前有威廉·斯坦顿对中国戏剧长达19页的论述，指出中国戏的舞台的三面没有墙，面对着观众，"右面的通常用作上场；左面的用作下场。高山、关口、河流、桥梁、城墙、庙宇、坟墓、御座、龙床及其他物件均以桌椅的组合来代表。过河、骑马、开门（甚至没有一个屏障将客人与主人分开）、上山等其他无数动作都是用虚拟动作来体现的，观众能无误地看懂这些象征的虚拟动作。……通常来说，主要角色的演员一出场要唱一段或者朗诵一段来介绍自己，用浓缩的语言来介绍他们所饰人物的历史。在整剧演进中，演员总是将自己的秘密告诉观众，有时直接对观众说话，这是我们所不熟悉的。"

本年，陈荣衮撰写并发表《论报章宜改用浅说》一文，明确主张报纸应改用白话。陈荣衮在文中指出，报纸本是向群众作宣传之用，但真正能看懂文言的人在全国仅占五百分之一，为了这一少数人而置广大群众于不顾，"废聪塞明，哑口瞪目"，这是非常错误的；他进而把"改用浅说"与维新变法结合起来，说"大抵变法，以开民智为先，开民智莫如改革文言。不改文言，则四万九千九百分之人，日居于黑暗世界之中，是谓陆沉；若改文言，则四万九千九百分之人，日嬉游于琉璃世界中，是谓不夜"。他责难那些固执文言，不肯变通的，是对不晓文言的"农、工、商、贾、妇人、孺人"放于"不议不论"的地位，是"直弃其国民矣"。"开民智"何以要"改文言"而用白话报，前者着眼于中下社会阶层，欲焕发全体国民之力，是目的；后者用其方便，重其效果，是方法。此与晚清以来，盛倡女权，广办学堂等活动，用意同一，其背后表现了对平等思想的体认，国民意识的豁醒。

本年，梁启超翻译日本作家矢野文雄的《经国美谈》（政治小说），载于《清议报全编》。

本年，曾广铨翻译的英国哈葛德的《长生术》由素隐书屋刊行出版。

本年，上海素隐书屋刊行出版柯南道尔所著《新译包探案》单行本（该书所收之小说先前曾连载于《时务报》）和《呵尔唔斯缉案被戕》，均署"时务报馆译，丁杨杜译"，《新译包探案》内收《英国包探访喀迭医生奇案》《英包探勘盗密约案》、《继父诳女破案》、《记伛者复仇事》四种。同年，素隐书屋还刊行出版林纾、王寿昌合译的《巴黎茶花女遗事》。

本年，严复译成英国约翰·穆勒（John Stuart Mill）的《自由释义》（On Liberty，今译《论自由》）。1903年改名为《群己权界论》。

本年，薛绍薇、陈寿彭（绎如、逸如）于宁波合译《八十日环游地球》（后于1906年刊行出版）。《先妣薛恭人年谱》载：本年，"家严（陈寿彭）译《江海图志》夜则与先妣谈外国列女事略，并《八十日环游地球》。先妣以笔记之"。该书出版时，陈寿彭为其作《序》云："（薛绍薇）惟以经史自娱，意谓九州以外，无文字也。迩来携之游吴越，始知舟车利用。及见汽轮电灯，又骇然欲穷其奥，觅译本读之，叹曰：'今而知天地之大，学力各有所精，我向者硁硁自信，失之固矣。'乃从余求四裔史志。余以为欲读西书，须从浅近入手，又须取足以感发者，庶易记忆，遂为述《八十日环游地球》一书。……宜人既闻崖略，急笔纪之，久而成帙。……（余）爰取其稿，略加删润。"《序》又称："是记，说部也，本法人朱力士·房（今译儒勒·凡尔纳）所著。中括全球各海埠名目，而印度、美利坚两铁路尤精详。举凡山川风土、胜迹教门，莫不言之历历，且隐合天算及驾驶法程等。著者自标，此书罗有专门学问字二万。是则区区稗史，能具其大，非若寻常小说仅作诲盗诲淫语也，故欧人盛称之，演于梨园，收诸蒙学，允为雅俗共赏。"薛绍薇为我国较早参与翻译书籍的女性，《八十日环游地球》为较早译入我国的科学幻想小说。

本年，《国闻新语录》刊行出版，四卷，作者署"东瀛野叟、旁观散人"，又有署"贪梦痴道人"者，均姓名生平不详。

1900年

一月

19日，魏金枝出生于浙江嵊县。魏金枝（1900—1972），名义荣，笔名凤兮、莫干、高山、鹿宿等，浙江嵊县（今嵊州）人，现代作家，著有短篇小说集《七封书信的自传》等。

24日，慈禧立载漪之子溥儁为"大阿哥"，即"己亥建储"。次日，上海电报局总办经元善与各省绅商叶瀚等1231人联名呈总署代奏，请光绪帝"力疾临御，勿存退位之念"。

25日，《中国日报》（一名《中国报》）创刊于香港，系孙中山意识到报刊宣传对革命之作用后，委托陈少白创办。报名为孙中山取"中国者，中国人之中国也"之意而定。因香港靠近华南武装起义地区，又为清政府势力所不及，故选址香港。《中国日报》每日出两大张，分栏编排，内容以政治和经济方面的新闻和评论为主，主要宣传资产阶级革命思想。从创刊到1906年8月，陈少白一直担任《中国日报》主笔和总编辑，先后协助陈少白经营该报和负责编辑撰稿工作的有王质甫、杨肖欧、陈春生、郑贯公、廖平庵、卢信、陈诗仲、黄世仲、洪孝衷、陆伯周、冯自由等。陈少白以该报为阵地，针砭时弊，发表了许多影响较大的文章，发挥着"笔阵千军"的力量，为初期的民主革命宣传做出不少贡献。此外，陈少白还率先在报纸中开设副刊版，称为"谐部"，其后海内外报章多增设谐部一栏，盖滥觞于此。

有关《中国日报》的办报缘起和宗旨，陈少白《中国报序》称："报主人见众人皆醉而欲醒之"，"因思风行朝野，感惑人心，莫如报纸，故欲借此一报，大声疾呼，发声振聩，中国之人尽知中国之可兴，而闻之起舞，奋发有为也"。"大抵以开中国之风气，祛中国人之萎靡颓庸，增中国人兴奋之热心，破中国人之拘泥于旧习，而欲使中国维新之机勃然以兴"，"使中国之人明外交之道"，"识内治之理"，"知农工商矿之利弊"，"举凡中国旧染污俗又将一洗而新之"，力倡"救国保民"、"复兴中国"。《中国日报》创刊初期没有直接亮出革命旗号，半年后言辞才逐渐趋于激烈，并直书革命字样于报端。此后该报公开提倡民族民主革命，猛烈抨击清政府的黑暗统治，报道各地革命党人的活动，介绍欧美资产阶级的自由、平等、人权学说。该报相继发表《解辫发说》、《论民权》等文章，《解辫发说》为章太炎最早见诸报端的革命文字，也是《中国日报》较早刊载的具有强烈反清色彩的革命文字；报道了东京革命党人发起的"支那亡国二百四十二年纪念会"活动，并全文刊登章太炎写的纪念会宣言；还发表了要国人警惕俄国侵吞国土的文章《中外关系论》等，被称为"中国革命提倡者之元祖"。

《中国日报》创刊两个月后，又办旬刊《中国旬报》，10日一册，设论说、中外新闻、中外电音、视听录、衡鉴录、党局、鼓吹录（杂俎）等栏目，每期12000字，主要登载中外重要新闻、名人言论以及知识性文章。主编由杨肖欧、黄鲁逸担任。《中国旬报》的"杂俎"栏目，专载谐文小品，利用广东民间喜闻乐见的粤讴、南音、班本等文艺载体，讽刺昏庸腐朽的清朝官吏，以文艺形式宣传革命，后改名为"鼓吹录"，光绪二十七年（1901）三月，《中国旬报》停刊，"鼓吹录"转入《中国日报》，作为日报的文艺副刊，成为中国报纸最早的文艺副刊之一，对于新的文艺形式的产生具有一定的启蒙意义。

本月，梁启超作《二十世纪太平洋歌》，后于1902年2月8日刊载于《新民》第1号。

二月

3日，《同文沪报》创刊于上海。原为《字林沪报》，因经营不善，7年后转让给日本东亚日文会接办，经理为田野桔次，主笔为井手三郎，高翀（太痴）、周聘三（病鸳）为中文主笔。同年5月，唐才常主编的《亚东时报》并入《同文沪报》。8月，唐才常反清起义失败，上海《同文沪报》因系日商经营继续出版，并自1901年起每年接受日本外务省津贴银元1万元,成为日本在沪的半官方报纸。光绪三十年七月(1904年8月)主编井手三郎接办日文《上海日报》,两报合一,馆内一切事务均由日人做主,高翀(太痴)、周聘三(病鸳)等都先后辞职。光绪三十三年(1907),日本外务省停止对《同文沪报》的津贴,该报于翌年二月初七(1908年3月9日)改名《沪报》出版,编号续前,标为"改良第1号"。同年冬天,被清廷上海道台蔡乃煌作价收购,《同文沪报》连同改名的《沪报》一并停刊。

7日,应修人出生于浙江慈溪。应修人(1900—1933),原名应麟德,字修士,曾用笔名丁九、丁休人,浙江慈溪人。现代作家、诗人,著有诗集《湖畔》(与潘漠华、冯雪峰、汪静之合著)、《春的歌集》(与冯雪峰、潘漠华合著)等。

10日,梁启超《少年中国说》刊载于《清议报》第35册,署"少年中国之少年"。同日,《佳人奇遇》于《清议报》第35册连载毕。

14日,清政府命江苏、浙江、广东各省悬赏十万两,严拿康有为、梁启超,并命毁其所著书籍,凡购其报章者罪之。

20日,《清议报》第36册开始连载《经国美谈》前编二十回、后编十九回,至农历十月二十一日第69册连载毕。标"政治小说",作者署"[日]矢野文雄",译者不详。光绪三十三年(1907)上海广智书局出版单行本时,署"周逵(周宏业)译述"。

同日,梁启超《呵旁观者文》刊载于《清议报》第36册。

25日,唐才常于上海成立正气会(翌月更名自立会),组织东文译社。正气会二十余条章程中,既有"非我种类,其心必异"等民族革命的语言,又有"君臣之义,如何能废"等保皇派口号。

三月

1日,《江南商务报》创刊于上海,旬刊,册报,线装,每月逢初一、十一日、二十一日出版,由上海商务印书馆代印,为江南商务总局的官报。光绪二十五年十一月二十三日(1899年12月25日),清政府为扶持工商业,命两江总督兼南洋通商大臣刘坤一在南京设立江南商务总局,在上海设立分局,兼管南洋保商事宜。创办《江南商务报》的目的是开通风气,沟通官商感情,介绍中外商业情报。上海消息灵通，印刷条件好，故在上海出版。该报提倡工商业，除刊出有关官方的商务政策文件以外，也反映了一些商人的呼吁和要求，很少有主笔的评论，只在某些消息中夹叙夹议，或偶尔加几笔"附言"。《江南商务报》停刊时间不详，现存第37期，是光绪二十七年（1901年3月）出版的唯一一期。

同日，梁启超《惠观》刊载于《清议报》第37册。梁启超于文中谈及"观滴水而知大海，观一指而知全身"的"善观者"时，举例云："无名指野花，田夫刈之，牧童蹈之，而窝儿哲窝士于此中见造化之微妙焉。"并评价善观者"不以其所已知蔽其所未知，而常以其已知推其所未知。是之谓善观"。文中的"窝儿哲窝士"即今译之华兹华斯。此为中国译介威廉·华兹华斯之始，梁启超所举之例即为华兹华斯的诗歌《孤独的刈麦女》（《Solitary Reaper》，又译《孤独的收割人》）。

1日、21日，梁启超《自由书（二）》连载于《清议报》第37、39册。

2日，严复致书张元济，谈及《原富》出书售卖后能"坐抽几分"利益的版税问题，云："此稿既经公学贰千金购印，则成书后自为公学之产，销售利益应悉公学得之；但念译者颇费苦心，不知他日出售，能否于书价之中坐抽几分，以为著书者永远之利益。此于鄙人所关尚浅，而于后此译人所劝者大，亦郭隗千金市骨之意也。"后张元济答应了严复的要求，同意"以售值十成之二见分"。这是我国最早涉及版权问题的一部书。

11日，梁启超《书十二月二十四日伪上谕后》刊载于《清议报》第38册。

21日，梁启超《复金山中华会馆书》(作于2月18日)刊载于《清议报》第39册。

31日，梁启超《上粤督李傅相书》(作于3月3日)刊载于《清议报》第40册。

本月，温仲和跋黄遵宪诗集，云："集中五古，渊源从汉、魏乐府而来，其言情似杜，其状景似韩。拜墓、今别离诸诗，诚为绝诣。其余各体，皆有独至之处，而超轶绝尘，则尤在五古也。六七两卷境皆为古人所未历之境，诗遂为古人所未有之诗。此皆关乎世变，而公救世之苦心，亦时时流露楮墨间。"署"庚子二月，温仲和拜读"。

本月，刘清韵《小蓬莱仙馆传奇十种》由藻文书局刊行，石印本。收录刘清韵所作传奇十种，均署"东海刘清韵古香填词，古僮钱梅坡香岩校订"，均于光绪二十三年（1897）之前完成。卷首有俞樾光绪二十六（1900）年仲春所作《小蓬莱仙馆传奇序》，云：丁酉（1897）之春，俞樾于杭州西湖为刘清韵之诗词作序，得知刘清韵共创作传奇二十四种；"是年秋，天大霖雨，洪泽湖溢，女史（刘清韵）所居圮于水，于是传奇稿本皆沉霾于泥淖瓦砾中，不可复得。其存者止此十种矣。余就此十种观之，岁传述旧事，而时出新意，关目节拍，皆极灵动。至其词，则不以涂泽为工，而以自然为美，颇得元人三昧，视《李笠翁十种曲》，才气不及而雅洁转似过之。此外十四种既不可见，则此十种之幸存者，可不为之传播乎？杭州吴君季英，风雅好事，新得石印机器，愿摹印以广其传，娄县杨古酝大令，又愿任校雠之役。……女史胸中如有记事珠，能将湮没之十四种，重写清本，以成全璧，尤余与吴、杨两君所欣望也。"俞樾还于序中说，传奇例有下场诗，而刘清韵的作品独缺，娄县杨古酝县令打算为之补写，但因俞樾意在速成，未果。十种传奇为：《黄碧签》十二出，取材于咸丰年间东海境内仇家和石家两门忠孝事迹，旨在惩恶扬善，"剧中玉虚仙子似为作者之化身"（程华平《明清传奇编年史稿》语）；《丹青副》十二出，取材于《聊斋志异·田七郎》，增加田七郎之子得官后辞母寻父、武承休为田七郎上坟时与田子相认等两出戏，此剧又有《聊斋志异戏曲集》本；《炎凉券》八出，叙书生任贵家道中落而为人所轻，后赴试及第，官至宰相，富贵还乡，官绅等争相趋奉，极尽前倨后恭之丑态，表达作者对世态炎凉的不满；《鸳鸯梦》十二出，叙明代苏州才子张灵与崔莹互相爱慕，崔莹被宁王朱宸濠选作美女进御，张灵闻讯身亡，崔莹殉情自缢，张灵好友唐寅将二人合葬一处，夜梦张、崔二人月下并坐赋诗，已成冥间夫妻；《氤氲钏》十出，叙乾嘉间修文院两修文郎爱慕名士张文陶之才华，愿来世投生为佳人而结为夫妻，三人归天后于蟠桃会相遇，因相戏失仪而同被贬谪人间，张文陶转世为陶元璋，两修文郎各脱胎为黄佩芬、白玉英，分别以氤氲钏、绸缪玉与陶元璋结下姻缘；《英雄配》十二出，叙周孝、杜宪英夫妇事，取材于黄钧宰《金壶遁墨》之《奇女子》，所叙一依原作，唯剧末《先隐》所叙为原作所无；《天风引》十出，取材于《聊斋志异·罗刹海市》，改原作中马骥（剧中作马俊）婚后离别龙女重返故土的结局为马俊迎养父母于龙宫的团圆式结局，又有《聊斋志异戏曲集》本；《飞虹啸》十出，取材于《聊斋志异·庚娘》，情节相袭，增加细节描写，又有《聊斋志异戏曲集》本；《镜中圆》五出，叙书生南楚材被颍州太守赵琬所赏而欲招为女婿，其妻玉成南、赵婚姻之事，取材于《安徽通志·烈女才媛传》，"剧中作者融入了自己的婚姻生活与情感"（程华平《明清传奇编年史稿语》）；《千秋泪》四出，叙杭州主考官宋兆和赞赏考生沈嵊诗作，与之结交，后宋被参革职，携妻隐居，沈亦随同偕隐，宋屡劝沈为国效力，沈从其言，"此剧重在表现文人知音相惜之情"（程华平《明清传奇编年史稿语》语）。

本月，洪兴全《中东大战演义》（一名《说倭传》）由香港中华印务总局刊行出版，四卷三十三回，铅印本，题"兴全刘子贰辑"，"刘"当为"洪"之误，作者洪兴全，字子贰。该书叙演中日甲午战争之事。洪兴全于自序中就小说叙写的虚实问题表达了自己的观点，云："从来创说者，事贵出乎实，不宜尽出于虚。然实之中虚，亦不可无者也。苟事事皆实，则必出于平庸，无以动诙谐者一时之听；苟事事皆虚，则必过于诞妄，无以服稽古者之心。是以余之创说也，虚实而兼用焉。……然事既有闻于前，凡有一点能为中国掩羞者，无论事之是否出于虚，犹欲刊载留存于后，此我国臣民之常情也。故事有时虽出于虚，亦不容不载，余之创是说，实无谬妄之言。惟有闻一件记一件，得一说载一说，虚则作实之，实则作虚之；虚虚实实，任教稽古者、诙谐者互相执博，余亦不问也。谨志数言，以白吾志。"并云："余之创说也，虚实而兼用焉。"序署"洪兴全子贰自序"。

本月，李伯元于上海创办《海上文社日报》。阿英《晚清文艺报刊述略》这样评述："（《海上文社日报》）也是当时小报报中的别裁，光绪二十六年（1900）三月创刊。系海上文社的机关报，文社系李伯元所创办。内容为社说、社榜、社谈、谈薮、笔记、杂著、艺苑。有邱菽园等的著作。馆设大马路亿金里。油光纸，单面页，每张售钱四文。"张乙庐《李伯元逸事》："上海小报，创于常州李伯元氏之《游戏报》。……氏更创设海上文社，并刊目录，月分诗钟等三课，应课者每卷缴钱二十文。海内人才，一时毕集，远如香港潘兰史、厦门林菽庄，皆与其盛焉。"该报停刊时间不详。

本月，《书画公会报》（一名《书画报》）创刊于上海。上海山水画公会（上海书画公会）创办，创办人为李叔同、黄宗仰等。

四月

17日，严复致书章太炎："前后承赐读《訄书》及《儒术真论》，尚未卒业。昨复得古诗五章，陈义奥美，以激昂壮烈之均，掩之使幽，扬之使悠。此诣不独非一辈时贤所及，即求之古人，晋宋以下可多得耶！"又论请其检阅的《訄书》和《儒术真论》，称赞章太炎"寒寒孜孜，自辟天蹊，不可以俗之轻重为取舍，则舍先生吾谁与归乎？有是老仆之首俯至地也"，对章氏极为推崇。

20日，梁启超《上鄂督张制军书》刊载于《清议报》第42册。

28日，梁启超致信孙中山，拟籍"勤王以兴民政"，劝孙中山"变通"。

五月

28日，各帝国主义国家公使决定调兵入京，对义和团进行武装干涉，借以扩大侵略中国。

本月，严复续译成《原富》五册，寄与吴汝纶审阅。

六月

21日，清政府以光绪帝的名义，向英、美、法、德、意、日、俄、西、比、荷、奥十一国同时"宣战"，同时颁布招抚义和团谕诏，称义和团为"执干戈以卫社稷"的"义民"，令各省督抚招抚义和团，"如能招集成团，借御外侮，必能得力"。

本月，吴汝纶于河北深州撰成《深州风土记》二十二卷。

本月，上海扫叶山房刊行出版《彭公案》与《续彭公案》合刊的全集石印本，卷首无序。

本月，《国闻报》发表《论拳匪》一文，五月初八（6月4日），天津义和团为此发出以"警告国闻报"为题的揭帖。

七月

26日，唐才常于上海组织中国议会。本日，唐才常邀集上海维新人士在张园开"中国议会"以挽救时局，到会者有容闳、严复、章太炎、毕永年等数百人。推容闳为会长，严复为副会长，唐才常自任总干事。中国议会宣布宗旨三条：一、保全中国自立之权，创造新自立国；二、决定不认满洲政府有统治清国之权；三、拥护光绪皇帝复辟。因宗旨自相矛盾，章太炎、毕永年表示反对，并劝唐才常与康梁分手。唐才常以经费需赖保皇会提供为由，婉言拒绝。章太炎主张驱逐满、蒙代表，并割辫明志，以示决裂。唐才常组织自立军起义被捕后，中国议会遂自行解散。

本月，《便览报》创刊。该报曾刊载《玉京秋水记》，作者不详。

本月，《莲子瓶演义传》改题《绘图第五奇书银瓶梅》由上海书局刊行出版，四卷二十三回，石印本。

本月，陈衍于武昌作《感愤坐庭中见杂草木皆不祥之物作》六言诗五首。

八月

14日，英、美、法、德、俄、日、意、奥八国联军侵入北京。15日，慈禧太后挟光绪帝西逃。9月6日，慈禧太后颁布剿匪上谕，称"此案初起，义和团实为肇祸之由。今欲拔本塞源，非痛加剿除不可"；命直隶地方官"严行查办，务净根株"；随后调各军进攻义和团，并向八国联军请求"助剿团匪"。

15日，梁启超的《太平洋遇雨》（作于1899年）刊载于《清议报》第54册。

本月，唐才常谋划起义"勤王"。正气会改为自立会后，唐才常、林圭、秦力山等人加紧筹建自立军，以为武装"勤王"之旅。以武力驱除义和团，"讨贼勤王，以清君侧"，推翻慈禧太后政权，拥戴光绪皇帝重新柄政相号召。七月二十七日（1900年8月21日），张之洞勾结汉口英国领事，破获自立军总机关，将唐才常等人逮捕。翌日，唐才常于汉口被杀，自立军起义"勤王"计划彻底失败。张之洞、刘坤一随即严厉镇压自立会会众，株连甚广，捕杀百余人，自立会亦告瓦解。

本月，吴鲁困居北京，自本月至明年成《百哀诗》上下两卷。光绪三十年（1904）吴鲁《自识》云："庚子拳匪之变，余困居都城。闻见之间，有足哀者，愤时感事，成诗百余首，命曰《百哀诗》。……汇为一帙，盖以志当日艰窘情形，犹是不忘在莒之意焉。后之览者，亦将有慨于斯诗。"

本月，胡思敬自本月至明年成《驴背集》诗四卷。胡思敬《自序》云："庚子之变，挈室避居昌平。尝孤身跨一蹇驴，微服入都，探问兵间消息，返则笔而记之。既又系以小诗，皆实录也。昔人言诗思在驴子背上，予此诗多于驴背上得之，意境适与之同。然京洛烟尘，较之灞桥风雪，所处固不侔矣。诗凡四卷，以其有关掌故，不忍割弃，汇而存之，即题曰《驴背集》。戎马倥偬之中，非敢慕前贤风雅，痛定思痛，亦毋忘在莒之意耳。"

九月

4日，冯沅君出生于河南唐河。冯沅君（1900—1974），女，原名冯恭兰，改名淑兰，字德馥，曾用笔名淦女士、沅君、易安、大琦、吴仪等，河南唐河人。现代作家，著有短篇小说集《卷葹》等。

19日，王鹏运、朱孝臧、刘福姚三人自此日起居四印斋填词，后成《庚子秋词》。王鹏运《庚子秋词叙》云："光绪庚子七月二十一日，大驾西幸，独身陷危城中。于时归安朱古微学士，同邑刘伯崇殿撰，先后移榻就余四印斋。……乃约夕拈一二调，以为程课。选调以六十字为限，选字选韵以牌所有字为限，虽不逮诗牌旧例之严，庶以束缚其心思，不致纵笔所之，靡有纪极。然久之亦不能无所假借，乙卷以后，尤泛滥不可收拾。盖兴之所至，亦势有必然也。"

本月，上海焕文书局出版《平金山全传》四卷二十三回木刻巾箱小本，内封书题光绪己亥本，书首序文同前，唯题署改"己亥仲春"为"庚子仲秋"。

本月，邱菽园于上海作《诗中八友歌》，次月又成《广诗中八友歌》，诗中述及李伯元等人。

本月，王先谦门人陈毅与苏舆为其刻成《虚受堂文集》十五卷。

十月

5日，冰心出生于福州。冰心（1900—1999），女，原名谢婉莹，笔名冰心，福建福州人，现代作家，著有诗集《繁星》、《春水》和散文集《寄小读者》等。

8日，《中国旬报》第25期开始连载《奉俄皇命记》，至本年十二月初五日（1901年1月24日）第36期完载，不题撰人。

同日，兴中会于惠州发动起义，败。

19日，易顺鼎由南京赴西安，至明年九月东归，将西安所作集刻为《魂西集》。其中与樊增祥唱和之作甚多，尤多叠韵之作。

30日，夏衍出生于浙江杭县（今杭州）。夏衍（1900—1995），原名沈乃熙，字端先，笔名夏衍、沈端先等，浙江杭州人，现代作家、戏剧家、电影剧作家，著有电影剧本《狂流》、《春蚕》和话剧《秋瑾传》、《上海屋檐下》等。

本月，《亚泉杂志》创刊于上海，半月刊。杜亚泉创办并主编。杜亚泉于本年到上海，自费创办亚泉学馆，招收学生普及博物知识，为辅助教学和更广泛地宣传自然科学知识，创办《亚泉杂志》。杂志内容系介绍近代理化博物等自然科学知识，由于杂志发行量很少，仅出了十期便不得不停刊。《亚泉杂志》是近代中国第一个由中国人自办而没有外国传教士参与的中文科学期刊。

十一月

1日，《开智录》创刊于日本横滨，半月刊。初为油印，后接受孙中山二百元资助，改为铅印，借《清议报》印刷所印刷，并随《清议报》一同发行。该刊由有革命倾向的留日学生编辑，郑贯一任主编，冯自由、冯斯栾等任撰。在郑贯一主持下，《开智录》先后译载了卢梭的《民约论》、大井宪太郎的《自由原论》、中川笃介的《民权真义》、《法国革命史》等宣传资产阶级自由平等和天赋人权思想的著作，还发表了许多带有反抗列强侵略、批判封建制度的政论文章。因其"文字浅显，立论新奇"，颇受南洋、美洲一带华侨读者的欢迎。出版了十余期后，因遭到保皇派干涉和《清议报》压制，不得不停刊。

本月，王闿运所选《唐歌行选本》五卷刊刻于湖南衡州。

十二月

6日，《译书汇编》创刊于日本东京，月刊，每期140余页，留日学生戢翼翚、杨廷栋等创办，主编以江苏籍留日学生为主，戢翼翚、杨廷栋、杨荫杭、雷奋等是主要编辑者。创刊时，编者声称其宗旨为"务播文明思想于国民"，主要译载欧、美、日等国资产阶级政治、经济、法律、社会新思潮等方面的著作。该刊初期连续译载了孟德斯鸠的《万法精理》、约翰·穆勒的《自由原论》、斯宾塞的《代议政体》等著作，受到国内外青年和学生的青睐，风行一时。一年多以后，该刊变成以著述为主,编译为副,每期附录"欧美政治法律经济各新书目"，被人们视为"足为研精西学之一助"。光绪二十九年二月十五日（1903年3月13日），《译书汇编》更名《政法学报》，更名后仅出了十一期即停刊。

12日，《清议报》第69册连载《经国美谈》，至后编十九回止。

24日，俄、英、法、美等十一国公使向清政府全权大臣提出《议和大纲》十二条。27日，慈禧太后发布谕诏，谓："览所奏各条，曷胜感慨！敬念宗庙社稷关系至重，不得不委曲求全，所有十二条大纲，应即照允。"

同日，列宁于《火星报》创刊号上发表《中国的战争》一文。列宁于文中抨击了俄国政府对中国的无耻侵略，揭露了俄国军队在中国领土上的野蛮行径。

本年

本年春，中国留日学生于日本创立励志会。会员约四十余人，戢翼翚、沈翔云等任干事，主要骨干有曹汝霖、章宗祥、吴禄贞、傅慈祥、秦力山、杨廷栋等。该会初建时，"尚无革命与不革命之分"，"不外以联络感情，策励志节为宗旨，对国家别无政见"。该会成员初期倾向维新，但又与孙中山革命党有所接触。自立会谋划起义时，许多会员回国参与自立军活动。起义失败后，戢翼翚、沈翔云等返回日本，开始远康、梁而近孙中山，并创立《译书汇编》和《国民报》等刊物，革命色彩逐渐浓厚。翌年六月，清政府推行新政，有"酌用东西洋各国留学毕业生"之议，励志会遂发生分化，激进派戢翼翚、沈翔云、秦力山等走向革命，而章宗祥、曹汝霖等投靠清廷，励志会不久即解体。

本年春，易顺鼎于北京与袁昶、樊增祥、朱祖谋等人唱和，辑录为《燕榻集》，内收易顺鼎、袁昶、樊增祥、王乃征、宋育仁、胡思敬、三多、左绍佐、顾瑗等人和作。易顺鼎作《读渐西樊山两家诗如游名山如读异书如闻钧天广乐之音……》诗中有句云："近来海内论诗笔，渐西樊山皆第一。奇绝苏黄并世生，居然元白同时出。"

本年夏，章太炎《訄书》初刻本出版刊行。1898年底，章太炎于台湾将其原先发表的和新撰的论政、论学文字辑订成《訄书》，交给祝心渊于苏州刊印。至本年七月前，初刻本印成，线状一册，共五十篇，另补佚二篇。《訄书》具有强烈的反满革命思想，书中的《不加赋难》无情地批判了清政府对中国民众残酷的经济剥削和政治压迫,《分镇》斥责了世界资本主义列强对中国的侵略,《刑官》流露出章太炎对西方资本主义国家政治制度的向往,《原教》、《公言》、《原人》、《原变》等文章宣扬了唯物主义和进化论的思想。《訄书》初刻本反映了章太炎20世纪初的思想状况,对当时青年知识分子走上反清革命道路起了很大影响。另,初刻本后经增订,于1902年完稿,删去戊戌变法时期主张改良的文章13篇,增加宣传反清革命的文章24篇,编为63篇,另"前录"《客帝匡谬》、《分镇匡谬》2篇出版。1904年重印于日本,1914年更名《检论》。有木刻、铅字排印本。

本年夏,南洋公学学生于暑期排演时事新剧《六君子》和《义和团》。

本年冬,林纾作《〈译林〉序》,提倡多译西书,并多译小说,云:"亚之不足抗欧,正以欧人日励于学,亚则昏昏沉沉,转以欧之所学为淫奇而不之许,又漫与之角,自以为可胜。此所谓不习水儿斗游者尔。吾谓欲开民智,必立学堂;学堂功缓,不如立演说;演说又不易举,终之唯有译书。顾译书之难,余知之最深。昔巴黎有汪勒谛者,在天主教汹涌之日,立说辟之,其书凡数十卷,多以小说启发民智。至今巴黎言正学者,宗汪勒谛也。"他主张多译壮侠、实业、探险小说,特别是主张多译批判现实主义小说,多译专注于下等社会日常生活描写的小说,称赞迭更司的"扫荡名士美人之局,专为下等社会写照"。他不主张把小说单纯地作为政治的传声筒,而是意识到小说是对社会人生的"写照",特别是对下等社会的"写照",以便使读者认识生活、受到启迪。鲁迅、郭沫若、茅盾等现代著名作家,均在各自的文章中提到"林译小说"对他们的影响。"林译小说"以其所体现的反对民族压迫、争取民族独立、拯救祖国危亡的爱国主义,追求个性解放、人格独立和爱情自由的进步思潮,反对种族歧视、以强凌弱的人道主义精神,以及林纾在其序、跋里对小说创作方法、创作技巧的探讨,对于促进中国文学的革新和现代文学的发生、发展具有不可替代的作用。

本年,陈蝶仙(陈栩,天虚我生)的小说《泪珠缘》由杭州大观报馆刊行,二集三十二回,十六册,巾箱本,题"天虚我生陈蝶仙著"。郑逸梅《南社丛谈》之九《南社社友事略》中"陈蝶仙"条云:"(陈栩)早岁风流自赏,著《新疑雨集》行世,自比金坛王次回。撰《泪珠缘》说部,脱胎《红楼梦》,点缀新词酒令,而于音律一道,言之尤详,那是他素所精究的。"此为陈栩成名之作。

本年,陈栩的传奇《桃花梦》由杭州《大观报》刊行,十六出,四卷。叙宝珠与前来做客的表姐婉香相恋，婉父为女择婿而将婉香接回，二人只得含恨分手。据作者《落花梦附记》所云，光绪丙申（1896）旧作，殆为此剧，"个中情事当时不无讳言，今则已隔二十年矣，不妨直写。"故主人公姓名均有所改易。剧作下场诗云："莫猜浪笔作词章，往事回首总断肠。但得人间知宋玉，不妨陌路作萧郎。也知难博梁鸿案，那肯轻偷韩寿香。忍着泪珠教歌舞，登场终不似红妆。"据此当知此剧为作者亲身经历自述。

本年，康有为得知友人欲效梁启超撰写以戊戌变法为题材的小说时，赠以诗歌《闻菽园居士欲为政变说部诗以速之》。康有为在诗中讲述了他去上海书肆的考察情况："我游上海考书肆，群书何者销流多？经史不如八股盛，八股无如小说何。郑声不倦雅乐睡，人情所好圣不呵。……闻君董狐说小说，以敌八股功最深。衿缨市井皆快睹，上达下达真妙音。方今大地此学盛，欲争六艺为七岑。"反映出当时小说销路好、人们喜欢读小说、小说的地位大大提高的社会现实。

本年，薛绍薇、陈绎如翻译的法国作家朱力士房（今译凡尔纳）的科幻小说《八十日环游地球》由经世文社刊行，同年即再版，署"［法］朱力士房著，逸儒译，秀玉笔记"。"逸儒"即陈绎如，"秀玉"即陈绎如之妻薛绍徽。1906年，小说林社再刊，署陈绎如、薛绍薇译，改题《环球旅行记》；同年，又有正书局刊本。

本年，某书局出版《痴婆遇仙奇缘》石印本刊行。

本年，周桂笙节译的《一千零一夜》（后于1903年收入《新庵谐译初编》卷一）刊发于吴趼人主编的《采风报》。

本年，管兴宝《镜中缘传奇》刊行，二卷。

本年，《仙侠五花剑》四卷四十回至迟于本年完成，首光绪二十六年（1900）惜花吟主自序。此书继《七子十三生》初集而作，演明代王守仁奉命统诸侠征宸濠，内容与光绪二十七年所出"海上痴剑"《仙侠五花剑》大异，且未作完。

本年，《梦游上海名妓争风传》三十二回石印本出版，作者署"曾经涉足人"。

本年，文宜书局出版《七星六煞征南传》四十回石印本。

本年，共和书局约于本年出版《三续彭公案》八十一回。

本年，江南书局刊出《遁窟谰言》十二卷。

本年，上海书局出版《永庆升平后传》六卷一百回石印本，改题《续永庆升平》。

本年，《海上名妓四大金刚奇书》四卷一百回石印本刊行于上海，改题《海上秦楼楚馆冶游传》。书首《引言》及《序》各一篇，《引言》署"光绪戊戌仲夏之吉，抽丝主人谨识"。

本年，王闿运所撰《湘绮楼文集》八卷、《诗集》八卷刊行出版。

本年，秋瑾忧心庚子之乱，作《杞人忧》《感事》诗。

本年，缪荃孙于南京刻《艺风堂藏书记》《艺风堂文集》，次年刻成。

本年，樊增祥成《投笺集》《西京酬唱集》《掌纶集》《二家咏古诗》。

本年，郑文焯感慨国事，作《杨柳枝》词26首。又刊所校《清真集》。

本年，辜鸿铭作《尊王篇》。钱海岳《辜先生传》谓："先生谓教案激民忾，其咎在各国，乃著《尊王篇》，以危言正词告之。……远近竞写，一时纸贵。"

本年，曾广铨作《庚子落叶词》诗二首，咏珍妃事，托为姬人华秀芬所作。

本年或稍后，王乃徵作《落叶词》4首，咏庚子珍妃投井事。《诗史阁诗话》云："情韵苍凉，足当诗史。同时和者甚多，莫能及也。……此四诗都下传抄殆遍，一时有'玉落叶'之称。"汪辟疆《光宣以来诗坛旁记·王乃徵》谓："狄平子云：'此诗婉而挚，沈而佻，哀音激楚，有类变雅。'余谓清末京朝，颇多哀楚绵邈之音，皆从玉溪、冬郎而出。如李亦元、曾蛰庵、丁舒雅皆工此体。病山则不时作。此亦因珍妃之死，感而为此。事既哀怨，题亦凄婉，遂不觉偶入此派耳。实则病山其他诸诗，皆骨力坚苍，而游山之什尤工，亦不全似此种也。"

本年黄人、黄谦斋、庞树松等在苏州创办《独立报》，日报。这是苏州历史上第一张白话报纸。

黄人（1866—1913），近代学者。原名振元，字慕庵，后更名为黄人，字摩西，别署蛮、野黄、诗虎。江苏常熟人。与清末李思慎、沈修、朱锡梁、管尚忠合称"苏州五奇人"。他是中国近代第一部百科全书型工具书的编纂者，其编纂出版的《普通百科新大词典》广受中外学者的关注。曾任苏州东吴大学教授，是著名的"南社"诗人之一。他遍览群书，学识渊博，写过小说，编过文学《独立报》《小说林》等报刊杂志，还著有《中国文学史》29卷。这是"国人自撰的首部中国文学史"，为近代中国文学研究做出了杰出贡献。

1901年

一月

15日,《中国旬报》第 35 期刊载《论为国死与为朝廷死之不同》一文。该文章把国家与朝廷分开,指出为国死与为朝廷死之不同。称"国与朝廷判然为二物",民主之国"无朝廷而国势隆盛",专制之国"有朝廷而民心散涣"。为国事捐躯,效死疆场,应受国人敬重;为朝廷而死"减获姬妾而已,于国民何德哉?"欧洲、日本之变政,志士"以血洗国,公然与君主为敌,朝廷指为大逆不道,而后世史策,咸以义士称之"。该文还指出,社会者"合国民为团体而以民主之主义为胶粘物也,国民团结,虽无朝廷而犹可以立国、故结立社会以伸民权主义"。

20日,《知新报》停刊,前后共出 133 期。

同日,中华基督教青年会创办《上海青年》,周刊,以刊载教务活动为主。

24日,《中国旬报》第 36 期连载《奉俄皇命记》完毕。

25日,《台湾惯习记事》创刊,至 1907 年停刊,共出合计 7 卷 80 号,以调查、问答、讨论的形式编辑而成,内容分为插画、法令、杂录、问答、判例、调查事项等。日本占据台湾后,总督府为便于统治,推行殖民政策,于 1900 年夏由台湾总督府、法院官员,成立"台湾惯习研究会",对台湾民俗进行了大量的调查、研究,以为其统治作参考。《台湾惯习记事》便是台湾惯习研究会调查政策下的成果之一,这份杂志主要收录衣食住行方面的琐碎习俗。

30日,严复所译英国人亚丹斯密(Adam Smith,今译亚当·斯密)的《计学》(《An Inquiry into the Nature and Causes of the Wealth of Nations》,后改名《原富》,

今译《国富论》)全部脱稿。1901至1902年,全书陆续由上海南洋公学译书院刊行出版。

二月

14日,《申报》发行第10000号。《申报》创刊于清同治十一年三月二十三日(1872年4月30日),原称为《申江新报》,创办人为英商安纳斯脱·美查(Ernest Major)。1949年5月27日,中国人民解放军接管上海防务后,因《申报》为中国国民党党产而宣布停刊。前后总计经营了78年,共出版25600期。《申报》是中国现代报纸开端的标志,也是近代中国发行时间最久的报纸,具有广泛的社会影响。

本月,章太炎为日本友人馆森鸿《拙存园丛稿》作后序,其中论及史家之文与文士之文的高下差异,以及史与六艺同文学之间的关系。其文曰:"文胜为史,而《七略》傅《太史公书》于春秋。然则本六艺以述纪传,其余绪为文辞。笃学而不文,白贲也;尚辞而弱质,负乘也。自太史公、班孟坚,皆修经术。陈寿学于谯周,议礼铿铿。范晔之祖汪宁及泰,三世善郑学,故四史为尤卓。唐之修《隋书》,有颜榴,孔冲远,然孔氏功为多。故晋以后,《隋书》为特卓。其后文士多规法史官。中唐之志状,与后汉南北朝异矣。今夫徐庾之文,不孤立,故一言则两之,失其冗费。革于子昂,恢于萧、李、独孤,至韩愈大备,始体要也。然自两宋至今,皆自谓宗祀韩氏。气烦益嚣,宛转而不尽,或一言则十之,其冗费乃甚徐庾,是何故?不课史与六艺之学,而恃其外强以取给者,惟患其无盈辞也。余少以小学治理,自汉儒及近世诸师之说,略茹饮之矣。卒治左氏,上规荀、贾。故言史则好世本、七略,虽郑樵之志尚焉。嫉夫言无检格,横流而不凝者。故言文辞,隆秦汉,则好韩愈,及权德舆、皇甫湜,为其深深,不及流污,虽宋祁之列传尚焉。自是有所作,则瑰于词,郁于气,而方严于体。"

三月

1日,原天津《国闻报》被日本人收购,改名为《天津日日新闻》出版,方若任主编。

5日,《译林》在杭州创刊,月刊,每期30页,共出版13期。自第8期起由上海商务印书馆代印,林纾、林长民、魏易等主编。《译林》是响应清廷的变法上谕而出版的杂志,通过翻译外国书籍,以希望使中国转弱变强,带有明显的改良主义倾向。林纾等人还通过它介绍了日本明治维新的政治制度,资产阶级的财政、税收理论,以及有关资本主义国家的一些知识。

林纾在第1期上作序表明自己的翻译思想,曰:"今欲与人斗游,将驯习水性而后试之耶?抑摄衣入水,谓波浪之险,可以不学而狎试之,冀有万一之胜耶?不善弹而求鸥灵,不设机而思熊白,其愚与此垺耳。亚之不足抗欧,正以欧人日励于学,亚则昏昏沉沉,转以欧之所学为淫奇而不之许,又漫与之角,自以为可胜。此所谓不习水而斗游者尔。吾谓欲开民智,必立学堂;学堂功缓,不如立会演说;演说又不易举,终之唯有译书。顾译书之难,余知之最深。昔巴黎有汪勒谛者,在天主教汹涌之日,立说辟之,其书凡数十卷,多以小说启发民智。至今巴黎言正学者,宗汪勒谛也,而卷帙繁富,万不能译。……呜呼!今日甚京不守,二圣西行,此吾曹衔羞蒙耻,呼天抢地之日,即尽译西人之书,岂足为补?虽然,大涧垂枯,而泉眼未涸,吾不敢不导之;燎原垂灭,而星火犹火爵,吾不能不然之。近者,及门林生长民,盛称其友褚君,及林、徐、陈、金数君,咸有志于此,广译东西之书,以饷士林。"

同日,《寓言报》于上海创刊,由沈敬学主办,上海寓言报馆出版,同年10月吴趼人开始担任主笔。停刊时间不详,仅知目前所藏最后一期为1905年3月12日(1373期)。该报初创时版式类似早期李伯元的《游戏报》,刊首散文或骈文一篇,中接8条标题为两两相对的消息,末附诗词作品。后增出6版至8版,广告占半数。主笔初为曹恂卿,执编时即抢办"辛丑春江花榜",接着又举办"群花大考",以此扩大报纸影响。1902年《寓言报》改仿《世界繁华报》增设"本馆论说"、"时事风闻"、"嘻谈日记"、"梨园谈艺"、"官场笑语"等十数栏目,但不固定刊登日期。该报曾还辟有陈迹、谐译两专栏,专刊登周桂笙提供译自英文、法文的短稿,成为该报的特色稿件。1907年7月寓言报馆主编为邹培芬,主笔庞芝林(栋材),因所登报道引发官司而停刊。该报曾刊载《柔香韵史》,撰人不详。

周桂笙(1873—1936),翻译家。又名周新庵,字树奎,上海南汇人。早年就学于上海中法学堂，专攻法文，兼攻英文，对英法文学均有比较深入的了解。1904年，《月月小说》在上海创刊，周桂笙担任该刊译述编辑。1906年，他带头发起"译书交通公会"，并为之撰写了《宣言》，申明了该会的宗旨。周桂笙思想进步，辛亥革命前便与革命党人多有往来。他坚决反对袁世凯称帝，撰文拥护孙中山先生领导的革命运动。晚年居住上海，1936年患咽喉癌逝世。他的翻译作品题材类型广泛，有侦探小说、科学小说、冒险小说、言情小说、童话寓言等，译品大都采用当时流行的报章体，即浅显的文言文和白话文。主要译作有《毒蛇圈》《八宝匣》、《失舟得舟》、《左右敌》、《飞访木星》、《海底沉珠》、《红痣案》、《含冤花》等。

15日，《笑林报》创刊于上海，创办人为孙玉声。《笑林报》初创刊时，编排结构仍与早期《游戏报》相仿，但刊登文章、作品质量较高，销路极佳，原随报附送的石印《仙侠五花剑》新书图像尤为抢手，经常脱销。翌年，《笑林报》聘周病鸳为编辑主任，更强调该报的"滑稽玩世、实在谪谏"的宗旨。1904年，日俄两国为争夺中国东三省利益，爆发了日俄战争，该报增出政治、社会和科学等论著，如《睡狮传》、《老大国观剧记》、《爱国篇》等，撰稿人遍及国内外，《大公报》驻法记者吕碧成也寄来诗赋。1905年起该报改由刘志仪主编，版面扩大为8版，分设首篇、笑林本旨、小说、寓言、文苑等十多个栏目，另添附张一页，专载沪滨见闻、公堂案牍。该报突出新闻的趣味性和幽默性的小品，其杂文讥讽时政，滑稽辛辣，诗作借古喻今，抒情明志，具有积极社会意义。1911年夏秋间该报因被控诉刊登"淫词"而被勒令停刊。

孙玉声（1864—1940），近代小说家。名家振，别名海上漱石生、警梦痴仙。上海人。1889年出任《新闻报》本埠新闻编辑，1891年起担任该报总编长达9年。1898年与吴研人合办《采风报》。1901年创办《笑林报》。后又陆续担任过《申报》《时事新报》、《舆论时事报》、《图画日报》、《图画旬报》等的总编。1909年后离开报界，以写小说为职。代表作有《海上繁华梦》。

22日，《商务日报》在上海创刊，以"通灵市面，联商情"为宗旨，该报由南洋保商局创办，由英商出资经营。1905年停刊。

本月，《教会七日报》在上海创刊，由基督教伦敦教会主办。

本月，《上海泰晤士报》在上海创刊，是一种为美国在华利益服务的英文日刊，美国人鲍尔创办，奥谢任编辑，聘任英国人托马斯·高文为主笔，由法商东方出版公司发行。该报创刊初期,曾刊登过许多有关义和团起事,八国联军攻占北京,以及李鸿章代表清廷与八国联军议和等报道,反对瓜分中国,主张对中国实行利益均等、门户开放政策。日俄战争期间曾发表一系列偏袒沙俄的文章。1907年前后成为亲日亲清廷官方的外文报纸。1941年日军进占上海后,成为日本占领区唯一的英文新闻报刊。1944年9月1日宣告停办。抗战胜利后作为敌产,被国民党政府接收。

本月,《清议报》开始连载梁启超的《中国积弱溯源论》一文。文中他分析和讨论了国民性产生的政治缘由。认为专制君主通过对臣民实行"驯之之术"、"餂之之术"、"役之之术"、"监之之术",用奴化教育消除个体人类的主体意识及主体行为,用爵禄官位以羁縻天下;天下的服从合成专制权力的动力,专制权力进一步转换为对社会的强制,国民性的奴性就从这里产生。文曰:"夫今日之政术,不知经几百千万枭雄险鸷、敏练桀黠之民贼,所运算布画,斟酌损益,而今乃集其大成者也。吾尝遍读二十四朝之政史,遍历现今之政界,于参伍错综之中,而考得其要领之所在。盖其治理之成绩有三:曰愚其民,柔其民,涣其民是也。而所以能收此成绩者,其持术有四:曰驯之之术,曰餂之之术,曰役之之术,曰监之之术是也。""今日中国国民腐败至于斯极,皆此之由。观于此,而中国积弱之大源,从可知矣。其成就之者在国民,而孕育之者仍在政府。彼民贼之呕尽心血,遍布罗网,岂不以为算无遗策,天下人莫荼毒乎?"

四月

3日,《励学译编》在苏州创刊,月刊,由励学译社主办,汪郁年、戴昌熙担任主编。《励学译编》第1册开始连载小说《迦因小传》,直至该刊第12册(1902年2月22日)结束。《迦因小传》为英国哈葛德所著,署"蟠溪子(杨紫麟)译"。1903年上海文明书局出版单行本时署"蟠溪子、天笑生译"。该书为节译本,是继林纾所译的《巴黎茶花女遗事》之后,最为风行的爱情小说之一。1905年有林纾的全译本刊行,以致引起节译本与全译本之争。

7日,《世界繁华报》于上海创刊,日报,创办人兼主编为李伯元。1906年李伯元逝世,由欧阳钜源接编;后又由任董叔接办。世界繁华报馆出版。它是一种所谓"消闲"的小报，在体例上，首先打破文艺小报首冠论文、次为新闻、末附诗词的惯例，汲取大报按类分栏的长处，设立"引子"、"本馆论说"、"时事嘻谈"、"花国要闻"、"梨园日报"、"书场顾曲"等栏目；并在报首设置"商艺投标格"、"观剧品栏"，每天将一首律诗或绝句排在所报道的社会新闻前，提纲挈领地讽喻报道对象，以表明编者立场。该报对当时官场现实等暴露、讽刺十分辛辣，体现了其在嬉戏怒骂中也有严肃的一面。

该报连载了一批在中国近代文学史上占有重要地位的长篇小说和文艺作品，如李伯元的《官场现形记》和《庚子国变弹词》都与时局、社会变革密切联系，是我国最早出现的政治小说。此外，还刊登过吴趼人的《糊涂世界》、《代王照狱中与康有为书》、《王船山、顾亭林、黄梨洲三大儒赞并序》等文章。同时，它还在"新编时事新戏"总题之下，刊登了《康有为说书》、《大阿哥出宫》、《陆兰芬归阴》等剧本和剧评。该报曾组织过诗钟、联语的评比活动，举办过"花榜"和"花丛经济特科"、"雏姬花榜"和小曲、昆曲、京调、秦腔"曲榜状元"的选举、评格、看花荐格。在体裁上，它不拘一格，凡是"讥弹时事"、"讽刺世人"、"引人发噱"、"间有寓意"之作，均择优刊登。在思想倾向上，或鞭挞朝政黑暗，或揭露官场腐败，或嘲讽世态百相，或鼓吹富国强兵。

该报特辟的"租界行名录"和"上海无双谱"两栏，前者与"海上九芳姓字里居录"隔日刊出，后者乃是同类报中独创的辞典性文字。其"艺文志"、"风俗志"、"世说新语"等栏，常用文学手法，描摹世态人情；其"北里志"、"鼓吹录"、"俳优传"诸栏，则用吴语方言和对偶标题，报道娼优界动态和社会里巷趣闻。

1910年4月，《世界繁华报》因刊登吴媚蟾月楼案被控，主编任董叔被拘禁，报纸停刊。

欧阳钜源（1883—1907），作家、戏曲家。原名淦，字钜源（一作巨元、钜元），号茂苑惜秋生，又署惜秋生，江苏苏州府吴县人。曾协助李伯元创办《游戏报》、《世界繁华报》、《绣像小说》。同时从事小说、戏曲创作。著有小说《皆大欢喜》，与人合作有传奇2种：《玉沟痕》、《维新梦》。

29日，《同文消闲报》由日本东亚同文会主办的《同文沪报》创办于上海，周病鸳任主编。该报为独立小报。其消息标题讲究两两成对，并独立刊登大量商业广告，随报赠阅，不另收费。新闻内容主要是讥讽当时清廷朝政和官场弊端。1901年初，李鸿章与八国联军议和，清廷当局为避免再次发生中日《马关条约》时出现的群众抗议集会，拟定禁止"开合"（结社）。《同文消闲报》获悉后，连续刊登倡议"开合"的游戏文章，如倡议建立"维持会"、"赌学会"、"嫖学会"、"吃学会"、"烟学会"、"马车学会"、"官学会"等，进行讥讽嘲笑。当时《申报》在黄协埙主持下，为慈禧吹捧，该报连续刊载文章进行批驳，充分发挥了以游戏笔墨鞭挞时弊的作用。1902年8月，《同文消闲报》改名《消闲报》，主笔何人不详，现存实物也不多。1903年11月3日起，该报再次更名，改为《消闲录》，所刊内容与一般同类报纸相仿，已无特色。文章内容按性质分栏，有"消闲诗钟"、"消闲联语"、"笑林"、"丛谈"、"剧谈"等。1907年秋冬，该报停办。

本月，《集成报》创刊，旬刊，由英商集成报馆经营，代理人吕塞尔，上海商务印书馆代印。这是我国最早的文摘性新闻刊物之一。创刊者称创刊目的为"撷各报之菁华，汇于一册……使人一览了然"。该报搜集了义和团运动失败后两年间中外政治、文化、经济、军事以及社会生活方面的大量史料，其中最有价值的是它的新闻摘要，以简明而丰富的材料，从各个角度反映了辛丑、壬寅两年间中国内忧外患交迫、民族矛盾与阶级矛盾极其尖锐、社会危机四起的悲惨情景。

本月，《闺门秘术》四卷五十回刊出，不题撰人。书首"月湖渔隐"作序云："自古妇教之书，靡不胜举，然皆深于理而不深于情，近乎雅而不近于俗。贤者薰心兰质，不难卒读，加以上承姆教，自能则而效之；若愚者则不然，无怪乎不明大义矣。于是沪上书局主人有鉴于此，因作《闺门秘术》小说一部，皆以俗、情二字历叙贤愚臧否，用佐女史于万一，庶若辈知所感悟：悍泼者化为循良，嫉妒者化为和顺，淫贼者化为贞静。亦闺门中绝大幸之事也，阅者幸毋认为邪说也可。"署"光绪辛丑（1901）仲春之月，甬上月湖渔隐叙于沪北寄庐"。

五月

10日，《国民报》在日本东京创刊，月刊，每月一期，共出4期，终刊于本年8月10日，由秦力山、沈翔云、戢元丞等留日青年创办，鼓吹革命，秦力山任总编辑。该报设有"社说"、"时论"、"丛谈"、"纪事"、"外论"、"来稿"、"译编"、"答问"等栏。除所译原著者外，撰稿人一律不署名。该刊在创刊时即标榜以"破中国之积弊，振国民之精神"为宗旨,并以"廉悍不羁,峻削锋利"的文墨,在留日学生早起创办的刊物中,第一个宣传"革命排满"的思想。该刊发表了《说汉种》、《中国灭亡论》、《正仇满论》、《二十世纪之中国》等文章,谴责了"私土地和人民私有","施种种牢笼束缚压制或威胁之术以便其私图"的独裁者;抨击了对内实行种族压迫,对外御敌无术、为虎作伥的清廷;批评了康梁保皇党人和国内的立宪派。该刊还译载了杰斐逊等人起草的《美国独立檄文》,威曼的《革命新论》等,宣传资产阶级天赋人权的思想,阐述资产阶级革命的进步意义和正义性。

本月,《野草闲花臭姻缘》四卷四十回出版,作者署"月湖渔隐"。书演狎客事,多猥亵描写。书首作者自序中述及其创作宗旨。他说:"世有王孙公子,诩然自命风流者,盍以此'野草闲花'作当头之棒喝,痴迷唤醒,有厚望焉。"署"时在光绪辛丑(1901)孟夏中浣,甬上月湖渔隐撰并书"。

本月,《教育世界》于上海创刊,初为旬刊,后改为半月刊,由罗振玉、王国维发起创办,教育世界社发行,王国维任主编,主要撰稿人还有张元济、高凤谦、樊炳清等。该刊宗旨有三:"一引诸家精理微言以供研究,二载各国良法以资则效,三录名人嘉言懿行以示激励。若夫浅薄之政论、一家之私言与一切无关教育者弗录。"该刊除出版时为线装本,内容比较单调,只设有"问篇"、"译篇"两个栏目。自第 69 号起改为新式装订,内容较前大为扩充,开辟栏目近 20 个。其中"论说"、"化论"、"视学报告"、"文牍"等栏,主要刊登国内有关教育的言论、章程、奏折、调查报告。"学理"、"教授训练"、"修身训话"、"学校管理"、"家庭教育"、"学制"、"教育史"、"学术史"、"传记"、"杂纂"等栏,主要刊载译作,介绍外国教育思想和教育制度。小说、文苑等栏目,主要刊载外国教育小说与主编王国维的诗词作品。每册后面还附有译书,包括各学科规则、各学校法令、教育学、学校管理法、各科教科书等,这些教科书多采自日本。

罗振玉在该刊第 1 号的《教育世界序例》中指出:"土积而成山岳,水积而成川流,人才组合而成世界。是世界者,人才之所构成,而人才者又教育为之化导者也。无人才不成世界,无教育不得人才。方今世界,公理不出四语,曰:优胜绌败。今中国处此列雄竞争之世,欲图自存,安得不于教育亟加之意乎。爰取最近之学说书籍编译成册,颜之曰《教育世界》,以饷海内学者。"提出了通过教育获取人才乃至救亡图存的重要性。

《教育世界》引入了诸多国外先进的教育理念和学说，并译介、刊载了许多世界著名教育家的思想和学说，如为亚里大德勒（亚里士多德）、苏格拉底、柏拉图、科迈纽斯、洛克、卢骚（卢梭）、贝斯达禄奇、海尔巴脱（海尔巴德）、弗烈培（福禄培尔）等人刊载了传记，译载了日本谷富的《欧洲教育史》、小泉又一的《欧美教育记实》、富永岩太郎的《大教授法》、热田真吉的《家庭情感教育论》、熊谷五郎的《大教育学》，以及英国模阿海特的《伦理学概论》、德国威尔曼氏的《教化学》、美国《巴嘉氏之统合教授论》等。为当时社会思想和教育改革等具有重要贡献和价值意义。

1908年1月该刊停刊，历时7年，共出166期。这是近代中国最早的教育专业杂志。

罗振玉（1866—1940），近代农学家、教育家、考古学家、金石学家、敦煌学家、目录学家、校勘学家、古文字学家，中国现代农学的开拓者，中国近代考古学的奠基人。字叔言、叔蕴，号雪堂，晚年更号贞松老人，浙江上虞人。他对中国科学、文化、学术又颇有贡献，参与开拓中国的现代农学、保存内阁大库明清档案、从事甲骨文字的研究与传播、整理敦煌文卷、开展汉晋木简的考究、倡导古明器研究。他一生著作达189种，校刊书籍642种。编著有《贞松堂历代名人法书》、《高昌壁画精华》、《殷墟书契》、《殷墟书契菁华》、《三代吉金文存》等。

六月

9日，《亚泉杂志》停刊。

20日，《杭州白话报》创刊于杭州，旬刊，项兰生任经理，又钟寅、汪曼铎、林獬（林白水）等任主笔，主持编务者先后还有孙翼中（独头山人）、陈叔通等人。光绪三十年（1904）停刊，共出82期。以通俗的白话宣传革命思想，兼刊诗歌、小说或戏曲。

《杭州白话报》第1年第1期开始连载《波兰的故事》，至本年第3期完，作者署名"独头山人（孙翼中）"。

30日，《杭州白话报》第1年第2期开始连载《救劫传》16回，至次年第31期毕，题"艮庐居士演"。

本月，章太炎因自己的文章汇编《訄书》刊发反清文章被追捕。

本月，《通报》创刊，总经理为王斌，内容分为政事、文学、食货、滑稽四门。

七月

10日，《杭州白话报》第1年第3期连载《波兰的故事》完。

本月，上海书局出版《宜兴奇案双坛记》（又名《奇异双坛记》、《双坛记》）两卷二十回石印巾箱本，题"铁庵笺"。此书据光绪间宜兴奇案写成，书首序称："铁庵隐士劝世心殷，戒淫力勇，始以宜兴之奇案编帙成本。"署"光绪辛丑天中月山左督学使者寓于愚园绿云碧水轩拜题并书"。

八月

10日，《国民报》第4期"来文"栏目刊载章太炎的文章《正仇满论》。这是一篇驳斥改良派的重要文献。文章驳斥梁启超《积弱溯源论》等文中的保皇主张和改良主义观点，认为"梁子迫于忠爱之念，不及择音，而忘理势之所趣，其说之偏宕也，亦甚矣"。他指出，清朝腐朽的封建专制统治必须要革命推翻，梁启超等认为光绪复辟后即可"转弱为强"的想法实际是一种幻想。章太炎还指出梁启超的所谓建立君主立宪政体实际不过是害怕革命，因而反对革命。章太炎曰："梁子所悲痛者，革命耳；所悲痛于革命，而思以建立宪法易之者，为其圣明之主耳！"要君主立宪，则"必有国会议院"，"而是二者皆起于民权"，"方今霾噎屯否之世，顾所谓民权者安在乎？"所以"立宪"是行不通的，梁启超"迫于忠爱而忘理势之所趣"，也只是自欺欺人罢了。

《正仇满论》从驳斥梁启超"一人之言"转而驳斥整个改良主义的观点与风潮，是对资产阶级改良派政治主张进行批驳的第一篇文章，可视为中国近代史上革命与改良论争最早的一篇历史文献。《国民报》发表该文章时，文后又该报编者注云："撰者持论至公，悉中干理，且并非驳击梁君一人，所关亦极大矣。急付梨枣，以饷国民，使大义晓然于天下，还以质之梁君可也。"

18日，《杭州白话报》第1年第4期开始连载《美利坚自立记》，至第10期完，署"宣樊子（林獬）演"。

本月，清政府明令变通科举章程，废八股，改试策论，并将全国书院改为学堂。

本月，上海书局出版《查潘斗胜全传》（又名《新辑查潘斗胜香国绮谈》）四卷三十回石印巾箱本，题"阳羡铁庵隐士编次"。书首序云："后至宴罢琼林，春风得意，返棹过申，友人招饮。呼数十花枝侑觞，引歌度曲，宛款系情。遂是遍访名花，精求姹女，酒地花天，未至旬日而神疲意怠，已觉生憎。……今已三十二寒暑矣。回首风流幻境，如禅参得再上乘欤！"序署"光绪辛丑六月初浣寓于味莼园西窗剑南白芙奇叟挥汗题"。

本月，申江书局出版《七剑十三侠》2集（61至120回）、3集（121至180回）。3集书首有序云："是书之作，所借以抒愤懑者也。前者之百二十回，已详叙大半，其中绘声绘色，久已脍炙人口，甚至有手不释卷者。然全豹未窥，诚不知奸王是何究竟，阅者不免憾焉。桃花馆主知阅者之亟求水落石出，复据原史而增撰之，仍得六十回，用以付梓。其笔墨之妙奇，惊人之怪事，尤较之初续二集有过之而无不及也。"署"光绪辛丑夏六月，甬上月湖渔隐撰并书"。

本月，文宜书局出版《七星六煞剑侠征南传》石印巾箱本，不题撰人。

九月

7日，清政府派奕劻、李鸿章与十一国公使团在北京签订丧权辱国的《辛丑和约》。

8日，《京话报》创刊，旬刊，主编为黄慧中，设有"论说"、"中外新闻"、"海外收遗"等多个栏目，每期30页左右，提倡白话，鼓吹变法自强。刊有《白话书是变法的根子》、《论变法机会》等文章。凡是转载的文章，该报也一律用京话改写。总共发行6期，同年12月停刊。《京话报》是北京最早的白话报刊。

14日，清廷下兴学诏，各省、府、县均设大学堂、中学堂、小学堂，并多设蒙养学堂。

17日，清廷命各省选派学生出洋留学。

15日，《南洋七日报》在上海创刊。周刊，册报，线装书形式，石印本，由南洋七日报馆编辑发行，创办人为孙鼎、陈国熙、赵连璧。《章程》宣称："身受国恩，原以笔谏，去新旧之党忧，泯中西之畛域，此立言第一要义。"内容以时事报道为主，设有"本馆论说"、"时事"（内分内政、外交、理财、经式、格知、考工、杂附等门类）和"汇论"（各报文章摘录）等栏，同时还刊出译编、课艺、奏疏等内容。曾刊载《论变法》、《论党》、《平等之界说》、《保种说》、《救亡篇》、《论中国无自主之权》等文，大量汇录《中国日报》、《苏报》、《同文沪报》、《新闻报》、《天南新报》等报论说。宣传保种救亡，提倡变法维新，鼓励兴学游学。1902年4月停刊，共出29期。

17日，《杭州白话报》第1年第10期连载《美利坚自立记》完。

21日，上海查禁"淫书"，《金瓶梅》、《灯草和尚传奇》等10余本书在查禁范围之内。

27日，《杭州白话报》第1年第11期开始连载《俄土战记》，至第15期完，署"宣樊子（林獬）演"。

同日，《京话报》开始连载《海国妙喻》，署"金匮梅侣女史原演"。

本月，《杭州白话报》新辟"俗语指谬"栏目。

本月，笑林报馆出版《仙侠五花剑》（又名《飞仙剑侠奇缘》）六卷三十回，仿聚珍版小型本，题"海上剑痴撰"。书首"狎鸥子"序，称作者有感于同类小说粗制滥造而作此书："夫传奇述异，尽多充栋之书；说鬼搜神，不乏覆瓿之料。然朝报或嫌断烂，野语又病荒芜，若非博士买驴，文深义晦，即是贱工画虎，貌合神离"；又称作者有感于时局不稳："红羊劫急，白马盟新。强暴跳梁，桀黠构扇。弱肉争食，公道何存！言者頰鸣，闻之眦裂。痛中原之板荡，借箸谁筹；制南越之猖狂，请缨无路。人情汹汹，无意梦梦，兰成无取乐之方，屈子有《离骚》之作。则欲消磨岁月，开拓心胸，代梁父之吟，下东坡之酒，舍其编其奚属哉？"

本月，章太炎著《谢本师》一文。因章太炎公开批判朝廷和光绪皇帝，被其老师俞樾先生大骂，说他"今入异域，背父母陵墓，不孝；讼言索虏之祸，毒敷诸厦；与人书，指斥乘舆，不忠。不孝不忠，非人类也。小子鸣鼓而攻之可也"。章太炎虽尊敬自己的老师，但在自己的信仰上，他决不让步，本着"吾爱吾师，吾尤爱真理"的原则，因此愤而写下了《谢本师》一文，拒绝老师俞樾对他的责难和批评，指出俞樾之所以如此，是因为他"尝仕索虏，食其廪禄"，故"恳恳蔽遮其恶"。

本月，上海普通书局出版蔡元培的《学堂教科论》一书。

十月

12 日，《春江花月报》在上海创刊，创办人和主编为包友樵，报纸分栏刊登各类新闻，栏目有"引首"、"花信风"、"月府霓裳"、"春浦潮声"、"红楼酒语"等。该报初期各栏登载的新闻大多是妓院中发生的打闹消息，品格低下，出版一个多月后，因刊登"嫖经"（将《论语》中某些字句改为嫖妓淫词）被查封，主编包友樵逃逸。不久，该报由吴福连接办，刊登内容虽有所收敛，但也屡上公堂。至 1902 年冬，该报宣告停刊。1904 年，该报再度复刊，主笔何人不详。版面有重大变革，宣布"北里事迹（专登妓界消息的栏目）一概摒弃"。栏目重设"社说"、"时事短评"、"梨园新论"、"谑浪"，以及"新选鸳花小史"和"词翰选青"等。其中"词翰选青"所录诗文甚多，间有佳作。曾经连载过《十五小豪杰》。何时停刊不详。

21 日，《苏州白话报》在上海创刊，周报，木刻线装本，包天笑创办，报纸开篇论说文署名写作"主笔吴兴君，包山子编辑发行"。该报第 1 册上刊载《苏州白话报简明章程》说，办此报目的是为了"开通人家的智识"，"也教人容易懂"。各册内容是首先一篇白话论说，由包天笑和尤子青轮流执笔，论题反映了当时的新思潮，如《国家同百姓直接的关系》、《论大家要争气出力》、《论妇女缠足的大害》。其次是新闻，把他报文言文的新闻和少量西报的新闻演成白话，有世界新闻、国内新闻、本地新闻，特别注意关于社会的事，如戒烟、放脚、破除迷信、讲求卫生等。新闻无标题，但有题目置于篇首，用细线框出，如"教堂赔款"、"太守新政"、"劝设藏书楼"。还有连载，如包天笑翻译（署名天笑生演）日本添田寿一著的《对清策》，长鸣子翻译的《富强起源》等，都在报上连载。由于各处蒙学堂订购《苏州白话报》作为课本，从第 7 册起还开始连载《皇朝大事问答》，即用白话文编写清朝的历史掌故。此外还有通俗故事和民间歌谣等。当时还没有标点符号，文中停顿处都空字，以便读者断句，难懂的词下加小字注释，如"两宫"，下注"就是太后和皇上"，这些都是《苏州白话报》的创新之处。停刊时间不详。

包天笑（1876—1973），小说家、翻译家、新闻出版人。原名清柱，后改名公毅，字朗孙，别署钏影、拈花。江苏吴县人。早年曾在上海女子蚕业学校、城东女校、民立女中学任教。1903 年到上海，在《上海时报》创设副刊《余兴》，开上海各报设副刊之风，同时又为有正书局编辑《小说时报》、《妇女时报》等，并在小说林社兼职。1919年至1921年为文明书局编《小说大观》，1922年至1923年为大东书局编辑《星期》周刊。后任《滑稽画报》文字编辑，所编刊物风行一时。1935年继张恨水之后接编《花果山》副刊。其中1917年创办的《小说画报·短引》注重创作，尽量采用白话，并在内容上特别重视所谓"教育小说"，是近代最早的儿童刊物之一。包天笑能诗文，主要从事小说的创作和翻译。其代表作品主要有小说《留芳记》《人间地狱续集》《风流少奶奶》《复古村》等，译作有《迦因小传》《馨儿就学记》《空谷兰》《梅花落》《千里寻亲记》等，其中部分作品还被改编为剧本并搬上大银幕。包天笑一生在新闻出版界、小说翻译和创作三个领域都取得了骄人的成就，被认为是"我国新闻界之耆宿，文学翻译界之前驱，小说界之先进"，曾被誉为近代"通俗文学之王"。

22日，梁启超《国家思想变迁异同论》刊载于《清议报》第95册，明确提出了"民族主义"的口号。该文介绍了"德国在政治学者伯伦知理所著国家学"，并译录了伯伦知理的关于国家思想变迁的"特异之点"。他还根据伯伦知理的观点归纳了欧洲国家思想演变的轨迹。同时，在比较中国旧思想与欧洲新思想时，梁启超认为欧洲新思想的重要内容是"全国人皆受治于法律，一切平等，虽君主亦不能违公定之国宪"。并用定义的方式诠释"法治"，指出"以法治国谓之法治。"梁启超还明确提出了"民族主义"的口号。他响亮喊出："民族主义者，世界最光明正大公平主义也。不使他族侵我之自由，我亦毋侵他族之自由。"他认为，欧洲各国当18、19世纪之交，是处在民族主义飞跃发展的时代；而今天则已处于民族主义与民族帝国主义相嬗的时代，"民族主义发达之既极，其所以求增进本族之幸福无有厌足，内力既充，而不得不思伸于外"。而中国今日却还处于民族主义尚未发达的时代，这自然就不可能同欧洲各国相匹敌。每个国民都应该认清这个形势，急起直追，"知他人以帝国主义手段之可畏，而速养成我所固有之民族主义以抵制之，斯今日我国民所当汲汲者也！"

同日，新加坡保皇会会员邱菽园在《天南新报》上公开发表《论康有为》一文，对康有为及其党徒吞没华侨捐献巨款表示极大的愤慨，并声明与保皇会脱离一切关系。

25日，《世界繁华报》开始连载《经国美谈》，署"〔日〕矢野文雄，溅花客（李伯元）"。

本月,《世界繁华报》开始连载《庚子国变弹词》四十回,署"南亭亭长(李伯元)"著,至翌年9月毕。

本月,小说《黑奴吁天录》(今译《汤姆叔叔的小屋》)木刻四卷本,由武林魏氏刊行。署"[美]斯土活著,林纾、魏易同译",即该小说为美国斯托夫人所著,林纾、魏易合译。书首林纾书于湖上望瀛楼之序,魏易自叙。后有1904年文明书局木刻本,1905年文明书局铅印本。

在《黑奴吁天录》例言中,林纾陈述了翻译这部小说的目的与作用:"是书系小说一派,然吾华工此时会,正可引为殷鉴。且证诸咇嚧华人及近日华工之受虐,将来黄种苦况,正难逆料。冀观者勿以稗官荒唐视之,幸甚!是书描写白人役奴情状,似全无心肝者。实则彼中仇视异种,如波兰、埃及、印度,惨状或不止此。徐俟觅得此种纪录,再译以为是书之佐证。"在其《跋》中,林纾又曰:"余与魏君(易)同译是书,非巧于叙悲以博阅者无端之眼泪,特为奴之势逼及吾种,不能不为大众一号。国度近年美洲厉禁华工,水步设为木栅,聚数百远来之华人,栅而钥之,一礼拜石释,其一二人或逾越两礼拜仍弗释者,此即吾书中所指之奴栅也。向来文明之国,无发私人函,今彼人于华人之函,无不遍发。有书及'美国'二字,如犯国讳,捕逐驱斥,不遗余力。则谓吾华有国度耶?无国度耶?观哲而治与友书,意谓无国之人,虽文明者亦施我以野蛮之礼,则异日吾华为奴张本,不即基于此乎?若夫日本,亦同一黄种耳,美人以检疫故,辱及其国之命妇,日人大怼,争之类廷,又自立会与抗。勇哉日人也!若吾华有司,又乌知有自己国民无罪,为人囚辱而瘐死耶?上下之情,判若楚越,国戚之削,又何待言!今当变政之始,而吾书适成。人人既镯弃故纸,勤求新学,则吾书虽俚浅,亦足为振作志气,爱国保种之一助。"

本月,《顺天时报》在北京创刊,初名《燕京时报》,由日本人中岛真雄集资创办,一宫房次郎任主笔,设有"宫门抄"、"上谕"、"论说"、"各地通讯"、"小说"、"文苑"、"路透电报"、"东京特电"、"时事要闻"、"京师要闻"等栏目。这是日本人在北京出版的第一张汉文报纸,以宣传"西力东渐",提倡"中日修好"、"共同对付欧洲"为宗旨,始终代表日本帝国主义侵华势力的利益。1930年3月27日,因其浓重的日本政府背景和所谓的"亲善"面孔,受到北京人民抵制而停刊。

本月,留日学生以国民报社学生编辑所的名义出版了谭嗣同的哲学著作《仁学》。该书为谭嗣同于1896—1897年间陆续写成。《仁学》全书凡50篇,分为两卷。

前有《自叙》及《仁学界说》27条。《仁学》的思想来源和组成十分混杂,《仁学界说》第25条说:"凡为仁学者,于佛书当通《华严》及心学、相宗之书;于西书当通《新约》及算学、格致、社会学之书;于中国书当通《易》、《春秋公羊传》、《论语》、《礼记》、《孟子》、《庄子》、《墨子》、《史记》及陶渊明、周茂叔、张横渠、陆子静、王阳明、王船山、黄梨洲之书。"《仁学》的哲学思想是矛盾的。它既承认物质性的"以太"为宇宙万物的基础,又混淆物质与精神的界限,把以太说成是和"仁"相同的东西,从而认为"仁为天地万物之源",企图建立一个唯心主义的"仁学"体系。《仁学》上卷通过阐发"以太"、"仁"、"通"、"平等"的道理,鼓吹"中外通"、"上下通"、"男女内外通"、"人我通",宣传资产阶级平等、民主、自由思想。下卷通过对封建纲常名教、君主专制主义的深刻揭露和激烈抨击,提出变法维新、改造社会的主张。但却企图依靠"心力"(圣人的"仁"心,宗教的"慈悲"心)去普度众生,以通向大同社会。

十一月

5日,《杭州白话报》第1年第15期续载《俄土战记》完。开始连载《菲律宾民党起义记》,至第19期完,作者署"宣樊子(林獬)"。

7日,李鸿章病逝。清政府任袁世凯为直隶总督兼北洋大臣。

11日,《选报》在上海创刊,初为旬刊,从第42期起改为月出四本,册报。蒋智由、赵祖德倡办,先后由蒋智由和王抚士担任主编,蔡元培为创刊号作序。该报以"开民智"为主旨,选刊国内外各报的重要的论评、新闻和消息,间附本馆评议,"托体于温故,而取径于开新",以达"通古今之变"。设有"论说"、"谕旨"、"内政记事"、"外交记事"、"地球各国"、"所闻录"、"经济类志"、"筹运集"、"他言集"、"国风集"等栏目。

该报创办于《辛丑条约》签订和清廷允行新政之后。创刊号上刊出的《本报缘起叙例》中沉痛地写道:"吾非吾国,吾谁与处失此不救,沉沦终古。""今者大败之余,割地赔款,削权挫威,如梦方觉,如醉斯醒。知胜败之故:学不及故,智不逮故,法不变故,政不易故。由是,一二智杰创启风会,诚不外是。"编者把爱国救亡看作是办报目的。因而其选材、栏目设置以及论说,都以爱国救亡为宗旨。

"内政记事栏"着重介绍清政府当时推行新政的动向;"外交纪事栏"着重揭露帝国主义列强侵略中国的野心和清政府对外屈服投降的腐败无能,以及在全国各地丧权失地的现状;"地球各国纪事"则帮助读者了解世界各国的形势,特别注重诸如《各国军舰表》、《各国国用汇志》等材料;"所闻录栏"则报道一些传闻消息;"他言集"译载外国报刊关于中国问题的评论,而"经济备览"、"工业志略"、"农业纪"、"交通纪"、"军事小史"等栏则鼓励国人兴办实业。该报最注重的是每期刊首的论说,最初多为该馆自撰,后来逐渐扩大到馆外作者,再扩大为选载当时各报评论和来稿,撰稿人有蔡元培、蒋智由、蒋方震、杜亚泉、王抚士等。该报现存 56 期,1903 年 9 月 21 日出版第 56 期后未见续出。

蒋智由(1866—1929),近代诗人。字观云、星侪、心斋,原名国亮,号因明子,浙江诸暨人。他是近代"诗界革命"的主将,与黄遵宪、夏曾佑被梁启超并列为"近代诗界三杰"。甲午战后,同情、支持康有为、梁启超变法。1902 年与蔡元培、叶瀚等在上海建立号称"第一革命团体"的中国教育会,参加光复会,任爱国女校经理。曾任《新民丛报》、《浙江潮》主编,发表了《中国兴亡文体论》等评论杂文。1907 年和梁启超发起组织政闻社,任《政论》主编,提倡君主立宪,反对同盟会的革命主张。辛亥革命后,拥护歌颂共和政体,参加文体改良的"诗界革命"。晚年思想逐渐趋于保守。著有诗集《居东集》、《蒋观云先生遗诗》,另有大量诗作散见于《清议报》、《新民丛报》、《浙江潮》等报刊。另外,在日本期间还著有《中学修身教科书》二卷。

本月,《普通学报》于上海创刊,册报,月刊,普通学书室编辑发行,杜亚泉任主编,蔡元培、周美权、林纾、谢洪赍等撰译,设经学、史学、文学、算学、格物、博物、外国语等学科栏目,附录学务杂志,为文理并重的综合性学术刊物。封面上有杜亚泉的题字"文部之先声,学生之好友"。共发行 5 期,1902 年 5 月停刊。

该报广泛介绍自然科学普通知识,在政治上宣传进化,反对暴力,主张君主立宪;提倡兴办教育、派遣游学、培育人才等。刊有蔡元培所著的《哲学总论》、《群学说》、《说孔氏祖先教》等,译载有日本逸见晋的《宪法论》等。该报主要刊登政论文章在"经学科"栏内,如第 3 期的《物竞论驳义》,更指名道姓地批驳日人加藤弘所鼓吹的所谓"强权即公理"的谬论;第 4 期刊出的《宪法论》,强烈地谴责列强在中国划分势力范围;杜亚泉在"学务杂志"一栏所发表的《浔溪公学开校之演说》,力主用改良的办法来改造社会,赞成君主立宪政治。蔡元培除第3期外,每期都发表政论主张。

《普通学报》第1期开始连载《英女士意色儿离鸾小记》,至第5期完,署"林琴南（林纾）、魏充叔（魏易）同译"。宣扬了婚姻自主的思想。

本月,西太后挟光绪皇帝回北京,数月来,清廷为敷衍外人计,数下维新上谕,屡次接待外宾,变法维新的空气忽又蓬勃起来,不过朝廷并没有彻底变法的决心,倡言维新的士夫也亦多是趋时投机者流,梁启超作《维新图说》一文,以攻击这一情形。

本月,谢无量、马君武等创办《世界月刊》。

十二月

11日,《及时行乐报》在上海创刊,日报,属于消闲性小报,"及时行乐"的意义是"取杜牧看花之遗意,写及时行乐之闲情"。该报设有"本馆论说"、"采风问俗"、"笑丛杂录"、"花丛汇记"、"梨园谈艺"、"杂诗"等专栏,花丛汇记完全仿造《繁华报》,文章多用吴语方言。日出6版,广告占2/3,有价值的内容很少。

15日,《杭州白话报》第1年第19期连载《菲律宾民党起义记》完。

20日,《清议报》出版至100号。当日该报馆特举行百号纪念祝典,梁启超并撰《本馆第一百册祝辞并论报馆之责任及本馆之经历》一文,里面论及这次举行祝典的缘起说:"中国向无所谓祝典也。中国以保守主义闻于天下,虽然,其于前人之事业也,有赞叹而无继述,有率循而无扩充,有考据而无纪念,以故历史的思想甚薄弱,而爱国、爱团体、爱事业之感情,亦因以不生。夫西人以好事而强,中国以无动而弱。斯事虽小,亦可喻大矣。《清议报》,事业之至小者,其责任止在于文字,其目的仅注于一国,其位置僻处于海外,加以其组织未完备,其体例未精详,其言论思想未能有所大辅助于国民。况当今日,天子蒙尘,宗国岌岌不可顷,有何可祝? 更何忍祝? 虽然,菲葑不弃,敝帚自珍,晓舌猪口亦已三年,言念前劳,不欲泯没。其以中国向来无此风气,从而导之,请自隗始。故于今印行第一百册之际,援各国大报馆通例,加赠页数,荟萃精华,从而祝之。亦庶几以纪念既往,而奖励将来,此同人区区之微意也。"

同时，梁启超还于文中论述了《清议报》三年来的经历和它的特色。他说:"《清议报》可谓之良报乎？曰:乌乎可？《清议报》之与诸报，其犹百步之与五十步也。虽然，有其宗旨焉，有其精神焉，譬之幼儿，虽其肤革未充，其肢干未成，然有灵魂，莹然湛然，是亦进化之一原力欤。《清议报》之特色有数端：一曰倡民权；始终抱定此义，为独一无二之宗旨。……二曰衍哲理，读东西诸硕学之书，务衍其学说，以输入于中国，虽不敢自谓有所得，而得寸则贡寸焉，得尺则贡尺焉。……三曰明朝局；戊戌之政变，己亥之立嗣，庚子之纵团，其中阴谋毒手，病国殃民，本报发微阐幽，得其真相，指斥权奸，一无假借。四曰厉国耻；务使吾国民知我国在世界上之位置，知东西列强待我之政策，鉴观既往，熟察现在，以图将来，内其国而外诸邦，一以天演学物竞天择优胜劣败之公例，疾呼而棒喝之，以冀同胞之一悟。此四者，实惟我《清议报》之脉胳之神髓。一言以蔽之曰：广民智，振民气而已。"

21日，清议报报馆被大火焚毁，被迫停刊。

25日，《杭州白话报》第1年第20期开始连载《檀香山华人受虐记》，至第23期完，署"宣樊子（林獬）演"。

26日，梁启超为李鸿章作传，著成《李鸿章》一书，又名《中国四十年来大事记》。书中对李氏的批评，尚称公允，所记其时代的事迹，也很详尽。出版后，文章颇风行一时。文中这样写道，"合肥之负谤于中国甚矣。著者与彼于政治上为公敌，其私交亦泛泛不深，必非有心为之作冤词也。顾书中多为解免之言，颇有与俗论异同者。盖作史必当以公平之心行之，不然，何取乎祸梨枣也。英名相格林威尔尝呵某画工曰 Paint me as I am，言勿失吾真相也。吾著此书，自信不至为格林威尔所呵。合肥有知，必当微笑于地下曰：孺子知我。"

本月，《清议报》刊发《两江学政方案私议》一文。作者迁武雄，为日本东亚同文会会员。为响应清末开明派官僚时任两江总督的刘坤一倡导的教育近代化，作者写此文章，向刘坤一提出了如下的具体方案：一、总督衙门内宜设置总务、教育、图书三局，组成两江学务总局。各府县衙门内亦应设学务局。二、参酌日本学校制度及欧美诸国学校制度，制订各学堂章程。三、学务总局和各地学堂，创办之初宜招聘外国教习顾问，以资学务之助。四、中国教习宜先选拔"秀才"以上之道艺兼优之士任之，使之分批听取外国教习讲授。刘坤一接受了上述方案，要求日本政府寄赠详细的学校制度组织大纲、学校规则、细则、学科课程表等，表示了正式引进日本近代学校制度的愿望。

本月，仲芳氏《庚子记事》成书，日记体，分上、下册。上册名为《庚子五月义和团进京逐日见闻纪略》，记述了义和团运动时的北京情况。下册名为《洋兵进京逐日见闻纪略》，记述了八国联军侵入北京后烧、杀、抢、掠的残暴罪行。作者所记多为亲身见闻，较其他史料记载为详，是研究北京义和团运动的重要资料。

本月，英华来到上海，经汪康年介绍，聘定方守六为《大公报》首任主笔。

本月，《中西武备新书》成书，该书为湖北译书堂编辑，湖北武备学堂刊印，为汇辑性军事著作，其中包含兵书7种：日本石井忠利的《战法学》，湘军将领王鑫的《练勇刍言》，冯国士的《操练洋枪浅言》，葛道殷的《用炮要言》，德国来春石泰的《借著筹防论略》、《炮概浅说》，德国康贝的《西洋练兵新书》等。

本月，《蒙学课本》及《天文歌略》等多种童蒙书籍出版。

本月，《教育世界》发表王国维译著《教育学》和《教育学教科书》，并节译西方教育名著卢梭的《爱弥儿》和裴斯泰洛奇的《贤伉俪》。

本月，中国近代拼音文字提倡者王照所作《官话合音字母》一书在日本东京出版（后在北京修订重印，名为《重刊官话合声字母序例及关系论说》）。这是我国第一套汉字笔画式的拼音文字方案，声母、韵母共62个，采用声韵双拼的方法。该方案强调拼写白话，强调以北京语音为拼写对象，以一般民众为推行对象而设计，务求简易、专拼俗话、以便俗用。作者希望通过官话字母的传习，在民众中普及教育，以求富国强民。官话合声字母具有不少优点，推行过程中受到极大支持，前后共推行十年，遍及13个省，是当时切音字运动诸方案中影响最大推行最广的一种。

本月，《巴黎四义人录》刊于《普通学报》第2期，署"林琴南（林纾）、魏充叔（魏易）译"。

本年

本年秋，玉清瑶怨馆刊印林纾、王寿昌合译的《巴黎茶花女遗事》。

本年，大清律例增修统纂集成，有"造妖书妖言"条例于刑律盗贼案。这是最早有关报刊的法律条文。

本年，章太炎撰文《秦献记》、《徵信论》上、下。

《秦献记》手稿中，章太炎对焚书坑儒提出了自己的看法。其曰："夫李斯以淳于越之议，夸主异取，故请杂烧以绝其原。越固博士也。商君以《诗》《书》《礼》、《乐》为六蟊，欲尽划灭之，而以法家相秦者宗其术。然则秦不以六艺为良书，虽良书亦不欲私之于博士。即前议非矣。"该文后载于《学林》第2册，1910年出版。

《徵信论》论述治学治史首先应当信实，及由来已久的想当然、信传闻的弊病，批判康有为等借今文经学以"治史"而写，对当时的治学之风颇有针砭。文章曰："古人运而往，其籍尚在。籍所不著，推校其疑事，足以中微。而世遂质言之，虽适，谓之诬。""近世鄙倍之说，谓史有平议者，合于科学，无平议者，不合科学。案史本错杂之书，事之因果，亦非尽随定则。纵多施平议，亦乌能合科学耶？若夫制度变迁，推其沿革；学术异化，求其本师；风俗殊尚，寻其作始。如班固、沈约、李淳风所志，亦可谓善于平议矣。而今世之平议者，其情异是。上者守社会学之说而不能变，下者犹近苏轼《志林》、吕祖谦《博议》之流，但词句有异尔。盖学校讲授，徒陈事状，则近于优戏，不得已乃多施平议，而已不能自知其故。藉科学之号以自专，斯所谓大愚不灵者矣！又欲以是施之史官著作，不悟史官著书，师儒口说，本非同剂。惟有书志，当尽考索之功。其论一代政化，当印大体而已。若毛举行事，订其利病，是乃科举发策之流，违于作述之志远矣。彼所持论，非独暗于人事，亦不发达文章之体。"该文后载于《学林》第2册。

本年，严复分章节译完亚当·斯密的《原富》，吴汝纶作序。关于此书，严复称："《原富》者，所以察究财利之性情，贫富之因果，著国财所由出云尔。"梁启超早在《新民丛报》第1号上便发文推荐，并称赞曰："严氏于中学西学皆为我国第一流人物，此书复经数年之心力，屡易其稿，然后出世，其精美更何待言！"

本年，英国翟理斯《中国文学史》在伦敦出版，这是外国人最早著述之中国文学史。后来还有德国葛鲁贝的《中国文学史》，1902年在莱比锡出版。中国人有林传甲的《中国文学史》，于1904年出版；谢无量的《中国大文学史》，于1918年出版。

本年，梁启超于上海开办广智书局。

本年，梁启超著《南海先生传》，论述康有为的生平学术和事绩，非常详细。康有为《大同书》完成。梁启超在《大同书成题词》里为按语一段，略述康有为著该书的经过。

本年，衡南劫火仙（蔡奋）于《清议报》第 68 册发表文章《小说之势力》，批评"吾邦之小说"，"含政治之思想者稀如麟角"。

本年，林纾作《蜀鹃啼》传奇成。林纾本年开始居住北京，在五城中学、金台书院、实业学校、闽学堂等处任教，兼任京师译书局笔述，同时从事文学创作和翻译活动。《蜀鹃啼》二十出，叙庚子事变中，浙江西安县（今浙江衢县）知县吴德潚得省中严札，云已奉旨，将郡中教士、教民一齐歼灭。吴将文书压下，抗檄不遵，引起义和团愤怒，将其全家杀害。同官坐视不救，后被处决。剧中吴德潚为作者友人，在庚子事变中为义和团杀害。作者《畏庐文集·纪西安知县吴德潚全家被难事》、黄遵宪《人镜庐诗草·三哀诗》之二《哀吴季明明府》及伤心人《铸错记》小说皆记此事。作者亦为剧中人，名连蔚间（按：林畏庐之谐音）。今存 1917 年商务印书馆单行本，载 1917 年《小说月报》第 8 卷第 4 期至第 5 期，阿英《庚子事变文学集》所收本。

本年，陈时泌应聘至湖南常宁襄校试卷。作《武陵春》传奇成。共八出，未见著录。叙庚子事变时，洋人闯入北京的过程。

本年，邱炜萲作《茶花女遗事》，刊本于《挥麈拾逢》。文中简要介绍了小说的故事梗概，赞叹其写情至深，"年来忽获《茶花女遗事》，如饥得食，读之数反，泪莹然凝栏干。每于高楼独立，昂首四顾，觉情世界铸出情人，而天地无情，偏令好儿女以有情老，独令遗此情根，引起普天下各种情种，不如情生文耶，文生情耶？"同时文中还盛赞林琴南（即林纾）先生的翻译文笔，说："中国近有译者，署名冷红生笔，以华文之典料，写欧人之性情，曲曲以赴，煞费匠心，好语穿珠，哀感皖艳，读者但见马克之花魂，亚猛之泪愤，小仲马之文心，冷红生之笔意，一时都活，为之欲叹观止。"

本年，邱炜萲作《小说与民智关系》，刊本于《挥麈拾逢》。文曰："故谋开凡民智慧，比转移士夫观听，须加什佰力量。其要领一在多译浅白读本，以资各州县城乡小馆塾，一在多译政治小说，以引彼农工商贩新思想。如东瀛柴四郎氏（前任农商部侍郎）、矢野文雄氏（前任出使中国大臣）近著《佳人奇遇》、《经国美谈》两小说之类，皆于政治界上新思想极有关涉，而词意尤浅白易晓。吾华旅东文士，已有译出，吾尚恨其已译者之只此而足，未能大集同志，广译多类，以速吾国人求新之程度耳。夫小说有绝大隐力焉。即以吾华旧俗论，余向谓自《西厢记》出，而世慕为偷情私合之才子佳人多；于《水浒传》出，而世慕为杀人寻仇之英雄好汉多；自《三国演义》出，而世慕为拜盟歃血之兄弟，斩木揭竿之军机多。是以对下等人说法，法语巽语，毋宁广为传奇小说语。巍巍武庙，奕奕文昌，稽其出典，多沿小说，而黎民信之，士夫忽之，祀典从之，朝廷信之，肇端甚微，终成铁案。若今年庚子五、六月拳党之事，牵动国政，及于外交，其始举国骚然，神怪之说，支离莫究。尤《西游记》、《封神传》绝大隐力之发见矣。而其弊足以毒害吾国家，可不慎哉！吾闻东、西洋诸国之视小说，与吾华异，吾华通人素轻此学，而外国非通人不敢著小说。故一种小说，即有一种之宗旨，能与政体民志息息相通；次则开学智，祛弊俗；又次亦不失为记实历，洽旧闻，而毋为虚桥浮伪之习，附会不经之谈可必也。……吾华纵为骤几乎此，然欲谋开吾民之智慧，诚不可不于此加之意也。"

本年，衡南劫火仙作《小说之势力》，刊载于《清议报》第68册。文中举古今中西为例，提出"小说家势力之牢固雄大，盖无足以拟之者已"。又比较中西小说道："欧美之小说，多系公卿硕儒，察天下之大势，洞人类之赜理，潜推往古，豫揣将来，然后抒一己之见，著而为书，用以醒齐民之耳目，励众庶之心志。或对人群之积弊而下砭，或为国家之危险而立鉴，然其立意，则莫不在益国利民，使勃勃欲腾之生气，常涵养于人间世而已。至吾邦之小说，则大反是。其立意则在消闲，故含政治之思想者稀如麟角，甚至遍卷淫词罗列，视之刺目者。盖著者多系市井无赖辈，而无足怪焉耳。小说界之腐坏，至今日而极矣。夫小说为振民智之一巨端，立意既歧，则为害深，是不可不知也。"

本年，《世界繁华报》刊载《元妙观之汽球》，撰人不详。

本年始，《通俗日报》先后刊出《补天穿》，作者署"在远"；《孤雏感遇记》，作者署"梦生"；《寒士哭》，作者署"山右漱泉氏"；《侯门鉴》，作者署"留心观潮客"；《吕小端》，作者署"醒庵"；《梦里侦探》，作者署"剑铓"；《农桑村》，署"陈月舫编"；《水晶宫》（原名《茫茫大海》），标"滑稽小说"，作者署"留心观潮客"；《田超骏》，作者署"心"；《听讼》，作者署"汉"；《通六窍》，署"双江天民编辑"。又先后刊出《点仆》、《科举魂》、《俄国立宪之奇话》、《甘民泪》、《黑籍魂》、《神仙恨》、《双星泪》、《烟王慰词》，撰人不详。

本年，《泰西说部丛书》之一出版，署"[英]柯南道尔著，黄鼎、张在新合译"，内收《毒蛇案》、《宝石冠》、《拔斯夸姆命案》、《希腊诗人》、《红发会》、《绅士》、《海姆》。

本年，上海书局出版《花柳深情传》石印本。

本年，商务印书馆出版《佳人之奇遇》（即《佳人奇遇》），署"[日]东海散士（柴四郎）著，梁启超译"。

本年，广智书局出版《日本维新英雄儿女奇遇记》，署"[日]长田偶得著，逸人后裔译"。

本年，进步书局出版林纾、魏易同译的《黑奴吁天录》。

本年，素腾书屋出版《长生术》28章，署"[英]解佳著，曾广铨译"。

本年，江南书局出版《绣球缘》石印本，书名改题《烈女惊魂传》。书首序署"江南李节斋"。

本年，上海锦章书局创办。

1902年

一月

4日,《外交报》于上海创刊,旬刊,张元济、蔡元培、杜亚泉等联合集资创办,由张元济担任主编,马裕藻等为编辑,由上海商务印书馆创办,上海外交报馆编辑,普通学书室总发行。该刊在内政上主张君主立宪,在外交上主张"文明排外",但也较明显地反映了其爱国主义的倾向。该刊设有"论说"、"谕旨文牍"、"外交纪闻"、"外交史"、"外交丛谈"、"译林"、"国际法"等栏目。每期以一半篇幅,翻译登载英、美、日、俄、法、德等国40多种主要报刊上发表的时文,"译文悉从原意,不稍损益,即有讥讪,亦存其真,以资鉴警"。该刊先后共出版300期,1911年1月停刊。这是商务印书馆出版的第一份杂志。

10日,京师大学堂恢复。清政府任命张百熙为京师大学堂管学大臣,令其切实整顿,造就人才,"酌采中西有用之学,妥定划一章程,俾生徒得以时肄习"。清廷命翰林院切实讲求古今政治、中西艺学。

11日,京师同文馆正式并入京师大学堂,并更名为译学馆,不再隶属外务部。

12日,张之洞在湖北开办译书局。

14日,《论美国政府禁华人入境事》刊于《申报》,批评美国政府禁止华人入境的做法十分荒谬。

24日,《杭州白话报》第1年第23期连载《檀香山华人受虐记》完。

本月,日本教育家嘉纳治五郎在东京创办弘(宏)文学院,招收中国留学生,进入该校学习的中国留日学生达到7000余人。1906年该学院停办。

本月，商务印书馆约请杜亚泉编辑蒙学堂课本《文学初阶》。

本月，《羊城日报》在广州创刊。

二月

5日，澳洲墨尔本出版发行华文报《爱国报》，旨在号召华侨团结起来，为维护自身合法权益而斗争。该报于1905年停刊。

8日，《新民丛报》在日本横滨创刊，半月刊，每月（农历）初一日、十五日发行。由梁启超任主编。分"图画"、"论说"、"学说"、"时局"、"政治"、"史传"、"地理"、"教育"、"宗教"、"学术"、"农工商"、"兵事"、"财政"、"法律"、"国闻短评"、"名家谈丛"、"舆论一斑"、"杂俎"、"问答"、"小说"、"文苑"、"绍介新著"、"中国近事"、"海外汇报"、"馀录"各栏目。该报至1907年11月停刊，共出96号。这是辛亥革命前资产阶级维新派的重要刊物，以发表政论为主，初期连载梁启超的《新民说》，介绍西方资产阶级的政治学说，抨击封建顽固派，对知识界有较大的影响。1903年以后，反对孙中山领导的资产阶级民族民主革命，曾遭到同盟会机关报《民报》的批判。除了政论以外，每期也兼载诗歌、小说和文艺报著等。如《诗界潮音集》，梁启超的《新罗马传奇》、翻译小说《十五小豪杰》、诗歌评论专著《饮冰室诗话》等均连载于此。

该报第1号有《本报告白》一文，其中述及创办的缘起："中国报馆之兴久矣，虽然求一完全无缺，具报章之资格，足与东西各报相颉颃者，殆无闻焉。非剿说陈言，则翻译外论，其记事繁简失宜，其边际混杂无序，殆幼稚时代势固有不得不然者耶。本社同人有慨于是，不揣梼昧，创为此册。其果能有助于中国之进步与否，虽不敢自信，要亦中国报界中前此所未有矣。"同时，梁启超还列"宗旨"三条："一、本报取《大学》新民之义，以为欲维新吾国，当先维新吾民。中国所以不振，由于国民公德缺乏，智慧不开。故本报专对此病而药治之。务采合中西道德以为德育之方针，广罗政学理论，以为智育之原本。一、本报以教育为主脑，以政论为附从。但今日世界所趋，重在国家主义之教育，故于政治亦不得不详。惟所论务在养吾人国家思想。故于目前政府一二事之得失，不暇沾沾词费也。一、本报为吾国前途起见，一以国民公利公益为目的。持论务极公平，不偏于一党派。

不为灌夫骂坐之语,以败坏中国者,咎非专在一人也。不为危险激烈之言以导中国,进步当以渐也。"

本年《新民丛报》中的文章,以《新民说》、《新民议》两篇为主。《新民说》里有《论新民为中国今日第一急务》、《释新民之义》、《就优胜劣败之理以证新民之结果而论及取法之所宣》、《论公德》、《论国家思想》、《论权利思想》、《论自由》、《论自治》、《论进步》、《论自尊》、《论合群》、《论生利分利》、《论毅力》等十余章。梁启超在《清代学术概论》中论述当日所为言论的影响情形说:"自是启超复专以宣传为业,为《新民丛报》、《新小说》等诸杂志,畅其旨义,国人竞喜读之,清廷虽严禁不能遏。每一册出,内地翻刻本辄十数。二十年来学于之思想,颇蒙其影响。启超夙不喜桐城派顾问,幼年为文,学晚汉、魏、晋,颇而矜炼,至是自解放,务为平易畅达,时杂以俚语韵语及外国语法,纵笔所至不检束,学者竞效之,号新文体。老辈则痛恨,诋为野狐。然其文条理明晰,笔锋常带情感,对于读者,别有一种魔力焉。"

后黄遵宪在四月间给梁启超的一封信里极力赞扬《新民丛报》的语言文字魅力,他认为"《清议报》胜《时务报》远矣,今之《新民丛报》又胜《清议报》百倍矣。《清议报》所载,如《国家论》等篇,理精义博,然言之无文,行而不远,计此报三年,公在馆日少,此不能无憾也。惊心动魄,一字千金,人人笔下所无,却为人人意中所有,岁铁石人亦应感动,从古至今文字之力大,无过于此者矣"。

后来在20年代的时候,胡适也对《新民丛报》的价值和贡献给予极高评价。他说,"廿五年来,只有三个杂志可以代表三个时代,可以说是创造了三个时代。一是《时务报》,一是《新民丛报》,一是《新青年》,而《民报》与《甲寅》还算不上。"当代学者戴文葆也曾说:"戊戌维新失败后流亡到日本的梁启超,广泛阅读日文书刊报纸,接受福泽谕吉、加滕弘之等的影响,吸收明治时期新文化,将当时在日本最流行的西方近代学术思潮,通过他主编的《新民丛报》,热情奔放地转输到国内,对中国传统文化痛加批判,形成对思想界的强大冲击,唤起许多知识青年'作新民'的觉悟,投身到时代的新潮中去。"

《新民丛报》第1号刊载了《劫灰梦传奇》,作者署"如晦庵主人"。《劫灰梦》,仅成《楔子·独啸》。叙书生杜撰(如晦)经历甲午战争、庚子事变,惊心时局,如梦初醒,欲效法法国作家福禄特尔(按:今作伏尔泰),以写作"小说戏本","把一国的人从睡梦中唤起来了"。《楔子·独啸》一出，作者借剧中人物之口，倡导用戏剧来开启民智。因无正文，不知所演何事。从《楔子》出中可见，作品系庚子事变后感慨时事之作，对列强、汉奸、朝廷均深致不满。

本月起，梁启超逐期撰写《诗话》于《新民丛报》中，他在第一批里论述作《诗话》的缘起说，"我生爱朋友，又爱文学，每于师友之诗文辞，芳馨悱恻，辄讽诵之，以印于脑。自忖于古人之诗，能成诵者寥寥，而近人诗则数倍之，殆所谓丰于昵者耶。其鸿篇巨制，洋洋洒洒者，行将别衷录之为一集，亦有东鳞西爪，仅记其一二者，随笔录之。"

13日，清廷谕准张百熙筹办京师大学堂计划。

18日，《台湾民报》因所谓"妨害治安"而被勒令停刊7日。

22日，《新民丛报》第2号开始连载《十五小豪杰》，至第13号完，署"［法］焦士威尔奴原著，少年中国之少年（梁启超）重译"。

《新民丛报》第2号和第6号还分别刊载《十五小豪杰》第一回和第四回的译后语。前者云："此书寄思深微，结构宏伟，读者观全豹后，自信余言之不妄。观其起之突兀，使人堕五里雾中，茫不知其来由，此亦可见（泰）西文字气魄雄厚处。"后者陈述翻译之难，并由此称曰："可见语言、文字分离，为中国文学最不便之一端，而文界革命非易言也。"

同日，《励学译编》第12册连载《迦因小传》完。

同日，章太炎东渡日本，于28日至横滨，曾寓新民丛报社。农历二月初九日，他致书吴君遂等，详细谈到资产阶级革命派和改良派在日本斗争情况。并对梁启超有所评价。他说，"吾不敢谓支那大计，在孙、梁二人掌中，而一线生机，唯此二子可望。今复交构，能无喟然。常以无相构怨，致为臭沟、大龟利用，婉讽中山，而才非陆贾，不能调和平、勃，如何如何！然不敢不勉也。"

24日，《政艺通报》在上海创刊，这是一份议论政治、历史、技艺的刊物，初为半月刊，1908年2月改为月刊，邓实为主编（马叙伦曾被委托担任过一段时期的主编）。该刊采用考贝纸印刷，每期约40余页，分为上下两篇：上篇言政，设有"政学文编"、"政书通辑"、"内政通纪"、"外政通纪"、"要电汇录"、"西政丛钞"、"历代政治文钞"、"皇朝政治文钞"等栏目；下篇言艺，设有"艺学文编"、"艺书通辑"、"艺事通纪"、"附录"等栏目。从第12期起，该刊开始增设中篇言史，专题介绍和论述中外历史的文章。(1904年3月又取消中编,恢复故例。)该刊创办的目的,一方面是为了讨论时政,研究社会病状,探讨救国图存的方案,以期使"老大之帝国、东方之病夫"于20世纪勃然兴旺;另一方面则为研究学术,藉学术思想开通民智,强壮民力,潜移默化"普及政治思想于全国",以实现其救国救民的理想。该刊第一年出版结束后,即仿照欧美《列国岁计政要》的体例,将全年内容分类归并,出版汇编本,称为《政艺丛书》,声称"举凡内国外国,立法行政兴艺,饬工之大典大法奇术新理,皆灿然明备,诚政界艺界之巨观,国闻掌故之渊海"。该套丛书按年分集,共出6集。1908年3月,《政艺通报》停刊,共出146期。《政艺通报》对于开阔人们的视野,启迪智慧,培养国民意识,产生了积极的影响。

26日,春江花月报报馆在上海被查封。

本月,刘坤一、张之洞在江宁(今南京)设立江楚编译局,黄绍箕、缪荃孙为编纂,罗振玉为副编纂。

本月,《中外算报》在上海创刊,月刊,杜亚泉主编。设有"文编"、"演说"、"译编"、"来稿"、"课艺"、"问答"等栏目。译编部分载有微分学、解析几何学、平面与立体几何学、三角、大代数等课程的教学参考资料。该刊还发表过化学计算法、物理计算法等内容。《中外算报》是20世纪中国第一份数学期刊。

本月,梁启超发表《保教非所以尊孔论》一文,主张教不必保,也不可保。"自今以往所当努力者,惟保国而已。"这种主张与他从前的见解,和男海(康有为)当日所努力的保教主张大相径庭,反映了梁启超政治思想的一大变迁。在这篇文章的前面一段话中,梁启超意味深长地这样说道:"此篇与著者数年前之论相反对,所谓我操我矛以伐我者也。今是昨非,不敢自默,其为思想之进步乎?抑退步乎?吾欲以读者思想之进退决之。"

梁启超之所以反对保教主张的理由主要在其束缚国民的思想。他认为,"我中国学界之光明,人物之伟大,莫盛于战国,盖思想自由之明效也。及秦始皇焚百家之语,坑方术之士,而思想一窒。……正学异端有争,今学古学有争,言考据则争师法,言性理则争道统,各自以为孔教,而排斥他人以为非孔教,于是孔教之范围,益日缩日小。……皆由思想束缚于一点,不能自开生面,如群猿得一果,跳掷以相攫,如群妪得一钱,诟骂以相夺,其情状抑何可怜哉。夫天地大矣,学界广矣,谁亦能限公等之所至,而公等果何为者?无他,暧暧姝姝,守一先生之言,其有稍在此范围外者，非惟不敢言之，抑亦不敢思之，此二千年来保教党所成就之结果也。"同时，梁启超还指出，"抑今日之言保教者，其道亦稍异于昔。……吾最恶乎舞文贱儒，动以西学缘附中学者，以其名为开新，实则保守，煽思想界之奴性而激益之也。"

梁启超这次的反对保教主张，不仅是一个教应否或者可否保的问题，因为在政治和学术思想方面，他都很清楚地指出了一个新的方向。但也因此，他与康有为在思想学术上产生了分歧。对此，梁启超又在文章中表达了自己坚定的观点与态度："此诸论者，虽专为一问而发，然启超对于我国旧思想之总批判及其所认为今后新思想发展应遵之途径，皆略见焉。中国思想之痼疾，确在'好依傍'与'名实混淆'。若援佛入儒也，若好造伪书也，皆原本于此等精神。……康有为之大同，空前创获，而必自谓出孔子，及至孔子之改制，何为必托古，诸子何为皆托古，则亦依傍混淆也已。此病根不拔，则思想终无独立自由之望，启超盖于此三致意焉。然持论既屡与其师不合，康、梁学派遂分。"

对于梁启超的这一思想见解，黄遵宪则大力支持和赞同。在四月里他给梁启超的信中，如此说道，"近见丛报第二篇乃惊喜相告，谓西海东海，心同理同，有如此者。仆自顾和人，安敢言学。然读公之论，于己有翻案进步之疑，于人有持矛挑战之说，故出其一二以相证。仆之于公，亦犹耶之保罗，释之迦叶，回之士丹而已。中国新民当出公手，万一非公所作，别有撰著之人，极欲闻其姓名，又欲叩公之意见也。"

本月，《东亚杂志》创刊于上海，为英文杂志，季刊。由英美传教士创办，内容以宣传宗教和研究中国问题为主，曾刊载李提摩太的《中国社会与风俗》等文。停刊日期不详。

三月

24日，梁启超的重要诗歌论著《饮冰室诗话》开始连载于《新民丛报》第4号至第95号（1907年11月6日）。其中凡174条，记述其"诗界革命"运动的情况，对维新派诗人康有为、谭嗣同、夏曾佑、蒋智由等的新派诗，多所采录，并大力宣扬黄遵宪的现实主义诗歌，是新派诗的重要评论著作。

本年春，清政府聘请吴汝纶为京师大学堂总教习，同时在京师大学堂附设编译书局，聘李希圣为编局总纂，严复为总办。林纾、曾宗巩、魏易及严复之子严璩等协助总办。严复制定《京师大学堂译书局章程》，为规范译书局人事机构、工作规章等作了明确规定。同时他还制定《章程条说》，对译书局设立的宗旨、工作原则以及应注意事项等作了进一步解释。本年清政府还颁发《京师大学堂编书处章程》。大学堂因之要求各省官书局自行印刷教科书目，却被误会为要求翻印教科各书，因而南洋上海各商埠、书坊纷纷不顾版权，准备将严复译著各书翻印出售。

《外交报》第9、10两期上连载严复的文章《与〈外交报〉主人书》一文。文章论及"今日之中国"、"中国之开议学堂"、"中西学之为异"、"政本而艺末"、"吾国今日之大患"、"今之教育"、"吾国之最患"、"兴废存亡之故"、"学术之事"、"以汉语课西学"、"教育办法划一条例"等。严复在文中曰："今吾国之所最患者，非愚乎？非贫乎？非弱乎？则径而言之，凡事之可以愈此愚、疗此贫、起此弱者皆可为。而三者之中，尤以愈愚为最急。何则？所以使吾日由贫弱之道而不自知者，徒以愚耳。"

四月

8日，《新民丛报》第5号开始刊载章太炎《文学说例》，第9、15号继续刊载。其文主要内容讲文字训诂之学。刊载《虞初今语》，不题撰人。

10日，《方言报》于上海创刊，日报，由方言报馆编辑发行，停刊时间不详。该报以"博采中外方言，发为演说，日出一纸，胪陈时事，潴辟见闻"为主旨，设有"朝报"、"舆论"、"市声"、"巷议"、"瀛谈"、"情话"、"游说"等栏目。其特点在于各栏文章或报道均采用不同方言土语撰写。例如"朝服"栏用京白，"舆论"栏用官话，"市声"栏用宁波话，"巷议"栏用广东话，"情话"栏用吴语等，内容侧重报道时事新闻、里巷趣闻和海外风情。其影响在于开创了集多种方言于一体的"文艺小报"之先例，为不少同类报纸所仿效。该报停刊时间不详。

15日，《飞影阁大观画报》在上海创刊，旬刊，内载有中西时事画与小说等文艺作品。

22日，《飞报》在上海创刊，内容以报道妓院消息以及有关妓女文字为主，广告文字各半，间有是时名家海上漱石生、周惺庵、补园、悦厂主人所作。

26日，章太炎等在日本发起"支那亡国二百四十二年纪念会"。4月26日（农历三月十九日）是明崇祯帝"殉国"242周年忌辰。章太炎为鼓吹革命排满，"振起世人之历史观念"，因而建议在当天举行"支那亡国二百四十二年纪念会"，并亲自为这次纪念会起草了一篇900余字的宣言书，大声疾呼曰："愿吾滇人，无忘李定国。愿吾闽人，无忘郑成功。愿吾越人，无忘张煌言。愿吾桂人，无忘瞿式耜。愿吾楚人，无忘何腾蛟。愿吾辽人，无忘李成梁。"号召留日学生"雪涕来会，以志亡国"。这次纪念会发起者除章太炎外，还有秦力山、冯自由、朱菱溪、马君武、周宏业、王思诚、李彬四等，留日学生报名者多达数百人，章太炎并邀请孙中山、梁启超为赞成人。至此，"支那亡国二百四十二年纪念会"定于4月26日在东京上野精养轩举行纪念仪式。本日，孙中山率领华侨、兴中会同志10余人从横滨前来参加，留学界不约而同赴会者达数百人。这次纪念会的召开鼓舞了排满革命的情绪，在爱国志士和留学生中产生了很大影响。

27日，蔡元培、蒋智由、章太炎等在上海发起成立中国教育会，宣传革命。这是当时中国知识界建立的第一个爱国革命团体。1907年该会停止活动。

蔡元培（1868—1940），革命家、教育家、政治家。字鹤卿，又字仲申、民友，号子民，曾化名蔡振、周子余。浙江山阴（今绍兴）人，清末进士，1894年被授予翰林院编修，留心西学，倾向维新。1902参与发起成立中国教育会，爱国学社成立后被推为总理。1903年参加军国民教育会，筹办出版《俄事警闻》，1904年改名《警钟日报》，同年任光复会会长。1905年中国同盟会在东京成立，被指派为上海分会会长。1912年任南京临时政府教育总长。同年辞职再度赴法，次年归国参加"二次革命"，失败后赴德，提倡勤工俭学。1917年出任北京大学校长，开"学术"与"自由"之风，对新旧各派学术观点主张兼容并蓄，提倡科学与民主。在他领导下，北大成为新文化运动的中心。1924年蔡元培被提名担任国民党候补中央监察委员。1927年时参加了蒋介石在上海发动的清党。南京国民政府成立后，历任大学院院长、中央研究院院长、国民政府常务委员、代理司法部部长、监察院院长等职。1932年在上海参与组织中国民权保障同盟，担任副主席。"九一八"事变后，积极投入抗日救亡运动，主张国共合作。1940年3月在香港病逝。著有《蔡元培全集》行世。

28日，《鹭江报》在厦门创刊，旬刊，由英国牧师梅迩·山雅各创办，他同时身兼总主笔、总经理，中国人冯葆瑛等也曾先后担任过编辑。由鹭江报馆印行，直排铅字印刷，装订成册，每期25页。设有"社论"、"国内外新闻"、"福建各地消息"以及"文艺副刊"、"广告"等栏目。《鹭江报》创刊号上，山雅各作叙表示创刊目的是要帮助清政府"仿效外洋之成规"。因此山雅各的文章都是为帝国主人的侵略政策进行辩护，而中国编辑所发的社论却不同，如冯葆瑛的《论中国索还满洲之大关键》一文则疾呼"夫满洲，中国之满洲也！"林砥中的《生中国乎？死中国乎？》、《中国人之中国》、《论中国当保全铁路之权利》等社论文章则在舆论上支持中国资产阶级革命，反对外国列强对中国的殖民侵略。《鹭江报》共出版发行90期，1905年1月20日，因刊载金门教案一事由英国领事馆胁迫厦门地方政府而被迫封闭。

本月，《新民丛报》第7期刊载严复《与〈新民丛报〉论所译〈原富〉书》。文章言及西学与翻译的文法等内容。文章曰："窃以谓文辞者，载理想之羽翼，而以达情感之音声也。是故理之精者不能载以粗犷之词，而情之正者不可达以鄙俗之气。……持欧洲挽近世之文章，以与其古者较，其所进者在理想耳，在学术耳，其情感之高妙，且不能比肩乎古代；至于律令体制，直谓之无几微之异可也。若夫翻译之文体，其在中国，则诚有异于古所云者矣……然必先之为律令名义，而后可以喻人。设今之译人，未为律令名义，闯然循西文之法而为之，读其书者乃悉解乎？殆不然矣。……"

本月，《通问报》在上海创刊，英文，周刊，由基督教长老会主办，主编为吴板桥，由广学会统一出版。

本月，官绅合办的《湖南日报》创刊。

本月，康有为《大同书》完成。在这部书里，他幻想出一个"无邦国、无帝王，人人平等，天下为公"的大同社会，并企图用改良渐进的方法去实现它。在书中，他根据自身的经历和思考，对资本主义制度的先进性作出肯定，但同时也对其弊病也进行了批判。《大同书》标志着康有为社会政治思想发展的顶峰，在中国近代思想史上占有重要地位。

五月

8日，《女学报》在上海创刊，月刊，由苏报馆主陈范之女陈撷芬创办，每月发行一期，每期出 20 页左右一小册。内容设有插画、论说、演说、女界近史、译件、尺素、词翰等栏目，多刊妇女界消息和妇女作家的作品。主要作者除陈撷芬外，还有陈班仙、吴弱男等女界名流。因随《苏报》发行，所以亦被人们称为《女苏报》。

《女学报》创刊宗旨在于扶植女权，提倡女学，反对缠足和买卖婚姻等行为完全以妇女为对象，除了提倡女学之外，该报进一步提出了争女权的思想，主张妇女独立，"不受男子之维持与干预"，男女平等，并把妇女的解放和民族的解放联系起来，号召妇女和男子一道，共同改变国家"受制于外人"的状况。该报还通过刊登来信和附加编者按语等方式，对外国资本主义列强侵华、排华的行径进行揭露和批判。1903 年农历闰五月，《苏报》被封，《女学报》也一度中断出刊。此后不久，又在日本恢复出刊，1903 年末至 1904 年初停刊。这是中国近代第一份带有明显反清革命色彩的妇女刊物，开创了中国妇女报刊之先河。

18 日，《岭东日报》在广东汕头创刊，由杨源主持，该报共设 8 版，除有一版尽是广告启事外，其余则登有"论说"、"上谕"、"时事辑要"（有时印为时事要闻）、"专件"、"潮嘉新闻"、"本省新闻"、"京省新闻"、"辕报"、"牌示"及加附杂文、诗歌等栏目。1908 年停刊。《岭东日报》是汕头出现的第一家地方报纸，开创了汕头"报界之滥觞"。

22 日，《杭州白话报》第 1 年第 31 期连载《救劫传》完。

25 日，袁世凯在保定创办直隶大学堂，聘美国人丁家立为总教习。

本月，文光楼刊出《李公案奇闻》三十四回，题"惜红居士编纂"。叙李持钧为官清正，公平断案的故事，李持钧实指光绪年间的李秉衡。他于庚子国变时自江苏率军北上抵抗八国联军，战败自杀。清廷曾优诏赐恤，后屈服于联军淫威，诏褫职，夺恤典。本书根据李的事迹敷演成书。书首"法国劳德氏口授，丹徒张士同笔述"之序，又"恨恨生"序，云："骨肉未寒，而罪名加矣；诏墨未干，而恤典撤矣。纪功无录，归狱有辞，岂始愿之所及乎？"又"惜红主人"、"痴道人"题词。

本月，《新民丛报》第 12 期刊载严复的文章《尊疑先生复简》，谈论有关翻译及翻译方法等问题。文曰："……大抵取译西学名义，最患其理想本为中国所无，或有之而为译者所未经见。若既已得之，则自有法想。在己能达，在人能喻，足矣，不能避不通之讥也。……盖翻艰大名义，常须沿流讨源，取西字最古太初之义而思之，又当广搜一切引申之意，而后回观中文，考其相类，则往往有得，且一合而不易离。……"

本月，张之洞改两湖书院为两湖大学堂，并创建湖北师范学堂，派梁鼎芬为监督，陈毅、胡钧为堂长。

六月

17日，《大公报》在天津创刊，创办人为满族立宪党人英华。创刊号上发表有《〈大公报〉序》，文中说明了报纸取"大公"一名为"忘己之为大，无私之谓公"，办报宗旨为"开风气，启民智，挹彼欧西学术，启我同胞聪明"。《大公报》每日出报8版，常鼓吹君主立宪，速开国会；支持改良，反对革命；提倡西学，反对保存"国粹"；呼号民族独立，反对帝国主义侵略。《大公报》是迄今中国发行时间最长的中文报纸。

20日，《新民丛报》第10号开始连载《新罗马传奇》前七出《侠情记》第一出，作者署"饮冰室主人（梁启超）"。《新罗马》正文七出，外《楔子》一出。叙意大利人民不堪专制暴政，在玛志尼、加里波的、加富尔三杰的领导下奋起反抗，取得了民族民主革命的胜利。取材于作者编译的《意大利建国三杰传》。始作于光绪二十八年（1902），成《楔子》一出，以后各出，随作随刊，时断时续。扪虱谈虎客在《楔子》出后批注道："作者初为《劫灰梦传奇》，仅成《楔子》一出，余亟赏之，日日促其续成。蹉跎至今，竟无嗣响。日者复见其所作《意大利建国三杰传》，因语之曰：'若演此作剧，诚于中国现今社会最有影响。'作者犹豫未应，余促之甚。端午夕，同泛舟太平洋滨归。夜向午，忽持此章相示。"又云："此出全从《桃花扇》脱胎。然以中国戏演外国事，复以外国人看中国戏，作势在千里之外。神龙夭矫，不可思议，吾不得不服作者之天才。"后载于第10—13、15、20、56号，直至1904年11月7日载完。

《侠情记》，剧作拟写意大利三杰之一的加里波的事迹，仅成第一出《缔忧》。此剧为《新罗马》传奇中片段。据卷末《著者自记》云："此《记》本《新罗马》传奇中之数出。因《新罗马》按次登载，旷日持久，故同人怂恿割出加将军的侠情韵事，作为别篇。"遂有《侠情记》之作，未完。载于1902年11月《新小说》

第1号。

22日，俞复、廉泉、丁宝书等在上海创办文明书局，这是近代中国创办较早的具有现代组织和管理模式的出版机构，书局前后历时约13年，培养了中国早期的优秀出版家和编辑家，如陆费逵、沈知方、吕子泉、陈协恭、沈鲁玉等都曾在职于该书局，编辑家丁福保、庄俞等均在其担任过编辑。该书局曾率先推出新学教科书，率先采用彩色石印，并自创照相铜版和珂罗版，屡有开拓创新，对近代中国的教育事业、文化事业和出版事业都做出了重要贡献。1915年9月，文明书局并入中华书局。

23日，《启蒙画报》在北京创刊，彭翼仲主办并自任撰述，刘炳堂任画师，由启蒙画报馆编印发行。初为日刊，后改为月刊，次年又改为半月刊。采用上图下文的形式，图画用木雕，文字采用白话，形式新颖，通俗易懂。画报参考当时中西教育课程，设有"伦理"、"舆地"、"掌故"、"算术"、"格致"、"动植物"和"附页"7个栏目，内容涉及古今史事掌故、国内外时事新闻和科技常识等，其中有不少是描绘北京的都城建置、皇室生活、朝臣传记和人情风土。该画报以儿童读者为主要对象，以开启民智、启迪童蒙为创刊宗旨。该画报除"掌故"和"伦理"介绍中国历史知识，宣扬传统道德伦理观念为主以外，其他栏目大部分都以西学的知识结构为基础，介绍新知识、新观念和新风俗。如鼓励兴办学堂、妇女放足、进入女学堂接受教育；鼓励学生留学西洋和东洋，学习先进知识报效国家，等等，与当时梁启超、黄遵宪、严复等启蒙思想家所宣扬和倡导的新观念一致。1904年，《启蒙画报》停刊，共出181号。这是清代末年中国北方出版的第一份画报，也是北京出现最早的白话画报。

本月，康有为发表《答南北美洲诸华商论中国之可行立宪不可行革命书》。文章以保皇立宪为目的，抹杀汉满民族之区别，称光绪皇帝圣仁英武，散布革命恐怖论调。后章太炎写文章对此进行了批驳。

七月

15日，《译书汇编》第5期刊登了《时事漫论——帝国主义》一文，曰："世界上最无餍足者，人类之欲望而已。近世帝国主义之出现，实由此无餍足之欲望逼迫而生。"19世纪末至20世纪初是帝国主义形成时期,"而实行之事实,将靡满于现世纪中。美之灭非立宾（菲律宾）,英之克布亚（喀布尔）,俄之略满洲,其他诸国之扩张势力范围于亚洲大陆,皆此帝国主义之起点也。"文章还进一步分析称:"兼弱攻昧,为此主义之本领；利己损人,为此主义之目的；而内充实其国力,外伸张其权势,为此主义实行之顺序。其在外交台上,以诡秘出之,其对未开人种,以暴力压之,假文明之面,行野蛮之事","欧美日本诸强国,群奉此主义"。该篇文章反映了当时中国人对帝国主义的认识。

19日,《新民丛报》第12号刊载《百合花》,署"德富芦花译述"。

31日,贵州巡抚邓华熙成立贵州大学堂,并变通山东大学堂章程,厘定大学堂详细条规十三章。

本月,日商报纸《支那小报》在上海创刊,设有"译林"、"奇新"、"语林"、"花林"等栏目,其内容、体式完全模仿《游戏报》、《繁华报》。

农历六月,章太炎为广智书局译述《社会学》一书付梓（日本岸本能武太著）,并撰写《社会学自序》,曰:"社会学始萌芽,皆以物理证明,而排拒超自然说。"

八月

4日,《新民丛报》第13号连载《十五小豪杰》,梁启超所译至此止,第14号起,为罗普续译。

5日,《苏州白话报》（不同于此前1901年包天笑创办的《苏州白话报》）在上海创刊,设有"新闻"、"本馆论说"及"小说"等栏目,为纯吴语小报,除了刊登京、沪及苏州新闻之外,还登载小说,其所刊小说有《后海上花列传》。

18日,《新民丛报》第14号刊载《中国唯一之文学报〈新小说〉》,云:"小说之道感人深矣。泰西论文学者必以小说首屈一指,岂不以此种文体曲折透达,淋漓尽致,描人群之情状,批天地之窾奥,有非寻常文豪所能及者耶！中国自先秦以前,斯道既剳,《汉书·艺文志》已列小说家于九流；但汉唐以后,学者拘文牵义,困于破碎之训诂,骛于玄渺之心性,而于人情事理切实之迹,毫不措意,于是反鄙小说为不足道。夫人之好读小说,过于他书,性使然矣。小说既终不可废,而所谓好学深思之士君子,吐弃不肯从事,则僿薄无行者,从而篡其统,于是小说家言遂至毒天下，中国人心风俗之败坏，未始不坐是。本社同人恫焉，是用因势而利导之，取方领矩步之徒所不屑道者，集精力而从事焉。班孟坚不亦云乎：'闾里小知者之所及，亦使缀而不忘，如或一言可采，此亦刍荛狂夫之议也。'其诸新世界之青年，亦在所不弃欤？"同时称，"本报宗旨，专在借小说家言，以发起国民政治思想，激厉其爱国精神。一切淫猥鄙野之言，有伤德育者，在所必摈。"文章清晰罗列并定义解释了报纸所将包含的主要内容，包括有图画、论述、历史小说、政治小说、哲理科学小说、军事小说、冒险小说、探侦小说、写情小说、语怪小说、札记体小说、传奇体小说、世界名人逸事、新乐府、粤讴及广东戏本 15 种。其中《罗马史演义》《十九世纪演义》《自由钟》《洪水祸》《东欧女豪杰》《亚历山大外传》等属于历史小说；《新中国未来记》《旧中国未来记》《新桃源》(又名《海外新中国》)等属于政治小说；《共和国》《华严界》《新社会》《世界未来记》等几部即属于哲理科学小说，这些哲理科学小说都出于译本。

此外，还刊载有《爱国女儿传奇》，作者署"东学界之一军国民"。连载《十五小豪杰》，译者改署"披发生（罗普）"，至第 24 号完。

本月，孙中山为日本人宫崎寅藏所著《三十三年之梦》作序，称赞宫崎襄助中国革命党人的"创兴共和之举"。

九月

2 日，《新世界学报》在上海创刊发行，半月刊，逢初一、十五出版，陈黻宸任主编，马叙伦、杜士珍等为执笔。该刊是一份"以通古今中外学术为目的"，"取学界中言之新者为主义"的学术性刊物。该刊设有"经学"、"史学"、"政治学"、"心理学"、"兵学"、"教育学"、"医学"、"农学"等 18 个栏目。栏目之多，学科之广，在当时可谓第一。该刊于 1903 年 4 月 27 日停刊。

24 日，章太炎译述的《社会学》一书由上海广智书局出版发行。《社会学》一书是日本学者岸本武能太在 1900 年出版的著作。1902 年 7 月章太炎开始翻译此书，并分上下两册出版，这是中国第一部普通社会学著作全译本。该书作者注意将社会性与个性结合起来，兼取斯宾塞和美国心理学派代表吉丁斯两家社会学见解，并纠正了两人的偏向，认识比较全面，翻译水平也较高。1902 年 12 月 14 日出版的《新民丛报》"介绍新书"栏目对此书作了介绍，略称："译著于祖国学术博而能通，其所定名词，切实精确，其译笔兼信、达、雅三长，诚译坛中之最锋者也。近年以来，译事骤盛，而所选之书，率皆普通之历史、地理等，而于高尚专门之学科，阙焉无闻，实译事不发达之明证也。著此书者，其可称译界一明星乎！"

十月

16日，上海格致书院聘请美国人李佳白讲学。当日为第1期，内容为"中美政治之异同"。

同日，《新民丛报》第18号刊载了梁启超的《进化论革命者颉德之学说》一文。在这篇文章中，梁启超两处提到了"麦喀士"（今译马克思）和"社会主义"。一处说："人类将来之进化，当由何途，当以何为归宿，竟不能确实指明，而世界第一大问题，竟虚悬而无薄。故麦喀士（日耳曼任，社会主义之泰斗也）嘲之曰：'今世学者，以科学破宗教……'"又一处说："今之德国，有最占势力之二大思想：一曰麦喀士之社会主义；二曰尼志埃之个人主义（尼志埃为极端之强权论者）。"这是中国人在自己办的刊物上，较早地把马克思和社会主义这两个译名介绍给中国读者的文字。

本月，南洋公学译书院出版严复译自亚当·斯密的著作《原富》全书，分甲乙丙丁戊5部8册。最后一册末页还专门印有"光绪二十八年十月南洋公学译书院第一次全书出版，书经存案，翻刻必究"之声明。《原富》的出版在当时中国社会上引起了极大的轰动。据1903年7月26日盛宣怀给张元济札称："《原富》一书，为严几道（严复）生平译本最著之作，近来讲理财者必探原于斯密氏，故此书风行最广。"

十一月

14日，《新小说》杂志在日本横滨创刊，编辑发行人为赵毓林，实际上是梁启超。杂志自第2卷起由上海广智书局出版，共出24号，于1906年1月停刊。《新小说》的创刊,为当时新小说的创作实践和理论探讨提供了重要阵地,标志着"小说界革命"的开始,晚清小说由此进入新的发展阶段。刊物以发表小说为主,兼及诗歌、戏曲、笔记和文艺理论等。所发表的作品,梁启超自著的作品占十分之七,译本只有十分之三。其自著作品处处皆有寄托,全为开导中国文明进步起见,大都同当时政治、社会等问题有关,倾向改良主义。这是我国近代粗具规模的新型小说刊物。它在资产阶级维新派倡导"小说界革命"的形势下诞生,对促进小说繁荣局面的出现具有重要影响。它和其后创刊的《绣像小说》(1903)、《月月小说》(1906)、《小说林》(1907),被称为晚清四大小说杂志。

阿英曾评论说:"《新小说》可称之为'开山祖',小说地位之提高有赖乎此。《小说丛话》之开辟,亦以此为基点,小说如《二十年目睹之怪现状》、《洪水祸》、《痛史》、《九命奇冤》、《黄绣球》、《新中国未来记》等,固自有其不可磨灭之时代价值;惜乎兼刊侦探,不免是白璧微瑕。"

《新小说》第1号刊载了梁启超的理论文章《论小说与群治之关系》,提出了"小说界革命"的口号。梁启超论述了小说的重要性,他称:"欲新一国之民,不可不先新一国之小说。故欲新道德,必新小说;故欲新宗教,必新小说;故新政治,必新小说;欲新风俗,必新小说;欲新学艺,必新小说;乃至欲新人心,欲新人格,必新小说。何以故?小说有不可思议之力支配人道故。"可见梁启超看重的是小说启蒙、新民的工具作用。

他对小说于人的情感、思想、行为方面的作用、影响,小说在文学中的地位以及小说的艺术特点等许多方面进行充分论述,曰:"小说之以赏心乐事为目的者固多,然此等顾不甚为世界所重;其最受欢迎者,则必其可惊可愕可悲可感,读之而生出无量噩梦、抹出无量眼泪者也。……凡人之性,常非能以现境界而自满足者也。而此蠢蠢躯壳,其所能触能受之境界,又顽狭短局而至有限也。故常欲于其直接以触以受之外,而间接有所触有所受,所谓身外之身,世界外之世界也。此等识想,不独利根众生有之,即钝根众生亦有焉。而导其根器使日趋于钝、日趋于利者,其力量无大于小说。小说者,常导人游于他境界,而变换器常触常受之空气者也。此其一。人之恒情,于其所怀抱之想象,所经阅之境界,往往有行之不知、习矣不察者,无论为哀为乐、为怨为怒、为恋为骇、为忧为惭,常若知其然而不知其所以然。欲摹写其情状,而心不能自喻,口不能自宣,笔不能自传。

有人焉和盘托出，彻底而发露之，则拍案叫绝曰：'善哉善哉，如是如是。'所谓'夫子言之，于我心有戚戚焉'。感人之深，莫此为甚。此其二。此二者实文章之真谛，笔舌之能事。苟能批此窾、导此窍，则无论为何等之文，皆足以移人；而诸文之中能极其妙而神其技者，莫小说若。故曰小说为文学之最上乘也。由前之说，则理想派小说尚焉；由后之说，则写实派小说尚焉。小说种目虽多，未有能出此两派范围外者也。"

他还指出，"抑小说之支配人道也，复有四种力：一曰熏。熏也者，如入云烟中而为其所烘，如近墨朱处而为其所染。……二曰浸。浸也者，入而与之俱化者也。……三曰刺。刺也者，刺激之义也。刺也者，能使人于一刹那顷，忽起异感而不能自制者也。……四曰提。前三者之力，自外而灌之使入；提之力，自内而脱之使出，实佛法之最上乘也。凡读小说者，必常若自化其身焉，入于书中，而为其书之主人翁。"

梁启超在指出小说重要性的同时，也对传统小说中一些腐朽思想内容对群治之负面影响进行论述："小说之在一群也，既已如空气如菽粟，欲避不得避，欲屏不得屏，而日日相与呼吸之餐嚼之矣。于此其空气而苟含有秽质也，其菽粟而苟含有毒性也，则其人之食息于此间者，必憔悴，必萎病，必惨死，必堕落，此不待蓍龟而决也。于此而不洁净其空气，不别择其菽粟，则虽日饵以参苓，日施以刀圭，而此群中人之老、病、死、苦，终不可得救。知此义，则吾中国群治腐败之总根原，可以识矣。吾中国人状元宰相之思想何自来乎？小说也，吾中国人佳人才子之思想何自来乎？小说也；吾中国人江湖盗贼之思想何自来乎？小说也；吾中国人妖巫狐鬼之思想何自来乎？小说也。……呜呼！小说之陷溺人群，乃至如是！乃至如是！大圣鸿哲数万言谆诲之而不足者，华士坊贾一二书败坏之而有余！斯事既愈为大雅君子所不屑道，则愈不得不专归于华士坊贾之手。而其性质，其位置，又如空气然，如菽粟然，为一社会中不可得避、不可得屏之物，于是华士坊贾，遂至握一国之主权而操纵之矣。呜呼！使长此而终古也，则吾国前途，尚可问耶？尚可问耶？"由此，梁启超提出，"故今日欲改良群治，必自小说界革命始；欲新民，必自新小说始。"

由此，一场以"小说界革命"为口号的文学运动掀起，揭开了中国小说史上新的一页。这是近代最早出现的重要的小说理论著述，成为晚清小说理论研究的先导。它比较全面地对小说的社会作用、社会影响和它在文学中的地位，以及小说的艺术特点等方面的问题进行论述，并且第一次正面提出小说必须改革的主张，对这一时期小说理论的研究和创作的繁荣具有深刻的影响。正因为梁启超在"群"的前提下讨论"私人"、"个人"，他笔下的"民族"与"私人"、"民族主义"与"个人权利"、"个人自由"才不仅不矛盾，反而结合为一个统一体，构成你中有我、我中有你的结构体系。这种梁启超式的思想结构体系表现了上世纪末以来中国数代知识分子的思想特征：他们可以在不同的时期强调任何不同的思想内容，但他们思想深处的总主题却永远是民族国家，是富国强兵。"五四"时代精神恰恰是这种思想结构体系的发展，形成了"民族主义"与"个人主义"的统一。在梁的话语中，他把与君相连的、处于"奴"的地位的"臣民"变成了有独立地位的"国民"，这是对传统理论的一次大的突破。他虽然没有能够达到"五四"时的高度，却明显向"五四"大大迈进了一步。在这样的"国民"主义中，"五四"一代作家倡导的"个性主义"已经呼之欲出了。

此后，研究小说之风大开，遂有楚卿的《论文学上小说之位置》（1903）、松岑的《论写情小说与新社会之关系》（1905）、夏穗卿的《小说原理》（1903）、天僇生的《论小说与改良社会之关系》（1907）和《中国历代小说史论》（1907）、觉我的《余之小说观》（1908）等文章先后发表，对梁启超论述的基本观点，在很大程度上作了引申、补充，使资产阶级改良主义的小说理论更加系统、完整，不仅推动了改良主义小说创作的繁荣，同时，也促进了资产阶级革命派小说的兴起。吴趼人在《月月小说序》中，对其影响这样说道："吾感夫饮冰子《论小说与群治之关系》之说出，提倡改良小说，不数年而吾国之新著新译之小说，几乎汗万牛充万栋，犹复日出不已而未有穷期也。"

《新小说》第1号开始连载《洪水祸》、《东欧女豪杰》、《新中国未来记》、《海底旅行》《世界末日记》《二勇少年》《离魂病》等小说作品。《洪水祸》被标为"历史小说"，后续载于第7号，共五回，未完，作者署名"雨尘子"。是书欲叙法国大革命历史，第一回楔子有俚语四句云："巴黎市中妖雾横，断头台上血痕腥。英雄驱策民权热，世界胚胎革命魂。"是为创作主旨。

同期开始连载《东欧女豪杰》，至次年闰五月第5号为止，标为"历史小说"。共五回，未完，署名为"岭南羽衣女士"著，"谈虎客"批。"岭南羽衣女士"即罗普。

这是一本借写苏菲亚的历史攻击专制宣传革命的小说。

同期开始连载《新中国未来记》,后续载于本年十一月、十二月、翌年七月第2、3、7号,署"饮冰室主人(梁启超)著,平等阁主人(狄葆贤)批"。标为"政治小说",共五回,未完。《新中国未来记》是梁启超借以阐发自己政治理想和见解的一部小说,采用对话体方式行文,鼓吹君主立宪,反对民主革命。作品规模宏大,所成的五回实际仅为全书序曲。梁启超在其绪言里述写这篇小说的缘起和目的时说道,"余欲著此书,五年于兹矣,顾卒不能成一字,况年来身兼数役,日无寸暇,更安能以余力及此?顾确信此类之书,于中国前途,大有裨益,夙夜志此不衰。既念欲俟全书卒业,始公诸世,恐更阅数年,杀青无日,不如限以报章,用字鞭策,得寸得尺,聊胜于无。《新小说》之出,其发愿专为此编也。"他指出这部作品的目的曰:"兹编之作,专欲发表区区政见,以就正于爱国达识之君子。编中寓言,颇费覃思,不敢草草;但此不过臆见所偶及,一人之私言耳,非信其必可行也。国家人群,皆为有机体之物,其现象日日变化,所有管、葛,亦不能以今年料明年之事,况于数十年后乎,况末学寡识如余者乎。但提出种种问题,一研究之,广征海内达人意见,未始无小补,区区之意,实在欲是。读者诸君,如鉴微诚,望必毋吝教言,常惠驳义,则鄙人此书,不为虚作焉耳。""但提出种种问题一研究之,广征海内达人意见,未始无小补,区区之意,实在于是。"梁启超还指出,"此编初成两三回,一覆读之,似说部非说部,似稗史非稗史,似论著非论著,不知成何种文体,自顾良自失笑。虽然,既欲发表政见,商榷国计,则其体自不能不与寻常说部稍殊。编中往往多载法律、章程、演说、论文等,连篇累牍,毫无趣味,知无一餍读者之望矣,愿以报中他种之有滋味者偿之;其有不喜政谈者乎,则以兹覆瓿焉可也。"

同期开始连载《海底旅行》,至次年第6号(即第18号)止,未完,标为"泰西最新科学小说",题为"英国肖鲁士原著,南海卢藉东译意,东越红溪生润文,披发生(罗普)批"。

同期刊载《世界末日记》,标为"哲理小说",署"饮冰(梁启超)译"。

同期刊载《二勇少年》,标为"冒险小说",署"[日]樱井严一郎译,南野浣白子述译"。

同期开始连载《离魂病》,至第6号完。标为"侦探小说",署"披发生(罗普)

译述"。

同期刊载梁启超《译印政治小说序》，末云："在昔欧洲各国变革之始，其魁儒硕学，仁人志士，往往以其身之所经历，及胸中所怀，政治之议论，一寄之于小说。……往往每一书出，而全国之议论为之一变。彼美、英、德、法、奥、意、日本各国政界之日进，则政治小说为功最高焉。英名士某君曰：'小说为国民之魂。'岂不然哉！岂不然哉！今特采外国名儒所撰述，而有关切于今日中国时局者，次第译之，附于报末，爱国之士，或庶览焉。"

在同年十一月黄遵宪给梁启超的一封信中，黄遵宪对《新小说报》和《新中国未来记》作了很高评价，并就小说的创作论提出了自己的观点："《新小说报》初八日已见之，果然大佳，其感人处，竟越《新民报》而上之矣。仆所最贵者，为公之关系群治论及世界末日记，读至'爱之花尚开'一语，如闻海上琴声，叹先生之移我情也。《新中国未来记》表明政见，与我同者十之六七，他日再细评之与公往复。此卷所短者，小说中之神采（必以透彻为佳）之趣味耳（必以曲折为佳）。俟陆续见书，乃能言之，刻未能安策也。仆意小说所以难作者，非举今日社会中所有情态一一饱尝烂熟，出于纸上，而又将方言诱语一一驱遣，无不如意，未足以称绝妙之文。前者须富阅历，后者须积材料。阅历不能袭而取之，若材料则分属一人，将《水浒》、《石头记》、《醒世因缘》以及泰西小说至于通行俗谚所有譬喻语、形容语、解颐语，分别抄出以供驱使，亦一法也。公谓何如？《东欧女豪杰》笔墨极为优胜，于体裁最合。总之，努力为之，空前绝构之评，必受之无愧色。"《新中国未来记》作为一部政治小说，图解了梁启超的政治理想，并让小说人物口头完成了梁的政论。

在《世界末日记》译后语中，饮冰（即梁启超）称其为"以科学上最精确之学理，与哲学上最高尚之思想，组织以成此文，实近世一大奇著也"。并指出将这部作品翻译并刊登于《新小说》第1号之缘由，乃是"以语菩萨，非以语凡夫、语声闻也"。

同日，《新民丛报》第20号"绍介新刊"栏目刊登文章《〈新小说〉第一号》。未署作者名。文中分析报刊连载小说与传统小说创作之差别，并指出新小说创作、编写的五大困难，曰："小说为文学之最上乘，近世学于域外者，多能言之。但我中国此风未盛，大雅君子犹吐弃不屑厝意。但此编结构之难，有视寻常说部数倍者。盖今日提倡小说之目的，务以振国民精神，开国民智识，非前此诲盗诲淫诸作可比。必须其一副热肠，一副净眼，然后其言有裨于用。名为小说，实则当以藏山之文、经世之笔行之。其难一也。小说之作，以感人为主，若用著书演说窠臼，则虽有精理名言，使人厌厌欲睡，曾何足贵？故新小说之意境，与旧小说之体裁，往往不能相容。其难二也。一部小说数十回，其全体结构，首尾相应，煞费苦心，故前此作者，往往几经易稿，始得一称意之作。今依报章体例，月出一回，无从颠倒损益，艰于出色。其难三也。寻常小说一部中，最为精采者，亦不过十数回，其余虽稍间以懒笔，读者亦无暇苛责。此编既按月续出，虽一回不能苟简，稍有弱点，即全书皆为减色。其难四也。寻常小说，篇首数回，每用淡笔晦笔，为下文作势。此编若用此例，则令读者彷徨于五里雾中，毫无趣味，故不得不于发端处，刻意求工。其难五也。此五难非亲历其中甘苦者，殆难共喻。此编自著本居之七，译本仅十之三。其自著本处处皆有寄托，全为开导中国文明进步起见。至其风格笔调，却又与《水浒》《红楼》不相上下。其余各小篇，亦趣味盎然，谈言微中，茶前酒后，最助谈兴。"

同期还开始连载《殖民伟绩》，至第22号完，不题撰人。

同日，《游学译编》在日本东京创刊，月刊，此刊为东京弘文学院湖南留日学生杨毓麟、周家树所创办，黄兴亦参与其事。由湖南留日学生组成的东京游学译编社编辑，熊野萃任编辑，由长沙矿务总局发行。第4册及第8册起各期，杨度、周家树、陈润霖、周宏业、曾鲲化、黄兴、张孝准等编译。共出12期，每期50余页。以"输入文明，增益民智"为宗旨。所设栏目有"学术"、"教育"、"军事"、"实业"、"理财"、"内政"、"外交"、"历史"、"地理"、"时论"、"新闻"、"小说"等。刊载稿件，初版时"全以译述为主"，后来并未以此为限，也刊发了不少自撰的文字。兼刊论著。除介绍域外新知，世界大势外，还鼓吹发展实业，推行近代文明教育。1903年拒俄事件后，言论日益激烈。所刊《满洲问题》、《民族主义之教育》、《19世纪欧罗巴历史之壮观》等文，公开宣传反满，主张"下等社会"与"中等社会"结合起来，实行民族民主革命，1903年11月第12期后停刊。

本月，世界繁华报馆刊印《庚子国变弹词》线装巾箱本，六册四十回。书首李伯元自序，云："庚子之役，海内沸腾，万乘之尊，仓皇出走。凡目之所见，耳之所闻，缄札之所胪陈，诗歌之所备载，斑斑可考，历历如新。和议既成，群情顿异，骄奢淫佚之习，复中于人心，敷衍塞责之风，仍被于天下，几几乎时移世异，境过情迁矣。著者于是又《国变弹词》之作，删繁就简，由博返精。自谓于忠奸贤佞之途，功罪是非之列，尚不随人俯仰，与物周旋，书成汇付梓人，以质知者，亦曰此杞人忧天之语，托于俳优相戏之词云尔。"署"时壬寅十月既望，著者自序于酒醒香销之室"。

全书揭露八国联军侵略中国的罪行，但对义和团又持敌视态度。作者在第一回中叙述其创作动机时称："殊不知我们中国的人心，是有了今日，便忘了昨朝；有了今日的安乐，便忘了昨日的苦楚；所以在下……重新演说一遍。……无非是叫他们安不忘危，痛定思痛的意思。"阿英曾在《小说二谈》中评价这部作品说道："这部弹词是代表了旧的弹词最高的发展，是突破了英雄美人、佳人才子一般固定的老套，走向广大的社会生活，历史上的特殊事变。"

本月，梁启超数年来所作的文章由何擎一汇辑成为《饮冰室文集》。梁启超作自序一篇，详述了汇集该书的缘起和感想。

本月，浙江同乡会在日本东京宣告成立，并决定出版《浙江潮》月刊。

十二月

1日，《翻译世界》在上海创刊，月刊，上海支那翻译会编辑出版，马君武担任主编。该刊"以导引中国人民注意世界知识"为宗旨，设有"哲学"、"社会学"、"宗教"、"政治"、"法律"等栏目。仅出版4期即停刊。

9日，《大陆报》于上海创刊，由归国留日学生戢元丞、秦力山、杨廷栋、雷奋、陈冷灯创刊。第1、2卷为月刊，第3卷起改为半月刊，由大陆报总发行所编辑兼发行。主要设有"言论"、"学术"、"史传"、"军事"、"商工"、"教育"、"时事评论"、"杂录"、"文苑"、"小说"、"外论"等栏目。该报旨在鼓吹民主革命，指出"'大陆'云者，盖深有痛于大陆之事，而特为大声疾呼，以觉我大陆者也"。该报于1906年11月停刊，共出47期。《大陆报》第1卷第1号开始连载《〈鲁宾逊漂流记〉译者识语》，至第12号完，标"冒险小说"，署"[英]德福著"。

14日，《新小说》第2号刊载《东欧女豪杰》第二回，《新中国未来记》第三回，《海底旅行》第五、六、七回，《二勇少年》第三回。刊载《俄皇宫中之人鬼》，标为"语怪小说"，署"[法]前驻俄公使某君著，曼殊室主人（梁启超）译"。刊载《冥闹》，作者蒋鹿山。

《新小说》第 2 号还刊载了平等阁主人的《新中国未来记》第三回总批,从四个方面对梁启超的《新中国未来记》作出了评论。首先,称作品"始终跟定一个主脑,绝无枝蔓之词"。其二,"此篇却无一陈言,无一字强词,壁垒精严,笔墨酣舞"。其三,"此篇辩论四十余段。每读一段,辄觉其议论已圆满精确,颠扑不破,万无可以再驳之理;及看下一段,忽又觉得别有天地;看至段末,又是颠扑不破,万难再驳了。段段皆是如此"。其四,"此篇论题,虽仅在革命论、非革命论两大端,但所征引者皆属政治上、生计上、历史上最新最确之学理。若潜心理会得透,又岂徒有益于政论而已"。

同日,《新民丛报》第 22 号连载《殖民伟绩》完。

18 日,京师大学堂设立译书馆。

25 日,《北洋官报》在天津创办,双日刊,每期一册,直隶总督兼北洋大臣袁世凯主办。该报以"讲求政治学理,破锢习,知识,期于上下通志,渐致富强"为宗旨,宣称所有"离经害俗"言论,一概摒不登录。该报以刊载圣谕广训直解、上谕、新政为主要内容,鼓吹直隶"新政",抗拒革命潮流,维护封建统治思想,扼杀资产阶级舆论。1906 年,该报更名为《北洋学报》。1911 年 5 月,更名为《北洋公报》,至 1912 年 5 月停刊。这是近代中国最早的政府官报。

本月,《苏报》增辟"学界风潮"栏目,并始倾向革命。

本月,《英文汇报》在上海创刊,半月刊,采用中英文对照,卢和生主编,设有"论说"、"上谕"、"各国政治新闻"、"工艺制造"等栏目。

本月,孙中山在日本东京嘱托留日学生刘成禺撰写《太平天国战史》,以此作为反清的宣传品,并为该书作序。该书于 1904 年在东京出版发行。

本年

本年夏,张謇在通州(今南通市)创办通州师范学堂,这是我国第一所师范学校。先后聘请了王国维等教师。

本年,留日学生陆世芬等在日本东京设立教科书译辑社。

本年,程淯在山西太原创办《晋报》,5 日出一期,设有"官门抄"、"上谕"、"专件"、"京省新闻"、"各国新闻"、"京报选录"等栏目,并首次使用铅字活字版印刷,该报办报宗旨为"开通风气,启佑民聪"。内容涉及工业、农业、科学、商业、文教、卫生等各行各业和政治、军事、经济、文化等各个领域。这是山西省最早的报纸。停刊时间不详。

本年,光绪皇帝下令废除八股文。

本年,《花天日报》创刊。记载"花国"事,内容分为"引首"、"论著"、"顾曲闲评"、"杂诗"等栏目。

本年,蔡元培所编的《文变》三卷由商务印书馆刊行。选文凡43篇,都是"当世名士著译之文","寻其义而知世界风会之所趋,玩其文而知有曲折如意,应变无方之效用"。它是这一时期政论散文中最富有新思潮的选本。

本年,梁启超于横滨集股创办译书局,资本约6万余元。

本年,梁启超著述甚多。除了政论文章以外,关于学术方面者有《论中国学术思想变迁之大势》和《新史学》两篇。其介绍西人学说者有《亚里斯多德之政治学说》、《进化论革命者颉德之学说》、《乐利主义泰斗边沁之学说》、《法理学大家孟德斯鸠之学说》、《天演学初祖达尔文之学说及其传略》、《近世文明初祖二大家之学说》和《论泰西学术思想变迁之大势》数篇。所为名人传记有《近世第一女杰罗兰夫人传》、《意大利建国三杰传》、《匈加利爱国者噶苏士传》、《张博望班定远合传》《黄帝以后第一伟人赵武灵王传》。其言地理者有《地理与文明之关系》、《亚洲地理大势论》、《中国地理大势论》、《欧洲地理大势论》。《世界末日记》和《论小说与群治之关系》是黄遵宪极力称誉的两篇文章。《新罗马传奇》中第四出极力描写玛志尼之伟人,"扪虱谈虎客"谓先生最崇拜其人,话语皆有寄托,并论梁启超为文的特长说:"作者为文无他长,但胸中有一材料,无不提之以入笔下耳。"《论中国学术思想变迁之大势》一文,规模颇大,全书分十六章,综论中国古今学术思想演变之迹,很有卓见。他在《三十自述》中云:"迩来蛰居东国,忽又岁余矣。所志所事,百不一就。惟日日为文字之奴隶,空言喋喋,无补时艰。平旦自思,只有惭悚。顾自审我之才力,及我今日之地位,舍此更无术可以尽国民责任于万一。……惟于今春为《新民丛报》,冬间复创刊《新小说》,述其所学所怀抱者,以质于当世达人志士,冀以为中国国民遒铎之一助。"

本年,俞樾所著传奇《骊山传》、《梓潼传》刊出。《骊山传》八出,为《春之堂传奇》之一。未见著录。为考据骊山老母之来历而作。作者在剧作开场中云:"这本戏叫做《骊山传》,听我表明大意。那周武王乱臣十人,有一妇人,或说是太姒,或说是邑姜,都讲不去。有人把妇人改作殷人,说是胶鬲,更属无稽。直到曲园先生,才考得此妇人,是戎胥轩妻姜氏,即后世所称为骊山老母者。……我故演出此戏,使妇竖皆知,雅俗共赏,有功经学。看官留意,勿徒作戏文看也。"下场诗云:"平生耽著述,颇不袭陈因。搜出骊山女,补完周乱臣。经生传述误,史氏记来真。此论奇而确,迂儒莫怒嗔。"以戏曲来做考证文章,亦属罕见。今存光绪二十八年(1902)《德清俞荫甫所著书》第十八函所收本和光绪间刻《春在堂传奇》所收本。《梓潼传》十出,为《春在堂传奇》之二。未见著录。为考据梓潼帝君(文昌)之来历而作。作者在剧作开场中云:"这本戏叫做《梓潼传》,听我表明大意。我朝升文昌位中祀,极其隆重。文昌何神?说就是文昌六星。既是天星,何以相传二月初三是文昌生日?又何以称为梓潼帝君?近来曲园先生,考得梓潼帝君是汉时梓潼文君,见高朕《礼殿记》。此说极确。……我故演此一戏,使人人知有梓潼文君,虽一时游戏之文,实千古不磨之论。"此剧与《骊山传》同为以戏曲来做考证文章。

俞樾(1821—1907),字荫甫,自号曲园居士。浙江德清人。清末著名学者、文学家、经学家、古文字学家、书法家。他是现代诗人俞平伯的曾祖父,章太炎、吴昌硕、日本的井上陈政等人皆出其门下。道光三十年(1850)进士,曾任翰林院编修。后受咸丰帝赏识,放任河南学政,被御史曹登庸劾奏"试题割裂经义",因而罢官。遂移居苏州,潜心学术达40余载。治学以经学为主,旁及诸子学、史学、训诂学,乃至戏曲、诗词、小说、书法等,可谓博大精深。海内及日本、朝鲜等国向他求学者甚众,尊之为朴学大师。其善诗词,工隶书,学识渊博,对群经诸子、语文训诂、小说笔记,撰著颇丰,一生著述不倦。在通俗小说方面,俞樾的重要贡献是修改《三侠五义》,使这部小说得以广泛流传。在经学方面,俞樾长于经学研究,一生著述丰富。所著《群经平议》、《诸子平议》、《古书疑义举例》等书,为乾嘉学派后期代表作;《春在堂随笔》、《茶香室丛钞》等笔记,搜罗甚广,保存了丰富的学术史和文学史资料。另外,俞樾还被认为近代中国主张废除中医的第一人,他提出"医可废,药不可尽废"的观点。这一思想主要体现在他的两篇论著《废医论》和《医药说》当中。俞樾的主要著述还有《小浮梅闲话》、《右台仙馆笔记》、《茶香室杂钞》等,辑为《春在堂全书》,凡500卷。俞樾和李鸿章曾同为曾国藩最为得意的弟子门生,而当时社会上有一句流传颇广的话,叫做"李鸿章只知做官,俞樾只知著书"。

本年,吴梅开始研究戏曲。吴梅《顾曲麈谈》第一章《原曲》说:"余十八九岁时,始喜读曲,若无良师以为教导,心辄怏怏。继思余明曲理,须先唱曲,《隋书》所谓'弹曲多则能造曲'是也。乃从里老之善此技者,详细问业,往往瞠目不能答一语,或仅就曲中工尺旁谱,教以轻重疾徐之法,及进求其所以然,则曰非余所知也,且唱曲者可不必问此。余愤甚,遂取古今杂剧传奇,博览而详核之。积四五年,出语里老相问答,咸骇而却走,虽笛师鼓员,亦谓余狂不可近。余乃独行其是,置流俗毁誉于不顾,以迄今日。虽有一知半解,亦扣槃扪烛之谈也。"

吴梅(1884—1939),戏曲理论家、教育家、诗词曲作家。字瞿安,一字灵鹣,晚号霜崖。江苏长洲(今苏州)人。他精通昆曲,一生致力于戏曲研究、创作及其他声律研究和教学。主要研究著作有《顾曲麈谈》、《曲学通论》、《中国戏曲概论》、《元剧研究》、《南北词谱》等。其中《中国戏曲概论》是放眼全局的第一部中国戏曲通史。吴梅是第一个把昆曲这一民间艺术带入大学的教授,在北京大学文学系教昆曲和戏剧。1905—1916年,吴梅先后在苏州东吴大学堂、存古学堂、南京第四师范、上海民立中学任教。1917—1937年间,他又在北京大学、东南大学、中央大学、中山大学等担任教授。他的弟子既有名教授大作家又有梨园界的大师,如朱自清、田汉、郑振铎、齐燕铭,著名京剧表演艺术大师梅兰芳、俞振飞等。吴梅一生最重要的学术成就在戏曲创作与研究。他16岁时就有传奇《血花飞》之作,以纪念戊戌六君子。作有传奇、剧本12个,代表作有《霜崖三剧》。现代著名文学史家、清华大学国文系浦江清教授在1942年发表的《悼吴瞿安先生》一文中评价称,"近世对于戏曲这一门学问,最有研究者推王静安先生和吴先生两人,静安先生在历史考证方面,开戏曲史研究之先路;但在戏曲本身之研究,还当推瞿安先生独步。"

本年,《时务报》刊载《血性男子》,署"听雨窗主人编"。

本年,《启蒙通俗报》创刊于成都。其第17期刊载《拳匪之原神出现》,不题撰人。同时该报又刊载了《两晋白话史》,作者署"程度热心冷官";《中国女儿英雄史》,作者署"小笨伯",以上两篇刊载期数不详。

本年,商务印书馆出版《经国美谈》二册。

本年，耕石书局出版《武则天四大奇案》6卷64回石印本。

本年，醉经堂书庄出版《龟中贵》2卷，署"冶逸编辑"。

本年，《杭州白话报》第1期开始连载《日本侠尼传》，至第3期完，作者署"黄海锋郎"。开始连载《三大陶工故事》，至第6期完，署"白过日子人演"。开始连载《中东和战本末纪略》，只本年第31期完，九回，题"平情客演"。《杭州白话报》第6期开始连载《非须眉》，至第9期完，署"鹤雏述"。《杭州白话报》第7期开始连载《女子爱国美谈》，至翌年第35期完，作者署"曼聪女士"。

本年，《寓言报》刊载《世界影》，撰人不详。

本年，余学斋出版《议探案》木活字本，署"黄鼎、张东新合译"。

本年，新民社出版《女子救国美谈》7回，署"热诚爱国人编"。

本年，普通学书室出版《露漱格兰小传》，署"信陵骑客译"。有冷红生(林纾)序。

本年，中国华洋书局出版《瑞士建国记》10回，署"郑哲著"。书首赵必振序、李继耀校印小引与作者自序。

本年，戢元丞与日本人下田歌子在上海创立作新社。

本年，夏颂莱（清贻）在上海创立开明书店。开明书店出版《金陵卖书记》，公奴作。文章述其小说观称："以小说开民智，巧术也，奇功也，要其笔墨决不同寻常。常法以庄，小说以谐；常法以正，小说以奇；常法以直，小说以曲；常法则正襟危坐，直指是非，小说则变幻百出，令人得言外之意；常法如严父明师之训，小说如密友贤妻之劝。得此旨，始可以言小说。今之为小说者，俗语所谓开口便见喉咙，又安能动人？"同时认为小说中最为重要的乃其"词章"，文章论述道："吾于小说，不能不为贤者责矣。小说之妙处，须含词章之精神。所谓词章者，非排偶四六之谓。中外之妙文，皆妙于形容之法；形容之法莫备于词章，而需用此法最多者莫如小说。……比来海内诸同志，力矫厥弊，皆以排浮华、崇实学为宗旨，故寻常通问函件，或且不甚了了，而词章一学，行且绝响。然果无此学，究不能显难显之情。饮冰室主人之文笔，夙为海内所叹服矣，然吾得而断之曰：实惟得力于词章。"

本年，严复翻译《穆勒名学》、《群学肄言》、《法意》。其所译成《穆勒名学》半部凡8篇，曰论名学，必以分析语言为始事，曰论名，曰论可名之物，曰论辞，曰论辞之义蕴，曰论申辞，曰论类别事物之理法兼释五旌，曰论界说，而冠以引论。由南京金粟斋木刻出版。先2册，后重刻，共8册。该书原名《逻辑学体系：演绎和归纳》,出版于1843年,严复翻译时改名为《穆勒名学》。此书严复只翻译了半部,后半部始终没有译出。

本年,上海江南制造局译书馆翻译自然科学论著《铸金略论》,傅兰雅译、汪振声述。

1903年

一月

13日,《新小说》第三号刊载《东欧女豪杰》第三回,《新中国未来记》第四回,《海底旅行》第八、九回,《二勇少年》第四、五、六回;刊载《老学究叩阍记》,标为"游戏文章",署名为"弗措斋戏作";刊载《叹老》,作者贺良朴。

同日,文明书局出版《续译华生包探案》,署"[英]柯南道尔著,警察学生译",内收《亲父囚女案》、《修机断指案》、《贵胄失妻案》、《三K字五橘核案》、《跋海渺王照片案》、《鹅腹蓝宝石案》、《伪乞丐案》。

29日,《湖北学生界》(后改名为《汉声》)月刊创刊于日本东京,湖北留日学生李书诚、刘成禺等人组织,湖北学生界社发行。编辑兼发行者初署王璟芳及尹援一,第3期起仅署尹援一一人,第5期起改署窦燕石。该刊以"输入东西之学说,唤起国民之精神"为宗旨,设"论说"、"教育"、"实业"、"军事"等栏目,宣传爱国救亡,抵御外侮,积极报道拒俄运动的情况。内容除政论、时评以外,也刊载过不少诗词、小说及戏曲。第6期起更名为《汉声》,从此开始大力鼓吹民族民主革命。停刊期不详,这是最早以省区命名的留学生革命刊物。

本月,冯世德编著之《实用主义教育学》陆续发表。

本月,《智群白话报》在上海创刊,月刊,由康孜权经理,砭俗道人主编,文明编印书局发行,设有"图画"、"论说"、"生理"、"历史"、"新闻"等栏目。停刊时间不详。

本月，商务印书馆出版《伊索寓言》，标"希腊名士"，署"林纾、严培南、严璩同译"。

二月

7日，《大陆报》第3号刊载《狼与山羊》、《巾帼须眉》、《蝙蝠中立》、《基塞斯指环》、《老獐反复》、《苍蝇共话》、《狼獐密话》、《虎母噬子》，标"警世奇话"，作者署"［法］威诺论"；开始连载《美国独立记演义》，至第五回完，不题撰人。刊载《广东新女儿传奇》，作者署名"玉桥"。

11日，《新民丛报》第25号刊载《血海花传奇》，作者署"玉瑟斋主人"（麦仲华）。叙述法国人罗兰"抱定平等自由的主义"，其妻亦反对专制，向往共和，二人志同道合，为实现共同理想而奋斗。仅成第一出《嚼雪》。

12日，《湖北学报》在汉口创刊，旬刊，由湖北学报馆编辑发行。该报以"激发忠爱，开通智慧，振兴实学"为宗旨，内容包括教育学、历史学、地理学、外交学，卷首刊载关于教育方面的谕旨、文牍和学堂章程等，卷末杂录东西各国学界近闻。该报所译载的外国著作，绝大部分是日本学者的论著。它持"惟一切偏虚固谬之文，屏不阑入"的译载原则，所译载的论著多属常识性的东西，很少有时代的新鲜气息。停刊时间不详。

13日，直隶留日学生在东京创办《直说》，月刊，该刊最突出内容是爱国救亡，曾多次在"中外大事记"、"外论"等栏目揭露沙俄侵略中国的罪行。其另一重要倾向是大力宣传西方资产阶级的政治、经济、文化学说，提倡自由、平等、博爱，批评封建专制主义。

15日，马君武《社会主义与进化论比较》刊于《译书汇编》，该文译介了马克思唯物主义思想，文中列举了26部研究社会主义的参考著作，其中包括《共产党宣言》和《资本论》等5篇马克思主义著作。这是继梁启超之后又一个在中文报刊上出现关于马克思著作书目比较具体的介绍。

17日，《浙江潮》于日本东京创刊。月刊，由留日学生浙江同乡会创办，浙江同乡会编辑兼发行，孙翼中、王嘉榘、蒋方震、马君武等人主编，主要撰稿者除上述以外，还有陈威、沈沂、鲁迅等人。设有"社说"、"论说"、"学术"、"大势"、"小说"、"文苑"、"记事"等专栏。刊物之所以命名为《浙江潮》，蒋方震在发刊词中写道:"我愿我青年之势力如浙江潮,我青年之气魄如浙江潮,我青年之声誉如浙江潮。吾愿吾杂志亦如此,因以名,以为鉴,且以为人鉴,且以自警。"该刊在指出帝国主义加紧侵略所造成的中国空前严重的民族危机同时,还阐明了民族主义的建国救亡主张,抨击封建的专制统治,对反清拒俄运动、《苏报》案等社会事件多有报道。在学术栏目内,该刊还很注意介绍西方资本主义国家的状况,陆续刊载了一些有关西方国家的政治制度和社会政治学说文章。章太炎和鲁迅早期的诗文及译作,均曾在该刊发表。该刊共出12期,约同年年底停刊。这是一个革命倾向较为显著的刊物。

《浙江潮》第1期开始连载《专制虎》,至第3期完,作者署"喋血生";开始连载《少年军》,至第11、12期合刊完,译者署"喋血生"。

22日,广智书局出版《未来战国志》(原名《世界列国之行末》19卷),署"[日]东洋奇人(高危龟次郎)著,南支那老骥(马仰禹)辑译"。

本月,梁启超应美洲保皇会之邀,游历美洲。十月重新返回日本。他"正月二十三日发程横滨,先至英属之加拿大,此行目的,一以调查我皇族在海外者之情状,二以实察新大陆之政俗"。期间梁启超作文章《论俄罗斯虚无党》、《答飞生》、《答和事人》及诗作数篇。梁启超归来后,将考察所得和游历情形著为《新大陆游记》一书,刊于《新民丛报》中。此次游历,梁启超政治思想、言论大变,完全放弃从前所深信的"破坏主义"和"革命排满"主张。

本月,绍兴籍留日学生周树人、陶成章等致书故乡人民,主张"年少之士,咸宜游学",鼓励乡人"愤思奋发"、"更新国政"。

本月,《说部丛书》在上海创刊,由商务印书馆出版,这是一套文艺翻译丛书,所载内容几乎半数是林纾译作。

本月,上海文明书局印刷发行法国启蒙主义思想家孟德斯鸠所著的《万法精理》(今译《论法的精神》)上下两册。它的翻译出版对正在勃兴的资产阶级民主思想起到了推波助澜的作用。

本月,赵必振翻译日本福井准造撰写的《近世社会主义》由上海广智书局出版。这是中国最早翻译出版的外国介绍马克思主义的著作,它推动了马克思主义在中国的传播。

三月

8日,《大陆报》第4号刊载《豕国之猩党》《猴人》《柔恶》《脱尔斯国之女界》,标"警世奇话",作者署"[法]威诺论"。

12日,《新民丛报》第27号开始连载《外交家之狼狈》,至第29号完,题"法人某著,中国某译"。

18日,《浙江潮》第2期载《苦英雄逸史》,作者署"任克"。刊载《海上逸史》,作者署"太公"。

同日,英国出版商在香港组成《南华早报》有限公司。11月7日,《南华早报》正式出版。

23日,《智群白话报》第2期开始连载《寡妇奇案》,至第3期完,译者不详。

29日,广智书局出版《极乐世界》十二回,标"理想小说",署"[日]矢野文雄著,披雪洞主译"。

30日,《科学世界》在上海创刊,月刊,科学仪器馆编辑部编辑,上海科学仪器馆主办,是一种综合性自然科学期刊,也是一种综合性科学普及期刊。其宗旨为"发明科学基础实业,使吾民之知识技能日益增进"。该刊将探究自然科学,讲求实业与救亡图存紧密结合起来,设有"图画"、"论说"、"原理"、"拔萃"、"传记"等栏目。该刊第1期刊载《蝴蝶书生漫游记》,署"茂原筑江译意,王本祥润词",原作为[日]木村小舟著。

四月

6日,《童子世界》于上海创刊,初为日刊,自第21号起改为双日刊,自第31号起,再改为旬刊,由蔡元培、章太炎等发起建立的爱国学社主持出版,童子世界社编辑发行。何梅士等任主编,吴忆琴、钱瑞香、陈君衍、翁筱印、薛锦江等撰稿。设有"论说"、"时局"、"史地"、"理化"、"博物"、"专件"、"小说"、"故事"、"诗歌"、"译丛"、"笑话"、"游戏"等栏目。稿件均以浅显的文言文或通俗的白话文写成,适合少年儿童阅读。《童子世界》创刊之初,其明确以"呕吾心血养成童子之自爱爱国之精神"为宗旨。第8期登载的《论〈童子世界〉之缘起并办法》,更直截了当地阐述："中国之病，在乎闭塞；对病发药，在乎交通；交通之道，厥惟报章。于是同人集议倡办斯报，欲以世界之重担，其肩一分，即定名为《童子世界》。"《童子世界》为我国最早的综合性少儿刊物之一。该刊努力"开通民智，疏导文明"，并积极鼓动"不受野蛮君主之压迫"，曾在孩子们中间有较大的影响。1903年6月，出版第33期后，由于发生《苏报》案，爱国学社遭查封，因而《童子世界》也被迫停刊。

7日，《大陆报》第5号刊载《哀哉，开化之艰难》、《问道于盲》、《雉求红顶》、《试马场》，标"警世奇话"，作者署"[法]威诺论"，连载《美国独立记演义》完。

9日，《童子世界》第4号开始连载《俄皇宫中之人鬼》，至第33号完，未署译者。

11日，《新民丛报》第29号连载《外交家之狼狈》完。同时还刊载了梁启超所撰文章《呜呼荣禄》。该文抨击荣禄数年来专权跋扈，一无建树，并借此唤起国民之振作自强，以应当前之变局。

17日，《浙江潮》第3期刊载《摄魂花》，作者署"喋血生"，连载《专制虎》完。

27日，《江苏》于日本东京创刊，月刊，中国留日学生江苏同乡会编辑出版，江苏留日学生秦毓鎏、黄宗仰等人主持创办，张肇桐等主编，撰文者有金一、柳亚子等人。设有"社说"、"学说"、"译丛"、"时论"、"小说"、"记言"、"记事"等栏目。1904年10月停刊，共出12期。

《江苏》第1期开始连载《破裂不全的小说》，至第2期，二回，未完，不题撰人。作者开卷云："我好小说，我欲作小说，然而我不能作小说，乃于今日晚间记其日间之所遇以学作小说，兹摘其一二以相连续，名之曰《劈裂不全的小说》。"开始连载《空中旅行记》，至第2期完，作者署"[英]萧鲁士"，译者不详。

同日，《湖北学生界》第4期连载《日中露》完。

同日，《七真足师列仙传》刊出，书首濮炳燨、杨明法光绪十九年序，又《重刻〈七真列仙传〉序》，署"光绪二十九年清和月朔，回道人序于镇邑南屏新院"。

29日，中国留日学生在日本成立"拒俄义勇队"，后改为军国民教育会，并派人回国运动。

本月中旬，《农学报》第212册连载《稿者传》完。

本月，《启蒙画报》第8册刊载《黑奴传》，[美]斯土活夫人著，佚名演述。

本月，《广益丛报》创刊于重庆，旬刊，广益丛报馆编辑发行。

本月,《译书汇编》易名为《法政学报》,为中国第一份宣传资产阶级法学的专门刊物。

五月

2日,《童子世界》第24号开始连载《鱼丽水冒险记》,至第32号完,作者吴忆琴。

6日,《大陆报》第6号开始连载《一千零一夜》,至第10号完,译者不详。同日,《广益丛报》第3号开始连载《新罗马传奇》,至第64号完,作者署"中国之新民(梁启超)"。

11日,《游学译编》第7册刊载《英雄国》,译者不详。

12日,《童子世界》第29号刊载《陆治斯南极探险事》,标"译浙江潮",作者钱瑞香。

15日,《苏报》发表《中国教育会第二年改良章程》52条,分两天刊载。其宗旨、任务均有所改革,主张"提倡政论,改良风俗",教育国民"高其人格,恢复国权"。

同日,商务印书馆出版《中国历史教科书》第1分册,夏曾佑编写。该书突破了中国历来采用的纪传体、编年体、纪事本末体,而借鉴西方,采用章节体编写历史。它还采用进化论的方法将中国历史分成了上古、中古、近古三大期,打破了中国几千年历史不分期的旧传统。并将三皇五帝上古三代无信史的历史时期称为传疑时代。这是中国第一部新体通史。

夏曾佑(1863—1924),近代诗人、历史学家、学者。字穗卿,号别士。浙江钱塘人。与黄遵宪、蒋智由被梁启超并称为"近代诗界三杰"。早年曾与梁启超、谭嗣同交往密切,在一起研讨"新学",参加改良派维新活动。1896年和汪康年、梁启超等人在上海创办《时务报》,宣传"变法图存"。同年底又与严复在天津创办《国闻报》,积极宣传西方资产阶级的学生文化和政治思想,宣言变法维新。1896—1897年间,他曾写过一些"挦扯新名词以自表异"的"新诗",杂用佛、孔、耶三教经典语和科学名词,尝试以旧体诗的形式表现"新学"的内容。其诗今存200余首。后变法失败,《国闻报》被迫停刊而思想消沉,他政治上靠近洋务派,还曾撰文为清政府"立宪"制造舆论。1902年后他开始从事中国古代史研究,辛亥革命后曾任北洋政府教育部社会教育司司长、北京图书馆馆长等。著有《最新中学中国历史教科书》，后改名为《中国古代史》。该书用章节体编写，突破传统的编撰方法，依据历史的进化和演变，把中国历史划分为三大时期，被人称为中国近代史学史上"第一部有名的新式通史"。胡适读过该书之后感叹"深佩夏先生之功力见地"。鲁迅也曾评价说："我们不必看他另外的论文，只要看他所编的两本《中国历史教科书》，就知道他看中国人有怎样地清楚。"

16日，《浙江潮》第4期刊载《血痕花》，未完，作者署"蕊卿"。第一回楔子叙留法女学生于法国大革命革命纪念庆典之日，回首祖国被人瓜剖豆分，心绪缭乱，忽得一梦，同卢梭畅谈男女平等，打破专制之志，颇得卢梭称赞。梦醒后，女伴赠一书曰《血痕花》，叙法国革命史实，遂编译出来，刊于《浙江潮》。是书未完，《浙江潮》第4、6期末预告下期要目时，均言将续载此书，然终未刊出。

同日，《广益丛报》第4号开始连载《新中国未来记》，至第40号止，标"政治小说"，不题撰人。

18日，《苏报》发表《读〈中外日报〉》一文，对攻击爱国学社的论说予以反驳。

24日，《苏报》发表陈天华《敬告湖南人》一文。面对中国将被瓜分的悲惨前景，陈天华作此文以期唤起民众的反抗精神。他在文中悲呼："呜呼！我湖南人岂非十八省中最有价值之人格耶？何以当此灭亡之风潮而无所动作也？吾思之，吾重思之，而不能为诸君解也。谓将有所待乎？则台湾、胶州、旅顺、威海、广州之割，亦曰将有待也，何以惟闻日蹙百里，投袂而起者不闻有人也。人之断吾手足也，吾不之较；直待断吾首，然后起而与抗，不已晚呼？东三省、广西之失，不特手足也，直断吾首；而犹曰有待，不知如何而始无所待也。"他还提出，"死于今日，或可侥幸于万一；死于异时，徒死无补。且为同种人而死，虽死犹荣；为异种人戕同种人而死，则万死不足以偿其罪。"

27日，章士钊任《苏报》主笔，开始在报纸上刊载宣传革命的文章，以章太炎、蔡元培等为撰稿人，发表章太炎的《革命军序》、《驳康有为论革命书》等文章，推荐邹容的《革命军》等文章，鼓吹反清革命，在社会上引起极大的震动与反响。

同日，《江苏》第2期连载《空中旅行记》、《破裂不全的小说》完。

同日，《湖北学生界》第5期刊载《血泪痕》，未完，不题撰人。

同日，《绣像小说》在上海创刊，半月刊，李伯元主编，商务印书馆发行。创刊初期为每月初一、十五出版，后来未能按期。每期刊登文章（连载与单篇）10

种左右，约 80 余页，插图 10—14 幅不等。所刊内容十之九为小说，十之一为杂文。其中有创作小说、翻译小说、传奇、弹词、班本、时调、杂记等。该刊宗旨在于运用文学的通俗性开发民智，宣传爱国，从而达到除弊兴利，国家富强。其作品内容广泛，有反映维新运动和立宪运动的，有揭露清朝官场黑暗及列强侵略活动的，也有通过翻译作品传播西方资产阶级文化的，另外，其对工商活动、教育改良、改革风俗等也都有所涉及，这些作品大多对清政府的昏庸和帝国主义的侵略表示不满，着重宣传资产阶级改良主义思想。小说每回皆配有绣像插图，故名《绣像小说》。本刊曾发表过李伯元的《文明小史》、《活地狱》、《醒世缘弹词》、《经国美弹新戏》、《爱国歌》，刘鹗的《老残游记》以及忧患余生的《邻女语》等。1906 年 3 月停刊，共出刊 72 期。它与《新小说》、《月月小说》、《小说林》并列为近代中国四大权威的小说文艺期刊。

《编印〈绣像小说〉缘起》云："欧美化民，多由小说，博桑崛起，推波助澜。其从事于此者，率皆名公钜卿，魁儒硕彦，察天下之大势，洞人类之颐理，潜推往古，豫揣将来，然后抒一己之见，著而为书，以醒齐民之耳目。或对人群之积弊而下砭，或为国家之危险而立鉴，揆其立意，无一非裨国利民。支那建国最古，作者如林，然非怪谬荒诞之言，即记污秽邪淫之事；求其稍裨于国、稍利于民者，几几乎百不获一。夫今乐忘倦，人情皆同，说书唱歌，感化尤易。本馆有鉴于此，于是纠合同志，首辑此编，远摭泰西之良规，近挹海东之余韵，或手著、或译本，随时甄录，月出两期。藉思开化夫下愚，遑计贻讥于大雅。"

阿英在《清末小说杂志略》中曾评介说："《绣像小说》，在侦探小说风靡一时，能独持异议，不刊此类作品，实为难能。而所刊者，又皆以能开导社会为原则，除社会小说外，极少身边琐事，闺阁闲情之著作。若《文明小史》、《活地狱》、《老残游记》、《邻女语》、《负曝闲谈》、《扫迷帚》等，均足以说明一时代之变革。"《绣像小说》是在梁启超倡导的"小说界革命"影响下诞生的第一份小说专刊，也是晚清刊行时间最长、成就最大的一种小说杂志。

《绣像小说》创刊号开始连载《文明小史》六十回，至 1905 年 7 月第 56 期完。署"南亭亭长（李伯元）新著"。另有自在山民评。除第一回外，各回前配有绣像图画两幅。书首"楔子"云："你看这几年新政新学，早已闹得沸反盈天，也有办得好的，也有办不好的，也有学得成的，也有学不成的。现在无论他好不好，到底先有人肯办；无论他成不成，到底先有人肯学。加以人心鼓舞，上下兴奋，这个风潮，不同那太阳要出大雨要下的风潮一样么？所以这一干人，且不管他是成是败，是废是兴，是公是私，是真是假，将来总要算是文明世界上一个功臣。所以，在下特地做这一部书，将他们表扬一番，庶不负他这一片苦心孤诣也。"1906年商务印书馆刊印单行本，2册。

同期开始连载《活地狱》，后载于第 2—5、7、9、11—16、26、37、39、43—58、60、61、63—65、68、69 各期，三十九回，署"南亭亭长著，愿雨楼加评"。因李伯元患病故世，第 40 至 42 回由茧叟（吴研人）续作，载于第 70、71 期，茂苑惜秋生（欧阳钜源）续作第 43 回，载《绣像小说》终刊之第 72 期，仍未完。书首《楔子》写道："我为什么要做这一部书呢？只因为我们中国国民，第一吃苦的事，也不是水火，也不是刀兵，倘要考究到他的利害，实在比水火刀兵还要加上几倍。列位看官，你道是那一件？我不说破，料想你们是猜不着的，现对列位说了吧！不是别的，就是那一座小小的州县衙门。"该作以 15 个惊心动魄的案例，暴露并批判了中国旧式的州县衙门。

同期开始连载《维新梦传奇》，后载于第 1—6、9、19—25、27—28 各期，第 28 期陆续登出结束。十六出，作者署"惜秋"（欧阳钜源）、"鲫士"、"旅生"、"遁庐"合撰。第一出至第六出原署"惜秋填词"，第七出原署"鲫士倚声"，第八出至第十四出署"旅生续稿"，第十五出、第十六出署"遁庐补剩"。叙述书生徐自立忧国忧民，百感交集，梦中被有外山王宣召，封为巡环都尉，考察古今利弊，稽查中外兴衰，修路、开矿、练兵、兴学、办实业、奖农商，成就一番功业。醒来却是一梦，现实中的国家仍处于风雨飘摇之中。发表在《绣像小说》第 1—6、9、19—25、27、28 期上，光绪二十九年（1903）5 月至光绪三十年（1904）5 月刊。

同期开始连载《醒世缘弹词》十四回，后载第 2—6、19、48、52—54、59、68、69 各期，署"讴歌变俗人"著。第一回发表时标名《俗耳针砭弹词》，第二回其改为现名。此书当时未完，也无单行本问世。作品第一回云："因此上，我心难免旁观愤，要与中原洗此名。相约同胞齐努力，从今个个打精神。常言道，去瘀方有生新望，大事都从小事成。"又云："但是一件，这些事情，也不是什么容易革除的。我只有因势利导，将他们慢慢的开导一番，以期他们渐渐悔悟。又怕那些陈言腐语，他们听了心下腻烦，所以把我生平记得的事情，与这风俗上有关系的，随意写出几件，编为七个俚语，合了他们的胃口。或者茶余饭后，兰闺无事之时，大人孩子，姊姊妹妹，围居一处，手里拿着我这一本小说，一个唱，几个听，到得后来，总有几个明白的。"此为作者选择弹词形式作小说的原因。

同期开始连载《泰西历史演义》三十六回，后载于第2—13、15—21、23—25各期，署"洗红庵主演说"。该书以章回小说体式叙述法国拿破仑、美国华盛顿、俄国彼得大帝等人的生平事迹。

同期开始连载《梦游二十一世纪》，作者署"[荷兰]达爱斯克洛提斯"。

30日，陈天华《论中国学生同盟会之发起》刊于《苏报》，该文支持邹容提出的成立中国学生同盟会的倡议。文曰："蜀邹容者，东京退学生……毅然创一中国学生同盟会，……其目的在于学界成一绝大学会团体，以鏖战于中国前途竞争逼拶之中者也……惟兴惟亡，是在汝！是在汝！"

陈天华（1875—1905），革命家、宣传家。字星台，又字过庭，别号思黄。湖南省新化人。本年赴日留学，入东京弘文学院师范科，与杨笃生发起创办《游学译编》《新湖南》。1904年，参与组织华兴会，与黄兴、宋教仁等在长沙创立华兴会，策划反清武装起义，事泄未成，后被迫流亡日本。1905年，同盟会成立，陈天华为发起人之一，并任书记部工作及同盟会机关报《民报》编辑，发表了《最近政见之平决》、《中国革命史论》、《狮子吼》等政论和作品。1905年12月4日，陈天华在东京参加了抗议日本政府颁布《取缔清韩留日学生规则》的斗争活动，7日写绝命书，决心以死来激励国人"共讲爱国"。8日，陈天华在东京大森海湾蹈海自尽。代表作有《猛回头》、《警世钟》、《狮子吼》等。

本月，邹容的革命政论文章《革命军》由上海大同书局出版，署名为"革命军中马前卒"，由章太炎作序。这部作品风行一时，被誉为中国近代的"人权宣言"。《革命军》共分七章，二万余字。共分七章：一、绪论；二、革命之原因；三、革命之教育；四、革命必剖清人种；五、革命必先去奴隶之根性；六、革命独立之大义；七、结论。该书以激烈的情感，浅近直接的文字，通俗的说唱形式，犀利的笔调，从革命的正义性谈起，对革命的必要性、方法和前途等都作了详尽的论述。它揭露控诉了几千年来的封建专制统治，直指"中国之所谓二十四史，实一部大奴隶史也"。文章以"天赋人权"、"自由、平等、博爱"等为指导思想，阐述了反对封建专制、进行资产阶级民主革命的必要性，指出"革命"乃对上下古今、宗教、道德、政治、学术，以及日常事物存善去恶、存美去丑、存良善而除腐败的过程。文中赞美曰："巍巍哉！革命也。皇皇哉！革命也。"他还从满清王朝官制的腐败、刑审、官吏的贪酷，对知识分子、对农民、对海外华工、对商人、对士兵的政策及对外的一系列政策，揭露了满清政府对国人的压迫和屠戮，分析了革命爆发的必然性。明确宣布革命独立之大义在于："永脱满洲之羁绊，尽复所失之权利，而介于地球强国之间"，"全我天赋平等自由之位置"，"保我独立之大权"，即推翻满清封建专制王朝，建立"中华共和国"！《革命军》一经出版，章太炎即在《苏报》上发表文章介绍，很快就成为一时鼓动民族民主革命的杰作。鲁迅曾称赞说："便是悲壮淋漓的诗文，也不过是纸片上的东西，于后来的武昌起义怕没有什么关系。倘说影响，则别的千言万语，大概都抵不过浅近直截的'革命军马前卒邹容'所做的《革命军》。"

邹容（1885—1905），革命家、宣传家。原名绍陶，字蔚丹。四川巴县人。1902年赴日本留学，进东京同文书院。1903年元旦，在留日学生新年团拜会上发表"不推翻清政府就不能救中国"的革命演说。1903年4月回到上海，与章太炎同寓，因思想政治接近而建立友谊。5月间，发起创立中国学生同盟会。与此同时，邹容留日期间已开始写作的革命论著完成，柳亚子、蔡元培、黄宗仰等集资，大同书局正式出版，署名为"革命军中马前卒邹容"，这即是被誉为近代中国"人权宣言"的《革命军》。章太炎为其作序，刊登于《苏报》，因之发生轰动全国的"苏报案"。章太炎被监禁，邹容自投捕房，受尽折磨，于1905年4月3日卒于上海西牢。

本月，梁启超发表《说希望》一文，载于《新民丛报》第31号。他引用西方文艺理论中的现实主义和浪漫主义的概念，阐述了自己对这两种不同创作方法的见解。他说："天下文境有二：一曰现在，一曰未来。现在之境狭而有限，未来之境广而无穷。"

本月，《世界繁华报》开始连载《官场现形记》，至1905年6月止，作者署"南亭"，即李伯元。本书共五编六十回。自本年起，分编由上海世界繁华报报馆印行。1904年粤东书局《增注绘图官场现形记》本印行。同年，尚有托名日本知新社，改署吉田太郎作的原书翻印书。书未完，作者即去世，后数回由其友人茂苑惜秋生（欧阳钜源）续写完成第五编，共六十回。1909年崇善堂石印本发行。这是较早的全本。

茂苑惜秋生作《〈官场现形记〉叙》，论述了作者对当时官场黑暗腐朽的认识与看法，文中曰："盖官者，有士农工商之利，而无士农工商之劳者也。天下爱之至深者，谋之必善；慕之至切者，求之必工。于是乎有脂韦滑稽者，有夤缘奔竞者，而官之流品，已极紊乱。……沿至于今，变本加厉：凶年饥馑，旱干水溢，皆得援救助之例，邀奖励之恩；而所谓官者，乃日出商未有穷期，不至充塞宇宙不止。朝廷颁淘汰之法，定澄叙之方，天子寄其耳目于督抚，督抚寄其耳目于司道，上下蒙蔽，一如故旧。尤其甚者，假手宵小，授意私人，因苞苴而通融，缘贿赂而解释，是欲除弊而转滋之弊也，乌乎可？……官之气愈张，官之焰愈烈。羊狠狼贪之技，他人所不忍出者，而官出之；蝇营狗苟之行，他人所不屑为者，而官为之。下至声色货利，则嗜若性命；般乐饮酒，则视为故常。观其外，偭规而错矩；观其内，逾闲而荡检。种种荒谬，种种乖戾，虽罄纸墨不能书也。……"同时也指出作此小说的目的是希望有所讽谏与规箴，曰："是知古今来大奸大恶，天变不足畏，人言不足恤，而惟窃窃焉以身后为忧，是何故哉？盖犹未忘'耻'之一字也。佛家之论因果，曰过去，曰未来，曰现在。过去之耻，固若存而若忘；未来之耻，亦可有而可无；而现在之耻，则未有不思浣濯之以涤其污，弥缝之以泯其迹者。且夫训教者，父兄之任也；规箴者，朋友之道也；讽谏者，臣于之义也；献进者，朦瞽之分也。""我之于官，既无统属，亦鲜关系，惟有以含蓄蕴酿存其忠厚，以酣畅淋漓阐其隐微，则庶几近矣。穷年累月，殚精竭神，成书一帙，名曰《官场现形记》。"

同时还有另一篇《〈官场现形记〉叙》（原作未署名，后有署作者为"忧患余生"者），论述小说于当时社会的意义曰："夫今日者，人心已死，公道久绝。廉耻之亡于中国官场者，不知几何岁月。而一举一动，皆丧其羞恶之心，几视天下卑污苟贱之事，为分所应为。宠禄过当，邪所自来，竟以之兴废立篡窃之祸矣、戊戌、庚子之间，天地晦黑，觉罗不亡，殆如一线。而吾辈不畏强御，不避斧钺，笔伐口诛，大声疾呼，卒伸大义于天下，使若辈凛乎不敢犯清议。虽谓《春秋》之力至今存可也，而谁谓草茅之士不可以救天下哉？《官场现形记》一书者，新学家所谓若辈之内容，而论世者所谓若辈之实据也。……嗟嗟！神禹铸鼎，魑魅夜哭；温峤燃犀，魍魉避影。中国官场久为全球各国不齿于人类，而若辈穷奇混沌，跳舞拍张，方且谓行莫予泥，令莫予违，一若睥睨自得也者。而不意有一救世佛焉，为之放大千之光，摄世界之影,使一般之蠕蠕而动、蠢蠢以争者,咸毕现于菩提镜中,此若辈意料所不到者也。然而存之万世之下,安知不作今日之《春秋》观?而今日之知我罪我,则我又何所计及乎?"

本月,商务印书馆出版《梦游二十一世纪》(纪西历纪元 2071 年事),标"科学小说",署"[荷兰]达爱斯克洛提斯著,杨德森译,杨瑜统校阅"。

本月,清华书局出版《新庵谐译初编》,题"上海周树奎桂笙戏译,南海吴研人伯元编次"。书分上下卷,上卷收《一千零一夜》、《渔者》两篇,下卷收《猫鼠成亲》等 15 篇。有周桂笙序称:"自庚子拳匪变后,吾国创巨痛甚,此中胜败消息,原因固非一端,然智愚之不敌,即强弱所攸分,有断然也。……有志之士,眷怀时局,深考其故,以为非求输入文明之术,断难变化固执之性,于是而翻西文译东籍尚矣。"论及本书则云:"(吴趼人)尝历主海上各报笔政,慨然以启发民智为己任。然其议论宗旨,喜用谐词,以嬉笑怒骂发为文章,盖谓庄语不如谐词之易入也。"署"光绪壬寅二十八年仲冬之月,上海新庵主人书于知新堂"。又有吴趼人序,叙与周桂笙之交往、周之为人与此书辑成之缘由。署"光绪癸卯暮春"。

本月,《万国演义》六十卷出版,上贤斋藏版,作新社制印,题"沈惟贤辑著,高尚缙鉴定,张茂炯述章"。书首沈惟贤序云:"今学界日新,志士发愤,咸欲纵观欧、亚大势,考其政教代兴之机,富强竞争之界,即黉塾之师,用以发明事理,启牖来学,亦于是乎汲汲焉。盖自朝旨设学堂,改科举法,以中学为体,西学为用,士于其夙习者或姑置之,新奇可悦者勃然趋之矣。然而,译本丛杂,抉择綦难,宗旨或乖,流弊滋大。不揣固陋,欲甄采诸书,厘定先后,都为一编。……养蒙正俗,兴起其感心,通达其智力者,莫捷于小说。故疏次年纪,聊缀事类,以属张氏茂炯演说成帙,余复为之删定润色焉。溯自地质物迹之始,至于五洲剖别,泰东西诸国以次递兴,下迄十九世纪,先后五千年种族之盛衰,政体之同异,宗教之迭嬗,艺学之改良,崖略粗具。……贵池高君笏堂,今之明达君子,既与商正略例,乃举以致剞劂氏。"署"光绪二十九年三月,华亭沈惟贤识"。

另有高尚缙序,云:"自顷海内宏达,相与论东西洋历史,于种族之竞争,政艺之兴革,三致意焉。然儒风始变,译述未宏,或粗举大略,或域于专门。有人焉,甄综条贯,上自太古,下迄近世纪,属词比事,成一家言,岂非瑰异巨观哉!余则以学界之进化,在初级之开明,必有浅显易能之词,使童稚可通;新奇易悦之事,使乡曲能记；先启其轨，然后偕至大道；先引其绪，然后索之专家；其惟演义乎？……因念余与师徐兢兢商定之志，欲为学科达目的，非欲与小说界争上乘也。"序署"贵池高绪识"。

还列有"凡例"六条，云："是编专述泰东西古今事实，以供教科书之用，特为浅显之文，使人易晓，故命曰《万国演义》。""是编遍采各家之书，凡历史纪传政学家言，罔不甄录，格致家新法新理，删繁举要，连类而及，仍于卷末注明原书，以备参考。""是编排比年次为之经，贯穿事类为之纬。年以中西并系，事则征实，一洗小说家虚诞之习。"

本月，严复译作《群学肄言》由上海文明书局出版。严复自序曰："群学何？用科学之律令，察民群变端，以明既往测方来也。肄言何？发专科之旨趣，究功用之所施，而示之以所以治之方也。故肄言科而有之。……群学者，将以明治乱盛衰之由，而于（正德、利用、厚生）三者之事操其本耳。"

六月

1日，《苏报》刊登《驳康有为》，对保皇言论严加驳斥。

3日，章太炎《客民篇》刊于《苏报》，斥责清廷为"客帝"。

5日，作新社出版《政海波澜》，标"日本小说"，署"[日]广陵佐佐木龙（广陵散士）著，支那赖子译"。

6日，《童子世界》第32期连载《鱼丽水冒险记》完。

同日，《苏报》发表"自然生"（张继）所撰写的《祝北京大学堂学生》，号召北京大学堂学生奋起革命，共同推翻清政府。

9日，《新民丛报》第33号开始连载《窃皇案》，至第34号完，署"法人某著，中国某著"。后新小说社单行本译者署"披发生（罗普）"。

10日，《新小说》第4号开始连载《回天绮谈》，至第6号完，标"政治小说"，共十四回，作者署"玉瑟斋主人"，然实为译作。是书叙13世纪英国大宪章运动。该号连载《洪水祸》完，然作品未完。

同日，《游戏报》2123号刊载《经国美谈》。

15日，《浙江潮》第5期刊载《哀尘》，署"[法]嚣俄（即雨果）著，庚辰（鲁迅）译"。开始连载《斯巴达之魂》，至第 9 期完，署"自树（鲁迅）译述"。《斯巴达之魂》是一部用文言翻译、改写的历史小说，后收入《集外集》。鲁迅作有《〈斯巴达之魂〉弁言》。

16 日，《童子世界》第 33 期连载《俄皇宫中之人鬼》完。

同日，笑林报馆出版《优孟衣冠传》30 回石印本，题"梦游上海人戏笔"。书首《优孟衣冠传新书序》，序署"癸卯仲夏浣纱江上稿于采莲小艇"。

19 日，《苏报》发表爱国学社社员所撰写的《敬谢教育会》一文，宣告爱国学社独立。

24 日，《新民丛报》第 34 号连载《窃皇案》完。

25 日，《绣像小说》第 3 期开始连载《小仙源》（原名《小殖民地》），至第 16 期完，作者署"戈特尔芬女史"，译者不详。

同期刊载"别士"（夏曾佑）的《小说原理》。文章称"小说之为人所乐，遂可与饮食、男女鼎足而三"。同时，文章还论述作小说有五难：一、写小人易，写君子难。"人多中材，仰而测之，以度君子，未必即得君子之品性；俯而察之，以烛小人，未有不见小人之肺腑也。"二、写小事易，写大事难。"小事如吃酒、旅行、奸盗之类，大事如废立、打仗之类。大抵吾人于小事之经历多，而于大事之经历少。"三、写贫贱易，写富贵难。"此因发愤著书者，以贫士为多，非过来人不能道也。"四、写实事易，写假事难。五、叙实事易，叙议论难。"作小说者，不可不知此五难而先避之。吾谓今日欲作小说，莫如将此生数十年所亲见、亲闻之实事，略加点化，即可成一绝妙小说。然可以牟利而不可以导世。若欲为社会起见则甚难。"文章同时还实际接触到了思想、生活对创作的影响问题，并探索了小说史的发展，将小说之演变发展与国人各阶层思想之不同联系起来。文曰："中国人之思想嗜好，本为二派：一则学士大夫，一则妇女与粗人。故中国之小说，亦分二派：一以应学士大夫之用；一以应妇女与粗人之用。体裁各异，而原理则同。今值学界展宽（注：西学流入），士夫正日不暇给之时，不必再以小说耗其目力。惟妇女与粗人，无书可读，欲求输入文化，除小说更无他途。其穷乡僻壤之酬神演剧，北方之打鼓书，江南之唱文书，均与小说同科者。先使小说改良，而后此诸物，一例均改。必使深闺之戏谑，劳侣之耶禺，均与作者之心，入而俱化。而后有妇人以为男于之后劲，有苦力者以助士君子之实力，而不拨乱世致太平者，无是理也。"当时大多数论述小说的文章多论及小说与社会、群治之关系，而《小说原理》其角度却比较新巧，因而比同时期的其他小说理论也有了新的见解。

同日，《江苏》第4期开始连载《痛定痛》，至第6期完，不题撰人；开始连载《明日之战争》（章回体），至第7期完，署"[法]陆军大尉邓利著，冷血（陈景韩）译"；刊载《新中国传奇》，作者署"横江健鹤"。仅成《楔子》一出。叙谭壮飞鬼魂到上海自由戏院去看《新中国传奇》，云："海上青年……仿泰西小说家手段，以诗词歌曲提起国民精神，来将革命军中实事实人，编成一部新中国的小小传奇。"标目云："入囚牢为国作牺牲，游同州讨贼飞羽檄。两字狱激起独立军，四百洲创立联邦政。"由《楔子》一出内容可知正文系叙章太炎、邹容事，可惜下文未见。

同日，《经世文潮》（又称《经世报》）于上海创刊，半月刊，诸暨赵氏乐养斋校印。由上海编译馆中的工作人员搜集当时各报刊登的文章辑集而成，内容广泛，兼收并蓄，分教育、宗教、人种、哲学、史学、政治、社会、国际、殖民、法律、国计、兵、农、商、工艺、文学、地学、理化、医学、美术20部，又细分子目达135项。该刊第1期刊登叙例称其宗旨曰："爰集同志，宏搜东西各国鸿硕论建，按月成编以饷海内。务使二十世纪政界学界之风潮转，我四万万旧同胞之脑筋亦转。"该刊所刊录的文章很少加注按语，一般也不注明原载报刊名称及作者姓名，但所选多为当时比较进步的文字，或对同一问题不同观点的论述。该刊出至第7期后未能按期出版。停刊日期不详。

29日，《苏报》以《康有为与觉罗君之关系》为题，摘要刊登了章太炎的《驳康有为论革命书》一文，并登广告加以推荐。文中章太炎大胆直斥光绪皇帝为"载湉小丑"，打破了皇权的神话。章太炎指出，改良在中国没有出路，革命才是补泻兼备的良药。他还一针见血地揭露了康有为只可立宪、不可革命的动机是出于极端的自私。此文一刊出，鼓舞了革命派的志气，打击了顽固派，震动了整个舆论界。

同日，因《苏报》旗帜鲜明地支持革命，引起清政府的注目，下令查禁爱国学社和《苏报》，章太炎、钱宝仁等当日被捕。"《苏报》案"自此开始。

本月，《苏报》曾连载《海国春秋》，标"军事小说"，作者署"蜉蝣生（邹容）"。出版《海国春秋》三十八回。苏报馆于本月被封，故此为其出版之下限。

本月，《杭州白话报》第19期开始连载《亡国恨》，后载于第20、21、23期，作者署"春心"。仅刊登两回正文及第三回回目，未完。

本月，广智书局出版《十五小豪杰》十八回，署"[法]焦士威尔奴原著，饮冰子（梁启超）、披发生（罗普）合译"。

本月，文明书局出版林纾、王寿昌合译之《巴黎茶花女遗事》。

本月，《胡雪岩外传》十二回排印本出版，署"大桥式羽著"，发行处则署"日本东京爱善社"。书首"浙东市隐"序，内云："迄今雪岩之成而败，败而其后又渐兴，昭昭在人耳目，妇孺类能言之，独至商会之无力，有足令人抚髀长叹者。中国梦梦，吴山沉沉，安得雪岩再生，鼓舞全浙，以大开商务学堂之实业也。"此为创作宗旨。署"光绪二十九年春，浙东市隐书于海上之寓庐"。书后又附录《户部尚书阎（敬铭）奏折江都曾咨文》与《浙江巡抚刘札交奏折抄单》。

本月，文裕堂出版《伊婆菩喻言》，署"[希腊]伊索著，张赤山（又署赤山骑士）译"。

本月，《教育世界》第53号开始连载《爱美耳钞》，至第57号完，标"教育小说"，题"[法]约翰若克卢骚著，[日]山口小太郎、岛崎恒五郎译，[日]中岛端重译"。

本月，北京大学堂官书局出版《民种学》，署"[德]哈伯兰原著，鲁威英译，林纾、魏易同译"。

本月，《猛回头》刊于湖南留日学生所办《湖南俗话报》，陈天华著。是书控诉外国列强侵略中国与清政府卖国之罪恶。木午8月湖南留日学生所编《游学译编》第11期《再版〈猛回头〉》广告称："初版五千部，不及兼旬，销罄无余。"书提及光绪二十九年（1904）闰五月沈荩在刑部被打死事，故本月为成书上限。

七月

1日，继章太炎等人被捕后，《革命军》的作者邹容自动投案入狱。

6日，章太炎在狱中致书给《新闻报》记者，云："今日狱事起于满洲政府，以满洲政府与汉种四万万人构此大讼"，"江督关道则满洲政府之代表，吾辈数人则汉种四万万人之代表"。

7日，《苏报》馆被查封。

14日，《蜀报》创刊，旬刊，是一种鼓吹已经破产的"变法维新"论的刊物。

21日，《绣像小说》第4期开始连载《华生包探案》，至第10期完，未署译者，本期至第 5 期连载其中的《哥利亚司考得船案》；连载《梦游二十一世纪》完。

同日，《新小说》第 5 号刊载《毒药案》，标"侦探小说"，署"无歆羡斋主译述"；连载《东欧女豪杰》完。

24 日，《绣像小说》第 5 期开始连载《僬侥国》（第 8 期起改名为《汗漫游》，至第 71 期完，作者署"司威夫脱"。开始连载《环瀛志险》，署"［奥］维也纳爱孙孟著"，至第 25 期完，光绪三十一年（1905）商务印书馆出版单行本时署"商务印书馆译"。连载柯南道尔《哥利亚司考得船案》完。

同日，《汉声》（原名《湖北学生界》）第 6 期刊载《天半忠魂》，撰人不详。刊载《扬州梦》，作者不详。

同日，《奇新画报》在上海创刊。主要刊登新闻画及风俗画，偶尔登载古今名人画稿。

本月，严复所译《自由论》更名为《群己权界论》。其自序曰："呜呼！扬子云其知之矣。故《法言》曰：周之人多行，秦之人多病。十稔之间，吾国考西政者日益众，于是自由之说，常闻于士大夫。顾竺旧者既惊怖其言，目为洪水猛兽之邪说。喜新者又恣肆泛滥，荡然不得其义之所归。以二者之皆讥，则取旧译英人穆勒氏书，颜曰《群己权界论》，畀手民印板以行于世。夫自由之说多矣，非穆勒氏是篇所能尽也。虽然，学者必明乎己与群之权界，而后自由之说乃可用耳。"严复又在译凡例中述及"自由"曰："中午'自由'，常含放诞、恣睢、无忌惮诸劣义，然此自是后起附属之诂，与初义无涉。初义但云不为外物拘牵而已，无胜义亦无劣义。夫人而自由，固不必须以为恶，即欲为善，亦须自由。其字义训，本为最宽。自由者，凡所欲为，理无不可，此如有人独处世外，其自由界域，岂有限制？……人得自由，而必以他人之自由为界……"

本月，文明书局出版《铁世界》，署"迦尔威尼原著，天笑生（即包天笑）译述"，标"科学小说"。其《译余赘言》云："所谓科学小说者，乃文明世界之先导也。世之不喜读科学著作者众矣，而未尚有不喜读科学小说者，以此乃输入文明思想之最佳捷径也！"

八月

7日,《国民日日报》于上海创刊,主编为章士钊,编撰人有张继、陈去病、陈独秀等,该报设有"社说"、"讲坛"、"外论"、"中国警闻"、"政海"、"学风"、"实业"、"短评"等栏目,大力鼓吹民族民主革命,积极报道《苏报》案"等。该刊还开辟了副刊《黑暗世界》,着重揭露清廷宫闱的黑暗与腐朽。《国民日日报》的创办距离《苏报》馆被封仅一个月,而反清宗旨更加明确,时人称之为"《苏报》第二"。

同日,《新小说》第6号开始连载《宜春苑》,至第14号完,标"侦探小说",题"[法]某著,无歆羡斋主译";刊载《白丝线记》,标"外交小说",题"[法]某著,披发生(罗普)译";连载《同天绮谈》、《离魂病》完。

同日,《绣像小说》第6期刊载《银光马案》,此属《华生包探案》;开始连载《负曝闲谈》,至第41期止,共三十回,未完,题"蘧园(欧阳钜源)撰";开始连载《邻女语》,后刊于第7—10、13、15—20各期,共十二回,未完,题"忧患余生著";刊载《商界第一伟人》(副题"戈布登"),至第14期完,署"忧患余生述"。

8日,《国民日日报》开始连载《回天伟妇传奇》,至本月22日,撰人不详。

9日,《国民日日报》开始连载《南渡录演义》,至10月19日完,撰人不详。

12日,《浙江潮》第6期开始连载《爱之花》,至第8期完,作者署"侬更有情";刊载《自由魂》,题"[美]威尔晤著,匏尘译"。

21日,《新民丛报》第36号开始连载《美人手》,至1906年7月1日第85号完,题"[法]某著,香叶阁凤仙女译述"。

23日,《绣像小说》第7期刊载《孀妇匿女案》,此属《华生包探案》。同时还登载了蒋观云的文章《神话、历史养成之人物》。它主要阐述了一个国家的神话、历史对一国人心有很大的影响作用。蒋在文章中说:"其神话、历史,不足以增长人之兴味,鼓动人之志气,则其国人天才之短可知也","故欲改革一国之人心者,必先改进其能教导一国人心之书始。"这些见解,是这一时期比较新颖的论题和神话理论的探讨。

25日,《自由结婚》初编十回发行,题"犹太遗民万古恨著,震旦女士自由花译"。是书二编十二回本年10月13日发行,题"自由社藏版",标"政治小说"。作者张肇桐,字叶侯,号轶欧。江苏无锡人,时为早稻田大学政治科学生、东京青年会发起者之一,《江苏》杂志记者。卷首《弁言》称此书欲"使天下后世,知亡国之民,犹有救世之志",并言:"全书以男女两少年为主,约分三期:首期以儿女之天性,观察社会之腐败;次期以学生之资格,振刷学界之精神;末期以英雄之本领,建立国家之大业。无一事不惊心怵目,无一语不可泣可歌,关于政治者十之七,关于道德教育者十之三,而一贯之佳人才子之情。"

29、30、31日,严复手订《京师大学堂译书局章程》连续发表在《大公报》上。内容包括居章、薪俸、领译合约、章程条说四部分。

本月,《教育世界》第57号连载《爱美耳钞》完。

本月,储仁逊抄本小说15种:《蜜蜂计》十回,《毛公案》六回,《于公案》六回,《于公案》十回,《双龙传》五回,《青龙传》四回,《守宫砂》一百二十回,《阴阳斗》十六回,《双灯记》十回,《满汉斗》八回,《蝴蝶杯》十回,《八贤传》二十回,《孝感天》七回,《聚仙亭》十回,《刘公案》二十回,共8册。其中《守宫砂》为《三门街前后传》之异名(又名《八剑七侠十五义平蛮前后传》,《阴阳斗》即《阴阳斗异说奇传》,《聚仙亭》为《混元盒五毒全传》之异名,其余12种均未见著录。储仁逊手抄之《时论摘要》注云"自癸卯七月缮起",其小说之抄写当在此前后,故系于此。小说中多天津方言,颇类天津评话,其中或有储仁逊整理者。

本月,《暗云天》4章,题"津门储仁逊拙庵甫小愚氏著"。是书载于《嚣嚣琐言》稿本。《嚣嚣琐言》为储仁逊所著文言笔记,然第231则《暗云天》则为通俗小说。

本月,明权社出版《空中飞艇》,署"[日]押川春浪著,海天独啸子译"。在《〈空中飞艇〉弁言》中,"海天独啸子"从"小说之益"、"小说之于社会国家"、"我国小说之力"以及"是书之特色"和"译述之方法"五个方面进行了讨论与说明。他把中国之所以落后的原因归咎于数千年来文人学士沉溺于诗歌、小说、绘画,认为"自欧势拦入,政府窘迫,一蹶再蹶而后,相顾失措,四望彷徨之时,脑筋之影泡顿渴。此时正宜选其材料,改换其方略,以注射之,使其新知新识,焕然充发,则小说之急于改革尤尚焉"。因此他提倡"益于国家、社会者"的政治小说和科学小说。

本月,画报《书画谱报》在上海创刊。

本月,《教育世界》发表了王国维的《论教育之宗旨》一文,文中王国维提出了教育使人为"完全之人物"的观点。

九月

1日，《大陆报》第10号连载《一千零一夜》完。

2日，《中外日报》转载《泰晤士报》上所刊《西报志各使〈苏报〉事》一文，披露了法、俄公使主张将《苏报》案6人引渡给中国政府，英、美、日等国公使反对引渡的内幕。

6日，《绣像小说》第8期刊载《墨斯格力夫礼典案》，此属《华生包探案》。

同日，《集益书画报》在上海创刊，旬刊。该刊内容以"紧要时事"及以"新奇"图画、新印古今名人碑帖手卷等为主。

同日，《新小说》第7号刊载《新聊斋》，标"写情小说"，作者署"平等阁（狄葆贤）"。刊载"楚卿（狄葆贤）"的文章《论文学上小说之位置》。该文从文学的内部规律论述小说的特点和性质。文章中说："小说者，实文学之最上乘也。世界而无文学则已耳，国民而无文学思想则已耳，苟其有位置，顾客等闲视哉？……凡文章常有两种对待之性质，苟得其一而善用之，则皆谓对待之性质？一曰简与繁对待，二曰古与今对待，三曰蓄与泄对待，四曰雅与俗对待，五曰实与虚对待。而两者往往不可得兼。于前无端既用其一，则不可不兼用其余四，于后无端亦然。所谓良小说者，即禀后无端之菁英以鸣于文坛者也。故取天下古今种种文体而中分之，小说占其一半，自余诸种，仅合占其位置之一半。伟哉小说！"同时，文章中还对提倡小说语言通俗化内容进行了论述。文中称："俗语文体之嬗进，实淘汰、优胜之势所不能避也。中国文字衍形而不衍声，故言文分离，此俗语文体进步之一障碍，而即社会进步之一障碍也。为今之计，能造出最适之新字，使言文一致者上也；即未能，亦必言文参半焉。此类之文，舍小说外无有也。且中国今日，各省方言不同，于民族统一之精神，亦一阻力，而因其势以利导之，尤不能不用各省之方言，以开各省之民智。如今者《海上花》之用吴语，《粤讴》之用粤语；特惜其内容之劝百讽一耳。苟能反其术而用之，则其助社会改良者，功岂浅鲜也？十年以来，前此所谓古文、骈文家数者，既以屏息于文界矣，若能百尺竿头，更进一步，剥去铅华，专以俗语提倡一世，则后此祖国思想言论之突飞，殆未可量。而此大业必自小说家成之。"

《新小说》第7号刊载《小说丛话》,"饮冰(梁启超)"、"慧庵"、"平子"、"蜕庵"、"璱斋"等人对有关新小说需要如何革新以不断发展的问题进行了一系列讨论。其中"饮冰(梁启超)"认为:"小说者,决非以古语之文体而能工者也。本朝以来,考据学盛,俗语文体,生一顿挫,第一派又中绝矣。苟欲思想之普及,则此体非徒小说家当采用而已,凡百文章,莫不有然。虽然,自语言文字相去愈远,今欲为此,诚非易易。吾曾试验,吾最知之。""慧庵"则指出,我国小说俗语不发达的原因,除了俗语文体不发达之外,还因为"吾国之思潮,本分南、北两大宗,而秦汉以后,北宗殆占全胜。北宗者,主严正实行者也。北宗胜而小说见蔑弃亦宜。试读先秦南方诸书,如《离骚》,如《南华》,皆饶有小说趣味者也,惜乎其遂中绝也"。而"平子"又提出:"西人谓文学、美术两者,能导国民之品格、之理想,使日迁于高尚。穗卿所谓看画、看小说最乐,正含此理,此当指一般社会而言者也。夫欲导国民于高尚,则其小说不可以不高尚,必限于士大夫以外之社会,则求高尚之小说亦难矣。"同样,"蜕庵"也认为小说应当描写和反映人们的社会生活,他称:"小说之妙,在取寻常社会上习闻习见、人人能解之事理,淋漓摹写之,而挑逗默化之,故必读者入其境界愈深,然后其受感刺也愈剧。"同时,"饮冰(梁启超)"还提出小说都包含有"英雄"、"男女"、"鬼神"三要素。"以此三者,可以该尽中国之小说矣。若以泰西说部文学之进化,几含一切理想而治之,又非此三者所能限耳。"

同期连载《二勇少年》、《新中国未来记》完。

8日,《世界繁华报》第892号刊《官场现形记》出书预告:"南亭新著《官场现形记》:本报所撰之《官场现形记》一书,虽甫成十二回,已得九万余言。颇为阅报诸君子所称许,来馆指购全书者,几无旦蔑有。本馆特将前十二回先行刊印成书,以应远近之购取,定于重阳前出版,谨此布告,以慰殷盼。本馆谨启。"

21日,《绣像小说》第9期开始连载《老残游记》,至第18期(1904年1月)。共14卷,每卷1回,作者署"洪都百炼生",即刘鹗。后因编者违背协议,擅自删改原作卷十后半部分及卷十一全部文字,作者完成卷十四后遂中止交稿,写作也因此中辍。后续载于天津《日日新闻》。

《老残游记》写一个被人称作老残的江湖医生铁英在游历中的见闻和作为。他"摇个串铃"浪迹江湖,随着他的足迹所至,可以清晰地看到清末山东一带社会生活的面貌。以一位走方郎中老残的游历为主线,作者在小说的自叙里说:"棋局已残,吾人将老,欲不哭泣也得乎?"小说是作者对"棋局已残"的封建末世及人民深重的苦难遭遇的哭泣,对社会矛盾开掘很深,并在书中直斥清官误国、害民,指出有时清官的昏庸并不比贪官好多少。这一点对清廷官场的批判切中时弊、独具慧眼。鲁迅在《中国小说史略》中对小说语言描写评曰:"叙景状物,时有可观。"《老残游记》和《官场现形记》(李伯元)、《二十年目睹之怪现状》(吴趼人)、《孽海花》(曾朴)被鲁迅并称为晚清四大谴责小说。

刘鹗(1857—1909),清末小说家。谱名震远,原名孟鹏,字云抟、公约,后更名鹗,字铁云,又字公约,号老残,别署"鸿都百炼生"。江苏丹徒(今镇江市)人。早年科场不利,曾行医和经商。喜欢收集书画碑帖、金石甲骨,其著《铁云藏龟》一书,最早将甲骨卜辞公之于世,是其拓印、系统研究古文字及其演变过程的代表作。1903年,其小说《老残游记》发表于《绣像小说》半月刊上,被鲁迅誉为"晚清四大谴责小说之一"。胡适也曾对它的艺术手法给予高度评价,称其为"描写风景的能力在旧小说里简直没有"。

同期还刊载了《书记被骗案》,此属《华生包探案》。

同日,《国民日日报》刊载《我有我》,未署作者名,翌年《东浙杂志》第4期刊载时作者署名"引子"。

同日,《江苏》第6期刊载《革命军传奇》,作者署名"浴血生"。"浴血生",生卒年及生平事迹不详,光绪间人。《革命军》,仅成《唱革》、《狱慨》两出。叙邹容因写《革命军》宣传革命思想而入狱事。剧中主人公假名周镕,着西装上场,其"白鹤子云":"今日个踏遍神州,大都来竟无一寸干净土。……一任他家国凌夷,依旧的梨园歌舞。"因而要"撞晨钟唤醒这千年睡虎,纵然是倒海狂澜一木难砥柱"。连载《痛定痛》完。

同期还刊载了孙中山《支那保全分割合论》一文,文中阐述了推翻满清政府统治及反对列强分割中国的观点,对保皇党提出的革命必将导致外国瓜分之论加以驳斥,宣传排满革命。

同日,《汉声》出第7、8期合刊,载《陆沉痛传奇》,作者不详。

本月,"抱残守缺斋"刊行了6册石印本《铁云藏龟》,《铁云藏龟》是刘鹗从他收藏的5000余片甲骨中选录1058片编辑而成的,其中重复出现3片,伪品4片,实收1051片。这是中国第一部甲骨文著录书,开创了近代中国甲骨文研究之先河。

它的出版不仅为人们研究甲骨文字提供了第一手资料，而且开拓了中国文化史研究的新领域。

本月，严复翻译的《群己权界论》由上海商务印书馆出版发行，严复自作序。

十月

5日，《新小说》第8号开始连载《毒蛇圈》，至1905年12月第24号止，标"侦探小说"，题"法国鲍福著，上海知新室主人（周桂笙）译，趼廛主人（吴趼人）评"，仅刊二十三回，未完。

同期开始连载《啸天庐拾遗》，至第14号完，至15、17—24各号，标"札记小说"，作者署"啸天庐主"。并载有《〈毒蛇圈〉译者识语》，作者署名"知新室主人"。

同期开始连载《二十年目睹之怪现状》，至第15、17—24各号，标"社会小说"。因《新小说》停刊，仅载四十五回，未完。作者署"我佛山人（吴趼人）"。本书自本年期，到1909年才创作完成。全书凡8册，一百零八回。1906—1910年，由上海广智书局陆续出版发行。

该书以描述官场怪现状为主线，以主人公"九死一生"的经历为主要线索，从他为父亲奔丧开始，到经商失败结束。作品通过"九死一生"二十年间的遭遇和见闻，广泛揭露了半殖民地半封建社会的清朝末年的黑暗现实。书中自我介绍说："只因我出来应世的二十年中，回头想来，所遇见的只有三种东西：第一种是虫蛇鼠蚁，第二种是豺狼虎豹，第三种是魑魅魍魉。"同时也对商人、文人、武夫、市民乃至医巫等社会各阶层、各行业的社会怪现状都进行了深刻揭露和辛辣嘲讽，是揭露晚清黑暗社会的力作。该作品与李伯元的《官场现形记》、刘鹗的《老残游记》、曾朴的《孽海花》并称为晚清四大谴责小说。

吴趼人（1866—1910），清末小说家。原名沃尧，字小允，又字茧人，佛山人。笔名有偈、佛、茧叟、茧翁、野史氏、岭南将叟、中国少年、我佛山人等，尤以"我佛山人"最为著名。广东南海县人。1897—1901年间，主编过《消闲报》、《采风报》、《奇新报》、《寓言报》等多种小报。1902年10月，《新小说》杂志创刊后，开始向其投稿并发表了长篇小说《二十年目睹之怪现状》、《痛史》、《电术奇谈》、《九命奇冤》等作品。1904年冬，曾任美国人所办英文《楚报》中文版编辑，次年夏间，反美华工禁约运动兴起，激于爱国义愤辞职。1906年主编《月月小说》，在该刊发表长篇小说《劫余灰》、《发财秘诀》、《上海游骖录》、《两晋演义》、《云南野乘》等。1907年在沪广东同乡创办的广志小学，吴趼人被请主持该校校务。后又发表《近十年之怪现状》、《情变》等。1910年9月19日，因迁居劳累过度，喘疾突发去世，终年45岁。吴趼人一生著作很多，以小说最知名。长、短篇小说约有30余种。其中较重要的，长篇有《二十年目睹之怪现状》、《痛史》、《瞎骗奇闻》、《恨海》、《新石头记》、《九命奇冤》、《糊涂世界》、《劫余灰》、《上海游骖录》、《发财秘诀》、《近十年之怪现状》等；短篇有《黑籍冤魂》、《立宪万岁》、《光绪万年》、《平步青云》等。

同期开始连载《电术奇谈》（又名《催眠术》），至光绪三十一年六月第18号完，二十四回，标"写情小说"，题"日本菊池幽芳原著，东莞方庆周译述，我佛山人衍义，知新室主人评点"。

同期开始连载《痛史》，第9—13、17、18、20、24各号，标"历史小说"，共二十七回，未完，作者署"我佛山人"。刊载《新笑史》上半部分，作者署"我佛山人"。载则狷评《官场现形记》之《新校史》云："上海有著为《官场现形记》者，以小说之体裁，写官场之鬼蜮。其书近经人翻刻，著者乃控之于会审公堂。据《中外日报》载此案，中有句云：'问官断得此书，毁谤官场，历历如绘。'夫问官，官也；历历如绘，写真之意也。以官而曰'《官场现形记》历历如绘'，吾敢谓之堂上亲供矣。"还刊载了春梦生所著《团匪魁传奇》。这是一部讽刺顽固派、洋务派的剧作。剧中的顽固派人物名卢才，官拜庸碌大夫，洋务派人物名贾秀才。他们互相勾结，做"半新半旧的两面人"，欺上瞒下，误国误民。春梦生，姓名、字号、籍贯、里居、生卒年及生平事迹不详。

同日，《绣像小说》第10期刊载《旅居病夫案》，至此连载《华生包探案》完。

同日，《游学译编》第11册开始连载《黄人世界》，至第12册止，两回，未完，不题撰人。

同日，日本幸德秋水《社会主义神髓》由中国达识社翻译，《浙江潮》编辑所出版。

7日，上海知县汪懋琨发布禁止阅读《国民日报》的通告，并咨请外务部转总税务司，在沿江沿海各地禁售该报。

8日，《国民日日报》开始连载《惨社会》（后又名《惨世界》）十一回，署"[法]大文豪嚣俄著，苏子谷（苏曼殊）译"。

10日,《浙江潮》第 8 期刊载《返魂香》,作者署"喋血生";刊载《恋爱奇谈》,作者署"侬更有情";连载《爱之花》完。

19日,《国民日日报》连载《南渡录演义》完。

20日,《绣像小说》第 11 期开始刊载《天方夜谭》,至第 55 期(1905 年 7 月)完,未署作者与译者名。光绪三十二年(1906)商务印书馆出版单行本时署"奚若译"。《天方夜谭》是从英译名《阿拉伯之夜》转译而来的。

同日,《江苏》第 7 期刊载《明日之瓜分》,作者署"瓜子"。连载《明日之战争》完。

29日,《大陆报》第 12 号连载《鲁宾逊漂流记》完。

本月,周树人翻译、改写自法国作家儒勒·凡尔纳的科学幻想小说《月界旅行》,由日本东京进化社出版,署[美]培伦著,中国教育普及社译印,后收入《译文集》第一卷。当时周树人误以为是美国查理士·培伦所著。原书于 1865 年出版,题为《自地球至月球在九十七小时二十分间》。周树人据日本井上勤的译本重译,将原书 28 章翻译、改写成为十四回的文言章回体小说。在《弁言》中,他指出了科学幻想小说的功用,认为这类小说是"经以科学,纬以人情"。他还称:"盖胪陈科学,常人厌之,阅不终篇,辄欲谁去,强人所难,势必难矣。惟借小说之能力,被优孟之衣冠,则虽析理谭玄,亦能浸淫脑筋,不生厌倦。获一斑之智识,破遗传之迷信,改良思想,补充文明,……是故,如欲补足今日译界之补不足,引导中国民众顺序以进,必自科学小说始。"这代表了当时一种普遍的"小说救国"的观点。

周树人(1881—1936),中国现代作家、思想家,中国现代文学的重要奠基者之一。原名樟寿,字豫山、豫亭、豫才。浙江绍兴人。少年时家道中落,进入江南水师学堂学习。后赴日留学,初为学医,不久即弃医从文。曾师从章太炎学习,加入光复会,为《浙江潮》撰文,支持革命。翻译了《月界旅行》《地底旅行》等小说,1909 年与二弟周作人共同译成的《域外小说集》二册辑印。1911 年冬完成第一篇试作小说《怀旧》,并发表于《小说月报》。1918 年他正式开始小说创作,其第一篇小说《狂人日记》载于《新青年》,猛烈抨击"吃人"的封建礼教,被称作文学革命思想之急先锋。自此便开始成为"横眉冷对千夫指,俯首甘为孺子牛"的鲁迅先生。

本月,严复编《英文汉诂》(《English Grammar in Chinese》)。这是严复应其

得意门生熊季廉而编写的一部英文语法工具书。书中，严复作英文文谱，用文言讲英文语法，并杂采英人马孙摩栗思等人的著作，释以汉文，从而编成。严复认为："诚欲精通英文，则在博学多通，熟之而已。使徒执是编以为已足，是无异钞食单而以为果腹，诵书谱而废临池，斯无望已。"该书1904年5月由商务印书馆出版。

十一月

4日，黄兴在长沙秘密成立华兴会。

8日，《浙江潮》第9期刊载《雌雄蜥》，作者署"喋血生"。连载《斯巴达之魂》完。

13日，《觉民》于松江创刊，月刊，起初为金山县张堰镇高旭及其叔高燮、其弟高增等家庭成员创办的油印刊物。第8期起改为铅印，向社会发行，并征集外稿，为之撰稿的有黄节、陈家鼎、包天笑、顾石灵、马君武、刘师培、马一浮等。《觉民》设有"论说"、"哲理"、"政法"、"教育"、"军事"等栏目。内容主要宣传民族独立，提倡自由平等，反对封建专制，痛斥康梁改良派"归政"、"立宪"、"保皇"的主张，大胆揭露清政府的黑暗腐败现象，所刊载的《狮子吼》一文曾传诵一时。停刊日期不详。《觉民》发刊词曰："试游于欧美之乡，吸自由之空气，撞独立之警钟，吊华盛顿克林威尔与主玛志尼加富尔诸英雄，莫不豪兴勃勃。又试游于印埃之故墟，则但见恒河之滔滔，雪山之高耸，以及尼罗河、金字塔之空存，则不禁索性思返，发《黍离》、《麦秀》之悲。"它将帝国主义列强侵略扩张和清政府卖国造成的民族危机揭示出来，警醒国人。《觉民》是金山最早出现的杂志报刊，前后共出10期，旨在鼓吹革命，唤起国民觉悟，以改造社会奋起救国。

17日，京师大学堂译学馆开馆，严复为总办。

同日，商务印书馆引进日资10万元，成立商务印书馆有限公司，改进印刷。

18日，京师大学堂官书局出版《布匿第二次战记》，署"[英]阿纳乐德著，林纾、魏易同译"。

19日，《江苏》第8期刊载《孽海花》，作者署"麒麟（金松岑）"，此为曾朴《孽海花》的前身；开始连载《分割后之吾人》，至翌年3月17日第10期止，共五回，未完，作者署"卓呆"，即徐卓呆，名博霖，又号筑岩。苏州人。曾留学日本，专治体育，创设中国体操学校，又提倡新剧，为时所重。所作小说百种，以滑稽一类为多。

金松岑(1873—1947),清末民初文学家、思想家。初名懋基,后改名天翮、天羽,松岑为其字。自号鹤望(舫),壮游,又曾署名金一、麒麟、爱自由者、天放楼主人等。江苏省吴江市同里镇人。甲午战争后,他与陈去病组织"雪耻学会",意图维新救国雪耻。1899年,他在同里创办"自治学社"和"理化音乐传习所",传授新文化。1902年,他创办同川学堂。1903年,应蔡元培之邀赴沪参加中国教育会和爱国学社,回到同里创办中国教育会同里支部。"《苏报》案"发后,他又回乡筹措经费,延请律师为章太炎、邹容辩护,资助《革命军》出版。他还翻译出版了《三十三年落花梦》等,宣传孙中山的革命活动。1912年,当选为江苏省议会议员。后又曾任安徽通志馆编纂。1933年,他与陈衍等组织中国国学会,邀章太炎到苏州,与章在国学会讲学。抗日战争爆发后,困居苏州。1947年1月病逝苏州。在他创办的学校中许多曾经受他教诲的学生已成长为各界英才,如柳亚子、王佩净、王大隆、潘光旦、金国宝、严宝礼、费孝通、王绍鏊、蒋吟秋、范烟桥等。金松岑的著述主要有《天放楼诗集》(正续季集)、《天放楼文言》(正续遗集)、《鹤舫中年政论》、《孤根集》、《皖志列传》、《词林撷隽》、《女界钟》、《自由血》、《孽海花》(前六回)等。

20日,白浪庵滔天(宫崎寅藏)著、金一翻译的《三十三年落花梦》问世。

本月,《绣像小说》第14期刊载《商界第一伟人》完。

本月,《宁波白话报》在上海创刊,半月刊,每月出两册,由在上海的宁波同乡会主办,主要编者有咸农、郑苌等人。出9期后,于光绪三十年(1904)五月出改良版,期次重起。它是一个较早提倡白话、并用白话进行写作的刊物。而且它还极具地方特色,主要宣传对象为在上海的宁波人及宁波地区的人民。该刊的主要宗旨是鼓吹实业救国,提倡移风易俗。

十二月

1日,《自由结婚》二编十回发行。

3日,《宁波白话报》第2期开始连载《理想的宁波》,至第5期完,不题撰人。

8日,《浙江潮》第10期开始连载《地底旅行》,至第12期完,题"[英]威男著,索子(周树人)译",署"之江索士译演"。周树人翻译、改写的《地底旅行》

首二回在《浙江潮》第 10 期上开始连载。全书于 1906 年 3 月由南京新书局出版。后收入《译文集》第 1 卷。这部作品当时周树人误作英国威男著，但实为法国作家儒勒·凡尔纳的科学幻想小说。原有 45 章，译本改为十二回。

9 日，自本日起至次年 4 月 4 日，居于澳大利亚的华侨所办的《爱国报》连载了邹容的《革命军》。

15 日，《俄事警闻》在上海创刊，蔡元培、刘师培、叶瀚等人主持，王季同任主编。这是继《苏报》、《国民日日报》之后在上海出版的又一份资产阶级革命派的报纸。其主要内容是围绕沙俄侵占东三省的问题而展开，用各种体裁的文章揭露沙俄侵略我国的历史和现状，并揭露帝国主义列强在东三省问题上的角逐和清廷的卖国外交政策。该报还呼吁不同阶级、阶层、职业、政治态度和宗教信仰的人共同拒俄。次年，《俄事警闻》改名为《警钟日报》。

19 日，《中国白话报》于上海创刊，林獬主编，中国白话报社编辑，上海镜今书局发行。初为月刊，自第 13 期起改为旬刊，共出 24 期，1904 年 8 月停刊。设有"论说"、"历史"、"地理"、"传记"、"新闻"、"科学"、"实业"、"小说"等栏目。该报面向下层劳动者和青少年，使用白话文，鼓吹反帝爱国、革命排满。

《中国白话报》第 1 期开始连载《玫瑰花》，至翌年 6 月初第 16 期完，作者署"白话道人"。

26 日，《上海新报》在上海创刊，日文周刊，由杉尾胜三主编。

29 日，《商务报》于北京创刊，旬刊，总经理吴桐林，由北京商务报馆编辑，工艺官局印书科刊行。该报的宗旨主要是提倡改良农工商事业。它是"奉商部谕办"，以清政府商务部为背景的刊物，按照商部规定"只准按商律办理，即有议论亦只考究商务，不涉他事"。该报的创办者和总司理人为商部郎中吴桐林，他是一位爱国的民族资本家，又是一位具有改良主义思想的政治活动家。吴桐林认为"商务益盛，其国势益盛"，商务攸关国家命运。《商务报》于 1906 年 1 月停刊。

《商务报》第 1 期刊载《弦高》，不题撰人。

本日，郑贯公等在香港创刊《世界公益报》，该报后来成为同盟会的主要舆论阵地。

本月，孙中山改组《檀山新报》，并发表《敬告同乡书》。梁启超及其党人散布的"名为保皇实则革命"的谬论在檀香山华侨中造成极大的思想混乱，于是孙中山将老兴中会员程蔚南办的一份毫无宗旨的旧式报纸《檀山新报》改组为《隆记报》，使之成为革命的喉舌。孙中山在该报上撰写了《敬告同乡书》一文，揭露"名为保皇实则革命"的欺骗性，划清革命与保皇的界限。孙中山指出，康有为的《最近政见书》是以保皇立宪为手段，达到延长清朝反动腐朽统治的目的，梁启超满口"革命"、"破坏"而不同康有为决裂，并非真有反清归汉的决心，而是在革命风潮涌动之时，举假革命之旗行真保皇之实。孙中山告诫人们，革命就是要倒满兴汉，保皇意在扶满臣清，这是水火不相容之事。

本月，《绣像小说》第16期连载《小仙源》完。

本月，严复译成英人甄克思（Edward Jenks）著的《社会通诠》（*A Short History of Politics*，今译《社会进化简史》）一书，并作自序。

本年

本年秋，陈天华作《警世钟》。以反帝爱国思想为主要特色，写法带说唱意味。

本年秋，吴梅《血花飞》传奇改定完成。《血花飞》十二出，一名《苌弘血》。写戊戌变法时六君子事。

本年冬，《花世界》于上海创刊。前后主持者有庞栋材、俞达甫，花世界报社印行。初设"演说台"、"纪念碑"、"新谐铎"、"评议"、"新剧场"、"新小说"、"邮便局"等栏目，以"纵怀风月、搜罗越女燕姬"的社会新闻为主要内容，兼及刊载暴露官场、学界怪现状的文学作品。所刊的长篇小说有彭俞的《情天琐记》、佚名的《新儒林外史》、《上海水浒传》；短篇小说有《极乐世界》、《人中海》等。该报还多次发起过花榜、艺榜（最佳名伶榜）等评选活动，组织过文学社团契兰社，举办过诗钟、联语、谜语等征文游戏。1911年夏秋间因"《采风报》案"牵连而停刊。

本年，京师大学堂译书局译成《垤氏实践教育学》5册，《欧洲教育史要》3册，《格氏特殊教育学》、《独逸教授法》各1册。

本年，《观戏记》发表。作者不详，原载何种书报不详。阿英《晚清文学丛钞·小说戏曲研究卷》据《黄帝魂》（1929）摘出，标明1903年发表。文章从中外戏剧的演出效果，强调戏曲社会功用之大和改革的必要，认为"欲善国政，莫如先善风俗；欲善风俗，莫如先善曲本。曲本者，……即国之兴衰之根源也"。作者和小说理论的最初倡导者一样，片面地夸大了戏曲的社会功用。

本年，吴语小说《海上繁花梦》初集 6 册的三十回于笑林报馆刊行，题"古沪警梦痴仙孙玉生（孙家振）戏墨"。该小说共一百回。第 2 集 6 册，三十回，1905 年印行。后集 8 册，四十回，1906 年印行。乐群书局百回本，3 册，1908 年印行。首作者自序，云此作"为其欲警醒世人痴梦也"，又云："海上繁华，甲于天下，则人之游海上者，其人无一非梦中人，其境即无一非梦中境。……仆自花丛选梦以来，十数年于滋矣。见夫人迷途而不知返者，岁不知其凡几，未尝不心焉伤之，因作是书，如释氏之现身说法，冀光世阅者，或有所悟，勿负作者一片婆心。是则《繁华梦》之成，殆亦有功于世道人心，而不仅摹写花天酒地，快一时之意，博过眼之欢欤！"序署"海上警梦痴仙漱石氏自序于沪北退醒庐"。又"拜颠生"序，称《花月痕》、《海上花列传》、《青楼梦》、《风月梦》、《绘芳缘》诸书，描写花月闲情，俱能惟妙惟肖，尤以《花月痕》为脍炙人口；《海上花》则本地风光，自成一家，而读《海上繁华梦》，"不禁有观止之叹焉"。又云："痴仙生于沪，长于沪，以沪人道沪事，自尤耳熟能详。况情场历劫，垂二十年，个中况味，一一备尝，以是摹写情景，无不刻画入微，随处淋漓尽致，而其宗旨，则一以唤醒迷人，同超孽海为主，以是此书之出，尤为有功于世道人心。"署"光绪二十八年（1902）壬寅孟秋，古皖拜颠生稿于海上语新楼"。《海上繁华梦》2 集三十回也于本年由笑林报馆出版。作者后又创作《续海上繁华梦》3 集一百回，描写民国初年上海妓院生活，虽时间、人物更换，但其内容与主旨和《海上繁华梦》无甚差异。

本年，《海外奇谈》由达文社译印发行。这是中国最早的莎士比亚著作译本。其中"莎士比亚"译作"索士比亚"，译者未署名。本书实际上是通过翻译英国 19 世纪初散文家兰姆姊弟的《莎士比亚故事集》来介绍莎士比亚的戏剧。其中包括 10 个戏剧故事。

本年，康有为发表《与南北美洲诸华商书》，宣扬中国只能实行君主立宪，不能革命的言论。章太炎在《苏报》上发表《驳康有为论政见书》，予以辩驳。

本年，《启蒙画报》第 2 年第 4、6、7 期连载《猪仔记》，不题撰人，书未完。

本年，《杭州白话报》第 2 年第 13 期至第 18 期连载《俄宫活鬼》，不题撰人、译者。第 2 年第 15 期至第 24 期刊载《世界亡国小史》，署"黄海锋郎演"。第 2 年第 21 期刊载《儿女英雄》，作者署"侬更有情"。刊载《女儿叹》，作者署"曼聪"。

本年，《闲情报》刊载《上海大滑头传》，撰人不详。

本年，中外日报馆出版《双线记》（一名《淡红金刚钻》）二十四回，署"［英］厄冷著，逸儒（陈绎如）、秀玉（薛绍徽）合译"。

本年，商务印书馆出版《补译华生包探案》，署"［英］柯南道尔著，上海商务印书馆译印"，内收《歌利亚司考得船案》、《银光马案》、《孀妇匿女案》、《墨斯格力夫礼典案》、《书记被骗记》、《旅居病夫案》；出版《夺嫡奇冤》，署"［日］柴四郎著，上海商务印书馆编译所译"；出版《克莱武传》，署"［英］麦克利著，商务印书馆译"。

本年，小说林社出版《俄国情史》；出版《十五小豪杰》十八回。

本年，上海书局出版《绣像施公案全传》石印本，内含各续书达"十续"之多，共528回，撰人不详。

本年，广智书局出版《侠男儿》，署"［英］因凡痕斯著，燕蓟少年译"；《离魂病》；《加里波的传》，署"上海广智书局编译"；《瓜分惨祸预言记》十回铅印本，题"日本女士中江笃济藏本，中国男儿轩辕正裔译述"。

本年，作新社出版《苦学生》，署"［日］山上泉著，中国之苦学生译"。

本年，时中书局出版《侦探谭》第1册，署"冷血（陈景韩）译，钮永建校"，内收［法］西余谷著《游皮》、［日］中村贞吉著《大村善言》；出版《侦探谭》第2册，署"冷血译"，内收［日］渡道为藏著《关口太三郎》、［法］彭脱著《格儿奇谈》、［日］上野和夫著《松野贯一》、［英］皮登著《梅脱》与《落勃脱》。

本年，文明书局出版《汉民拔》，署"［日］大町芳卫著，丁锦译"；《航海奇迹》，署"［英］谷德译，钱楷重译"；《冶工轶事》，署"［法］刚奈隆著，朱树人译"；《三五梦因记》，作者署"东亚无情子"；《唯一侦探谭四名案》，署"柯南道尔著，嵇长康、吴梦邕合译"；《迦因小传》，署"蟠溪子（杨紫驎）、天笑生（包天笑）译"；《狐狸梦》，署"［日］藤田丰山著，笑笑生译"；《新译包探案》；《穑者传》。

本年，开明书店出版《俄国情史》（又名《花心蝶梦录》、《斯密士玛丽传》），署"［俄］普希金著，戢翼翚译"；《恨海春秋》，署"［日］佐藤藏太郎著，仆本恨人译"；《杨贵妃》二十四章，署"东瀛来城小隐著，云间梦觉生译"。

本年，译书汇编社出版《瑞士独立警史》十八回，陆龙朔译，上海开明书店发行。

本年，同人社出版《女举人传》十六回石印本，署"如如女史撰"。是书叙述江阴如如女史女扮男装参加科举,又提出改革中国构想诸事。

本年,大同书局出版《轰天雷》十四回,署"藤谷古香",托为日本小说译出。该书末回行酒令点将,历数当时维新党与革命党风云人物,首点孙文,次点章太炎,评曰:"革命何尝不是堂堂正正的旗,但民智不开,民力不足,民德不修,这三样没有,决不能革命。"又郑逸梅《艺林散叶》第1877条云:"《轰天雷》说部,著者藤谷古泉,徐傅霖谓乃黄摩西化名。是书由苏州毛长珍印刷所排印,甚简陋。"然第4020条又称,此书"实出常熟孙景贤手笔"。第3484条又称:"《轰天雷》说部,叙述常熟沈北山事,燕谷老人张鸿谓情节颇多舛错,描写亦多过甚,因之于其所撰《续孽海花》第54回:'沈北山联等老甲第,米筱亭悔结错姻缘',将《轰天雷》中所载失实之处,在该一回中一一纠正。张鸿与沈北山为总角交,且官内阁中书,深知朝野事也。"

本年,广学会出版《贫子奇缘》,署"美国女子亮月乐译,岘山樵人批评";出版《狱中花》三十四回,署"[法]散颠著,亮乐月口译,陈春生译"。

本年,大宣书局出版《俄国情史》。

本年,通社出版《二金台》(一名《新包探案》)十五回,署"叶启标译"。

本年,彪蒙译书局出版《星球旅行记》,署"[日]井上圆了著,戴赞译"。

本年,华美书局出版《小英雄》2册十回,署"[美]步奈特夫人著,陈春生、亮乐月合译"。

本年,简青斋出版《永庆升平前传》九十七回及《永庆升平后传》一百回石印本。

本年,《海上百花传》4册,署"詹垲编";《花间莺》,署"[日]末广重恭著",译者不详。后《福建法政杂志》第1卷第4号开始连载,署"[日]铁肠居士著,梁继栋译意";《中东大战演义》4卷三十三回石印本。以上各书均于上海出版。

本年,魏炳荣在上海创立广益书局。

本年,达文社出版《海外奇谈》,署"[英]莎士比亚著,达文社译",内收《蒲鲁萨贪色皆朋》、《燕敦里借债释割肉》、《武历维错爱孪生女》、《毕楚里驯服恶癖娘》、《错中错埃国出奇闻》、《计上计情妻偷戒指》、《冒险寻夫络偕伉俪》、《苦心救弟坚守贞操》、《恒妒心李安德弃妻》、《报大仇韩利德杀叔》。

本年,惠学书局出版《生死自由》,署"暂生生译"。

本年,海虞图书馆出版《海外天》十六回,署"[英]马斯他孟立特著,东海觉我（即徐念慈）译"。

本年，支那新书局出版《露漱格兰小传》，署"信陵骑客译"，有冷红生（即林纾）序。

本年，武林印刷所刊出《女豪杰》不分回，不题撰人。书末有"新史氏评述要旨"，谓法国大革命发起始创者是一区区弱女子罗兰夫人。夫人不死于王党、贵族党，而死于平民山岳党；不死于革命失败之时，而死于告成之后，《夫人传》（指本书）于在上位持保守主义者及在下位持进取主义者，均有深刻启示云云。

本年，尊业辑业书馆出版《法国地利花奇案》，署"［英］佚名著，江西尊业辑业书馆译刊"。

本年，尊业书局出版《雪中梅》十五回，署"［日］末广铁肠著，熊垓译"。

本年，明权社出版《游侠风云录》（又名《游侠风雪录》）十二回，署"［日］佚名著，独立苍茫子译"。

本年，某书局出版《小眼观世》不分回石印本，题"土屋静观氏著"，"寄斋评点"。书首序，署"静观子识"。书以第一人称叙事。

本年，胜芳德林堂刊出《永庆升平后传》一百回。

本年，文裕堂将《俗话倾谈》初集2卷11则与2集2卷7则合为一部排印，分4卷，书名仍为《俗话倾谈》。

本年，新民社出版《十五小豪杰》十八回。

本年，华海书社出版《永庆升平前传》24卷九十七回。

本年，《少年中国报》发表《少年登场》，《黄帝魂》刊本，作者不详。1905年寅半生（钟骏文）选辑《天花乱坠二集》卷六据以载录，武林崇实斋藏版。

1904年

一月

2日,《宁波白话报》第5期连载《理想的宁波》毕。

8日,《商务报》第2期刊载《帝舜》,不题撰人。

15日,《俄事警闻》开始连载《日俄未来战争小说》,至2月10日完,署"[日]荻园著,扶桑译"。

17日,《女子世界》于常熟创刊,月刊,朔日发行,由常熟女子世界社编,曾朴、丁芝孙(初我)创办并任主编,后由陈志群主编,上海大同印书局发行。主要撰稿人有柳亚子、徐觉我、沈同午、蒋维乔、丁慕卢等,设有"社说"、"演坛"、"科学"、"实业"、"教育"、"史传"、"译林"、"事件"、"记事"、"文艺"等栏目,以提高女权为宗旨,认为改变妇女的地位是国家强盛的起点。其创刊词曰:"女子者国民之母也。欲新中国,必新女子;欲强中国,必强女子;欲文明中国,必先文明女子;欲普救中国,必先普救女子;无可疑也。"该刊呼吁普及女子教育,要求妇女注重体育,保持自强,反对妇女缠足。曾刊载《女魂篇》、《女界革命》、《女权说》、《女雄谈屑》、《为民族流血无名之女杰》、《革命与女权》等文章。1906年停刊,次年2月由秋瑾续出1期,累计共出18期。这是辛亥革命前历史最长、影响最大的一份妇女刊物。

《女子世界》第1期开始连载《情天债》,至翌年3月第4期完,四回,标"女子爱国小说",作者署"东海觉我(徐念慈)"。

同日,《中国白话报》第3期开始连载《娘子军》,至第13期完,署"爱国女儿述,白话道人（林獬）记"。

同日，《商务报》第 3 期刊载《革特林》，不题撰人。

同日，我国已知最早的国人自办的通讯社——中兴通讯社在广州创建并首次发稿，发行人及编辑为骆侠挺，主要向广州香港两地报纸发稿。

27 日，《商务报》第 4 期刊载《好以利》，不题撰人。

31 日，《风洞山传奇》首折发表于《中国白话报》第 4 期，作者署"吴梅"。（后至本年 3 月 1 日，该传奇第一折又发表于《中国白话报》第 6 期。1904 年 4 月 25 日《广益丛报》第 34 期（甲辰第 2 号）也曾发表过其首折的一部分。

本月，《绣像小说》第 18 期连载《老残游记》，至本期止，未完。

本月，独社出版《瓜分惨祸预言记》十回铅印本，题"日本女士中江笃济藏本，中国男儿轩辕正裔译述"，标"政治小说"。书首《例言》7 则。作者叙述创作缘由说："据闻中国有一高隐之士，前曾遍游各国，学问优美，世情练达，因其性静心灵，竟能前知未来之事。所著《惨祸预言》，凡二十余卷，皆于数十年前著之，而其后无一句句应验。此书乃其数十部中之一部也。数年前有一中国童子，由日本女士处得来此书，却是东文，前月又复入于译者之手。"该书宗旨为"普中国同胞，知所警惧，先事预防"，激发"宁舍此身，以存吾国的思想，那中国不但不至瓜分，直可雄甲地球"。

本月，严复译作《群己权界论》出版，夏曾佑作序。夏曾佑还为严复译作《社会通诠》作序。

本月，孙中山在《檀山新报》上发表《驳保皇报书》一文，对檀香山保皇派报纸《新中国报》主笔陈仪侃于 1903 年 12 月的《敬告保皇会同志书》一文予以逐条驳斥。文中揭露保皇党标榜"爱国"，其实"所爱之国为大清国"，"非爱国也，实害国也"。批判所谓革命可招瓜分的谬论，"故欲免瓜分，非先倒满清政府，别无挽救之法也"。批判先行"立宪君主"始能"立宪民主"的谬论，指出凡事宜"取法而为，后来居上"，如同中国初造火车应"取最新之式者"一样，破坏专制政治后也应采取民主共和的"善政"。此外，还逐一批驳了所谓中国民智低下、人民不习惯于自由民权和服从法律等"惑世诬民"之说，宣传了革命救国的道理。

本月下旬，以宣传革命排满为宗旨的报刊论文集《黄帝魂》由上海东大陆图书公司出版。该书从《苏报》《国民日日报》《革命军》等报刊中选辑了45篇文章，主要作者有章太炎、邹容、刘师培、章士钊等。该书针对梁启超所辑的《中国魂》而得名。

二月

1日，黄芬慧女士在《俄事警闻》上发表《谨告全国之女子》，号召阻止日俄蚕食我国国土。

3日，上海中西书院举行题为《欲开中国民智创兴报纸与新立学堂孰为有益》的英文辩论会，由该院监院林乐知主持。

8日，日俄战争爆发。双方交战于我国东北地区，当地民众惨遭蹂躏。

10日，《洗耻记》六回刊出，苦学社编辑，中原活版所印刷。署"汉国厌世者著，冷情女史述"，标"历史小说"。小说以杜撰的历史故事寄寓汉族在满清统治下的民族仇恨，书未完。

同日，《俄事警闻》连载《日俄未来战争小说》完。

14日，《新民丛报》第46号开始连载《学海潮传奇》，至次年五月第49号完，作者署"春梦生"。

15日，华兴会在长沙正式成立。这是继兴中会后的又一个资产阶级革命团体，会长黄兴，副会长宋教仁、刘撰一、秦毓鎏。

同日，《安徽俗话报》在芜湖创刊，半月刊，朔望发行，陈独秀任主编，房秩五负责教育栏，吴汝澄负责小说栏，其余由陈独秀总其成。以救亡图存、开通民智为宗旨。该报在陈的好友汪孟邹开办的芜湖科学图书社的帮助下才得以顺利发行，由上海东大陆图书印刷局印刷。它内容新鲜活泼，提出的问题发人深省，语言通俗，图文并茂，颇能吸引读者。1905年8月停刊，共出22期。《安徽俗话报》是一份爱国革命报，它以鲜明的思想和通俗的语言鼓舞人们起来斗争。在一定意义上可以说它是陈独秀后来创办《新青年》的雏形；某些问题的提出，也可以说是新文化运动的先声。

16日，《女子世界》第2期刊载《松陵新女儿传奇》，作者署"安如"，即柳亚子。

17日，《俄事警闻》第65号开始连载《新梦年》，至第73号完，无署名。25

日续完。

25 日,《俄事警闻》第 73 号连载《新年梦》完。

26 日,《俄事警闻》更名为《警钟日报》。

本月,《教育世界》第 69 号开始连载《姊妹花》,至第 89 号完,标"家庭教育小说",署"[英]哥德斯密著",译者不详。

本月,《杭州白话报》第 3 年第 1 期至第 14 期连载《黄天录》十四回,不题撰人。今所见本缺第九回。书未完,第 16 期已不刊载此作,不知今所缺之第十五期刊载否。

本月,《绣像小说》第 19 期开始连载《痴人说梦记》,至第 54 期完,共三十回,作者署"旅生"。小说旨在探索改造中国之路,书中人物影射康有为、梁启超、孙中山,并以理想人物贾希仙开辟仙人岛的成功反衬变法与革命的失败。小说带有浓厚的空想性质,流露出对现实中国的悲观心理。

本月,《绣像小说》第 20 期连载《邻女语》完。

本月,小说林社出版《福尔摩斯再生案》第 1 册,署"[英]柯南道尔著,奚若译",内收《再生第一案》。

本月,严复译作《社会通诠》由上海商务印书馆出版。《社会通诠》原名 A History of Politics,即《社会进化简史》。原著者为英国学者、法学家甄克思(E. Jenks,1861—1939),原书出版于 1900 年,1903 年严复开始翻译此书。该书属于社会政治学著作。在该著作中,甄克思指出,一个国家制度的进化发展,要经过三种社会形态:最初是图腾社会,大约为原始蛮荒状态;其次是宗法社会,大约为领主宗族组织形态;最后是军国社会。所谓军国社会,即是指当时的资本主义社会。严复译著此书,意在介绍西方政治社会进化学说,同时隐喻中国仍处在宗法社会,已落后于世界各国,当奋起直追,进入军国社会。

三月

5 日,《游戏报》第 2317 号与 6 日 2318 号刊出《〈官场现形记〉序》,内称:"定哀之间多微词,南亭此记伤于俭矣,既而思之,救焚者不能择音,救病者不能除苦,迹熄诗亡,《春秋》以作,怨诽不乱,《小雅》不芟。方今官场缪丑之形,神禹不能象,道子不能画。隐居放言之士，伤《小雅》之怨诽，为通人之木铎。犹冀百尔之一悟，风俗之一改。"序署"癸卯良月迟云"。

6日，《大陆报》第2年第1号刊载《阴界革命》，标"警示小说"；又载《白衣秀士》，以上两篇均不题撰人。《俄罗斯国事犯》连载至第2年第12号完，未署译者。

7日，《商务报》第5期刊载《周村镇》，不题撰人。

11日，《东方杂志》于上海创刊。初为月刊，第17卷起改为半月刊，第40卷后又改为月刊，商务印书馆编辑发行，创办人是商务印书馆创始人夏瑞芳和编译所所长张元济，先后负责编辑工作的有徐珂、孟森、陈仲逸（杜亚泉）、陶惺存、钱智修、胡愈之、李圣五、郑允恭、苏继庼等。该刊以"启导国民、联络东亚"为宗旨，创刊初期主要是选辑摘录其他报刊上的记事和论文，每期10万多字，分设内务、外交、财政、教育、实业等栏目，每期卷首另加铜版图4—10幅，基本上是份文摘性质的期刊。从1911年第8卷第1期起，作了较大的改革，充实了内容，先后增辟了近40种栏目，如内外时事、评论、东方论坛、时事日志、现代史料等，并约请著名学者、社会名流、政界要人撰写文章，把原来单纯介绍科学技术性的内容逐渐减少，增加了关于研究哲学、经济、文学、政治的论文，变成为一份大型权威性的社会科学的综合性刊物。《东方杂志》内容始终保持超然独立的立场，是当时文化界的重要发言地。抗日战争时期，先后迁至长沙、香港、重庆出版，1947年迁回上海，1948年12月停刊，历时45年，共出45卷，是中国近代史上刊期最长的一份大型综合性杂志。

《东方杂志》第1期开始连载《毒美人》，至第7期完，标"侦探小说"，作者署"[美]乐林司朗治"，译者佚名。

17日，《商务报》第6期刊载《计学大家英儒斯密亚丹传》，不题撰人。

同日，《江苏》第10期连载《分割后之吾人》完。

27日，《商务报》第7期刊载《范蠡》，不题撰人。

29日，商务印书馆出版《最新国文教科书》第1册。以响应1月清廷颁布的癸卯学制，适应办学的需要。第1册共有60课，内容分理科、历史、修身、实业、家事、卫生、政治、杂事等，并附有大量图画。该书的出版标志着中国学校教科书的内容和形式渐趋规范化。后来，《最新国文教科书》共出18册，其中10册供初等小学用，8册供高等小学用，到1908年全部出齐。

31日，《外交报》第72期刊载《玛瑙印》，后又载于本年农历四月初五第77期，译者不详。

本月，商务印书馆主办的《日俄战纪》出版，月刊，专门报道日俄战争的动态。

本月，《四川官报》创刊。先是旬刊，按年编册，全年32册，1911年改为5日出刊，由官报书局负责出版，曾任该报总办、会办的有陆钟岱、钱锡宝、陈玉麟等，曾任总纂的有龚道耕、金正炜、胡若霖、宋超骥等。该报以刊载官署文牍为主，新闻为辅，以"宣德通情，启发民智"为宗旨。先设有"谕旨"、"奏议"、"论说"、"新闻"等栏目，改版后分为公布类、参考类、附录等。从创刊到辛亥革命发生后，刊行7年，现共有283册。

本月，王钟麟发表《血泪痕传奇》。《血泪痕》上卷十出，下卷仅刊二出。叙爱国党人与某妓女缔盟，后又官吏也恋之，被妓拒绝，官吏遂设谋处死党人。陈霞章《血泪痕传奇序》云："《血泪痕传奇》，为无生生一缕心血、一副眼泪所造成，统名为悲剧，此其第一种。甫脱稿，即出示予，予尽读之，知无生生之为此，凡所以爱国也。……今读此著，直欲无生生自畜童伎，盛设乐部，移宫换羽，教之登场。吾知坐客，有目者必能泪下，有血者必能由凉化热。是无生生能以少数之血泪，博天下人之多数血泪，其有造于吾国前途者，无生生始与有力焉。"

本月，陈时泌作《非熊梦传奇》成，后由湖南裕湘机器局刊本发行。《非熊梦》八出，未见著录。描写日本助中国抵制沙俄侵略，一举而平之，亦当时泄愤之作也。卷首有作者《自序》，略云："时泌既成《武陵春》传奇之二年九月，而奉事又起矣。是时，时泌在华荣讲席，念大局之阽危，愤壮怀之莫遂，爰将奉事为诸生演为论说，以冀激发其志气，而备国家异日缓急之需。未几，解馆来省，时已冬暮。天寒夜永，来日大难，俯仰身世之间，不无慨叹。于是取前所为论说之意，复演传奇一部，名曰《非熊梦》。亦酒后耳热，聊以自壮已耳。"

本月，《绣像小说》第21期开始连载《月球殖民地小说》，至第62期止，共三十五回，未完，作者署"荒江钓叟"；开始连载《俄国包探案》，未署著译者，未完，续载于第22期。

本月，《新白话报》创刊于日本东京，月刊，新白话报社编辑发行，停刊时间不详。

四月

4—9日,《大公报》重刊严复在1902年6月发表于该报的文章《主客平议》。

5日,《大陆报》第2年第2号刊载《蚁勇队》、《猿将军》、《蛮腰》、《马矢》,均标"警世小说",不题撰人。

6日,《商务报》第8期刊载《乌氏俫》,不题撰人。

16日,《商务报》第9期刊载《蜀卓氏》,不题撰人。

同日,《女子世界》第4期连载《情天债》完。

20—23日,《大公报》刊载严复《读新译甄克思〈社会通诠〉》一文,介绍《社会通诠》一书。其曰:"是书原名《政治短史》。盖西国晚近学术分科,科各有史,而政治为学术之一科,其史所载,必专及治理之事……欲治理程度之高下,视其中分功之繁简。今之泰西文明之国,其治柄概分三权:曰刑法,曰议制,曰行政。……是故中西二治,其相异在本源。……凡专制治体,未有不沿宗法之旧者。……宗法社会之民,未有不乐排外者。……为今日吾中国之大患者,其惟贫乎!何以知其然耶?……然救贫之方,何由出乎?将以农乎?将以工乎?将以商乎?曰三者皆宜修也。……"

22日,《警钟日报》发表《论美国凌侮华工》的社论,对美国政府苛待华工表示愤慨。

24日,《警钟日报》刊登慈航社的《慈航社拟刊成仁录征文启》,向社会征集清代反清志士的事迹,为他们树碑立传,以激发国人的反清情绪。在所开列的98人名单中,有清初的抗清将领,有因文字狱而被迫害致死的人,有参加戊戌变法、自力军起事及其他反清活动而被清廷杀害的人。慈航社设于上海宗孟女学堂,由该校的郑素伊女士发起成立。该社声称对那些遭清廷迫害而有生命危险的人设法保护,使其脱离苦海,故名"慈航"。

26日,《商务报》第10期刊载《法郎克令》,不题撰人。

本月,金松岑(名天翮)翻译出版俄国虚无党史之《自由血》,书后附有《爱自由者》撰译书广告一版,内有《女界钟》、《三十三年落花梦》、《孽海花》等5种,称《孽海花》为"政治小说":"此书叙赛金花一生历史,而内容包含中俄交涉,帕米尔界约事件,广西事件,日俄交涉事件,以至今俄国复据东三省止,又含无数掌故、学理、轶事、遗闻。精彩焕发，趣味浓烈，现已付印，上海镜今书局发行。"

本月，世界繁华报馆出版《海天鸿雪记》单行本，共4册，每册五回。第1册前有茂苑惜秋生序，论上海妓女状况种种，并称："统观是书前后，其谋篇立意也如此，其敷词被文也如彼，殆非深造有得者，不能与于是也。古之人，有悱恻缠绵之隐、忧愤郁结之私而不能托之以言者，以文章写之，以诗词写之，不然，而以稗官野史写之，所谓骨鲠在喉，必欲一吐为快也。作者其有心乎，其无心乎？"序署"光绪甲辰立夏前三日茂苑惜秋生"。第1册前又有解释书中吴音奇字及吴方言俗语的《〈海天鸿雪记〉释文》。

本月，李伯元致函刘聚卿，内称："拙作《官场现形记》随手拈来，绝无成见，不料督幕赵君竟因辞馆，殊出意外。刻三遍已付排，约七月中旬出版，当将赵君原书，附刊书后，以代表白。洁身远嫌，弟转深佩其人。此书初二编皆承公代售去若干部，三编既有此嫌（赵君该与江南参案相影响），不敢复托。我辈文字交，无所不可，官场疑忌最多，不能不为公计耳。兹将历年所积《谈丛》、《时事嬉谭》、《滑稽新语》等稍加编辑，约得书二十本，不合于时者汰之，拟改版精印二千部，竟非千金不办。平昔文字交，已集得数百金，颇望公为筹两三数，（能借我《毛诗》尤感！）九月出书，出书后一月即可归楚。此举颇属冒昧，知公提倡风雅，或不竟绝我也。"

本月，文明书局出版林纾、魏易同译之《黑奴吁天录》。

本月，《女狱花》（又名《红闺泪》、《闺阁豪杰谈》）十二回约于本月或稍后刊出，题"王妙如著"。书首序署"光绪甲辰三月既望沧桑寄客"，次《女狱花叙》，云："近时之小说，思想可谓有进步矣，然议论多而事实少，不合小说体裁，文人学士鄙之夷之；且讲女权、女学之小说，亦有硕果晨星之叹。甚矣作小说之难也，作女界小说之尤难也。"又云："西湖女士王妙如君，以咏絮之才，生花之笔，菩萨之心肠，豪杰之手段，而成此《女狱花》一部，非但思想之新奇，体裁之完备，且殷殷提倡女界革命之事，先从破坏，后归建立。呜呼！沧海中之慈航耶？地狱中之明灯耶？吾愿同胞姐妹香花迎奉之。惜天不永其年，中图夭折，不能竟其振兴女界之大愿力。然理想者，事实之母也，后之人读其书，感慨兴起，将黑暗女界放大光明，则食果应推女士之赐矣。"叙署"钱塘俞佩兰叙"。末有署"光绪甲辰仲春唐罗景仁"之跋。

本月，《武备杂志》创刊，月刊，贺忠良任总编辑，是保定的北洋武备研究所办的一个专门讨论军事的月刊,每期设有"谕牍"、"论说"、"学术"、"叙事"、"问答"、"格言"、"汇录"等栏目。《武备杂志》是中国近代军事发生全面变化的产物,它比较清楚地反映了国外近代军事思想对中国军界的渗透;反映了处在内外交困中的封建买办阶级的治军思想;反映了封建买办阶级在编练新式军队过程中取得的进展和遇到的矛盾。《武备杂志》只在军界内部发行,发行数量不大。1906年3月停刊,共出25期。

五月

5日,《大陆报》第2年第3号刊载《英语》、《俄文》、《女郎避乱》、《夫人被辱骂》,均标"警世小说",不题撰人。

15日,《女子世界》第5期刊载《女中华传奇》,作者署"大雄";《自由花》,标"爱情小说",连载于第5—7、10期,作者署"非想"。

同日,《商务报》第12期刊载《西瓦迭》,不题撰人。

同日,《扬子江》在上海创刊,半月刊,朔望发行,杜课园任主编,设有"图画"、"社说"、"学术"、"政治"、"记事"、"文苑"、"杂俎"、"小说"、"调查"等栏目。该刊的政治倾向是主张君主立宪和变法改良,也有鲜明的爱国思想。该刊是个综合性刊物,还介绍哲学、自然科学知识、世界之最、时事新闻,以及俄国无政府主义的活动情况等。

19日,《外交报》第77期开始连载《埃及妃》,至第93期完,标"外交小说",不题译者。连载《玛瑙印》完。

25日,《商务报》第13期刊载《宣曲任氏》,不题撰人。

本月,《绣像小说》第25期开始连载《回头看》,至第36期完,标"政治小说",作者署"[美]威士",翌年商务印书馆出版单行本时署"商务印书馆译"。连载《环瀛志险》完。

本月,文明书局出版《利俾瑟战血余腥记》,署"[法]阿猛查登原著,[英]达尔康原译,林纾、曾宗巩同译"。

本月,开明书店出版《致富锦囊》(原名《成功锦囊》),署"王建善译"。

本月,世界繁华报馆出版《官场现形记》2编6册。约于本月或稍后出版《海天鸿雪记》，书首序署"光绪甲辰立夏前三日茂苑惜秋生"。

本月，严复著《英文汉诂》卮言，大抵强调开民智、多译书、重西学、兴西学并不失中学、学西学必先通西文以及知识无国界论等事。严复曰："中国自甲午一创于东邻，庚子再困八国，海内憬然，始知旧学之必不足恃，而人人以开瀹民智为不可以已。朝廷屡降明诏，诏天下广立学堂，省府州县有大中小之程级，寻常高等，民立官设，名称纷繁，又设大学于京师，置学务大臣以总通国之教育。且虑利禄之路不开，不足导天下使归之于一也，则议递减制科所岁进之人数，欲十年以往，中国之人才，无一人不出于大学。盖百年之间，行政之殷，求效之切，未有过于此一事者，可谓盛已。……居今日而言教育，使西学不足治，西史不足读，则亦已矣。使西学而不可不治，西史而不可不读，则术之最简而径者，固莫若先通其语言文学，而为之始基。假道于迻译，借助于东文，其为辛苦难至正同，而所得乃至不足道。智者所为固若是乎！夫此时之所急者，通其术而得其情云耳。而所以通所以得之涂术，不暇校也。洎夫家通其术，人得其情，将向所谓授业解惑之师资，觇毕揣摩之编简，皆不期而自集，而不必勤求乎其外。夫而后以外国文字为一科之学可也。一切之学，治以国文，莫不可也。夫公理者，人类之所同也。至于其时，所谓学者，但有邪正真妄之分耳，中西新旧之名，将皆无有，而吾又安所致其断断者战！"

本月，严编著的《英文汉诂》由商务印书馆出版，这是我国第一本横行排版刊印的中文书籍，也是严复唯一的语言学著作。

六月

4日，《商务报》第14期开始连载《戈布登》，至第20期完，不题撰人。

8日，《觉民》第7期刊载《迷魂阵传奇》，作者署名"吴魂"。

12日，《时报》于上海创刊，日报，由狄楚卿主持，陈冷为主笔。该报在内容与体例上均有所革新，分正、副刊，并有插图，除论说、纪事外，还有批评、小说、报界舆论、外论撷华、介绍新著、词林、插画、商情报告表、口碑丛述、谈瀛零拾等十门，后又增设实业、妇女、儿童、英文、图画、文艺等周刊。《时报》曾一度为保皇派的机关报，政治倾向保守。1939年9月停刊。

梁启超撰文《时报缘起》中述及该报："同人有怵于此，爰创此报，命之曰'时'。

于祖国国粹固所尊重也，而不适于当世之务者，束阁之；于泰西文明固所崇拜也，而不应于中国之程度者，缓置之。而于本国及世界所起之大问题，凡关于政治学术者，必竭同人谫识之所及，以公平之论，研究其是非厉害，与夫所以匡救之应付之之方案，以献替于我有司，而商榷于我国民。若夫新闻事实之报道，世界舆论之趋向，内地国情之调查，政艺学理之发明，言论思想之介绍，茶语酒后之资料，凡全球文明国报馆之所应尽之义务，不敢不勉，此则同人以言报国之微志也。索然西哲亦有言，完备之事物必产于完备之时代。今以我国文明发达如彼其幼稚也，而本报乃欲窃比于各国大报馆之林，知其无当矣。跬步积以致千里，百川汇以放四海，务先后追随于国家之进步，而与相应焉，则本报所日孜孜也。吾国家能在地球诸国中占最高值位置，而因使本报在地球诸报馆中，不得不求占最高值位置，则国民之恩我无量也夫！国民之恩我无量也夫！"

《时报》为这一时期具有一定影响的日报。胡适在《十七年的回顾》中说："《时报》在当日确能引出一般少年的文学兴趣。……《时报》出世以后，每日登载'冷'或'哭'译著的小说，有时每日有两种。冷血先生的白话小说，在当时译界中确算很好的译笔，他有时自己也做一两篇短篇小说，如《福尔摩斯来华侦探案》等，也是中国人做新体短篇小说最早的一段历史。《时报》等的小说之中，《双泪碑》最风行。……《时报》当时还有'平等阁诗话'一栏，对于现代诗人的绍介，选择很精。诗话虽不如小说之风行，也很能引起许多人的文学兴趣。我关于现代中国诗的知识，差不多都是先从这部诗话里引起的。……可以说《时报》的第二个大贡献，是为中国日报界开辟一种带文学兴趣的'附张'。"

《时报》开始连载《中国现在记》十二回，至本年10月24日第172号完，李伯元著。书首"楔子"云："过去之中国，既不敢存鄙弃之心，未来之中国，亦岂绝无期望之念？但是穷而在下，权不我操，虽抱着拨乱反正之心，与那论世知人之识，也不过空口说白话，谁来睬我？谁来理我？则如何消除世虑，爱惜精神，每逢酒后茶余，闲暇无事，走到瓜棚底下，与二三村老，指天划地，说古论今，把我生平耳所闻，目所见，世路上怪怪奇奇之事，一一说与他们知道。他们虽是乡愚，久而久之，亦渐渐的心领神会，都道原来现在的事不过如此。我又怕事情多了，容易忘记，幸而在下还认得几个字，于是又一一笔之于书，以为将来消遣之助。唉！虽如此说，古今来稗官野史很有些人与人心世道息息相通，在下又何敢妄自菲薄？

佛说云：'欲知来世因，今生作者是。'这便是做书人的微旨了。"

14日，《宁波白话报》第1次改良第1期开始连载《英国商界第一伟人戈布登事迹演义》，至第1次改良第4期完，不题撰人。

同日，《女子世界》第6期开始连载《狮子吼》，至第10期完，作者署名"觉佛"。

17日，《世界繁华报》第1123号刊登《官场现形记》售书广告："中国官场，魑魅魍魉靡所不有，实为世界一大污点。然数千年以来，从未有人为之发其奸而摘其覆者，有之，则自南亭此书始。此书措词诙谐，不减于《儒林外史》，叙事详尽，不亚于《石头记》。有欲研究官场真相者，无不家置一编，洵近来小说中唯一无二致钜制也。"又云："此书描摹官场丑态，无微不至。某京卿谓邹应龙打了严嵩，严嵩犹说打得好打得好，今之官场中人无不喜读此书，同此意也。"

23日，《笑林报》第1171号刊登发售《官场现形记》广告云："古人著书，稿至三四易五六易而成。此著乃初脱稿耳，阅者倘为纠谬绳愆，或以个中丑状详细胪示著者，拟俟投函齐后，评定甲乙。第一名赠本书五十部，二名赠三十部，三名赠二十部，以下酌赠。如欲现洋，即照批价付值。本埠一月为限，外埠两月，函交繁华报馆。著者附志。"

同日，《中国白话报》第13期连载《娘子军》完。开始刊载《断头台传奇》，作者署"感惺"，此后该剧分别连载于《中国白话报》第13、14、16、18期，直至当年8月1日完毕。

同日，《广益丛报》第40号连载《新中国未来记》完。

27日，《萃新报》第1期开始连载《俄皇宫中之人鬼》(《录新小说报》)，至第3期完，不题译者。

同日，《萃新报》在浙江金华创刊，半月刊，萃新报社编辑及发行，张恭、盛俊等主编，设有"社说"、"上谕"、"学说"、"政法"、"教育"、"军事"、"哲理"、"地理"、"科学"、"计学"、"实业"、"卫生"、"女界"、"时论"、"纪事"、"文件"、"丛谈"、"小说"、"文苑"等栏目。其主要内容为揭露当时严重的民族危机，鼓吹爱国救亡；介绍西方社会政治学说和西方国家的政治制度；提倡兴办实业和教育。该报仅出4期即被清廷封禁。

28日，《扬子江》第1期开始连载《奴隶梦》，后又载于第3期，作者署"竹西顾影生"。

同日,《新民丛报》第 49 号连载《学海潮传奇》完。

本月,商务印书馆及上海各书店销售梁启超所著《饮冰室合集类编》。

本月,《扬子江》创刊于上海,半月刊,扬子江丛报社编辑及发行,杜课园主编。

本月,《童子军传奇》连载于《绣像小说》第 29—54 期（1904 年 7 月至 1905 年 7 月）,作者署"遁庐"。《童子军》,二十四出,叙芒砀山少年葛天常组织童子军,发动起义。系为鼓吹革命而作,未完。标目云:"老教师训练童军,大头目摧残敌骑。真豪杰结婚海外,众英雄定业岛中。"可以概括此剧主旨。

本月,商务印书馆及上海各书店销售梁启超所著《饮冰室合集类编》。

本月,《新小说》第 8 号刊载《小说丛话》,"平子"、苏曼殊、"浴血生"几人就小说创作及其意义方面发表了一些论述。其中"平子"认为:"小说与经传有互相补救之功用。故凡东西之圣人,东西之才子,怀悲悯,抱冤愤,于是著为经传,发为诗骚。或托之寓言,或寄之词曲,其用心不同,其能移易人心,改良社会,则一也。"苏曼殊从人物形象、回目语言、内容宗旨、结构安排等几个方面分别评述了《水浒》、《红楼》、《金瓶梅》、《儿女英雄传》这几篇古典小说。他认为:"《水浒》、《红楼》两书,其在我国小说界中,位置当在第一级,殆为世人所同认矣。然于二者之中评先后,吾固甲《水浒》而乙《红楼》也。凡小说之最忌者曰重复,而最难者曰不重复,两书皆无此病矣。唯《红楼》所叙之人物甚复杂,有男女老少贵贱媸妍之别,流品既异,则其言语、举动、事业,自有不同,故不重复也尚易。若《水浒》,则一百零八条好汉,有一百零五条乃男子也,其身份同是莽男儿,等也;其事业同是强盗,等也;其年纪同是壮年,等也,故不重复也最难。凡著小说者,于作回目时,不宜草率。回目之工拙,于全书之价值,与读者之感情,最有关系。若《二勇少年》之目录,则内容虽佳极,亦失色矣。吾见小说中,其回目之最佳者,莫如《金瓶梅》。《金瓶梅》之声价,当不下于《水浒》、《红楼》,此论小说者所评为淫书之祖宗者也。余昔读之,尽数卷犹觉毫无趣味,心窃惑之。后乃改其法,认为一种社会之书以读之,始知盛名之下,必无虚也。凡读淫书者,莫不全副精神,贯注于写淫之处,此外则随手披阅,不大留意,此殆读者之普通性矣。至于《金瓶梅》,吾固不能谓为非淫书,然其奥妙,绝非在写淫之笔。盖此书的是描写下等妇人社会之书也。试观书中之人物,一启口,则下等妇人之言论也;一举足,则下等妇人之行动也。虽装束模仿上流,其下等如故也;供给拟于贵族,其下等如故也。若作者之宗旨在于写淫，又何必取此粗贱之材料哉？论者谓《红楼梦》全脱胎于《金瓶梅》，乃《金瓶梅》之倒影云，当是的论。若其回目与题词，真佳绝矣。中国小说，欲选其贯彻始终，绝无懈笔者，殆不可多得。然有时全部结构虽不甚佳，而书中之一部分，真能迈前哲而法后世者，当亦不可诬也。吾见《儿女英雄传》，其下半部之腐弊，读者多恨之，若前半部，其结构真佳绝矣。其书中主人翁之名，至第八回乃出，已难极矣；然所出者犹是其假名也，其真名直至第二十回始发现焉。若此数回中，所叙之事不及主人之身份焉，则无论矣；或偶及之，然不过如昙花一现，转瞬复藏而不露焉，则无论矣；然《儿女英雄传》之前八回，乃书中主人之正传也，且以彼一人而贯彻八回者也。作了一番惊天动地之大事业，而姓名不露，非神笔其能若是乎？""浴血生"则对小说创作与表现的作用提出了自己的意见。他说："窃尝谓小说之功亦伟矣。夫人有过，庄言以责之，不如微言以刺之；微言以刺之，不如婉言以讽之；婉言以讽之，不如妙譬以喻之；而小说者，皆具此能力者也。故用小说，以规人过，是上上乘也。小说能导人游于他境界，固也；然我以为能导人游于他境界者，必著者之先自游于他境界者也。昔赵松雪画马，常闭户不令人见。一日其夫人窃窥之，则松雪两手距地，昂头四顾，俨然一马矣，故能以画马名于世。作小说者亦犹是。有人焉悄思冥索，设身处地，想象其身段，描摹其口吻，淋漓尽致，务使毕肖，则吾敢断言曰：'若而人者，亦必以小说名于世。'"

本月，《绣像小说》第27期开始连载《珊瑚美人》，至第41期完，标"政治小说"，作者署"［日］青轩居士（三宅彦弥）"，翌年商务印书馆出版单行本时署"商务印书馆译"。

本月，小说林社出版《秘密使者》上卷，标"地理小说"，署"［法］伽尔威尼著，天笑生（包天笑）译述"。此书共2卷，下卷两月后出版。出版《新舞台》第1编，标"军事小说"，署"［日］押川春浪著，东海觉我（徐念慈）译述"。此书共2册，第2编翌年5月出版。出版《哑旅行》上册，标"社会小说"，署"［日］末广铁肠著，黄人译述"。此书共2册，下册于1906年4月出版。

本月，文明书局出版《滑铁庐战血余腥记》，署"［法］阿猛查登原著，［英］达尔康原译，林纾、曾宗巩同译"。

七月

3日,《大陆报》第2年第5号刊载《赦诏》、《报章》,均标"警世小说",不题撰人。

8日,《觉民》重出后第8期刊载《迷魂阵传奇》,作者署"吴魂";刊载《人天恨传奇》,作者署"秋士"。同日,《觉民》还发行重出后第1—5期合刊本,刊载小说《侠客传奇》,作者署"大雄",即为高增;刊载《女英雄传奇》,作者署"觉佛";刊载《狮子吼》,作者署"吴魂"。

26日,《萃新报》第3期连载《俄皇宫中之人鬼》完。

27日,《宁波白话报》第1次改良第4期连载《英国商界第一伟人戈布登事迹演义》完。

本月,小说林社出版《恩仇血》,标"福尔摩斯侦探小说",署"陈彦译"。出版《军役奇谈》,署"〔英〕脱马斯加泰著,陶叫旦译"。出版《大复仇》,标"福尔摩斯侦探第一案,侦探小说",署"〔英〕柯南道尔著,黄人润辞,奚若译意"。

本月,商务印书馆出版《环游月球》,署"〔法〕焦奴士威尔士著,商务印书馆编译所译"。

本月,作新社出版《孟恪孙奇遇记》,署"公洁编辑,谔谔等译"。

本月,东亚编辑局出版《女娲石》甲卷八回铅印本,标"闺秀就国小说",题"海天独啸子著,卧虎浪士批"。书共2册十六回,第2册翌年2月出版。书首"卧虎浪士"序,云:"我国小说,汗牛充栋,而其尤者,莫如《水浒传》、《红楼梦》二书。《红楼梦》善道儿女事,而婉转悱恻,柔人肝肠,读其书首,非入于厌世,即入于乐天,几将曰英雄气短,儿女情长矣。是书也,余不取之。《水浒》以武侠胜,于我国民气,大有关系,今社会中,尚有馀赐焉。然于妇女界,尚有余憾。我国山河秀丽,富于柔美之观,人民思想,多以妇女为中心。故社会改革,以男子难,而以妇女易,妇女一变,而全国皆变矣。虽然,欲求妇女之改革,则不得不输其武侠之思想,增其最新之智识,此二者皆小说操其能事,而以戏曲歌本为之后殿,庶几其普及乎?"又言作者"将欲遍搜妇女之人材,如英俊者、武俊者、伶俐者、诙谐者、文学者、教育者撮而成之,为意泡中之以女子国"。

本月，"扪虱谈虎客"所辑晚明以来遗事八则成，梁启超命名为《中国近世秘史》，并为其作序文一篇。

八月

1日，《大陆报》第2年第6号刊载《名鸨》，标"警世小说"，不题撰人；《富家女》、《榜人妻》、《叆阳女子》、《辽西女子》，均标"国辱余谈"，不题撰人。

同日，《中国白话报》第17期开始连载《新儒林外史》，后载于第21—24期，标"社会小说"，署"白话道人（林獬）新著"。

2日，《商务报》第20期连载《戈布登》完。

6日，《新小说》第9号刊载《小说丛话》。其中"卒子"云：《红楼梦》一书，系愤满人之作，作者真有心人也。著如此之大书一部，而专论满人之事，可知其意矣。其第七回便写一焦大醉骂，语语痛快。焦大必是写一汉人，为开国元勋者也，但不知所指何人耳。按第七回：'尤氏道："因他从小儿跟着太爷出过三、四回兵，从死人堆里，把太爷背了出来得了命；自己挨着饿，却偷了东西给主子吃；两日没水，得了半碗水，给主子喝，他自己喝马溺。不过仗着这些功劳情分，有祖宗时，都另眼相待。"'以上等句，作者决非无因而出。倘非有所愤，尤氏何必追叙其许多大功，曰："把太爷背了出来得了命。"可知无焦大则不但无此富贵，则亦无此人家。既叙其如此之大功，而又加以'不过仗着'四字，何其牵强？又观焦大所写云：'欺软怕硬，有好差使，派了别人（必是督抚海关等缺）。二十年头里的焦大爷，眼里有谁？别说你们这一把子的杂种们。你们作官儿享荣华、受富贵。你祖宗九死一生，挣下这个家业。到如今不报我的恩，反和我充起主子来了！'字字是血，语语是泪，故屡次禁售此书，盖满人有见于此也。今人无不读此书，而均毫无感触，而专以情书目之，不亦误乎？"又云："今日欲改良社会，必先改良歌曲；改良歌曲，必先改良小说，诚不易之论。盖小说（传奇等皆在内）与歌曲相辅而行者也。夫社会之风俗人情、语言好恶，一切皆时时递变。而歌曲者乃人情之自然流露，以表其思慕痛楚、悲欢爱憎。然闻悲歌则哀，闻欢歌则喜，是又最能更改人之性情，移易世之风俗。故必得因地因时，准社会之风俗人情、语言好恶，而亦悉更变之，则社会之受益者自不少。上古之小说、歌曲无论矣。然自周以来，其与小说、歌曲最相近者，则莫如三百之诗。由诗而递变为汉之歌谣，为唐之乐府，为宋词，为元曲，为明代之昆腔（昆腔为魏良辅所更定，魏为昆山人也，故有此名）。自明末至今三百年来，朝野雅俗，莫不爱之，莫不能之。至近今三十年间，此调暂绝。盖社会每经数百年之久，其言语必已有许多不同之处，其不经常用之语，便觉其非太高尚，则过雅典，俗人不能解，自觉嚼然无味。故自上古至今数千年来之音乐，未有至五百年而不更变者，职此故也。然昆曲废而京调、二簧、山陕梆子出而代之，风靡一世。其言辞鄙陋，其事迹荒谬，其所本之小说传记，亦毫无意义，徒以声音取悦于人，而无益于世道人心，是则世无有心人出而更变之之过也。故孔子当日之删《诗》，即是改良小说，即是改良歌曲，即是改良社会。然则以《诗》为小说之祖可也，以孔子为小说家之祖可也。"

同期还开始连载《警黄钟》十出，作者洪炳文，后载于《新小说》第9—17号上。叙大胡封国、大元封国侵袭大黄封国领地，而黄封国内政不修，外交失策，无力抵御。后东宫太子琼英领兵亲征，终于击败强敌，奏凯还朝。作者《警黄钟自序》云："《警黄钟》者何？警黄种之钟也。黄种何警乎尔？以白种强而黄种弱也。黄种何以弱？以吾四百兆人，日醉生梦死于名缰利锁之中而不自知，如燕雀之处堂，醯鸡之舞瓮，不自知其弱，遂终不能强。吁，可怜已！怜之故思设法以警之。"假托寓言故事，唤醒国人对民族危亡的警觉。

《新小说》第9号和第12号还分别刊载了《毒蛇圈》第三回和第九回的评语，作者署名"趼廛主人"。

11日，《女子世界》第8期刊载《侠女奴》，署"浮云女士述文"，即周作人译，后连载至第12期。刊载《同情梦传奇》，作者署"挽澜"。

16日，《京话日报》在北京创刊，这是一份以市民读者为主要对象的时事性政治报刊，创办人为彭翼仲，杭辛斋、吴梓箴、刘炳堂等为编辑，设有"演说"、"新闻"、"官门抄"、"告示"、"电报"、"小说"、"时事新歌"、"儿童解字"等栏目。该报在内容上比较注重宣传有关反帝爱国思想、揭露社会黑暗和反映人民疾苦。1906年9月因触怒当权者而被查封，共出753期。《京话日报》发行数量一度很大，成为当时北京销路最大、影响最广的一份报纸。

21日，《商务报》第22期刊载《弗拉安的》，不题撰人。

25日，《扬子江》第3期连载《奴隶梦》完。

30日,《大陆报》第2年第7号刊载《割爱》《筹资》《赛会》《赌场》《缠足》、《辫发》,均标"警世小说",不题撰人;《中国之军人》,标"零碎小说",不题撰人。

31日,孙中山《中国问题的真解决》在美国圣路易写成,并于9月底、10月初由美国友人麦克威廉斯资助在纽约印成单行本,孙中山在封面题有中文"革命潮"三字。该文一开头就指出:"中国终究要成为那些争夺亚洲霸权的国家之间的主要斗争场所",其根源在于"满清政府的衰弱与腐败"。警告帝国主义"瓜分中国"的殖民政策只会给自己带来"危险与灾难",支持清政府也"注定是要失败的"。他指出"全国革命的时机现已成熟","只要星星之火就能在政治上造成燎原之势"。他还断言:"一旦我们革新中国的伟大目标得以完成,不但在我们的美丽的国家将会出现新纪元的曙光,整个人类也将得以共享更为光明的前景。"文中还呼吁欧美人民对中国革命"在道义与物质上给予同情和支援"。

本月,曾朴、丁芝孙、徐念慈等在上海创立小说林书社,同时创办《小说林》月刊,曾朴任总理,徐念慈任编辑,征集创作小说及东西洋小说的译本,专门出版创作小说和翻译小说,促进了这一时期小说的繁荣。《曾孟朴先生年谱未定稿》云,曾朴设此社"专以发行小说为目的","要打破当时一般学者轻视小说的心理"。初创时,小说林社规模很小,由曾朴任总理,徐念慈任编辑,征集创作小说及东西洋小说的译本。该社尤其致力于外国文学作品的翻译介绍,在它的《小说林社总发行启》中说:"泰西论文学,推小说家居首,诚以改良社会,小说之势力最大。我国说部极幼稚不足道,近稍稍能译著矣,然统计不足百种。本社爱发宏愿,筹集资本,先广购东西洋小说三四百种,延请名人翻译,复不揣梼昧,自改新著,或改良旧作,务使我国小说界,范围日扩,思想日进,由翻译时代而进于著作时代,以与泰西诸大文豪,相角逐于世界,是则本社创办之宗旨也。"

曾朴(1872—1935),清末民初小说家、翻译家、出版家。家谱载名为朴华,初字太朴,改字孟朴,又字小木、籀斋,号铭珊,笔名东亚病夫。江苏常熟人。出生书香世家,早年秉承父命创办实业。1904年与丁初我、徐念慈创办小说林社,继而发行《小说林》杂志。同时期,曾朴继金松岑原作续撰《孽海花》,鼓吹民族革命与民主革命的思想萌发滋长。1927年,曾朴与长子虚白在上海创设真美善书店,并办《真美善》杂志,主要翻译法国文学创作和文艺评论,介绍法国文学,曾朴尤对法国浪漫主义大师雨果的作品介绍最多。1931年,《真美善》杂志停刊,曾朴回乡游憩，直至病故。曾朴的主要代表著作就是长篇小说《孽海花》。《孽海花》被誉为晚清四大谴责小说之一，鲁迅《中国小说史略》称其"结构工巧，文采斐然"，是中国近代小说中思想和艺术成就都比较高的一部作品。

徐念慈（1875—1908），翻译家。原名蒸义，字念慈，以字行；后又改字彦士，别号觉我、东海觉我、晚清诸生。江苏常熟人。青年时代博览群书，对中外学术均有广泛了解，掌握英语和日语。1904年，他与曾朴、丁芝孙等人在上海创办小说林社，积极征集创作小说和东西洋小说译本。他热心于介绍西方先进的科学文化，专译军事小说、冒险小说、科学小说等，译文多用白话或浅近文言，且有意保持域外小说原有的体裁和笔法。他先后翻译了科幻小说《黑行星》、冒险小说《海外天》、科幻小说《新舞台》、军事小说《英德战争未来记》等，并创作科幻小说《新法螺先生谭》，被视为中国近代创作科幻小说的先行者。1908年，徐念慈在《小说林》杂志的第9、19期发表《余之小说观》，提出小说离不开人生，小说反映人生的见解，在当时具有重要的进步意义。

本月，《邯郸梦传奇》发表于《觉民》第9、10期合本上，署名"铁郎"。铁郎即陈家鼎（又名陈汉元）。《邯郸梦》二出，写汉奸末路。出目为《入梦》《醒警》。【临江仙】开场云："满腹经纶何处用？可怜文弱书生。凡时成就好功名？风云际遇，好去寄干城。当年有志作公卿，谁知依旧沉沦？从今到处要逢迎，皇天恨汝，辜负苦心人。"

本月，《绣像小说》第31期开始连载《卖国奴》，至第48期完，作者署"〔德〕苏德蒙"，商务印书馆翌年出版此作单行本时署"张竹风原译，吴梼重译"。

本月，《新小说》第10号开始刊载《新笑林广记》，后陆续刊登于第17、22号，共22则，作者署"我佛山人"。作者自序称："迩日学者，深悟小说具改良社会之能力，于是竞言小说。窃谓文学一道，其所以入人者，壮词不如谐语，故笑话小说尚焉。吾国笑话小说，亦颇不鲜；然类皆陈陈相因，无甚新意识、新趣味。内中尤以《笑林广记》为妇孺皆知之本，惜其内容鄙俚不文，皆下流社会之恶谑，非独无益于阅者，且适足为导淫之渐。思有以改良之，作《新笑林广记》。"

本月，小说林社出版《秘密使者》下卷。出版《无名之英雄》上册，署"〔法〕伽尔威尼著，天笑生（包天笑）译"。是书共3册。

九月

1日，上海文宝书局出版《昕夕闲谈》，署"重译者：英国约纳约翰；笔述者：英国李约翰；印刷所：日商同文社（上海北京路景庆里）；发行所：文宝书局（上海四马路棋盘街）"。书首藜床卧读生（管斯骏）序。

4日，《东方杂志》第7期连载《毒美人》完。

10日，"三爱"（陈独秀）于《俗话报》第11期发表《论戏曲》一文，提倡戏剧观念的革新。文曰："戏曲者，普天下人类最所乐睹、最乐闻者也，易入人之脑蒂，易触人之感情。故不入戏园则已耳，苟其入之，则人之思想权未有不握于演戏曲者之手矣。……戏园者，实普天下人之大学堂也；优伶者，实普天下人之大教师也。"文中指出戏曲对观众的重要教育意义和社会作用，提出"戏馆子是众人的大学堂，戏子是众人大教师"的观点。陈独秀援引古今中外的戏曲发展情况，严厉批判当时中国种种鄙薄戏曲、把唱戏当作贱业的社会风气，认为看戏不再只是游戏，演员也不再低人一等；他认为戏剧改良有小说、报馆不及之方便，不识字的人也可以由看戏而开通风气。陈独秀以是否有利于"开通民智"为标准，去分析当时中国戏曲之现状，实事求是地分辨良莠，并指出中国戏曲改革的必要性与迫切性。他说："唱戏虽不是歹事，现在所唱的戏，却也有些不好的地方，以致授人口实，难怪有些人说唱戏不是正经事。我也不能全然袒护戏子，说他尽善尽美。但是要说戏曲有些不好的地方，应当改良，我是大以为然。"提出了改良戏曲的五项措施：宜多新编有益风化之戏；采用西法，戏中有演说，最可长人之见识；不可演神仙鬼怪之戏；不可演淫戏；除富贵功名之俗套。作者还指出："吾国戏曲，若能依上五项改良，则演戏决非为游荡无益事业。现今我国势危急，内地风气不开，慨时之士，遂创学校。然教人少而非功缓。编小说，开报馆，然不能开通不识字人，益亦罕矣。惟戏曲改良，则可感动全社会，虽聋得见，虽盲可闻，诚改良社会之不二法门也。"陈独秀将戏曲提到了重要的历史高度，正式拉开了20世纪戏曲改良的帷幕。

陈独秀（1879—1942），原名庆同，官名乾生，字仲甫，号实庵。安徽怀宁人。新文化运动的发起人和旗帜，中国文化启蒙运动的先驱。早年留学日本，与张继、冯自由等组织拒俄义勇队，不久被遣送回国，因发表反清演说遭清廷密令缉捕，走上海，与章士钊等创办《国民日日报》，后返安徽办《安徽俗话报》半月刊，以启迪民智、激励爱国主义为宗旨。辛亥革命后任安徽都督柏文蔚的秘书长，反袁斗争失败后亡命日本，协助章士钊办《甲寅》杂志。1915年回国在上海办《青年》杂志，次年移北京，改名《新青年》，同年任北京大学文科学长，1918年与李大钊办《每周评论》，成为五四新文化运动的主要倡导者和组织者。

同日，《新新小说》创刊于上海，月刊，由新新小说社编辑和发行，开明书店总经售，陈景韩、龚子英等任主编，内容以小说为主，或著或译，间附戏曲、诗话。该刊以宣传侠客主义而著称。刊物未标明主编是谁，所载内容多署名"冷血"。作者名字皆是笔名，如"侠民"、"无悔"、"磋予"、"公奴"、"中原浪人"等。在其第3册的启事中说："本报拟定以十二期一结束，……为一主义，如此期内，则以侠客为主义，故期中每册皆以侠客为主，而以他类为附。"由此可见，刊物的编辑每期均有"专号"的性质。头12期以侠客为主义，并在目录页刊名下标以"第一集世界侠客谈"字样。第1期冷血的《侠客谈叙言》，就是一篇阐明侠客主义的文字。刊登的侠客小说，不仅有中国的，还有外国的。该刊约在1907年4月停刊，今见1—10号。

晚清除四大小说刊物外，当以本刊为主要的一种。《大陆报》第2卷第5号刊载《〈新新小说〉叙例》一文，作者署名侠民。文曰："小说有支配社会之能力，近世学者论之綦详，比年以来，亦稍知所趋重矣。故欲新社会，必先新小说；欲社会之日新，必小说之日新。小说新新无已，社会之革变无已，事物进化之公例，不其然欤？向顷所谓新者，曾几何时。皆土鸡瓦狗而视之；而观顷代起之新，自后人视之，亦将如今之视昔也。使无现顷之新，则向顷之新，或五十步而止矣；使无后来之新，则现顷之新，或百步而止矣。"指出了小说创新之于社会变革的重要性。

《新新小说》第1年第1号开始连载《中国兴亡梦》，标"政治小说"，作者署"侠民"，后载于第2、5号，未完。小说反映日俄战争历史，借以宣泄国家、种族兴亡的感慨。作者自叙云："吾恨不得炸弹，贯南北极，毁灭地球，一泄种种不平；又惜无风马云车，飞渡别一星球，吸新空气，以洗所沾染之龌龊习惯而恣吾乐也。"自叙中他还称，"吾脑灵之说迷离，为若干事；吾梦魂之所颠倒，为若干事。过屠门而大嚼，虽不得肉，聊复快意。吾落笔时之忽乐忽哀忽恋忽愤怒忽痛快忽勇敢忽高兴忽颓唐者，未识读吾书者之亦乐亦哀亦恋亦痛快亦勇敢亦高兴亦颓唐否也。吾国人之至今日，其不处于希望之绝境者，盖亦几希。吾之以为乐也，必有与吾同其乐者；吾之以为哀也，必有与吾同其哀者；吾之以为恋、以为愤也，必有与吾同其恋、同其愤者；吾之以为痛快、为勇敢、为高兴、为颓唐也，必有与吾同其痛快、其勇敢、其高兴、其颓唐者。吾以是为消遣，又焉敢不举而献之吾同病者之前，而消遣其同病耶！世其有不发狂、不厌世者乎？"表达了作者寄托于小说中对当时社会的看法与心中的感慨。

同期，刊载《刀余生传》，标"社会小说、侠客谈"，未完，续载于第2号，作者署"冷血（陈景韩）"。在《叙言》中，作者冷血论述这类小说之价值和意义，认为其虽有"浅近"、"率直"、"无趣味"等特点，但并非毫无价值。他指出："《侠客谈》之作，为改良人心、社会之腐败也。……《侠客谈》之作，为少年而作也。少年之耐性短，故其篇短；少年之文艺浅，见解浅，故其义、其文浅；少年之通方言者少，故不用俗语；少年之读古书者少，故不用典语。"这段话是当时少有的关于少年儿童创作的论说。

同期，刊载《菲猎滨外史》，标"历史小说"，题"侠民著并评解"，未完，后连载于第3、5、6回，共5回，未完。小说叙菲律宾被西班牙侵占，沦为殖民地的悲惨境遇，以及人民的反抗斗争。自叙中，作者称许菲律宾"其一轭于西，再轭于美，频年血战，两当强大国之冲，内颠多年之异族政府，外抗甘言之野心劲敌，弹丸黑子，志不稍屈，力竭势穷，愿举全岛为焦土，遂使菲猎滨三字之价值，辉耀于全世界，固一时之雄杰哉！虽顿遭挫折，然其民族之强武，学艺之精邃，文明程度，已彬彬乎达于共和自治之域。"作者又称："其视吾东亚病夫，任人宰割，犹复谓他人父，忝颜事仇者，固未可同日语也。""因而偾辕驽马，触景堪伤。失望之余，而崇拜歆羡之心，因以转炽。如痒在背，不搔不得；如鲠在喉，不吐不快。"自叙署"甲辰种下著者识"。

同期，刊载《食人会》，标"世界奇谈，怪异小说"，题"杜痕著，冷血（陈景韩）译"。《圣人欤盗贼欤》，标"心理小说"，题"［英］笠顿著，［日］抱一庵主人译，冷旭（陈景韩）重译"，未完，后连载于第2、3号，第3号改标"谲诈谈"。

《新新小说》第3号刊载了《〈新新小说〉特白》一文。

同日，《安徽俗话报》第11期开始连载《黑天国》，后载于第13—15期，未完，仅 4 回，后未出单行本。作者署"三爱"，即陈独秀。

19 日，《江苏白话报》第 1 期刊载《花名山歌》（劝你们不要烧香念佛），未完，作者署"郢白"。《江苏白话报》本月创刊于常熟，月刊，琴南学会编辑及发行，停刊时间不详。

24 日，《白话》在日本东京创刊，月刊。创办人为秋瑾，由中国留日学生组织演说练习会总编辑及发行，上海小说林社总经售。以鼓吹推翻清政府为宗旨，内容设有论说、教育、历史、地理、时评、歌谣、戏曲等栏目，才有白话文，文字力求简明，以使群众容易接受和理解。为表明反对封建主义的立场，该刊不用光绪年号，以表示对清政府的反抗。秋瑾在创刊号上发表《演说的好处》，并附《演说练习会简章》。10 月 24 日出版第 2 期，秋瑾发表《致告中国二万万女同胞》。11 月 21 日出版第 3 期，秋瑾发表《警告我同胞》（未完）。12 月 21 日出版第 4 期，秋瑾继续发表《警告我同胞》。以上文章秋瑾均以"鉴湖女侠秋瑾"的署名发表。该刊共出 6 期。

秋瑾（1875—1907），女，清末革命志士。原名秋闺瑾，字璇卿，号旦吾，乳名玉姑，东渡后改名瑾，字竞雄，自称"鉴湖女侠"，笔名秋千、汉侠女儿，曾用笔名白萍。祖籍浙江山阴人，生于福建厦门。秋瑾蔑视封建礼法，提倡男女平等，常以花木兰、秦良玉自喻，性豪侠，习文练武，曾自费东渡日本留学。她积极投身革命，先后参加过三合会、光复会、同盟会等革命组织，联络会党计划响应萍浏醴起义未果。1904 年创办《白话报》，署名"鉴湖女侠秋瑾"，发表《致告中国二万万女同胞》《警告我同胞》等文章，宣传反清革命，提倡男女平权。1907 年初，秋瑾在上海创办《中国女报》，以"开通风气，提倡女学，联感情，结团体，并为他日创设中国妇人协会之基础为宗旨"，并为该报写了《发刊词》，号召女界为"醒狮之前驱"，"文明之先导"。同年，她与徐锡麟等组织光复军，拟于 7 月 6 日在浙江、安徽同时起义，事泄被捕。7 月 15 日，秋瑾从容就义于绍兴轩亭口。

29 日，《大陆报》第 2 年第 8 号刊载《二十世纪西游记》，不题撰人。

同日，《海外丛学录》在东京创刊，月刊，由云南留日学生田宗龙、刘昌明、陈治恭创办，设有"论说"、"政法"、"教育"、"武备"、"外交"、"实业"、"史地"、"科学"等栏目，以开民智、辟新学、张国势为宗旨。

30 日，《商务报》第 26 期连载《牙略》完。

本月,《教育世界》第 84 号刊载《制造书籍术》,标"短篇小说",署"译阿文格随笔"。

本月,《新白话报》第 7 期刊载《三大世界游记》,标"警世小说",作者署"汉昌"。该月刊第 8 期出于农历次月初一日(阳历 10 月 9 日),第 7 期之出当在本月。

本月,汪笑侬改良传统戏曲。他根据《波兰衰亡史》改编成戏曲《瓜种兰因》,在上海春仙茶园排演引起强烈反响。他在与熊文通致曾少卿的信中表明自己对改良京剧的主张:"取波兰遗事,……以证波兰亡国原因",进而"鼓舞激扬",启蒙民心。不久,汪笑侬又编排上演了《党人碑》《缕金箱》《桃花扇》《骂阎罗》等戏,均表达了对清政府腐败、屈辱媚外及社会的不满。借传统戏曲表现忧国忧民的现实主义题材,汪笑侬开了风气之先。

十月

4 日,《东方杂志》第 8 期开始连载《邮贼》,至本年第 12 期完,标"侦探小说",译者不详。

同日,《江苏白话报》第 2 期刊载《醒世歌》,作者署"典属裔"。

8 日,《中国白话报》第 24 期连载《新儒林外史》完。同日,《中国白话报》第 21、22、23、24 期合刊本发行,刊载《三百少年》,作者署名"感悭",此剧的前两折后来载于 1905 年 6 月的《浙源汇报》第 2 期。刊载《活地狱传奇》,作者高增。

9 日,《福建白话报》第 1 期开始连载《福求人》,作者署"宗敬",后载于第 2、3 期。

《福建白话报》于本月创刊于福州,半月刊,.福建白话报社编印,总发行所设在上海。

同日,《新白话报》第 8 期连载《黄女特》完,标"社会小说",作者署"担当"。该篇开始载于第 2 期,按月刊推算,最初应当出在本年农历三月。

同日,《商务报》第 27 期刊载《宛孔氏》,不题撰人。

19 日,《商务报》第 28 期刊载《雷瑟伯》(演泰西历史名人传),不题撰人。

23日,《新小说》第11号刊载《小说丛话》,其中曼殊云:"泰西之小说,书中之人物常少,中国之小说,书中之人物常多。泰西之小说,所叙者多为一二人之历史;中国之小说,所叙者多为一种社会之历史(此就佳本而论,非普通论也)。昔尝思之,以为社会愈文明,则个人之事业愈繁赜;愈野蛮,则愈简单。如叙野蛮人之历史,吾知其必无接电报、发电话、寄像片之事也。故能以一二人之历史敷衍成书者,其必为文明无疑矣。初欲持此论以薄祖国之小说,由今思之,乃大谬不然。吾祖国之政治法律,虽多不如人,至于文学与理想,吾雅不欲以彼族加吾华胄也。盖吾国之小说,多追述往事,泰西之小说,多描写今人。其文野之分,乃书中材料之范围,非文学之范围也。若夫以书中之内容论,则《西厢》等书,最与泰西近。"

同日,《新民丛报》第55号刊载《歇洛克复生侦探案》,题"[英]陶高能著,知新子(周桂笙)译述"。

同日,《白话》第2期开始连载《好梦醒来》,至第3期完,标"政治小说",署"铁肝生述"。刊载《家庭乐》,标"教育小说",署"金陵女史著,情我批",未完。

同日,《外交报》第93期连载《埃及妃》完。

28日,《大陆报》第2年第9号刊载《维新梦传奇》,未题撰人;《卖奴》、《捕贼》、《赌钱》、《渔色》,均标"警世小说",不题撰人。连载《警示奇话》完。

29日,《商务报》第29期开始连载《克虏伯》,至第33期完,不题撰人。

本月,《绣像小说》第36期连载《回头看》完。

本月,小说林社出版《福尔摩斯再生案》第2册至第4册,署"[英]柯南道尔著,奚若译",第2册收《亚特克之焚尸案》、《却令登自转车案》;第3册收《麦克来登之小学校奇案》、《宓尔逢登之被蛰案》;第4册收《毁拿破仑像案》、《黑彼得被杀案》、《密码被杀案》、《陆圣书院窃题案》、《虚无党案》。出版《双艳记》十三回,署"[英]佛露次斯著,小说林编译员译"。出版《美人妆》,署"觉我(徐念慈)讲演,女子世界社编译"。

本月,商务印书馆出版《金银岛》,标"冒险小说",署"[英]司的反生著,商务印书馆编译所译"。

本月,曾朴开始接金松岑原作,续作《孽海花》;拟书中人物名单,分旧学时代、甲午时代、政变时代、庚子时代、革新时代与海外运动6项,计110名;与金氏商定六十回回目。1928年曾朴修改本《孽海花》代序云："金君的原稿,过于注意主人公,不过描写一个奇突的妓女,略映带些相关的故事,……只怕笔法上仍跳不出《海上花列传》的蹊径。在我的意思却不然,想借用主人公做全书的线索,尽量容纳三十年来的历史,避去正面,专把些有趣的琐闻遗事,来烘托大事的背景,格局比较的廓大。"

本月,《二十世纪大舞台》创刊于上海,半月刊,由大舞台丛报社编辑和发行,陈去病和汪笑侬创办,柳亚子为主要撰稿人,设有"论著"、"传记"、"传奇"、"班本"、"小说"、"丛说"、"诙谐"、"文苑"、"歌谣"、"批评"、"纪事"等栏目,分文言文和白话两种文体,主要刊登戏剧评论、剧本、艺坛消息、诗歌、小说、歌曲等各种形式的文艺作品。"论著"栏有陈去病《论戏剧之有益》,认为作品借助于文字,戏剧则借助于演员,可以"对同族而发宗旨,登舞台而亲演悲欢,大声疾呼,垂涕以道",效果要比文章更为强烈。"传记"栏发表艺人传记。"传奇"、"班本"栏发表剧本,"批评"栏发表戏剧评论,"纪事"栏发表演出情况,"问答"栏多为通讯问答,"文苑"栏刊载诗歌。刊物宗旨如《招股启示》中所说:"以改革恶俗,开通民智,提倡民族主义,唤起国家思想,为唯一之目的。"

柳亚子在创刊号上发表了《二十世纪大舞台发刊词》,指出戏剧要为民族民主革命服务,提倡戏剧改革,希望组成一支"梨园革命军"。他热情洋溢地肯定了戏曲的社会功能,力图依靠戏曲"建独立之国,撞自由之钟",声称"以改革恶俗,开通民之,提倡民族注意,唤起国家思想为唯一之目的"。文曰:"今当捉碧眼紫髯儿,披以优孟衣冠,而谱其历史,则法兰西之革命,美利坚之独立,意大利、希腊恢复之光荣,印度、波兰灭亡之惨酷,尽印于国民之脑膜,必有欢然兴者。此皆戏剧改良所有事,而为此《二十世纪大舞台》发起之精神。"由于该报宣扬光复,激励人民,宗旨鲜明,创刊后仅2期即遭封禁。《二十世纪大舞台》是近代中国最早的戏剧刊物,为积极响应和推动当时的戏剧改良运动做出重要贡献。

柳亚子(1887—1958),民主主义者,爱国诗人。原名慰高,字安如,更名人权,字亚卢,再更名弃疾,又号稼轩,又字亚子,江苏吴江人。早年加入中国教育会,投入爱国学社,受教于蔡元培、章太炎等,开始革命生涯。1904年,与陈去病等创办了中国第一个戏剧刊物《二十世纪大舞台》,发表《二十世纪大舞台发刊词》,主张改良戏剧,鼓吹组织梨园革命军,宣传反清思想,并身体力行从事戏剧创作和表演。后又加入中国同盟会和光复会，为《江苏》、《苏报》、《醒狮》等革命报刊撰写了大量宣传民主民族革命的政论文章和诗词。1909 年，柳亚子和陈去病等在苏州成立反清革命文学团体南社，以大量的诗、词、曲、剧和政论文字等抨击社会现象和社会制度，鼓吹民主革命。柳亚子曾撰写过《南社诗人点将录》，把南社诗人和《水浒传》中的一百零八将相比，他自己则直率地以草寇宋江自比。

《二十世纪大舞台》第 1 期登载陈佩忍的文章《论戏剧之有益》。文章中强调戏剧为改良社会之工具，认为戏剧能"随俗嗜好，徐为转移，而潜以尚武精神、民族主义，一一振起而发挥之，以表厥目的。夫如是而谓民情不感动，士气不奋发者，吾不信也"。刊载陈佩忍的《南唐伶工杨花飞别传》。文章中强调伶工的救世作用。刊载欧阳钜源所作《新上海》传奇。《新上海》传奇，仅《观赛》一折，描写当时上海游人一年两度前往张园，观看西人赛马时如痴如狂的情景。系讽刺之作。

同期，刊载《新水浒》，标"英雄小说"，作者署"寰镜庐主人"，未完，续载于第 2 期。刊载《安乐窝》、《鬼磷寒》，作者孙寰镜。（第 2 期"本社待刊书籍"中有"寰镜庐主人"译著《血泪花》《一线天》，著《桃花扇演义》。）刊载《销魂草》，题"[英]麦鲁士著，静极思动庵演义"，未完，至第 2 期。刊载《新上海》，作者欧阳钜源。

本月，女子世界社出版《美人妆》，署"东海觉我（徐念慈）译"，女子世界社发行兼编辑者，日本东京翔鸾社印刷。

本月，《二十世纪大舞台》第 2 期刊载《黄龙府》传奇，作者幽并子。《黄龙府》二出，叙岳飞在朱仙镇大破金兵、被秦桧谋害的故事。第一出《斩虏》，演岳飞大破金兵，斩杀金邦四太子；第二出《陷岳》，叙岳飞被秦桧走狗杀害。此剧旨在借古喻今，影射清廷投降卖国，借以激发国人的爱国意识。

十一月

2 日，《外交报》第 93 期开始连载《红花球》，至第 96 期完，标"外交小说"，译者不详。

6 日，《江苏白话报》第 3 期开始连载《双剑血》，至第 5 期止，仅 3 回，未完，署"挽澜著，郢白评"。

7日，《安徽俗话报》第15期连载《黑天国》完。

同日，《新民丛报》第56号连载《新罗马传奇》完。

同日，《福建白话报》第3期连载《福求人》完。

21日，《外交报》第96期开始连载《波斯剪》，至第97期完，标"外交小说"，译者不详。连载《红花球》完。

同日，《白话》第3期刊载《快醒来》，署"苦学生述"，未完。刊载《海棠花》，标"弹词小说"，作者署"蝶化"。连载《好梦醒来》完。

26日，《新新小说》第1年第2号刊载《新党现行记》，标"社会小说"，题"嗟予著，公奴批点"，仅一楔子，未完；《路毙》，标"侠客谈"，题"冷血（陈景韩）著并批解"；《义勇军》，标"战争小说"，题"〔法〕毛白石氏著，冷血（陈景韩）译"。开始连载《巴黎之秘密》，标"世界奇谈"，题"〔法〕希和氏著，〔日〕抱一庵主人译，冷血（陈景韩）重译"，后续载于第2—5、8—9号。连载《刀余生传》完。

30日，《时报》第172号连载《中国现在记》完。

本月，《绣像小说》第38期连载《泰西历史演义》完。

本月，小说林社出版《一封信》（又名《一封书》）上册，标"侦探小说"，署"〔英〕麦孟德著，吴步云译"。是书共2册，下册翌年正月出版。

本月，商务印书馆出版《吟道燕语》，标"神怪小说"，署"〔英〕莎士比亚著，林纾、魏易译"。

本月，上海出版《海上尘天影》60章石印本，题"梁溪司香旧尉（邹弢）编"。书首王韬序，云"《断肠碑》初名《尘天影》，门下士梁溪邹生为汪婉香女史作也"，又叙作者与汪婉香交往始末，又言："生在幕时，即著此书，始只五十二章，名《尘天影》，兹因女史之嫁，将五十章悉行删改，又续增数章，改名《断肠碑》。久藏箧衍，不轻示人。"序赞此书曰："历来章回说部中，《石头记》以细腻胜，《水浒传》以粗豪胜，《镜花缘》以苛刻胜，《品花宝鉴》以含蓄胜，《野叟曝言》以夸大胜，《花月痕》以情致胜。是书兼而有之，可与以上说部家分争一席，其所以誉之者如此。余尝观此书，颇有经世实学寓乎其中。若以之问世，殊足善风俗而颛蒙，徒以说部视之，亦浅之乎测生矣。"序署"光绪丙申荷生日，天南遁叟王韬撰，年六十有九"，即此序作于光绪二十二年（1896）。

本月，粤东书局出版《官场现形记》石印本。

本月，康有为移居加拿大温哥华，作《欧洲十一国游记序》。

十二月

1日，《新小说》第12号刊载"小说丛话"，其中"侠人"云："吾国之小说，莫奇于《红楼梦》，可谓之政治小说，可谓之伦理小说，可谓之社会小说，可谓之哲学小说、道德小说。何谓之政治小说？……绝不及皇家一语，而隐然有一专制君主之威，在其言外，使人读之而自喻。……大观园全局之盛衰，实与元记相终始。读此曲，则嗟累欷于人事之不常，其意已隐然言外矣。此于关系于政治上者也。……中国数千年来家族之制，与宗教密切相附，而一种不完全之伦理，乃为鬼为蜮于青天白日之间，日受其酷毒而莫敢道。凡此所陈，皆吾国士大夫所闻受其神秘的刺冲，虽终身引而置之他一社会之中，远离吾国社会种种名誉生命之禁网，而万万不敢道，且万万无此思想者也。而著者独毅然而道之，此其关于伦理学上者也。……凡一社会，不进则退。中国社会数千年来，退化之迹昭然，故一社会中种种恶业，无不毕具。而为男子者，日与社会相接触，同化其恶风自易；女子则幸以数千年来权利之衰落，闭置不出，无由与男子之恶业相熏染。虽别造成一卑鄙龌龊、绝无高尚纯洁的思想之女子社会，而其犹有良心，以视男子之胥戕胥贼，日演杀机，天理亡而人欲肆者，其相去尤千万也。此真著者疾末世之不仁，而为此以寓其种种隐痛之第一伤心泣血语也。……此其关于社会上者也。而其尤难者，则在以哲学排旧道德。……且所谓道德学者，不能离社会而孤行也，往往与其群之旧俗相比附。于是因此而社会之惨苦壁垒，反因之而益坚。而自然之性，又惯趋权利，而与其为害之物相抵触，于是纷乱之迹，终不可绝。而道德之势力，入人已深，几以为天然不可逾之制，乃相率而加其轶于外者以大逆不道之名。……欲除情种，除非去风月之浓情而后可，欲毋败家，除非去风情月貌而后可。然则欲毋败道德，亦除非去人性而后可。夫无人性，复何道德之与有？且道德者所以利民也。今乃至戕贼人性以为之，为是乎？为非乎？不待辨而明矣。此等精锐严格之论理，实举道德学最后之奥援，最坚之壁垒，一拳捶碎之，一脚踢翻之，使上穷碧落下黄泉，而更无余地以自处者也。非有甚深微妙之哲学，未有能道其只字者也。然是固可以为道德学咎乎？曰：不可。彼在彼时，固不得不尔也。且世变亦繁矣，后之视今，犹今之视昔。《红楼梦》者，不能预烛将来之世变，犹创道德学者，不能预烛《红楼梦》时之世变也。特数千年无一人修改之，则大滞社会之进化耳。而奈何中国二千年竟无一人焉敢昌言修改之哉！而曹雪芹独毅然言之而不疑，此真使我五体投地，更无言思拟议之可云者也。此实其以大哲学家之眼识，摧陷廓清旧道德之功之尤伟者也。"

同期开始连载《九命奇冤》，至翌年第24号完，三十六回，标"社会小说"。此书据嘉庆时粤人安和先生（钟铁桥）所著《梁天来警富新书》（又名《七尸八命》）四十回改编。题"岭南将叟（吴趼人）重编"。开始连载《反聊斋》（一名《照妖镜》），至翌年三月（农历）第15号完，标"札记小说"，作者署"破迷"。

同日，《外交报》第97期开始连载《一条鞭》，至第98期完，标"外交小说"，不题撰人，后《复报》第4期刊载时署"秋士"。连载《波斯剪》完。

6日，《申报》刊载"上海商务印书馆征文"启事："本馆创办教科书、《绣像小说》、《东方杂志》，以饷我同胞，幸蒙海内不弃。惟同人知识有限，深恐不克负荷，无以副四方之期望。拟广征艺文，以收集思广益之用。"小说为三类征文中一类，主要征求以下四种作品：教育小说，"述旧时教育之情事，详其弊害，以发明改良方法为主"；社会小说，"述风水、算命、烧香、求签及一切禁忌之事，形容其愚惑，以发明格致真理为主，然不可牵涉各宗教"；历史小说，"从鸦片战争起至拳匪乱世止，详载外人入境及各国政败之由，割地赔款一并述及，以明白畅快，能开通下等社会为主，然征引事实须有所本，不可杜撰"；实业小说，"述现时工商实在之情事，详其不能制胜之故，以筹改良之法"。小说创作要求"用章回体，或白话，或文言，听人自便。先作数回，并用别纸将全书结构及作书宗旨暨全书约有几回，先行示及"，每篇字数在2万字以上。奖金设置为"第一名酬洋一百元，二、三名各五十元，四、五名各三十元，六名至十名各廿五元，十一名至二十名各二十元，以下酬资，届时酌定，或送本馆书籍。如佳作甚多，酬资再行酌增"。启事声明，正文"年底截止，明年二月内选定名次，登报广告"，"卷交上海美租界新衙门东首祥麟里间壁成字1364号商务印书馆编译所"，并承诺将从应征小说中"选录佳作印行"。但此次征文后未见下文。

7日，《扬子江白话报》第1期开始连载《海岛奇谭》，至第7期完，标"新译小说"，署"匊荪著"。开始连载《警察怪现状》，至第7期完，题"局外闲人述"。

同日，《新新小说》第 1 年第 3 号开始连载《虚无党奇话》，标"俄国侠客谈"，署"冷血（陈景韩）译"，后载于第 4、6、10 号。开始连载《秘密囊》，至第 7 号完，标"法国侠客谈"，署"小造译"。刊载《刀余生传二》，标"百年后之侠客谈（闻王之春事件有感作）"，题"冷血谈"。开始连载《忏悔录》，至第 4 号完，标"侦探谈"，署"无名译"。连载《圣人欤盗贼欤》（改标"谲诈谈"）完。

9 日，清政府会同工部局查禁陈天华的《警世钟》，又逮捕发售该书的时中、启文、镜今、东大陆等书局执事。

11 日，《外交报》第 98 期开始连载《易儿记》，至第 99 期完，标"外交小说"，译者不详。连载《一条鞭》完。

同日，《花世界》自此至宣统二年（1910），曾先后刊载《极乐世界》、《上海水浒传》、《新儒林外史》；又刊载《情天琐记》，作者署"亚东破佛（彭俞）"。

14 日，《新小说》社址由日本迁至上海。

17 日，《商务报》第 34 期开始连载《陈阿田》，至第 36 期完，不题撰人。

18 日，《同文沪报》刊载《马贼》，标"侠客谈之一"，作者署"冷血（陈景韩）"。

21 日，《外交报》第 99 期开始连载《三刺客》，至第 100 期完，标"外交小说"，译者不详。连载《易儿记》完。

27 日，《商务报》第 33 期连载《克虏伯》完。

31 日，《外交报》第 100 期连载《三刺客》完。

本月，《绣像小说》第 40 期刊载《云萍影传奇》，作者署名"玉桥"。

本月，《教育世界》第 89 号连载《姊妹花》完。

本月，小说林社出版《奇狱》第 1 册，署"［美］麦枯淮尔特著，林盖天译"，内收《假死伪葬》、《邮书之奇祸》、《金刚石之颈键》、《箴票》、《金网》、《万金之革带》。

本月，上海世界繁华报馆出版《官场现形记》3 编 6 册。

本月，商务印书馆出版《案中案》，署"［英］屠哀尔士著，商务印书馆编辑所译"。出版《黄金血》，标"侦探小说"，署"［美］乐林司郎治著，商务印书馆编译所译"。

本月，上海时报馆出版《侠恋记》四十六回，标"多情之侦探"，署"上海时报馆记者（陈景韩）译述"。

本月，小方壶斋出版《中国十二女杰演义》十二回，毛乃庸著。

本月，《扬子江白话报》在镇江创刊，月刊，杜课园主编，扬子江丛报社编辑发行。

此为《扬子江》姐妹刊，每月朔日出《白话报》，望日出《丛报》。其内容设有"社说"、"学问"、"新闻"、"闲谈"、"小说"、"文苑"等栏目。该报对列强侵略和清政府的腐败甚为不满，对下层群众也表示同情，但却不赞成革命而赞成君主立宪。1905年8月出至第9期停刊。后至1909年12月由杜课园的友人凌探原、成觉民等人发起，以《扬子江白话丛报》的名义又出版了一期。

本年

本年夏，《教育世界》76—78、80—81号，刊载王国维所作《〈红楼梦〉评论》。文章认为"美术之务，在于描写人生之苦痛与其解脱之道"，而《红楼梦》正符合这一要求，是壮美的"悲剧中之悲剧"。文章共分为五章。第一章论人生及美术之概观。他认为"生活之本质"是"欲"，"欲之为性无厌，而其原生于不足。不足之状态，'苦痛'是也。既偿一欲，则此欲以终。然欲之被偿者一，而不偿者什佰；一欲既终，他欲随之。故究竟之慰藉，终不可得也。即使吾人之欲悉偿，而更无所欲之对象，倦厌之情，即起而乘之。"他说，"人生之所欲既无以逾于生活，而生活之性质又不外乎苦痛，故欲与生活于苦痛三者而一矣。"第二章论《红楼梦》之精神。王国维指出，《红楼梦》的主旨就在于说明"生活之欲之先人生而存在，而人生不过此欲之发现也。此可知吾人之堕落，由吾人之所欲而意志自由之罪恶也"。他引小说第一一七回贾宝玉经和尚点化而放弃了他的宝玉，此宝玉就是他的生活之欲。第三章论《红楼梦》之美学上之价值。王国维认为《红楼梦》的美学价值就在于它是一个彻头彻尾的悲剧。他引用叔本华关于悲剧三种的说法，其中第三种是"由于剧中之人物之位置及关系而不得不然者。非必有蛇蝎之性质与意外之变故也，但由普通之人物，普通之境遇，逼之不得不如是，彼等明知其害，交施之而交受之，各加以力而各不任其咎，此种悲剧其感人贤于前二者远甚"。他指出《红楼梦》就是这第三种悲剧，所以"可谓悲剧中的悲剧"。第四章论《红楼梦》之伦理学上之价值。他认为《红楼梦》作为一个艺术创作，对于现在这样的人类最有意义。他称，"夫以人生忧患之如彼，而劳苦之如此，苟有血气者，未有不渴慕救济者也；不求之于实行，犹将求之于美术。独《红楼梦》者，通说与吾人以二者之救济。人而自绝于救济则已耳；不然，则对此宇宙之大著述，宜如何企踵而欢迎之也！"第五章为余论。王国维根据叔本华、康德、柏拉图等人的哲学、美学观点，提出了两个重大的美学原则。

这是王国维的第一篇文学批评著作，其文以叔本华的哲学思想为指导，笔锋犀利，说理透彻，独具卓见，在我国文学批评史中具有重要地位，可谓开山之作。但同时王国维也指出了叔本华思想的不足之处。在次年撰写的《静安文集自序》中，王国维就评论曰："去夏所作《〈红楼梦〉评论》，其立论虽全在叔氏之立脚点，然于第四章内已提出绝大之疑问。旋悟叔氏之说，半出于其主观的气质，而无关于客观的知识。此意于《叔本华与尼采》一文中始畅发之。"萧艾在《王国维评传》中对《〈红楼梦〉评论》有如此评述："在《〈红楼梦〉评论》之前或稍后一段时期，《红楼梦》研究者为数纵多，却谁也没有认真地以文学的观点给予评价。而王国维的《〈红楼梦〉评论》就这样做了，因此我们说它突过了前人，成为《红楼梦》研究史上的一块里程碑。"

本年冬，章太炎、蔡元培、陶成章等在上海成立光复会。

本年冬，梁启超在其所编的《新小说》中，首辟"小说丛话"栏目，运用这时的理论来评述旧小说，时有新颖的见解，"开中国前此未有之作"。

本年，除日俄战争外，还有英藏交涉、俄国立宪运动等国内外大事。八月（农历），英、藏新约成，举国痛愤，争之无效，梁启超由此撰《英国之西藏》和《哀西藏》两文。年来俄国虚无党之暴动和立宪运动的开始，梁启超由此作了《呜呼俄国之立宪问题》、《俄国立宪之动机》、《俄国新内务大臣》、《续记俄国立宪问题》、《俄国虚无党之大活动》、《俄国芬兰总督之遇害》数篇文章。此外，梁启超还著有《日俄战役关于国际法上中国之地位及各种问题》、《朝鲜亡国史略》、《日本之朝鲜》几篇文章。

本年，孙中山发表了《敬告同乡书》，号召划清保皇与革命的界线。

本年，陈天华的《猛回头》、《警世钟》在上海发行。《猛回头》以通俗的文字，唱词的形式，写出了民族危机和亡国沉痛，号召推翻清政府的专制统治，学习西方资本主义制度。《警世钟》则是带有说唱形式的通俗的白话散文；呼吁人们警醒起来，共同担负起救国的责任。这两本书的发行，产生了广泛的影响，大振民族民主革命的精神，真是"一字一泪，沁人心脾，谈复仇而色变，歌爱国而声歔"。

本年，梁启超著《国史稿》成，20余万言。《国史稿》即梁启超壬寅年以来计划编著之《中国通史》，后改名为《中国民族外竞史》，现以《国史稿》成。

此外，梁启超又著有《中国之武士道》和《中国国债史》两书。在《中国之武士道》自叙原文中，梁启超记其缘起说："顷编国史至春秋战国间，接先民謦欬，深有所感。动为史裁所限，不能悉著录也。乃别著《中国之武士道》一编，为学校教科发扬武德之助焉。"后来，在给蒋观云的信中，梁启超也述说了编著《中国之武士道》的经过："此书用列传体，约十万言，起曹沫，讫李广，凡七十八人，采《史记》最多，《左传》、《国策》、《吕氏》、《淮南》、《韩非》、《墨子》、《说苑》、《新序》次之，每篇杂以评论，以导入新理想，此内容之大较也。"《中国国债史》是广智书局所发起《通俗时局鉴丛书》的第一种。梁启超在自叙中述及缘起说："'门前债主雁行立，屋里醉人鱼贯眠。'今日之中国当之矣。醉者岂惟政府，抑全国民皆实梦梦焉。情实且不知，而欲其有道焉，以拯救之，安可得也。吾故以显浅通俗之言，述近二十余年来国债之历史，使全国民知我辈及我辈子孙负担之重，而推原其所由来。西人恒言曰：'无无权利之义务。'我国民而据此义，以读兹编也，其感想当何如？"

后黄遵宪力赞这两部著作，在1905年1月18日他给梁启超的信中述及自己阅读时的体会说："所惠《中国之武士道》、《中国国债考》均得捧读。以公之才识，无论著何书，必能风靡一世。吾有一三十年故友，谓公之文，有大吸力。今日作此语，吾知脑丝筋随之而去，明日翻此案，吾之脑丝筋又随之而转，该如牵傀儡之丝，左之右之，惟公言是听。吾极赞其言（吾谓诗以言志为体，以感人为用，孔子所谓兴于诗，伯牙所谓移情，即极力之说也）。"

本年，梁启超的著述还有《论政治能力》一文，主要论立宪党与革命党之关系和彼此应持之态度。《中国历史上革命之研究》一文，表达梁启超当时对于革命排满的态度。此外关于财政问题方面，梁启超著有《中国货币问题》、《外资输入问题》两篇。关于中国学术方面，著有《墨子学说》一篇。

本年，上海《时报》刊载《黄面》、《新水浒之一节》，撰人均不详。

本年，《女子世界》第10、11、12期不署出版时间，第10期刊载"非想"《自由花》（续第7期），第11、12期连载《侠女奴》（续第9期）完。

本年，商务印书馆出版《案中案》，署"[英]柯南达利著，商务印书馆译印"。

本年，群学社出版《千年后之世界》，署"[日]押川春浪著，（包）天笑译"。

本年，上海书局出版《仙侠五花剑》4卷四十回石印本；《闺门秘术》4卷五十回；

《左文襄公征西演义》4卷三十二回。再版《花田金玉缘》4卷十六回。

本年，广智书局出版《埃司兰情侠传》2册，署"[英]哈葛德著，林纾、魏易译，严复题"，书首涛园居士叙；《斯芬克斯之美人》3册29章，署"[英]甘縻伦夫人著，无闷居士译"。

本年，开明书店出版《侦探谭》第3册，内收《三缕发》，署"泪香女史著，冷血（陈景韩）译"；《侦探谭》第4册，内收《美人狩》，署"芙蓉生译，冷血（陈景韩）译"；《自杀俱乐部》，署"[英]吐司爱沙著，冷血（陈景韩）译"；《虚无党》，署"冷血（陈景韩）译"。

本年，开明书局出版《血手印》，署"[日]茂原周辅译，陶懋立重译"；《露漱格兰小传》，署"信陵骑客译"，有冷红生（林纾）序。

本年，宏文馆出版《支那儿女英雄遗事》六十四回石印本，作者署"吟梅出人"。

本年，海上书局出版《飞仙剑侠奇缘》三十回，即《仙侠五花剑》、。

本年，文英书局出版《五剑十八义前传》4卷四十回，撰人不详。

本年，大同书局出版《多情之豪杰》，署"[日]宫崎来城著"，译者佚名。

本年，《俄宫怨》2册三十六回出版，署"[日]森林黑猿著，傅阔甫译"。

本年，镜今书局出版《惨社会》十四回，署"[法]大文豪嚣俄著，苏子谷、陈由己（陈独秀）合译"。

本年，《谷间莺》出版，署"[法]彭生德著，逸民译"。

本年，昌明公司出版《侦探新语》，索公译，内收《塔尖之自缢》（夫概著）、《邮票毒》（华士曼著）、《诱拐公司》（雷比著）、《异形之腕》（穆尔斯著）、《复仇》（原著佚名）、《暗杀党》（葛史克著）、《石灰窟中之侦探》（恺陀斯敦著）、《试金石之秘密》（皤兰德著）。

本年，《花月梦》4卷石印本出版，作者署"香雪山樵"。

本年，海虞文社出版《轰天雷》十四回线装本，作者署"藤谷古香（孙景贤）"。

本年，爱社出版《双碑记》（一题（媚兰色斯克遗事）），署"[法]金威登著，铁英生译"。

本年，通社出版《泰西说苑》（一题《五十名史》），署"[美]乾姆斯著，镜乙译"。

本年，新民译书局出版《西亚谈奇》，署"关葆麟译"。

本年，粤东书局出版石印本《增注绘图官场现形记》6编七十六回，末回结云：

"尚有续编。"

本年,《杭州白话报》第3年第16期刊载《游尘》,作者署"锋郎"。

本年,《觉民》第8期,刊载文章《读〈黑奴吁天录〉》,作者署名灵石。他认为:"此书不独为黑人全种之代表,并可为全地球国之受制于异种人之代表也。我黄人读之,岂仅为沉醉梦中之一警钟已耶?"因此,作者感慨呼唤:"我读《吁天录》,以我同胞之未至黑人之地位,我为同胞喜。我读《吁天录》,以我同胞国家思想淡薄,故恐终不免黑人之地位,我愈为同胞危。……我愈信同胞蒙昧涣散,不能团结之,终为黑人续,我不觉为同胞心碎。我读《吁天录》,以哭黑人之泪哭我黄人,以黑人已往之境,哭我黄人之现在,我欲黄人家家置一《吁天录》。我愿读《吁天录》者,人人发儿女之悲鸣,洒英雄之热泪。我愿书场、茶肆演小说以谋生者,亦奉此《吁天录》,竭其平生之长,以摹绘其酸楚之情状,残酷之手段,以唤醒我国民。"

本年,《绣像小说》第16期刊载《〈小仙源〉凡例》。《凡例》指出"是书为泰西有名小说,原著系德文,作者为瑞士文学家"。同时"原书并无节目,译者自加编次,仿章回体而出以文言"。

本年,《新民丛报》第55期刊载周桂生所作的《〈歇洛克复生侦探案〉弁言》。由社会文化背景的差异讨论了侦探小说在西方盛行却"为吾国所绝乏"的原因。

本年,刊本《埃司兰情侠传》,涛园居士作叙。

本年,商务印书馆出版《利俾瑟战血余腥记》,林纾作叙。

本年,商务印书馆出版《英国诗人吟边燕语》,林纾作叙。

本年,东亚编辑居出版《女娲石》,"卧虎浪士"为其作叙。叙称:"我国山河秀丽,富于柔美之观,人民思想,多以妇女为中心。故社会改革,以男子难,而以妇女易。妇女一变,而全国皆变矣。虽然,欲求妇女之改革,则不得不输其武侠之思想,增其最新之智识。此二者皆小说操其能事。"

本年,商务印书馆出版严复译作《法意》3册。全书共7册,并有《孟德斯鸠传》载于卷首。

《法意》原名《L'espritdes Lois》,今译为《论法的精神》,是资产阶级思想中的经典著作,为法国进步思想家孟德斯鸠所著。原书出版于1748年。严复译此书,不知始于何时,但当在光绪二十六年(1900)后。全书脱稿于宣统元年(1909)。严复在《法意》中写了167条按语,表明了他对政治体制的观点,其中也涉及到中国社会的种种问题。

本年,章太炎于1902年将自己的著作《訄书》删革重编,于本年铅字排版重印,由日本东京翔鸾社出版。

本年,《崇实报》在重庆创刊,该刊是由法国天主教传教士古洛东发起创办的教会刊物,周刊,每年出50号。其发行完全依靠教会系统,除在重庆发行外,四海省内各府厅州县天主教堂都为之代售,中国教士王泽溥曾任该刊主笔多年。其内容可分为三大类:对中国政治的评议;国内外和四川地方新闻;宗教宣传和教务活动的报道。这些内容贯穿着一个中心思想,即反对中国革命,维护帝国主义侵略势力和中国的反动统治。因有教会财力支持和良好的印刷条件,该报故从1904—1933年29年间从未中断,且能按时出刊,目前见到的最后一期是1933年第34期。终刊时间和原因不详。

本年,秋瑾创作长篇弹词小说《精卫石》,这是一部以争取男女平等、倡导妇女独立自由为主题的小说。原稿共六回4册,现存3册。

1905年

一月

6日,《新新小说》第1年第4号刊载《兄弟》,标"侠客谈",署"冷血(陈景韩)译"。

同日,《商务报》第36期连载《陈阿甲》完。

10日,《外交报》第100期连载《三刺客》完。

16日,《商务报》第37期刊载《黄履庄》,不题撰人。

20日,《广益丛报》第62—64号合刊本刊载《马贼》,标"侠客谈之一",作者署"冷血(陈景韩)";《中间人》,标"短篇小说",作者署"竞公";《张天师》,标"短篇小说",作者署"(包)天笑"。连载《新罗马传奇》完。

同日,《扬子江小说报》第2期以《大和魂》之名刊载《追父》,作者刘钰。仅刊凡例、叙目和第一出,以下未见续刊。

25日,《大陆报》第12号连载《俄罗斯国事犯》完。

30日,《东方杂志》第12期连载《邮贼》完。

本月,广学会出版《小英雄》十六回,译者署"亮乐月"。

本月,《东浙杂志》第4期刊载《我有我》,作者署"引子"。《东浙杂志》约本年11月创刊于浙江金华(由《萃新报》改易),东浙杂志社编辑发行。出至第4期,本年4月改成《浙源汇报》,卷期重起。

本月,《辽天鹤唳记》4编十六回石印本出版,题"日本东京田太郎著",每编正文前又题"气凌霄汉者评话"。"书叙本年初在中国东北爆发的日俄之迹,坊间具有专书,惟词旨深邃,不能普及国民之观念。不佞不揣固陋,用前线语句,仿章回体裁,编成是书,务令通国国民,周知普及,易入脑筋,尽能解释,知日俄两国之战争,实缘中国积弱之所致。夫中国之土地不能自守,而藉他人之力以争之。吁!可耻甚矣。虽然,中国存亡之机,盖系于此。吾愿国民切勿以日本之战胜喜而有所恃也。当思权重自立,蹶然奋兴,俾我黄帝子孙,同胞四万万众,各尽个人之天职,庶乎国脉之存;不然,苟且如故,其不为波兰、印度之续也,几希矣。"序署"甲辰冬月,贾生书于赵家干净室"。

本月,洪炳文作《后南柯》传奇成。《后南柯》十二出,以"知团体"的蚂蚁为喻言保种族。作者《例言》云:前编(按:指《警黄钟》)以"觉世为宗旨",而《后南柯》则以"儆世为宗旨",为《警黄钟》姊妹篇。作者《自序》云:"《警黄钟》但言争领地,而兹编则言保种族。争领地者,其患在瓜分;保种族者,其患在灭种。……二编之作,其警世同,而所以警世则不同。"自序作于光绪三十一年(1905)元月,所以此剧当作于是时或稍前。这部作品后发表于《小说月报》第3年第1—6期(1912年3—9月)。

本月,《绣像小说》第41期开始连载《瞎骗奇闻》,至翌年2月46期完,八回,每回附绘图,标"醒世小说",作者署"茧叟(吴趼人)"。连载《负曝闲谈》、《珊瑚美人》完。

二月

4日,《直隶白话报》在保定创刊,半月刊,逢农历每月初一、十五出版,32开本,创办人吴樾。该报是一种综合性的普及读物,以"开通民智,提倡学术"为宗旨,设有"社说"、"历史"、"地理"、"传记"、"教育"、"军事"、"学术"、"实业"、"纪事"、"政法"、"卫生"等栏目。文章作者均用化名,都有不满现实之意。在该刊庞杂和丰富的内容中,强烈的爱国主义是主要特色。它揭露了帝国主义的侵略罪行,抨击了腐朽卖国的清廷,倾向于革命。这是保定出版最早的民办报刊,也是河北创办最早的白话报刊。

《直隶白话报》第1年第1期开始连载《壶里乾坤》,至第14期完,题"慰侬演义,崇岳点评"。

同日，《新新小说》第 2 年第 5 号开始连载《京华艳史》，至第 7 号完，标"杂录"，四回，作者署"中原浪子"。作者卷首云：在北京素有所见所闻，"因以秉笔陈词，婉言微讽，成了这数十回的评话。虽属过激之谈，半皆可征之事。"在第一回首页的《序例》中他论及小说创作的难处说，"小说之有益于世道人心，是要将现在时势局面，人情风俗一切种种实在坏处一一说出来，叫人家看得可耻可笑。又将我脑中见得到的道理，比现在时局高尚点子的，敷衍出来，叫人家看得可羡可慕。中间又要设出许多奇奇怪怪变化出没的局面，叫人家看得可惊可喜。还有许多妙处，许多难处，实在比正经著作难多了。"由此他认为翻译应有选择性，"有好些外国小说，不合中国人好尚的，不必翻译，新鲜名字，犹宜少用做中国小说。更不可当一篇政治策论读，开口见喉咙。"

7 日，《申报》刊登《本馆整顿报务举例》12 条，对报纸进行全面改革，包括更新宗旨、扩充篇幅、改良形式纸张、选录紧要奏议公牍、敦请特别访员、广延各省访事、搜录商界要闻、广采本地要事、选登时事来稿等。

18 日，《新民丛报》第 63 号开始连载《窃贼俱乐部》，至第 64 号完，标"科学小说"，署"上海知新室主人周桂笙译"。

23 日，《国粹学报》在上海创刊，月刊，农历每月二十日发行，邓实主编，国学保存会的机关刊物，是一份在当时起过一定革命宣传作用的权威性国学刊物。它自始至终坚持以国学为阵地，宣传爱国、保种、存学。该刊撰稿人非常多，有刘师培、章太炎、陈去病、黄节、马叙伦、王国维、罗振玉等 50 多人。内容分"社说"、"政篇"、"史篇"、"学篇"、"文篇"、"丛谈"、"撰录"等栏目。以"发明国学，保存国粹"为宗旨，反对"醉心欧化"，载有经学、史学、诸子学、文字训诂学等学术论文，并附有明末遗民的撰著和图片，宣传反清思想，在当时不失为一份具有进步意义的刊物，汇编本曾多次印行。武昌起义后于 1912 年初停刊，总计出 82 期。

24 日，《商务报》第 38 期开始连载《高隆探地记》，至第 70 期完，不题撰人。

28 日，《大陆报》第 3 年第 1 号刊载《不完全的小说》，作者署"瞑眩"。

同日，《东方杂志》第 2 年第 1 期开始连载《双指印》，至第 2 年第 5 期完，标"侦探小说"，署"[英]培福台兰拿著"，译者不详，同年商务印书馆出版单行本，署"商务印书馆编译"。

本月，《新小说》第 2 年第 1 号（第 13 号）出版，其封面标为"上海广智书局发行"、

"每号定价三角半"。

《新小说》第 2 年第 1 号（第 13 号）刊载了"小说丛话"。其中"侠人"云："余不通西文，未能读西人所著小说，仅据一二译出之本读之。窃谓西人所著小说若更有佳者，为吾译界所未传播，则吾不敢言；若其所谓最佳者，亦不过类此，则吾国小说之价值，真过于西洋万万也。试比较其短长如左：一、西洋小说分类甚精，中国则不然，仅可约举为英雄、儿女、鬼神三大派，然一书中仍相混杂。此中国之所短一。一、中国小说每一书中所列之人，所叙之事，其种类必甚多，而能合为一炉而冶之。除一、二主人翁外，其余诸人，仍各有特色。其实所谓主人翁者，不过自章法上云之而已。西洋则不然，一书仅叙一事，一线到底。凡一种小说，仅叙一种人物，写情则叙痴儿女，军事则叙大军人，冒险则叙探险家，其余虽有陪衬，几无颜色矣。此中国小说之所长一。一、中国小说，卷帙必繁重，读之使人愈味愈厚，愈入愈深。西洋小说则不然，名著如《鲁宾逊漂流记》《茶花女遗事》等，亦仅一小册子，视中国小说不及十分之一。故读惯中国小说者，使之读西洋小说，无论如何奇妙，终觉其索然易尽。吾谓小说具有一最大神力，曰迷。读之使人化身入其中，悲愉喜乐，则书中人之悲愉喜乐也；云为动作，则书中人之云为动作也。而此力之大小，于卷帙之繁简，实重有关系焉。此中国小说之所长二。一、中国小说起局必平正，而其后则愈出愈奇。西洋小说起局必奇突，而以后则渐行渐弛。大抵中国小说，不徒以局势疑阵见长，其深味在事之始末，人之风采，文笔之生动也。西洋小说专取中国之所弃，亦未始非文学中一特别境界，而已低一着矣。此中国小说之所长者三。唯侦探一门，为西洋小说家专长。中国叙此等事，往往凿空不近人情，且亦无比层出不穷境界，真瞠乎其后矣。或曰：西洋小说尚有一特色，则科学小说是也。中国向无此种，安得谓其胜于西洋乎？应之曰：此乃中国科学不兴之咎，不当在小说界中论胜负。若以中国大小说家之笔叙科学，吾知其佳必远过于西洋。且小说者，一种之文学也。文学之性，宜于凌虚，不宜于征实，故科学小说。终不得在小说界中占第一席。且中国如《镜花缘》、《荡寇志》之备载异闻，《西游记》之暗证医理，亦不可谓非科学小说也。特惜《镜花缘》《荡寇志》去实用太远，而《西游记》又太蒙头盖面而已。然谓我先民之无此思想，固重诬也。准是以谈，而西洋之所长一，中国之所长三。然中国之所以有三长，正以其有此一短。故合观之，而西洋之所长，终不足以赎其所短；中国之所短，终不足以病其所长。吾祖国之文学，在五洲万国中，真可以自豪也。"曼殊云："小说者，今社会之见本也。无论何种小说，其思想总不能出当时社会之范围，此殆如形之于模，影之于物矣。虽证诸他邦，亦罔不如是。即如所谓某某未来记、某星想游记之类，在外国近时之小说界中，此等书殆不少，骤见之，莫不以为此中所言，乃世界外之世界也，脱离今时社会之范围者也。及细读之，只见其所持以别善恶、决是非者，皆今人之思想也。岂今人之思想，遂可以为善恶是非之绳墨乎？遂可以为世界进步之极轨乎？毋亦以作者为今人已耳。……近来新学界中之小说家，每见其所以歌颂其前辈之功德者，辄曰：有导人游于他境界之能力。然不知其先辈从未有一人能自游于他界者也，岂吾人之根性太棉薄，尝为今社会所囿，而不能解脱乎？虽然，苟著者非如此，则其所著亦必不能得社会之欢迎也。今之痛诅祖国社会之腐败者，每归罪于吾国无佳小说，其果今之恶社会为劣小说之果乎，抑劣社会为恶小说之因乎？""定一"云："小说与戏曲有直接之关系。小说者，虚拟者也；戏曲者，实行者也。中国小说之范围，大都不出语怪、诲淫、诲盗之三项外，故所演戏曲亦不出此三项。欲改良戏曲，请先改良小说。吾喜读泰西小说，吾尤喜泰西之侦探小说。千变万化，骇人听闻，皆出人意外者。且侦探之资格，亦颇难造成。有作侦探之学问，有作侦探之性质，有作侦探之能力，三者具始完全，缺一不可也。故泰西人靡不重视之。俄国侦探最著名于世界。然吾甚惜中国罕有此种人、此种书。无已，则莫若以《包公案》为中国唯一之侦探小说也。……小说者诚社会上之有力人也，读之改变人之性质。非独泰西有读小说而自杀之事，我中国亦然。……吾中国若有政治小说，插以高尚之思想，则以之转移风俗，改良社会，亦不难矣。"

本月，《绣像小说》第43期开始连载《未来教育史》，至第46期止，四回，未完，作者署"悔学子"。本书揭露旧教育制度落后腐败，倡导教育救国论，第一回言，教育救国"行之二十年，必然有效，比那天天谈革命、天天谈立宪的人强得多呢"。书中议论辩驳过多，有类报牍。开始连载《扫迷帚》，至第52期完，二十四回，作者署"壮者（丁逢甲）"。本书反对迷信风俗，论析中国迷信风俗之源流、危害，并详细叙述江南一带迷信风俗的诸种表现。本书保留实地考察记录，具有民俗史料价值，但缺少小说应有的故事情节。开始连载《市声》，至翌年第72期完，二十五回，标"实业小说"，作者署"姬文"。1908年3月上海商务印书馆出版铅印单行本上下两卷三十六回。是书以清末半殖民地半封建的上海为背景，集中表现工商业者的生活与心态。

本月，小说林社出版《福尔摩斯再生案》第 1 册，署"[英] 华生笔记，周桂笙等译"。出版《一封信》下册。

本月，《孽海花》初、二集二十回出版，平装 2 册，封面由亚兰女士题名，标"历史小说"，日本东京翔鸾社印刷，上海小说林社发行。其出书广告云："吴江金一原著，病国之病夫续成。本书以名妓赛金花为主人，纬以近三十年新旧社会之历史，如旧学时代、中日战争时代、政变时代，一切琐闻轶事，描写尽情，小说界未有之杰作也。"本书于光绪三十一、三十二 2 年再版 15 次，达 5 万册。

本月，《教育世界》第 93 号开始连载《村学究》，至第 96 号完，标"短篇小说"，署"译阿文格随笔"。

本月，世界繁华报馆三版《官场现形记》。

本月，《江苏白话报》刊载《瀛姝双侠》(弹词体)，标"军事小说"，作者署"郢白"，未完；《身外身》与《美人脂》，均标"侦探小说"，作者均署"挽澜"，均未完；《芝龛记》(传奇体)，标"历史小说"，作者署"董香岩"，未完。

三月

5 日，《广益丛报》第 65 号刊载《歇洛克来游上海第一案》，署"冷血（陈景韩）戏作"。

6 日，《新新小说》第 2 年第 6 号开始连载《决斗会》，至第 7 号完，标"法国侠客谈，短篇小说"，署"小造译"。连载《菲猎滨外史》完。

同日，《直隶白话报》第 1 年第 3 期开始连载《黑世界寻兄》，至第 10 期完，作者署"亚东瘦侠"。

同日，《新民丛报》第 64 号连载《窃贼俱乐部》完。

12 日，东亚编辑局出版《女娲石》乙卷八回铅印本，题"海天独啸子著，卧虎浪士批"。此书去年已出甲卷八回，共 2 卷十六回，未完。

18 日，商务印书馆出版《迦因小传》，标"言情小说"，署"[英] 哈葛德著，林纾、魏易译"。林纾作小引。

20 日《小说世界日报》创刊于上海，10 月 28 日改名《小说世界》，半月刊，旋停刊。

26日,《商务报》第40期刊载《端木夫子》,不题撰人。

27日,《警钟日报》被查封。

28日,黄遵宪以肺疾卒。梁启超闻此噩耗,当即在《饮冰室诗话》里记其事。他赞黄遵宪:"先生治事,文理密察之才,以吾所见国人多矣,未有一能比也。天祸中国,嗟跌之数十年,抑亦甚矣,乃更于其存亡绝续之顷,逮夺斯人,呜呼,何一酷至此极耶!"后梁启超又于宣统元年(1909)为其撰《嘉应黄先生墓志铭》一篇,详述黄遵宪的事迹和学术。论及二人友谊,梁启超称其为"国中知君者无若我,知我者无若君。"

30日,《大陆报》第3年第3号开始连载《续子不语》,至第13号完,不题撰人。

同日,《东方杂志》第2年第2期续载《双指印》。

本月,《绣像小说》第46期连载《未来教育史》、《瞎骗奇闻》完。

本月,《教育世界》第96号续载《村学究》完。

本月,《新小说》第14号连载《宜春苑》完。

本月,商务印书馆出版《降妖记》,标"侦探小说",署"〔英〕屠哀尔士著,陆康华、黄大钧译";《回头看》,标"政治小说",署"〔美〕威士著,商务印书馆编译所译"。再版〔英〕屠哀尔士之《案中案》。

本月,小说林社出版《银行之贼》,标"侦探小说",署"谢慎冰译述";《无名之英雄》中册。

本月,《安徽俗话报》第16期续载《痴人说梦》。

本月,《四川学报》在成都创刊。该报是四川学务处创办的学务官报,原定为半月刊,每月朔、望日出版,每册40余页;出至20期后,于1906年改为月刊,每期70余页。该报内容以学务、办学为中心,包括有关学务的谕旨,各学堂章程,四川省学务处的公牍批饬,以及学堂讲义、学会演说等。主要撰稿人有龚道耕、邹宪章、吴天成、窦兆熊、刘光汉、唐隶等。翻译的教材讲义大部分是日本学者的著作。1907年9月《四川学报》更名为《四川教育官报》,由学务公所发行。1911年改为周刊,每期16—19页。该报前后共出了112期,辛亥革命后停刊。

四月

3日，邹容于上海监狱中被折磨而死。

5日，《新新小说》第2年第7号开始连载《错恨》，至第8号完，标"军事谈"，译者署"冷（陈景韩）"。刊载《旅顺落难记》十回（附批评），标"军事谈"，题"阿伦著，兰言译述"。连载《决斗会》、《秘密囊》、《京华艳史》完。

9日，《广益丛报》第68号刊载《长乐老》，作者署"隐伶汪笑侬"。

14日，《大陆报》第3年第4号开始连载《义勇军》，至第3年第5号完。

19日，《直隶白话报》第1年第6期刊载《大坂的蛤蟆》，标"短篇小说"，作者署"烈公"。

22日，广智书局出版《青年镜》十八回，标"冒险小说"，署"南野浣白子译述"。此即《二勇少年》之改订版。

25日，《商务报》第44期开始连载《易滋》，至第47期完，不题撰人。

29日，《大陆报》第3年第5号《义勇军》完。

本月，《教育世界》第97号开始连载《醉人妻》，至第116号完，标"教育小说"，署"［瑞士］贝斯达禄奇著"，译者不详。

本月，《绣像小说》第47期开始连载《学究新谈》，至第72期止，二十五回，因《绣像小说》停刊，故未完，署"吴蒙著"（光绪三十四年［1908］商务印书馆出版单行本时为上下卷三十六回）。是书揭露、讽刺"新学"背后黑幕，反映新旧思潮交替时期教育界诸多怪现状。

本月，《绣像小说》第48期连载《卖国奴》完。

本月，《新小说》第15号开始连载《黄绣球》，至第24号完，第26号1907年新小说社出版单行本时续足三十回，标"社会小说"，题"颐琐（汤宝荣）述，二我评"。"颐琐"与"伊索"谐音，暗含"寓言"二字；"二我"为陈其渊，字石泉，号涤骨。连载《反聊斋》完。《新小说》第15号和第18号还分别刊载了关于《黄绣球》第一、二、三、四和第十一回的评语，作者署名"二我"。评语曰："小说者，觉世之文也，宁繁无简"又小说有熏、浸、刺、提四诀。作者本此意以述之，期乎不背其说。合全书观之，当亦可以支配人道，使阅者豁目爽心。""作小说以一人代数人说话,得神最难,接缝斗笋尤难。必处处起一开头,则断续不成法,即不然,处处费力着迹,亦不成文。此作铺叙之间,要皆脉接筋连,一无娇强。"

本月,商务印书馆出版《埃及金塔剖尸记》3卷,标"神怪小说",署"[英]哈葛德著,林纾、曾宗巩译"。

本月,小说林社出版《母夜叉》,署"小说林社总编所编辑";《秘密海岛》上卷,署"[法]焦士威奴著,奚若译述"。此书共3卷,中卷次月出版,下卷本年11月出版;《银山女王》上卷,标"写情小说",署"[日]押川春浪撰,摩西(黄人)补译";《离恨天》上册,作者署"蜇龙(薛侠龙)",书叙波兰沦于俄国之手事。

另有《〈母夜叉〉闲评八则》,未署名。闲评中译者解释其用白话译此书的缘由,并称书中人物"他那眼比人又快又毒,他那耳比人又尖又长,他那手比人敏捷,他那飞毛腿比贼还要快,他那嘴不讲话,讲出来就有斤两,他那肝花肚肺,是玲珑剔透的。我中国这班又聋又瞎、壅肿不宁、茅草塞心肝的许多国民,就得给他读这种书"。

本月,《浙原汇报》于浙江金华创刊,半月刊,由原《东浙杂志》改组而成,而《东浙杂志》则又是《萃新报》改易而成。设有"社说"、"政法"、"学术"、"教育"、"实业"、"军事"、"历史"、"科学"、"女界"、"时论"、"小说"等栏目,文章多选自当时各种报纸,是带有浓重改良主义色彩的地方性刊物。

《浙原汇报》第1期刊载《卖货郎》,不题撰人。

五月

1日,军机处命各省督抚查禁《新广东》、《新湖南》、《浙江潮》、《新民丛报》、《新小说》、《中国自由书》等革命书刊。

4日,《新新小说》第2年第8号开始连载《女侠客》,至第9号完,标"侠客谈",作者署"侠"。连载《错恨》完。

同日,清国留学生会馆出版《双金球》2册,标"法国著名之侦探谭",署"[日]黑岩泪香先生原译,中国祥文社译"。

8日,清廷军机处查禁了《革命军》《浙江潮》《新小说》《新中国》等几种书刊。

21日,《中外日报》发表《论日胜为宪政之兆》的社论,指出日本能战胜俄国,与其立宪政体有关，主张中国速行立宪。

24日，《商务报》第47期连载《易滋》完。

本月，《教育世界》第100号开始连载《枕戈记》，至第111号完，标"军事小说"，署"［俄］托尔斯泰，［日］二叶亭译"，中译者不详。

本月，《绣像小说》第49期开始连载《生生袋》，至第52期完，标"科学小说"，署"支明著，韫梅评"。

本月，《新小说》第16号刊载《失女案》，标"侦探小说"，题"上海知新室主人（周桂笙）译"。

本月，商务印书馆出版《忏情记》2卷，标"言情小说"，署"［日］黑岩泪香著，商务印书馆编译所译"；《珊瑚美人》，标"政治小说"，署"［日］三宅彦弥原著，商务印书馆编译所重译"。再版《夺嫡奇冤》、《环游月球》。

本月，小说林社出版《日本剑》上册，标"侦探小说"，署"［英］屈来珊鲁意著，沈伯甫译，黄摩西润"；《小公子》上册，标"家庭小说"，署"小说林社译述"，下册本年10月出版，上下册共16回；《玉虫缘》，署"［美］安伦坡著，碧罗（周作人）译，初我（丁祖荫）润"；《秘密海岛》中卷。

本月，《神州欢梦记》出版，标"维新小说"，署"填恫恨海氏编"。本月印刷之《二十世纪之支那》（纪年署"开国纪元四千六百零三年"）第1期载广告称："维新小说《神州幻梦记》出版，定价大洋三角。神州陆沉已三百年矣，凡我有心同胞，无日不痛神州而思有以共挽已覆之神州。是书为'填恫恨海氏'所笔，其历史则由刘光国、屠夷二君依梦口述，诚世界空前之小说也。欲研究神州将来之问题者不可不读。欲使神州得为主人之神州者不可不读。欲将神州布为大共和之神州者不可不读。欲整顿神州而迷于下手之方针者不可不读。"

六月

1日，《新闻报》刊登《重译〈昕夕闲谈〉》广告，云："原本为蒋子让大令所译。尚文转折，不尽善处，阅者每以未能通畅为憾。兹觅得原文英书，更请中西兼贯之儒，重加译印，凡脱节累赘之语，一扫而空。排印成书，装订西式两厚册，价洋九角，托上海棋盘街文明书局、飞鸿阁，四马路文宝书局发兑。"新译者"藜床卧读生（管斯骏)"。

2日,《广益丛报》第72号开始连载《学究剧新谈》,至第73号完,作者署"山东济南报馆"。

3日,《新新小说》第2年第9号连载《女侠客》完。

同日,《安徽俗话报》第19期开始连载《自由花弹词》,至第21、22期合刊止,未完,作者署"棠樾村人"。

同日,《二十世纪之支那》在东京创刊,月刊,湖南留日学生创办,以宣传反清和反对帝国主义的民族主义为宗旨,由宋教仁主持,程家柽任总编辑。编辑和撰稿人有田桐、宋教仁、黄兴、白逾桓、陈天华、鲁鱼、仇式匡等。内容分"图画"、"论说"、"学说"、"政治"、"历史"、"军事"、"理科"、"实业"、"丛录"、"文苑"、"时事"、"时评"等栏,宣传爱国主义,鼓吹革命,具有鲜明的反帝反清思想。采用黄帝纪年,刊登有黄帝画像。8月26日,第2期登载蔡序东《日本政客的支那经营谈》一文,抨击日本的侵华政策,尚未发行即遭日本内务省没收,并加以"妨害安宁秩序"的罪名,勒令杂志停刊。同盟会成立后,在该杂志基础上创办了同盟会的机关刊物《民报》。

12日,《广益丛报》第73号连载《学究剧新谈》完。

同日,《大陆报》第3年第8号开始连载《新党升官发财记》,至第3年第20号完,不题撰人。

17日,《直隶白话报》第1年第10期连载《黑世界寻兄》完。

27日,《东方杂志》第2年第5期连载《双指印》完。

29日,《时报》刊载《论小说与社会之关系》一文。其中谈到:"自小说有开通风气之说,而人遂无复敢有非小说者。虽然,我今欲问小说果何为而能开通风气乎?解之者曰:'小说之入人也易,故人咸乐观之,故易传之。'又曰:'投其所好者,则人之听之也顺而易,拂其所不好者,则人之听之也逆而难。小说者人人所共好者也,故易投之。'然则我请为之申其意曰:小说之能开通风气者,有决不可少之原质二:其一曰有味;其一曰有益。有味而无益,则小说是小说耳,于开通风气之说无与也。有益无味,开通风气之心固可敬矣,而与小说本义未全也。故必有味与益二者兼具之小说,而后始得谓之开通风气之小说,而后始得谓之与社会有关系之小说,此小说与社会关系之第一解也。……心有所感,不嫌固陋,贡其所见如此，作小说与社会之关系论上。"

本月，重编本《饮冰室文集》出版。此书较何擎一之前辑本材料增多，至乙巳年（1905）夏季。前辑本用编年体，此书则分类汇辑，每篇题下著明年份，以便检阅。

本月，《绣像小说》第52期连载《扫迷帚》、《生生袋》完。

本月，小说林社出版《妒之花》，标"艳情小说"，署"[英]洛克司克礼佛著，小说林社译述"；《影之花》上卷，标"艳情小说"，署"[法]嘉绿傅兰仪著，竞雄女史译，东亚病夫（曾朴）润"，该书中卷于翌年3月出版；《新法螺先生谭》，标"科学小说"，署"[日]岩谷小波君著，天笑生（包天笑）译"；《离恨天》下册，全书共二十四回；《无名之英雄》下册；《新舞台》第2编。

本月，《浙原汇报》第2期刊载《结婚之赠言》，不题撰人。

本月，《浙原汇报》第3期刊载《路毙》（侠客谈）、《好为人师》，均不题撰人。

本月，《志学报》第2期刊载《俄皇独语》，署"[美]马可曲恒著，严通译"。

本月，《新小说》第17号刊载文章《论写情小说与新社会之关系》，作者署名"松岑"。其开篇肯定小说对社会具有重大影响，认为民众应通过阅读小说而积极认识社会、改善民智，其曰："伟哉！小说之有不可思议之力支配人道也。吾读今之新小说而喜，虽然，吾对今之新社会而惧。吾欲吾同胞速出所厌恶之旧社会，而入所欢羡之新社会也，吾之心较诸译小说者而尤热。……其他政治、外交、法律、侦探、社会诸小说，皆必有大影响、潜势力于将来之社会无可疑焉。"但作者称"写情小说"令人"惧"，认为其虽受人欢迎但在社会意义上却容易对"新社会"人民风气等带来不良影响，其曰："欧化风行，如醒如寐，吾恐不数十年后，握手接吻之风，必公然旋于中国之社会，而跳舞之俗且盛行，群弃职业学问而习此矣（西俗斗牌，颇通行于男女社会，此亦吾民俗所欢迎也）。吾东洋民族国粹，有大胜西人者数事：祖先之教盛行一也，降将不齿于军事二也；至男女交际之遏抑，虽非公道，今当开化之会，亦宜稍留余地，使道德法律得持其强弩之末以绳人，又安可设淫词而助之攻也！"

七月

3日，《直隶白话报》第1年第11期刊载《小驴喊冤》，标"短篇小说"，作者署"烈公"。

12日,《广益丛报》第76号刊载《卖国贼卖国贼》,不题撰人。

17日,《第一晋话报》第1期开始连载《玉楼影》,标"社会小说",署"自笑生述",后载于第3—7期,未完。

27日,《东方杂志》第2年第6期开始连载《苹果酿命记》,至第7期完,标"天方夜谭",译者不详。

本月,《第一晋话报》于日本东京创刊,月刊,由山西留日学生同乡会员创办、编辑,山西太原师范学堂及教育研究会为总发行所。设有"社说"、"史地"、"教育"、"实业"、"时评"、"小说"等栏目,以救亡图存为主要内容。次年9月第9期后因同乡会分裂而停刊。

本月,《新小说》第2年第3号(第15号)刊载了"小说丛话"。其中"定一"云:"小国无科学小说,惟《镜花缘》一书足以当之。其中所载医方,旨发人之所未发,屡试屡效,浙人沈氏所刊《经验方》一书多采之。以吾度之,著者欲以之传于后世,不作俗医为秘方之举,故列入小说。小说有医方,自《镜花缘》始。以小说之医方施人而足见效,尤为亘古所未有也。虽然,著者岂仅精于医理而已耳,且能除诲盗诲淫之习惯性,则又不啻足为中国之科学小说,且实中国一切小说之铮铮者也。……吾观《水浒》诸豪,尚不拘于世俗,而独倡民主、民权之萌芽,使后世倡其说者,可援《水浒》以为证,岂不谓之智乎?吾特悲世之不明斯义,污为大逆不道。噫!诚草泽之不若也。……挽近士人皆知小说为改良社会之不二法门,自《新小说》出,而复有《新新小说》踵起,今复有《小说林》之设。故沪滨所发行者,前后不下数百种。然译述者又占多数,若出自著撰者,则以《自由结婚》及《女娲石》二书,吾尤好之。前者以嘲世为主义,固多趣味;而后者以暗杀为目的,尤有精神。中国之小说皆能如是,则中国之社会必日益进步矣。其书均未竟,使阅者未能窥全豹。吾愿二书续编早出现,吾尤愿中国之小说家早出现。吾将拭目以俟,翘足以待焉。中国小说,起于宋朝,因太平无事,日进一佳话,其性质原为娱乐计,故致为君子所轻视,良有以也。今日改良小说,必先更其目的,以为社会圭臬,为旨方妙。抑又思之,中国小说之不发达,犹有一因,即喜录陈言,故看一二部,其他可类推,以至终无进步,可慨可慨!然补救之方,必自输入政治小说、侦探小说、科学小说始。盖中国小说中,全无此三者性质,而此三者,尤为小说全体之关键也。若以西例律我国小说，实仅可谓有历史小说而已。即或有之，然其性质多不完全。写情小说，中国虽多，乏点亦多。至若哲理小说，我国尤罕。吾意以为哲理小说实与科学小说相转移，互有关系：科学明，哲理必明；科学小说多，哲理小说亦随之而夥。故中国小说界，仅有《水浒》、《西厢》、《红楼》、《桃花扇》等一二书执牛耳，实小说界之大不幸也。自今以往，必须以普及一法、始可以去人人轻视小说之心。"

本月，连载于《新小说》第19—24号连载《爱国魂传奇》，作者署"筱波山人"。《爱国魂》八出，叙文天祥抗元事败，为元军所执。元世祖劝其投降，不为所屈，终于柴市尽节。卷首《传概》【浪淘沙】曲云："黄族古神州，扰扰燕幽。契丹灭罢女真愁，不是群奸媚外狗，那缺金瓯？时势伟人忧，蒙古力道，和戎一局败难收。如此江山真锦绣，付与羌酋！"此剧旨在借古喻今，激发国人的民族意识。

本月，《绣像小说》第53期开始连载《玉佛缘》，至第58期完，八回，作者署"嘿生"。小说旨在反对迷信，涉及信佛、看相、算命、测字、风水等方面，抨击佛教尤力。同期开始连载《幻想翼》，至第55期完，作者署"［美］爱克乃斯格平"，译者不详，光绪三十四年（1908）商务印书馆出版单行本时署"商务印书馆编译所译"。

本月，《绣像小说》第54期连载《痴人说梦记》完。

本月，《新小说》第18号刊载《水底渡节》，标"冒险小说"，署"上海新庵（周桂笙）译述"。连载《海底旅行》完。还刊载有《〈电术奇谈〉附记》一文，作者署名"我佛山人"。

本月，《世界繁华报》连载《官场现形记》完。

本月，商务印书馆出版《鬼山狼侠传》2卷，标"神怪小说"，署"［英］哈葛德著，林纾、曾宗巩译"；《英孝子火山报仇录》2卷，标"伦理小说"，署"［英］哈葛德著，林纾、魏易译"；《双指印》，署"商务印书馆编译所译"。

商务印书馆出版《英孝子火山报仇录》，林纾作序。

商务印书馆出版《鬼山狼侠传》，林纾作《〈鬼山狼侠传〉叙》。

本月，小说林社出版《黑行星》，标"科学小说"，署"［美］西蒙纽加武著，觉我（徐念慈）译"；《新法螺》，内收《新法螺先生谭》，署"昭文东海觉我（徐念慈）戏撰"，又有包天笑译作《法螺先生谭》、《法螺先生续谭》。

本月，小说新书社出版《枯树花》正编2卷四十回铅印本，标"新闻小说"，题"著作者山外山人"。书首作者自序。

八月

10日，上海图书集成局刊印《苦社会》四十八回，申报馆发行，作者佚名。该书通过描写两名华工在美国种地、筑路、开矿淘金等过程中备受凌辱的悲惨遭遇，反映了在美华工、华商的艰难生活，揭露了美国政府对华工、华商的迫害，为反美华工禁约运动中的代表作。书前有"漱石生"作《苦社会叙》，云："小说之作，不难于详叙事实，难于感发人心；不难于感发人心，难于使感发之人读其书不啻身历其境，亲见夫抑郁不平之事、流离无告之人，而为之掩卷长思，废书浩叹者也。是则此《苦社会》一书可以传矣。"又云："夫是书作于旅美华工，以旅美之人，述旅美之事，固宜情真语切，纸上跃然，非凭空结撰者比。故书都四十八回，而自二十回以后，几于有字皆血，令人不忍卒读，而又不可不读。……作者当有无量难言之隐，始能笔之于书，以为后来之华工告，而更为欲来之华工警。"叙署"光绪乙巳年七月漱石生叙"。"漱石生"即撰《海上繁花梦》的孙家振。

15日，北京学务官书局出版《拿破仑本纪》，署"[英]洛加德元著，林纾、魏易同译"。

17日，因对各地抵制美货运动深表支持，并对清政府的对美政策及禁约之事发表议论，天津《大公报》遭禁阅。

20日，中国同盟会在日本东京成立，通过会章，推选孙中山为总理。

21日，《美禁华工拒约报》在广州创刊。《美禁华工拒约报》即《广州旬报》，是1904—1905年中国反美华工禁约运动中在广州出版的一种爱国反帝刊物，以宣传抵制美货、强烈要求美国政府废除排斥和虐待华工的禁约为宗旨。设有"社说"、"短评"、"要闻"、"事件"等栏目。黄晦闻任总编，主要撰稿人有谢英伯、王君衍、黎起卓、陈树仁等。由于美国领事的多方面阻挠和汉奸的破坏，于当年农历十一月初被迫停刊，共出9期。

23日，《南方报》创刊，为中国自办的第一份外文报纸，主编蔡钧，以报道时事新闻为主，兼刊译稿。1906年夏曾一度停刊，同年8月复刊。1907年冬改出中文版，至次年2月终刊。

25日,《东方杂志》第 2 年第 7 期连载《苹果酿命记》完。

同日,《大陆报》第 3 年第 13 号连载《续子不语》完。

30日,文明书局再版《黑奴吁天录》。

本月,《绣像小说》第 55 期连载《幻想翼》、《天方夜谭》完。

本月,《绣像小说》第 56 期开始连载《花神梦》,至第 59 期止,四回,未完,作者署"血泪余生"。小说着眼于妇女解放问题,主要描写晚清社会中妇女被玩弄蹂躏的悲惨命运。连载《文明小史》完。

本月,《新小说》第 19 号刊载《双公使》,标"侦探小说",署"上海知新室主人(周桂笙)译述"。

本月,商务印书馆出版《昙花梦》,署"[俄]萨那斯苛夫九月著,商务印书馆编译所译"。再版《鬼山狼侠传》2 卷。

本月,小说林社再版《无名之英雄》上册。

九月

3 日,《外交报》第 120 期发表严复的文章《原败》。曰:"日俄失和,斗于吾国辽沈之间者一年有半。……和局将定,兵事已阑,乃准陆士衡《辨亡》之例,而作《原败》。"

5 日,日俄战争结束,俄国战败。双方在美国订立《朴资茅斯条约》,划分中国东北"势力范围"。

8 日,著名艺人汪笑侬为抵制美国华工禁约,上演新编剧目《苦旅人》。

19 日,《南方报》开始连载《新石头记》,至本年十一月二十九日(阳历 12 月 20 日)止,标"社会小说",此书共四十回,报上连载仅至第十一回。作者署"老少年(吴趼人)"。

20 日,人镜学社出版《怪獒案》,标"侦探小说",署"人镜学社编译处译"。

同日至同年 10 月 4 日,《中外日报》发表严复《论国家于未立宪以前有可以行必宜行之要政》。曰:"往者甲午中东之役,英人威公使妥玛犹在。此公于中国载籍有研究之功,知黄人教化本源之盛大,归国后,于泹桥国学主华文讲席。闻其事,蹶然曰:'此近世莫大之战争也,此非中日之战,乃泰西东新旧教化之战也。'已而东果胜而中果败。自兹以降，维新之说遍吾国中焉。……夫中国三古洎兹，所以治国者，虽道揆法守，运有污隆，固无一朝非为专制。……夫政治之界，既有专制先有，立宪后成，则可知立宪乃天演大进之世局。……由此言之，则变法立宪不可以已。非不知情形之异，程度之差也，第立宪矣，塞者可期于渐通，缺者犹可以徐完，日讨教训，庶几二三十稔之间，于彼泰西，有孟晋追群之一日。……非谓国家有意振兴，但遣大臣四五辈，周游列邦，如汉唐人远求梵典者然，遂足以得其要领也。所冀以名始者，将以实终，方针既定之余，将吾国上下之人，亿兆一心，以求达其目的耳。且立宪之所以救亡者，非其名也，实也。必以其名，恐虽议院沁涅特、地方自治、法权独立，与夫西人一切之法度，悉取而立于吾国之中，将名同实殊，无补存亡，而徒为彼族之所腾笑。……苟为其实，则立宪固善，而宪法未立之顷，其所为当务之急何限，有不待再计而宜急急行者。此则鄙陋所欲借前箸，以代当国诸公，筹其一二者矣。……一曰圜法不可以不立也。……一曰改良听讼之方，以达刑狱未改良之目的也。……"

21日，《北京女报》创刊，日报，编辑人张展云，报主则是其母亲张老太太。张展云曾编辑过《北京日报》、《北京画报》，还曾创办与主持妇女镂花工厂，作为女子自立的示范。该报提倡女子教育，反对缠足，主张改革婚姻、破除迷信，反对不良风气。报纸日出一张，内容包括"上谕"、"宫门抄"、"演说"、"女界新闻"、"知识"、"教育"和"文艺"等栏目，报道政府政令、外国通讯、北京及各地妇女的活动与生活，介绍关于化学、物理、生物、医学及气象等方面的科学知识，并且登载小说，以开阔妇女眼界，增长妇女见识。这是中国最早的妇女日报。

23日，《东方杂志》第2年第8期开始连载《荒塔仙术记》，至第11期完，标"天方夜谭"，译者不详。

29日，《醒狮》在东京创刊，月刊，中国留学生会馆总发行，编辑兼发行人署李昑，实为留日学生高旭（高天梅）等主持，主要撰稿人有柳亚子、马君武、李叔同、宋教仁、高旭、陈去病、李惜霜等。每期有"论说"、"军事"、"教育"、"政法"、"学术"、"化学"、"医学"、"音乐"、"谈丛"、"文苑"、"小说"、"时评"、"杂录"等栏目，宣传反清，反对君主专制。该刊具有强烈的爱国主义和鲜明的民主主义，是革命派的重要刊物之一。翌年6月停刊。前后共出5期。

《醒狮》第1期开始连载《仇史》，至第2期完，标"历史小说"，题"痛哭生第二手编",署黄帝纪元四千三百九十七年。其《凡例》阐明主旨云:"是书专欲使我四万万同胞洞悉前明亡国之惨状,充溢其排外思想,复我三百余年之大仇,故名曰《仇史》。"是书原所拟规模甚大:"以明神宗万历年间汉奸范文程投满起,至永历帝二十二年台湾郑克塽降清止,为汉族死生存亡、颠扑起灭之一大惨剧。"书仅刊出二回,《醒狮》第3期以编辑部敬白云:"本报所登历史小说篇幅甚长,非数年不能完结,今后不复逐期刊登,当谋刊单行本,以餍阅者先睹为快之望。"《〈仇史〉凡例八条》,作者署名"痛哭生第二"。

本月,《绣像小说》第57期开始连载《世界进化史》,至第72期止,二十二回,因《绣像小说》停刊,未完,作者署"悍庵(周桂笙)"。

本月,《绣像小说》第58期连载《玉佛缘》完。

本月,《新小说》第20号开始连载《知新室新译丛》,至第24号完,标"札记小说",署"上海知新室主人(周桂笙)译述,检尘子(吴趼人)评"。

本月,《鹃声》第1年第1期刊载《桃花协会》,标"清国西太后之密使",未完,不题撰人。

《鹃声》本月创刊于日本,月刊,四川留日学生所办白话刊物,鹃声社编辑发行。

本月,广智书局出版《电术奇谈》单行本。书末有我佛山人《附记》,云:"此书原译仅得六回,且是文言。兹剖为二十四回,改用俗话,冀免翻译痕迹。""原书人名地名,皆系以和文谐西音,经译者一律改过,凡人名皆改为中国习见之人名字眼,地名皆借用中国地名,俾读者可省脑力,以免艰于记忆之苦。好在小说重关目,不重名词也。""书中间有议论谐谑等,均为衍义者插入,为原译所无。衍义者拟借此以助阅者之兴味,勿讥为蛇足也。"

本月,严复的门生熊季廉将《侯官严氏评点老子》一书经抄付活版于日本东京而序之,其略曰:"读是书者,纡神澄虑,去其所先成于心,然后知原书自经平点,字字皆有着落,还诸实地,正无异稀世珍宝,久瘗荒山,一经拭磨,群知其贵。"(按:1931年,商务印书馆又以《严复平点〈老子道德经〉》二卷,重新排印出版。)

本月,王国维将自己数年间发表在《教育世界》杂志等刊物上的文章及诗作等汇集成册,重加刊行,名曰《静安文集》。《静安文集自序》云:"余之研究哲学,始于辛壬之间。癸卯春,始读汗德之《纯理批评》,苦其不可解,读几半而辍。嗣读叔本华之书而大好之……今岁之春,复返而读汗德之书,嗣今以后,将以数年之力,研究汗德。他日稍有所进,取前说而读之,亦一快也。故并诸杂文刊而行之,以存此二三年间思想上之陈迹云尔。"

《静安文集》收论文12篇,均为近二三年所撰,是研究西方哲学、教育学之成果。其篇目除上年所列者外,尚有当年撰写的《论近代之学术界》等4篇。另附古体诗49首,曰《静安诗稿》,为1898年以来创作,除前面已列者外,还有是年创作的《留园玉兰花》等5首。《静安文集》罗振玉编《海宁王忠悫公遗书》未收,赵万里编《海宁王静安先生遗书》始收入,并增辑《续编》一卷,计收文23篇。

《静安文集》中,王国维融汇中西文化,综合康德、叔本华、尼采诸人的思想,提出富有新意之卓识。在论述我国哲学、美术不发达的原因时说:"披我中国之哲学史,凡哲学家无不欲兼为政治家者,斯可异已!孔子大政治家也,墨子大政治家也,孟荀二子皆抱政治上之大志者也。汉之贾、董,宋之张、程、朱、陆,明之罗、王无不然。岂独哲学家而已,诗人亦然……呜呼!美术之无独立之价值也久矣。此无怪历代诗人,多托于忠君爱国劝善惩恶之意,以自解兑,而纯粹美术上之著述,往往受世之迫害而无人为之昭雪者也。此亦我国哲学美术不发达之一原因也。"

在谈到对"西洋学术之输入"、"新言语输入"应有的态度时说:"言语者,思想之代表也,故新思想之输入,即新言语输入之意味也。十年以前,西洋学术之输入……于是日本所造译西语之汉文,经常混混之势,而侵入我国之文学界。好奇者滥用之,泥古者唾弃之,二者皆非也。"他说:"夫言语者,代表国民之思想者也,思想之精粗广狭,视言语之精粗广狭以为准,观其言语,而其国民之思想可知矣。""抑我国人之特质,实际的也,通俗的也;西洋人之特质,思辨的也,科学的也,长于抽象而精于分类,对世界一切有形无形之事物,无往而不用综括(Gneralization)及分析(Specification)之二法,故言语之多,自然之理也。吾国人之所长,宁在于实践之方面,而于理论之方面则以具体的知识为满足,至分类之事,则途迫于实际之需要外,殆不欲穷究之也。""故我中国有辩论而无名学,有文学而无文法,足以见抽象与分类二者,皆我国人之所不长,我国学术尚未达自觉(Selfconsciousness)之地位也。"

王国维一方面将西方美学观念熔铸在自己的民族形式之中,而不全盘照搬;另一方面,继承民族形式又能注入新的因素,不抱残守缺。他以境界来确定诗的艺术特质以至艺术美的本质，围绕这根轴线，他继承和新创了一系列美学范畴，相当全面地阐发了有关诗的一些基本原理。这是一个中西"化合"的具有崭新面貌的诗学体系，它在传统诗论与现代诗论之间，起了不可缺少的媒介作用。

本月，章太炎《訄书》重印本再版。

十月

10日，学务处奏准中小学堂课本中《周礼》用黄叔琳的《周礼节训本》，《礼记》用江永的《礼记约编》。

18日，上海时报馆出版《白云塔》（一名《新红楼》）四十九回，题"上海时报馆记者（陈景韩）译述"，封面题"写情小说白云塔"。首冷（陈景韩）译"约言"五则，称："此稿参酌东西译本，而加以自构者，非纯然译文，亦非纯然自作。"又云："所谓《新红楼》者，因篇中有红楼，故名，与名世之《红楼梦》，如风马与风牛。"次"白云塔投书"（一）（二）（三），又次"自述"。

27日，《广益丛报》第87号刊载《二十世纪西游记》。

28日，《醒狮》第2期刊载《母大虫》，标"游侠小说"，作者署"侠少年"。续载《仇史》完。

本月，《绣像小说》第60期开始连载《三疑案》，至第62期完，未署作者、译者，光绪三十三年（1907）商务印书馆单行本时署"[英]男爵夫人奥姐著，商务印书馆编译所译"。刊载[英]奥姐之《伊兰案》，译者不详，后商务印书馆单行本署"商务印书馆译"。

本月，商务印书馆再版《昙花梦》。

本月，小说林社出版《福尔摩斯再生案》第2—5册，署"[英]华生笔记，周桂笙等译"。再版《秘密使者》下卷。

本月，小说时报馆出版《神女缘》，标"游记小说"，署"[荷兰]麦巴士著，吴竞口述，秀水洪光笔录"。

本月，《时事画报》开始连载《廿载繁华梦》（又名《粤东繁华梦》），四十回，题"禺山黄小配撰"。光绪三十三年（1907）9月时事画报社出版该书单行本；开始连载《党人碑》，黄小配著。

十一月

16日,新世界小说社出版《上海之维新党》(一名《新党嫖界现形记》)初编三回,题"浪荡男儿著"。"浪荡男儿"即叶景范,字少吾,浙江杭州人。书首"评话十则",叙是书体例、规模及创作意旨,称"是书十五回,作五期出版,每月一期",然而又有"仅能成书十六回,以后知有所见闻,当再编续集"云云。

26日,《民报》创刊于日本东京,月刊,为中国同盟会的机关刊物,其前身为《二十世纪之支那》。张继、章太炎、陶成章等先后任编辑及发行人。庶务干事开始由宋教仁担任,最初5期的主编为张继,责任编辑是胡汉民,主要撰稿人有陈天华、汪精卫、朱执信、廖仲恺和宋教仁等。从第6期起,主编为章太炎。1910年2月停刊,共出26号,另有第3号号外1张,《天讨》增刊1本。《民报》是中国资产阶级革命派最著名的刊物,是中国同盟会宣传民主革命思想的有力武器。

孙中山在《民报》发刊词中首次将同盟会的纲领概括为"民族"、"民权"、"民生"三大主义,强调说明"今者中国以千年专制之毒而不解,异种残之,外邦逼之,民族主义、民权主义殆不可以须臾缓,而民生主义欧美所虑积重难返者,中国独受病未深而去之易。是故或于人为既往之陈迹,或于我为方来之大患,要为缮吾群所有事,则不可不并时而弛张之"。又特别指出实行民生主义的必要,提出"举政治革命、社会革命毕其功于一役"的主张。民族主义、民权主义、民生主义随即被同盟会的宣传者概括为"三民主义"。三民主义的基本内容就是同盟会的纲领"驱除鞑虏,恢复中华,建立民国,平均地权",主张推翻清朝封建专制统治,建立资产阶级民主共和国。

本月,《教育世界》第111号连载《枕戈记》完。

本月,《绣像小说》第61期刊载《雪驹案》,[英]奥姐著,译者不详。

本月,《绣像小说》第62期刊载《跛翁案》,[英]奥姐著,译者不详。连载《三疑案》、《月球殖民地小说》完。

本月,《新小说》第22号开始连载《神女再世奇缘》,至第24号完,标"奇情小说新译",题"[英]解佳著,周树奎(周桂笙)译述"。并有《〈神女再世奇缘〉自序》一文。

本月，《鹃声》第 1 年第 2 期刊载《俄探》，题"[日]押川春浪著，蟪蟪子译"。

本月，商务印书馆出版《巴黎繁华记》2 册，标"社会小说"，署"商务印书馆译印"；《斐洲烟水愁城录》2 卷，标"冒险小说"，署"[英]哈葛德著，林纾、曾宗巩合译"，林纾作序；《美洲童子万里寻亲记》，署"[美]增米自记，[英]亚丁编辑，林纾、曾宗巩同译"，林纾作序；《指环党》，标"侦探小说"，署"商务印书馆编译所译"；《撒克逊劫后英雄传》上下卷，标"国民小说"，署"[英]司各德著，林纾、魏易同译"，书首林纾序，署"光绪三十一年七月六夕，闽县畏庐甫叙于春觉斋"。

本月，小说林社出版《车中美人》，标"艳情小说"，署"小说林总编译所编辑"；《小公子》下册。再版《银行之贼》。并刊载《谨告小说林社最近之趣意》一文。

本月，广智书局出版《狮子血》（一名《支那哥伦波》）十回，作者署"何迥"。

本月，新小说社出版《说部腋》，署"新民丛报社社员编辑"，内收《世界末日记》、《俄皇宫中之人鬼》、《白丝袜》（罗普译）、《俾斯麦之狼狈》（罗普译）、《窃皇》（即《窃皇案》）、《百合花》、《窃贼俱乐部》。

本月，《北直农话报》创刊于保定，半月刊，由保定府高等农业学堂编辑及发行。

本月，北京丰泰照相馆创办人任景丰拍摄了中国第一部影片《定军山》，其内容有中国著名京剧演员谭鑫培主演的《定军山》中"请缨"、"舞刀"、"交锋"等场面。这是中国最早的一部戏曲片，也是中国人自己拍摄的第一部影片。

十二月

1 日，《醒狮》第 3 期刊载《劳动狱》，标"社会小说"，作者署"侠少年"。

6 日，《大陆报》第 3 年第 20 号连载《新党升官发财记》完。

8 日，陈天华在东京大森海湾蹈海自尽。

11 日，《北直农话报》第 2 期开始连载《阿藏格》（即《穑者传》），标"农学小说"，署"[法]麦尔香原著，上海朱树人原译，屏西演译"，后载于第 3、5、7、9、10、19 各期。

21 日，《广益丛报》第 93、94 号刊载《肉券》、《仇金》，前者题"[英]莎士比，闽县林纾、仁和魏易译"。

同日，《东方杂志》第 2 年第 11 期连载《荒塔仙术记》完。

同日，广智书局出版《饮冰室文集》下，内载《世界末日记》《新中国未来记》。

25日，《南方报》连载吴趼人《新石头记》完。

本月，《绣像小说》第63期开始连载《苦学生》，至第67期完，十回，作者署"杞忧子"。此书后有1915年商务印书馆单行本。

本月，《新小说》第23号看出《新笑史》下半部分，共22则，署"我佛山人（吴趼人）"撰。

本月，《民报》第2号刊载《狮子吼》，题"过庭（陈天华）著（第三号星台遗稿）"，后续载于第3—5、7—9号，因陈天华蹈海而未完，共8回。卷首楔子分三部曲阐明光复中华的创作主旨：第一部以混沌人种灭亡影射汉族黄种人的伤心惨目的历史；第二部写睡狮猛然怒吼，寄托对中华民族觉醒的渴望；第三部为《黄帝魂》，畅想未来，昭示革命理想。《崖山哀》（亡国痛），题"汉血、愁予编"，后续载于第5号。

本月，商务印书馆出版《玉海留痕》，署"[英]赫格尔德著，林纾、魏易合译"；《卖国奴》，署"[德]苏德蒙著，商务印书馆编译所译"；《小仙源》，标"冒险小说"。

本月，小说林社出版《侠女奴》，署"萍云（周作人）译，初我（丁祖荫）润"；《秘密海岛》下卷，署"[法]焦士威奴著，奚若译述，蒋维乔润词"；《马丁休脱侦探案》第1、2、3册，署"[英]玛利孙著，奚若译"，第1册收《克落夫脱邸第失窃案》《枪毙福拉脱命案》《黑人被杀失尸案》；第2册收《查失鱼雷艇图案》《以维考旦共之秘密案》《烧手案》；第3册收《疯人奇案》《银箱案》《银行失窃案》《遗嘱案》。出版《爱河潮》3册，标"言情小说"，署"[英]哈葛得著，奚若译"；《福尔摩斯再生案》第6—8册，署"[英]华生笔记，周桂笙等译"；《海天啸传奇》（一名《大和魂》），刘钰著；《万里鸳》3册三十三回，标"艳情小说"，署"[英]婆斯勃著，吴步云译"；《侠奴血》，署"[法]嚣俄原著，天笑生（包天笑）译述"。

本年

本年，直隶总督兼北洋大臣袁世凯奏请立停科举。清廷诏准自丙午科为始，所有乡、会试一律停止。

本年，梁启超的著述还有《德育鉴》《节本明儒学案》两书。前者是《论公德》《论私德》两篇文章之作，为《新民丛报》第二次临时增刊；后者是梁启超 10 年来读《明儒学案》时节抄之有得部分，多属治心治身之要。两书均印有单行本。另外，散文方面其论时事者，有《读今后之满洲书后》《评政府对于日俄和议之举动》《再评政府对于日俄和议之举动》《日俄和议纪事本末》《关税权问题》《记东京学界公债事》《自由乎死乎》《自由死自由不死》《俄罗斯革命之影响》9 篇，此外还有《世界史上广东之位置》《中国民族之观察》《中国殖民八大伟人传》《记越南忘人之言》《世界将来大势论》数篇。

本年，姚鹏图于《广益丛报》第 65 号上发文《论白话小说》。文中称："盖小说至今日，虽不能与西国劫颉；然就中国而论，果已渐放光明，为前人所不及料者也。今日之白话报，即所谓通俗文，而小说家之流也，其为启迪之关键，果已为国人所公认。"同时又曰："文字者，事物之记号，政治、实业之关键也。今欲废弃文字而专重白话，吾恐未受白话之益，先被废弃文字之害，如之何其可哉！……语言之改良，第一须人之识字，乃能日趋于高等之程度。若识字之人数，不能加增，则虽有通俗文，依然如瞽人之辨色，何能收效耶？"

自本年以降，《笑林报》曾先后刊出《八大人》《北钱》《恶梦》《美人魔》《妙珠》《牛渚犀》《神仙新妇记》《顽腐镜》《王公子》《笑矣乎》《醒梦》，撰人均不详。刊出《宓妃枕》，作者署"香梦"。

本年《女子世界》第 13、14、15 期（第 2 年第 1、2、3 期）均未署出版时间，第 13 期刊载《好花枝》，标"短篇小说"，作者署"萍云"；《女猎人》，标"短篇小说"，题"会稽萍云女士假造"。第 14 期刊载《女子世界》，标"短篇小说"，作者署"志群"。第 14、15 期连载《荒矶》，题"[英]陶尔（Dayle）著，会稽萍云译述"。以上"萍云（女士）"即周作人。本年《女子世界》增刊刊出《白玫瑰》，作者佚名。

本年，《梼杌萃编》（《宦海钟》）12 编二十四回完成于本年，题"诞叟著"。"诞叟"即钱锡宝。书首"缘起"，略谓：诞叟将朋友做的一部小说赠送给即将回上海的抱真子，每本书上有一字，共"禹铸鼎温燃犀抉隐伏警贪痴"十二字，第一页上写道："戊戌荷夏云江女史录于茵绿草堂。"又"忏绮词人"序，云："说部中之工于摹写世俗情状者，莫如《儒林外史》。近世规仿之者，若《官场现形记》，若《海上花列传》，若《九尾龟》等，亦可谓穷形尽相，无态不搜矣。然所摹写者，仍不外乎具鬼之形状，居鬼之名称者，与两峰先生之《鬼趣图》，殆无以异。若夫能写貌为人而心为鬼，名为人而实为鬼者，则惟施耐庵之《水浒传》，曹雪芹之《红楼梦》而已……作者未尝著一贬词，而纸上之声音笑貌，如揭其肺肝，如窥其秘奥。画皮画骨，绘影绘声，神乎技矣。吾友诞叟所著之《梼杌萃编》，仿佛近之。"又云："诞叟落魄江湖，致身卿佐……遍览六朝金粉，饱餐七微冰霜；所谓民之情伪，尽知之矣。而又平理近情，虚怀体物，故能举其生平之所闻见，一一摹写其真，不假雕凿，不事抑扬，以存三代直道之公，董狐、史鱼，其在斯乎？"序中又有"闻是书成于光绪乙巳，正诞叟驰驱戎马之际也"之语，故知书成于本年。序署"岁丙辰仲春，忏绮词人叙于汉上花好月圆之室"。光绪朝未遇丙辰之年，此当为"丙午"之误。

本年，商务印书馆出版《环瀛志险》，署"[奥]爱孙孟著，商务印书馆译"。

本年，小说林社出版《狸奴角》，署"果盘著，饭囊译"。

本年，上海书局出版《醒梦录全传》4卷十六回石印本，撰人不详。

本年，广智书局出版《维新梦》，署"春梦生"；《侠勇儿》，标"侦探小说"，撰人不详；《越南亡国史》(又名《越裳亡国史》)，署"越南亡命客巢南子述，梁启超录"；还出版有《二勇少年》、《怪獒案》、《回天绮谈》、《女娲石》。

本年，上海时报馆出版《大彼得遗嘱》(一题《白藕节》)，署"[法]握兴著，吴士毅译"。

本年，福记书局出版《醒梦录全传》十六回石印本。

本年，鸿文活版部出版《刺客谈》六回，作者署"新中国之废物(陈景韩)"。

本年，女子世界社出版《侠女奴》，署"萍云女士(周作人)译"。

本年，有正书局出版《白云塔》，作者署"冷血(陈景韩)"；《神女缘》，署"[荷兰]麦巴士著"。本年或翌年出版《阿罗小传》(《珂罗小传》)2册二十五回，署"[英]笠顿著，平公译"。

本年，新小说社出版《白丝袜》、《俾斯麦之狼狈》、《窃皇案》，译者均署"披发生(罗普)"；《手足仇》，署"[法]波罗弥宁著，江之屏译"；《百合花》，标"海外奇谭"，署"[日]德富芦花译"；《世界末日记》；《窃贼俱乐部》；《俄皇宫中之人鬼》。

本年，文明书局出版《杜德蕾冒险记》十二回，署"裘错译"；《儿童修身之感情》，译者署"(包)天笑"；《云中燕》，署"大陆少年译"。

本年，煮字山房出版《济公活佛传》3集28卷二百八十回石印本，16册，郭小亭著。

本年，文元阁书庄出版《兰花梦》六十八回石印本，书首"烟波山人"序，言此书为"吟梅山人"所著。

本年，锦章书局出版《兰花梦奇传》六十八回是石印本，即《兰花梦》。

本年，科学书局出版《忍不住》4卷，沈友莲著。

本年，科学会社出版《狡童》，作者署"顽石（陈景韩）"。

本年，上海世界繁华报馆出版《官场现形记》4编6册、5编6册。

本年，笑林报馆再版《海上繁花梦》初集6卷三十回、2集6卷三十回，为小型线装本。

本年，中新译印局再版《李苹香》，作者署"铄镂十一郎"，初版时间不详。

本年，中外日报馆出版《七日奇缘》十四回，署"拔剑生译"。

本年，刘鹗应《天津日日新闻》主持人方若（药雨）之邀，续写《老残游记》15—20卷六回，并改写原作卷10后半部分及卷11全部。《老残游记》卷1—20在《天津日日新闻》上逐日发表。该报已散佚，小说连载准确时间尚难考订。是年秋，刘鹗作《自叙》刊于《天津日日新闻》，云："吾人生今之时，有身世之感情，有家园之感情，有社会之感情，有种教之感情。其感情愈深者，其哭泣愈痛：此洪都百炼生所以有《老残游记》之作也。"此后，天津日日新闻社出版单行本，线装2册，活版印刷，上册为卷1—12，下册为卷13—20，其封3署"印刷所天津日日新闻社"、"发行所天津孟晋书社"、"每本定价大洋三角半"。无出版年月。

本年，聚珍书楼出版《红茶花》十六回，署"[法]朱保高比著，陆善祥译"。

本年，新学界图书局出版《恨海花》，作者署"非民"。

本年，《卢梭魂》十二回铅印本行世，题"怀仁编述"。书首"有天民"序。是书以荒诞魔幻手法宣传革命思想。

本年，雅大书社出版《狮子血》十回铅印本，题"著作者：保定何迥"，版权页标书名为"支那哥伦波，原名狮子血"，目录前标"冒险小说支那哥伦波"。

本年，南荃居士作《海侨春》传奇。《海侨春》十二出，未完。叙美国对华工禁约的故事，取材于本年反对美国华工禁约运动。作品以南荃居士为正生，以女学生侠遁云为正旦，贯穿全剧，从国内、国外两条线索表现运动概况。

本年，严复译作《穆勒名学》由南京蒯氏金粟斋木刻出版前半部，后半部始终没有译出来。严复曰:"思赓续其后半,乃人事卒卒,又老来精神荼短,惮用脑力,而穆勒书精深博大,非澄心渺虑,无以将事,所以尚为逮也。"

本年,商务印书馆出版发行严复译作《法意》第 4 册。

本年,被奉为"伶界大王"的谭鑫培与田际云同台演出时事京戏《惠兴女士》,揭露清政府腐败。

本年,《娱闲日报》刊载《文境堂》,作者苏台雪。

本年,寅半生(钟骏文)选辑《天花乱坠二集》卷六载录本刊载《钱叹》,作者署"云侠"。

本卷主要作家人名索引

B

白逾桓　271

包天笑　150　151　174　207　216　221　237　242　272　274　283

鲍威恩　43

鲍咸昌　43

毕永年　130

砭俗道人　190

冰　心　132

C

蔡尔康　23

蔡钧（和甫）　65　275

蔡元培　149　153　154　155　162　169　185　193　196　200　217　218　249　256

蔡云松　10

曹硕武　45

曹恂卿　140

曹元忠　101

曾广铨　63　79　82　89　90　122　131　161

曾鲲化　182

曾　朴　37　212　213　216　224　241　242　248　272

曾衍东　56

曾宗巩　102　168　232　237　269　274　282

茶阳居士　23

陈班仙　171

陈春生　124　222

陈蝶仙（陈栩）　37　64

陈独秀　2　19　207　226　243　245　258

陈范（梦坡）　27　113　117　118　170

陈黻宸　175

陈国熙　148

陈季同（敬如）　56　58

陈家鼎（陈汉元）　216　242

陈景韩（冷血、冷旭）　205　221
　　　　　244　245　251　254　258
　　　　　261　266　268　280

陈君衍　193

陈　冷　233

陈冷灯　183

陈念萱　46　47

陈佩忍　250

陈千秋　4　75

陈庆材　78

陈　虬　53

陈去病　207　216　249　250　263
　　　　277

陈荣衮　122

陈润霖　182

陈三立　6　8　12

陈少白　124

陈诗仲　124

陈时泌　159　229

陈寿彭（绎如、逸如）　56　123

陈树仁　275

陈天华　196　199　206　219　254
　　　　256　271　281　282　283

陈　威　191

陈为镒　45

陈羲珍　23

陈协恭　173

陈撷芬　117　118　170　171

陈衍（石遗）　56　118　119　131
　　　　　217

陈耀卿　19

陈绎如　136　220

陈　毅　132　172

陈玉麟　229

陈玉澍　121

陈志群　224

陈仲逸（杜亚泉）　228

程甘园　48

程蕙英　119

程世爵　110

程蔚南　218

程　淯　184

仇式匡　271

储仁逊　209

楚　卿　179　210

D

戴昌熙　142

戴宣翘　74

邓　实　165　263

狄楚卿　233

狄景贤　117

棣华（瘦蝶词人）　86

丁宝书　172

丁　丙　101

丁福保　173

丁惠康　8　121

丁慕卢　224

丁韪良　85

丁芝孙　224　241　242

丁祖荫　283

董　康　60

杜课园　232　236　254　255

杜士珍　175

杜亚泉　133　154　162　163　166
　　　　228

F

樊炳清　145

樊增祥　19　117　132　134　137

樊　锥　76

范肯堂　17

方守六　157

房秩五　226

丰子恺　95

冯葆瑛　170

冯镜如　96

冯明之　84

冯世德　190

冯秀石　111

冯沅君　132

冯自由　43　96　112　124　133
　　　　169　243

傅兰雅　10　11　12　23　43　58　189

G

高凤池　43

高凤谦　47　145

高太痴　19　51　63　65

高　翔　112

高　燮　121　216

高旭（高天梅）　100　216　277

高　增　216　238　247

龚子英　244

勾章醴泉居士　12　120

辜鸿铭　137

顾石灵　216

管兴宝　136

郭小亭　285

H

汉纳根　1

杭辛斋　59　240

何澄一　99

何梅士　193

何　启　83

何树龄　22　35

何穗田　35

何廷光　35

何藻翔（翙高）　42

贺忠良　231

衡南劫火仙　159　160

洪葆荣　18

洪炳文 102 120 240 262

洪孝衷 124

洪兴全 129

胡汉民 281

胡礼垣 83

胡 适 8 19 84 164 196 212 234

胡思敬 72 131 134

胡璋（铁梅） 27

黄存嘉 60

黄芬慧 226

黄晦闻 275

黄 节 216 263

黄钧宰 18 128

黄鲁逸 125

黄摩西 222 270

黄慕韩 102

黄谦斋 137

黄 人 137 237 238 269

黄绍箕 79 85 166

黄世仲 124

黄小配 280

黄 兴 182 199 216 226 271

黄彝凯 101

黄宗仰 129 194 200

黄遵宪 6 7 8 10 12 17 25 29 36 42 44 45 68 73 74 79 91 100 121 127 154 159 164 167

173 181 185 195 257 267

J

戢元丞 144 183 188

贾禄福 1

江 标 20 45 65 70

江之屏 285

蒋方震 154 191

蒋维乔 224 283

蒋智由 153 154 167 169 195

金松岑 216 217 230 241 248

经联珊 64

K

康广仁 35 57 93

康同薇 86

康有为 4 5 9 12 13 14 22 27 29 35 39 40 45 46 67 71 72 73 75 76 77 78 80 83 86 87 88 89 90 92 93 97 101 104 109 110 111 114 120 126 136 143 151 154 158 166 167 170 173 196 203 205 218 219 220 227 251

康幼博 53 57

康孜权　190

柯南道尔　31　33　34　35　40　46
　　　　　48　50　122　160　190
　　　　　207　220　221　227　238
　　　　　248

况仕任　45

况周颐　18　100

L

老　舍　106

雷　奋　133　183

黎伯奋　90

黎国廉　74

黎起卓　275

李宝嘉　65

李伯元　26　27　50　51　52　55
　　　　　89　99　105　112　129
　　　　　132　140　142　143　152
　　　　　182　196　197　198　200
　　　　　212　213　231　234

李凤高　84

李福基　111

李根源　26　51

李鸿藻　15　23

李蕙仙　86

李圣五　228

李盛铎　77

李书诚　190

李叔同　129　277

李提摩太（Timothy Richard）　83
　　　　　102　167

李希圣　168

李惜霜　277

李钟生　23

理雅各　21

廉　泉　172

梁鼎芬　30　70　89　99　113　172

梁佩琼　86

梁启超（梁卓如）　1-9　12-16
　　　　　23-99　101-147　151-185
　　　　　192-212　218　226-238
　　　　　256　257　267　284　285
　　　　　295　309

廖　平　68　78　80　116　124

廖平庵　124

廖仲恺　281

林盖天　254

林乐知　23　24　25　36　67　95
　　　　　226

林　纾　3　5　18　19　43　66　102
　　　　　106　118　123　135　140
　　　　　142　151-165　188-206
　　　　　216　222　231-237　251-267
　　　　　274　275　282　283

林　獬　146　148　153　156　218
　　　　　224　239

林　旭　73　93　94

林长民　140

刘炳堂　173　240

刘鹗（洪都百炼生）　197　211　212
　　　　213　286

刘福姚　132　286

刘光第　93

刘聚卿　231

刘坤一　50　92　126　131　156
　　　　166

刘清韵　127　128

刘省三　120

刘师培　119　216　218　226　263

刘　钰　261　283

刘志沂　86

柳亚子　2　194　200　217　224
　　　　226　249　250　277

龙朝辅　45

龙应中　45

卢和生　184

卢　信　124

庐　隐　79

鲁　鱼　271

陆伯周　124

陆费逵　173

陆善祥　286

陆世芬　184

陆钟岱　229

罗汇川　66

罗孝高　108

罗振玉　37　49　50　69　100　103
　　　　145　146　166　263　279

骆月湖　111

吕塞尔　47　144

吕子泉　173

M

马尔基·德尔维　21

马建忠　18　21　34　36　48　101

马君武　155　169　183　191　216
　　　　277

马叙伦　165　175　263

马一浮　216

马裕藻　162

麦孟华　14　39　53　57　96

毛乃庸　254

茅　盾　28　135

茅　谦　63

茂苑惜秋生（欧阳钜源）　50　105
　　　　143　198　200　231　233

梅季郇　60

孟　冬　21

孟　森　228

缪荃孙　61　137　166

O

牟渊如（醉玉楼主）　85

欧榘甲　96　111

P

潘飞声 51 63 86 101

潘清荫 60

庞栋材 219

庞树柏 205

庞树松 137

彭翼仲 173 240

皮锡瑞 20

平等阁（狄葆贤） 180 184 210
　　　　234

Q

戚饭牛 64

戚　农 217

钱宝仁 205

钱萼孙 19 67

钱瑞香 193 195

钱锡宝 229 284

钱智修 228

钱仲联 65 119

秦力山 131 144 169 183

秦毓鎏 194 226

琴倩（弄笛楼主） 86

邱逢甲 51 64

邱菽园（邱炜萲） 52 86 99 118
　　　　129 132 151

邱炜萲 71 99 106 121 159

秋　瑾 137 224 246 260

秋　斋 20

裘廷梁 80 81 91

裘毓芳 80 82 87

区宝庆 78

瞿秋白 105

R

任堇叔 142 143

任廷旭 24 67 102

容　闳 130

S

塞缪尔·伍德布里奇 21

沈伯甫 270

沈曾植 15 118 119

沈和卿 87

沈家珍 15

沈敬学 65 140

沈鲁玉 173

沈善登 61

沈世良 20

沈寿康（毓桂） 28

沈棠（子实） 66

沈同午 224

沈翔云 134 144

沈小沂（晓宜） 113

沈　沂 191

沈友莲 286

沈毓桂 6

沈知方 173

沈知芳　119

沈仲赫　90

沈祖芬　102

圣狄尼　21

盛　俊　235

盛　康　70

盛宣怀　16　176

瘦秋山人　2

宋伯鲁　83

宋教仁　102　199　226　271　277　281

宋　恕　33　39　53

宋育仁　60　68　78　80　134

苏继赓　228

苏曼殊（苏子谷）　214　236

苏台雪　287

苏　舆　91　114　132

苏子谷　214　258

孙宝琦　42

孙　鼎　148

孙景贤　222　258

孙寿州　16

孙翼中　146　191

孙玉声（家振）　51　65　86　141

孙中山　5　39　124　130　133　134　141　163　169　175　184　212　217　218　219　225　227　241　256　275　281

孙仲愚　32

T

谭乔（南海饮雪词人）　86

谭嗣同　4　7　8　16　32　40　41　44　68　70　71　74　76　83　93　94　104　152　167　195

汤邻石　86

唐才常　10　39　45　68　71　74　76　83　100　125　126　130　131

唐芸洲　25　68

陶成章　192　256　281

陶懋立　258

陶　湘　60

陶惺存　228

天僇生　179

天中生　20

田　汉　76　187

田　桐　271

W

汪处卢　86

汪大钧　79　92

汪大燮　14　15　23

汪精卫　281

汪康年　4　13　15　23　25　29　33　36　43　44　50　57　63　79　80　83　87　89　90

	91 157 195	王　韬	24 28 29 48 49
汪孟邹	226	王惕庵	64
汪　瑔	20	王统照	43
汪穰卿	30 53 106	王先谦	72 92 99 132
汪荣宝	64 121	王显理	76
汪颂谷	30	王修植	42 57 59 113
汪笑侬	101 102 247 249 268 276	王懿荣	21
		王照所	157
汪诒年	15 89	王质甫	124
汪郁年	142	王钟麟	229
汪钟霖	63	魏金枝	124
王秉恩	61	魏　易	140 152 155 157 161 168 206 216 231 251 266 274 275 282 283
王　棻	70		
王抚士	153 154		
王国维	37 69 70 100 103 145 157 184 209 255 256 263 278 279	温处道	15
		温仲和	127
		文　康	100
王季同	218	文廷式	19 67
王嘉榘	191	闻一多	115
王璟芳	190	翁萃甫	65
王均卿	119	翁筱印	193
王君衍	275	翁之润	101
王闿运	5 13 14 19 57 70 72 100 114 133 137	吴宝镕	38
		吴步云	251 283
王乃徵	137	吴季清	10 25 29
王鹏运	110 132	吴趼人（我佛山人） 51 52 64 65 66 86 87 140 143 179 201 212 213 214 253 262 276 278 283
王仁俊（轮臣） 54 99		
王寿昌	19 106 123 157 206		
王斯源	54		

吴　竞　280

吴　梅　37　102　187　219　225

吴　宓　69

吴汝澄　226

吴汝纶　31　32　36　44　45　77
　　　　82　84　90　92　107　130
　　　　158　167

吴弱男　171

吴士毅　285

吴桐林　218

吴忆琴　193　195

吴　樾　262

吴之英　68　80

吴梓箴　240

X

西泠散人　17

夏曾佑（别士）　12　13　34　40　41
　　　　42　43　57　59　62　82
　　　　154　167　195　204　225

夏瑞芳　43　228

夏颂莱（清贻）　188

夏穗卿　40　70　115　179

夏　衍　132　133

笑笑主人　67

谢洪赍　154

谢无量　155　158

谢英伯　275

熊希龄　68　74

熊野萃　182

徐馥荪　63

徐觉我　224

徐　珂　228

徐念慈（东海觉我）　223　224　237
　　　　241　242　248　250　274

徐琴叔　86

徐　勤　22　35　111

徐仁铸　45

徐树兰　37

徐为经　111

徐维则　119

徐研父　100

徐志摩　42

徐卓呆　216

许景澄　85

许克勤　63

薛福成　20　101

薛锦江　193

薛绍薇　87　123　136

Y

严复（几道）　1-4　8-10　29　31-36
　　　　42-45　57　59　62-66
　　　　73-78　82-97　107　113
　　　　123　127　129　130　158
　　　　168-176　188　189　195
　　　　203　207　209　213　215
　　　　216　225　227-233　258

259　276　278　286　287

严　通　272

阎书勤　94

杨道南　60

杨　度　72　118　182

杨克己　31　41　67　112

杨模（范甫）　60

杨圻（朝庆）　64　65　117

杨　锐　61　93

杨深秀　93

杨廷栋　118　133　134　183

杨肖欧　124　125

杨毓麟　182

杨　源　171

姚鹏图　284

叶大庄　20

叶德辉　72　92　99

叶　恩　111

叶瀚（浩吾）　44　63　89　124　154
　　　　218

叶景范　281

叶　澜　63

叶衍兰　20

叶耀元　53　63

叶中冷　63

易顺鼎　65　72　132　134

尹援一　190

饮露居士　17

英　华　157　172

应修人　126

尤子青　150

于茹川　38

余诚格　85

俞达甫　86　219

俞　复　173

俞万春　38

俞　樾　33　39　127　128　149
　　　　185　186　187

郁达夫　36

袁　昶　20　61　134

袁世凯　2　5　6　15　19　39　90
　　　　114　153　171　184　283

恽积勋（叔畚）　60

恽毓麟　60

Z

遭劫余生　12

詹万云　23

詹　熙　58

詹子余　86

张百宽　101

张百熙　65　162　165

张赤山　206

张　道　100

张　恭　235

张　鸿　101　121　222

张　继　203　208　243　281

张佩芝　20

张僖 18	赵廷杨 45
张小山 108	赵万里 100 279
张孝谦 15	赵毓林 176
张孝准 182	赵元益 60
张易卿 90	赵祖德 153
张荫 70	郑葆镛 63
张元济（菊生） 33 37 43 54 85 94 113 127 145 162 176 228	郑苌 217
	郑观应 9 83
	郑贯公 124 218
张蕴华 86	郑文焯 137
张展云 277	郑逸梅 52 135 222
张肇桐 194 208	郑由熙 70 101
张之洞 4 8 15 22 30 39 45 50 61 70 77-79 83 89-92 98 99 131 162 166 172	郑允恭 228
	郑振铎 96 187
	钟祖芬（落落居士） 38
	仲芳氏 157
张芷韵 26	周病鸳 86 141 143
章伯初 61	周桂笙 51 136 140 141 202 213 248 263 266 270 274 276 278-283
章士钊 27 196 208 226 244	
章太炎 21 26 27 38 39 43 44 46 53-66 72 77 78 89 90-99 107 109-118 125 129 130 134-149 158 165-175 186 192-206 215-222 249 256-263 280 281	周宏业 126 169 182
	周家树 182
	周美权 154
	周瘦鹃 13
	周树人（鲁迅） 79 84 135 191 192 196 200 204 212 215 217 218 242
章仲和 61	
赵必振 188 192	周竹安 121
赵连璧 148	周子炎 64

周作人　215　270　283　284　285

朱凤衔　112

朱光潜　57

朱开甲（志尧）　76

朱克柔（强甫）　55

朱　淇　74

朱树人　52　85　86　221　282

朱孝臧　70　132

朱云佐　76

朱执信　281

朱自清　95　187

庄　俞　173

准　良　94

紫　英　86

邹殿书　25　29

邹　容　27　39　196　199　200
　　　　205　206　212　217　218
　　　　226　268

邹弢（瘦鹤词人）　27　28　85　251

本卷后记

本卷是北京师范大学文学院和北师大文学院现当代文学专业部分研究生通力合作的结果。具体分工如下：

胡福君、陈晖：全卷统稿。

胡福君、林分份：本卷导言。

陈海波：1895年1月–1900年6月。

陈　婧：1900年7月–1905年12月。

在编年史初稿的基础上，有选择性地吸收了以下成果：

丁文江、赵丰田：《梁启超年谱长编》，上海人民出版社1983年版。

姚奠中、董国炎：《章太炎学术年谱》，山西古籍出版社1996年版。

罗耀九主编：《严复年谱新编》，鹭江出版社2004年版。

孙敦恒：《王国维年谱新编》，中国文史出版社1991年版。

薛绥之、张俊才编：《林纾研究资料》，福建人民出版社1982年版。

阿英：《晚清戏曲小说目》，上海文艺联合出版社1954年版。

丁守和主编：《辛亥革命时期期刊介绍》，人民出版社1987年版。

郭延礼：《中国近代文学发展史》，山东教育出版社1990年版。

陈玉刚主编：《中国翻译文学史稿》，中国对外翻译出版公司1989年版。

孟昭毅、李载道、马凌等：《中国翻译文学史》，北京大学出版社2005年版。

上海图书馆编：《中国近代期刊篇目汇录》，上海人民出版社1965年版。

朱一玄、朱天吉选编：《明清小说资料选编》，南开大学出版社2006年版。

王继权、夏生元编著：《中国近代小说目录》，百花洲文艺出版社 1998 年版。

本书的出版是所有参与人员共同努力的结果，我们要对他们的辛苦付出表示谢意。由于工作量大，成书时间又过于仓促，这一卷编年史的疏漏之处肯定不少，我们真诚地希望诸位专家与广大读者给予批评和指正。

胡福君　陈　晖
于北京师范大学